Inhaltsverzeichnis

1. Grundlagen

1.1 Die Entwicklung der organischen Chemie

Die **Einteilung der Chemie** in eine **anorganische** (Chemie der toten Materie, der Gesteine und Minerale) und eine **organische** (Chemie der Lebensstoffe) wurde schon im 18. Jahrhundert vorgeschlagen und ist, seit sie Anfang des vorigen Jahrhunderts vom angesehenen schwedischen Wissenschafter BERZELIUS übernommen wurde, allgemein anerkannt.

Die Gewinnung und Nutzung organischer Stoffe war schon Jahrtausende vorher bekannt, etwa die Herstellung von Alkohol durch Gärung oder die Verwendung von Farbstoffen zum Färben von Textilien (Purpur, Indigo, ...).

JÖNS JAKOB BERZELIUS (1779–1848); schwedischer Chemiker. Entdecker vieler neuer Elemente.

Die Fortschritte in der organischen Chemie wirkten sich auch dramatisch auf andere Wissenschaften aus: Während sich die Pestärzte des 17. Jahrhunderts noch mit skurrilen, aber wirkungslosen Masken mit Kräutern vor der Pest zu schützen versuchten, vertraut man heute lieber auf Antibiotika, die an Bakterienkulturen getestet werden. Die gezielte Suche nach antibiotischen Wirkstoffen führte dazu, dass heute die meisten Infektionskrankheiten ihren Schrecken verloren haben.

Während ursprünglich fast ausschließlich Stoffe der unbelebten Natur untersucht wurden, wandte sich im Laufe des 18. Jahrhunderts das Interesse mehr und mehr dem Aufbau der Pflanzen und Tiere zu. Man begann, die in der Natur vorkommenden Verbindungen zu isolieren (Milchsäure aus saurer Milch, Oxalsäure aus Sauerklee, ...) und ihre Eigenschaften zu studieren. Diese organischen Substanzen unterschieden sich in vielen Eigenschaften von den aus der unbelebten

FRIEDRICH WÖHLER (1800–1882); deutscher Chemiker. Stellte eine große Zahl organischer Verbindungen als Erster her.

FRIEDRICH BAYER (1825–1880); deutscher Chemiker. Gründete 1863 eine Anilinfarbenfabrik, aus der die heutigen Bayer-Werke (in Leverkusen, D) entstanden.

- ORGANISCHE CHEMIE
  - Lebensmittelchemie
  - Petrochemie
  - Waschmittelchemie
  - Kunststoffchemie
  - Farbstoffchemie
  - Pharmazeutische Chemie
  - Biochemie

Teilgebiete der organischen Chemie.

Natur gewonnenen Stoffen. Besonders auffällig war, dass sie sich zwar leicht in andere Stoffe zerlegen ließen, ihre Synthese aber mit den damaligen Mitteln nicht gelang. Dies führte zur Ansicht, dass zur Bildung organischer Stoffe eine geheimnisvolle Lebenskraft, die „vis vitalis", erforderlich sei.

Diese Theorie wurde 1828 von WÖHLER widerlegt, der durch Eindampfen einer wässrigen Lösung des anorganischen Salzes Ammoniumcyanat die organische Verbindung Harnstoff erhielt. Wöhler wiederholte seine Versuche mehrmals, um ganz sicher zu sein, dass die Existenz einer Lebenskraft ausgeschlossen werden kann. An seinen Freund und ehemaligen Lehrer BERZELIUS schrieb er: *„Ich muss Ihnen sagen, dass ich Harnstoff machen kann, ohne dazu Nieren oder überhaupt ein Thier, sey es Mensch oder Hund, nöthig zu haben."*

Es dauerte aber noch etwa 20 Jahre, bis die Theorie einer Lebenskraft endgültig aus dem Gedankengut der Chemie verschwunden war und allgemein anerkannt wurde, dass in der organischen und anorganischen Chemie die gleichen Naturgesetze gelten.

Heute versteht man unter **organischer Chemie** die **Chemie der Kohlenstoffverbindungen**, unabhängig davon, ob sie aus Organismen isoliert oder im Labor synthetisiert werden.

Die Oxide des Kohlenstoffs, die Kohlensäure, die Cyanwasserstoffsäure und deren Salze sowie die Carbide werden zur anorganischen Chemie gezählt.

Seit der Mitte des 19. Jahrhunderts hat die organische Chemie eine stürmische Entwicklung durchlaufen. Einige Meilensteine dieses Weges seien als Beispiele genannt: 1860 stellte BAYER das Aspirin, das erste synthetische Arzneimittel, her. 1933 gelang die Synthese von Vitamin C und 1976 die Synthese von Vitamin B_{12}, einem sehr kompliziert aufgebauten Molekül. Diese Erfolge zeigen, dass es heute prinzipiell möglich ist, auch die kompliziertesten Moleküle im Labor herzustellen.

„Künstliche" und „natürliche" Stoffe

Welcher Weg für die technische Produktion eines Stoffes gewählt wird, ist das Ergebnis nüchterner Überlegungen. Manchmal ist es günstiger, ihn im Labor zu synthetisieren. In anderen Fällen ist es vorteilhafter, die Substanz aus Pflanzen zu isolieren oder von Mikroorganismen aufbauen zu lassen.

Die **Gentechnologie** verbindet beide Verfahren: Der gewünschte Stoff wird zwar biologisch von einem Organismus hergestellt, doch wurde dessen Erbsubstanz vorher künstlich verändert.

Die Zahl der bekannten Verbindungen wuchs durch die Entwicklung der organischen Chemie dramatisch und liegt deutlich über 20 Millionen – mit weiter steigender Tendenz, denn jährlich wird über eine Million neuer Substanzen registriert.

Ähnlich drastisch gestalteten sich die Auswirkungen der organischen Chemie auf unseren Alltag. Ihre Produkte begegnen uns auf Schritt und Tritt: Kunststoffe, Farbstoffe, Medikamente, ... Sie haben entscheidend zur Verbesserung unserer Lebensumstände beigetragen, die sich an der Erhöhung der Lebenserwartung von rund 45 Jahren um das Jahr 1900 auf derzeit über 80 Jahre ablesen lässt.

1.2 Eigenschaften und Zusammensetzung organischer Verbindungen

Untersucht man, wie sich einige aus dem Alltag bekannte organische Verbindungen (z. B. Zucker, Benzin, Stärke, Alkohol, Kerzenwachs) beim Erwärmen verhalten, so ist eine Reihe von Gemeinsamkeiten festzustellen:

Viele organische Stoffe haben einen charakteristischen Geruch und niedrige Schmelz- und Siedetemperaturen. Auch im flüssigen Zustand leiten sie den Strom nicht, oft tritt schon bei relativ niedrigen Temperaturen (unter 300 °C) Zersetzung ein. Aufgrund dieser Eigenschaften lässt sich das Vorhandensein von Ionenbindungen ausschließen – der **vorherrschende Bindungstyp** in der organischen Chemie ist die (mehr oder weniger stark polare) **Elektronenpaarbindung**.

Weiters zeigt sich, dass die Dämpfe fast aller organischen Verbindungen brennbar sind. Dabei entstehen Kohlenstoffdioxid und Wasserdampf. Dies und weitere, genauere Untersuchungen zeigen, dass die meisten organischen Stoffe aus verhältnismäßig wenigen Elementen aufgebaut sind. Außer dem allgegenwärtigen Kohlenstoff und Wasserstoff treten nur noch Sauerstoff, Stickstoff, Halogene, Schwefel und Phosphor häufiger in Verbindungen auf (bei der Verbrennung bilden sich aus diesen Elementen zusätzlich Halogenwasserstoffe bzw. Stickstoffoxide NO_x, SO_2 oder P_4O_{10}).

Wie ist es aber möglich, dass durch die Kombination so weniger Elemente eine solche Vielzahl von Verbindungen entsteht?

Das Kohlenstoffatom besitzt vier Außenelektronen und neigt daher weder zur Bildung eines positiv noch eines negativ geladenen Ions; es geht Elektronenpaarbindungen ein. Wegen der tetraedrischen Anordnung seiner Orbitale und des relativ kleinen Atomdurchmessers kann es mit anderen Kohlenstoffatomen verzweigte und unverzweigte Ketten beliebiger Länge und Ringe unterschiedlicher Größe bilden.

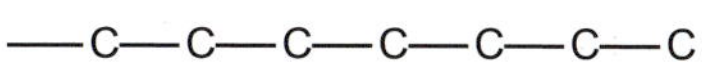
unverzweigte Kette

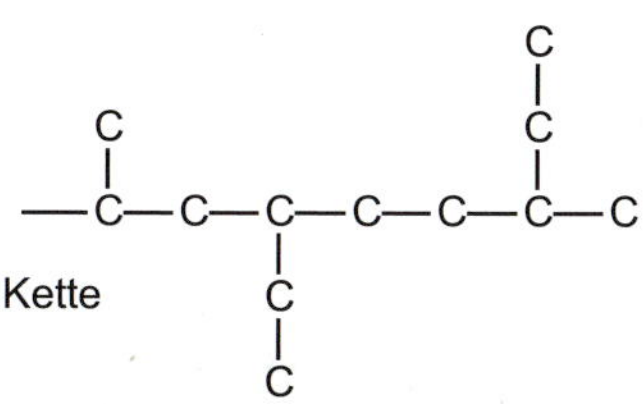
verzweigte Kette

Durch die Aufnahme weiterer Atome, hauptsächlich Wasserstoff, wird die Edelgaskonfiguration (Oktettregel) erreicht.

ÜBUNGEN:

1.1 Warum haben organische Stoffe keine Ionenbindungen?

1.2 Die Brennbarkeit organischer Substanzen bewirkt, dass auch völlig harmlose Stoffe unter bestimmten Bedingungen gefährlich werden können. So müssen beispielsweise in Mühlen besondere Vorsichtsmaßnahmen getroffen werden, um Mehlstaubexplosionen zu vermeiden. Warum kann es zu solchen Unfällen kommen?

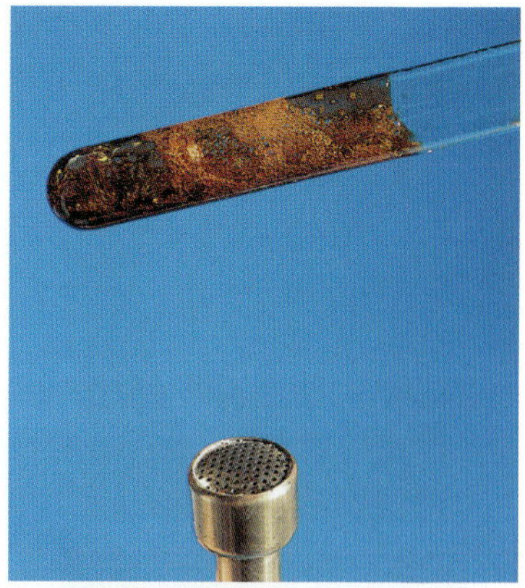
Zucker schmilzt leicht und verkohlt beim Erhitzen unter Abspaltung von Wasser.

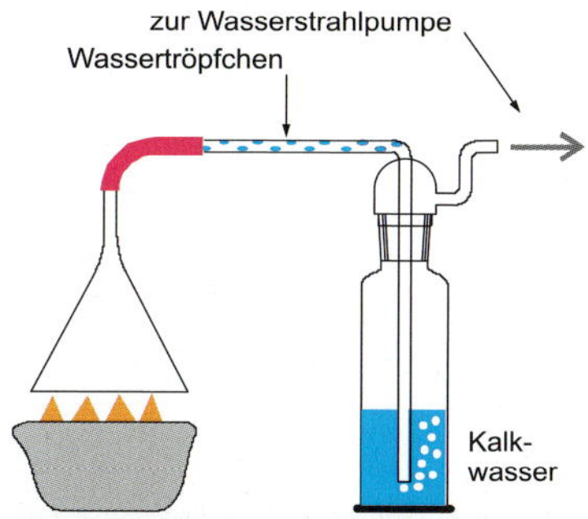

Untersuchung einer organischen Verbindung.
Die Verbrennungsgase werden durch ein Glasrohr und eine Waschflasche mit Kalkwasser geleitet. Es scheidet sich Wasser ab; die Trübung des Kalkwassers lässt auf die Anwesenheit von Kohlenstoffdioxid schließen. Es wurden daher die Elemente C, H und O nachgewiesen.

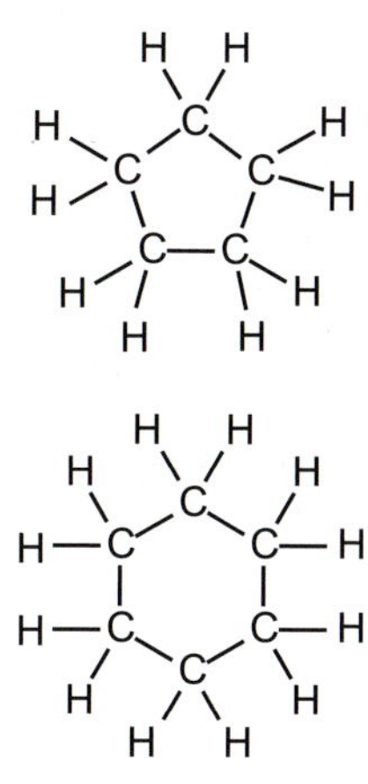
Strukturformeln verschiedener ringförmiger Moleküle.

FRITZ PREGL (1869–1930); österreichischer Chemiker, Professor in Innsbruck und Graz. Entwickelte die quantitative Mikroanalyse organischer Verbindungen für sehr kleine Substanzmengen (0,5 mg). Sie erlaubte die Aufklärung der Struktur vieler Naturstoffe (z.B. Vitamine, Hormone, Farbstoffe usw.), die meist nur in sehr kleinen Mengen in reiner Form isoliert werden können. Er erhielt 1923 den Nobelpreis für Chemie.

Natrium reagiert mit Alkohol unter Wasserstoffentwicklung.

Auch eine Substanz mit der Strukturformel I existiert, der Dimethylether (Seite 58).

1.3 Die Bestimmung der Formel einer organischen Verbindung

Dies ist die erste Aufgabe, die sich bei der Untersuchung einer unbekannten Substanz stellt, und wir wollen die dabei angestellten Überlegungen am Beispiel einer einfachen organischen Verbindung, dem Alkohol (exakte Bezeichnung: Ethanol), nachvollziehen. Voraussetzung ist, dass die Substanz in reiner Form vorliegt.

Zur Untersuchung verwenden wir die von PREGL entscheidend weiterentwickelte Methode der **Verbrennungsanalyse**. Dabei wird eine genau abgewogene Menge der Verbindung in reinem Sauerstoff verbrannt; aus der Menge der Verbrennungsprodukte kann dann der Anteil der Elemente in der Verbindung berechnet werden.

Beispiel: 1,000 g Alkohol werden verbrannt, der Wasserdampf von wasserfreiem Calciumchlorid, das Kohlenstoffdioxid von Calciumhydroxid absorbiert. Aus der Gewichtszunahme folgt, dass 1,913 g CO_2 und 1,173 g H_2O entstanden sind. In diesen Verbrennungsprodukten sind 0,522 g C ($^{12}/_{44}$ von 1,913) und 0,130 g H ($^{2}/_{18}$ von 1,173) enthalten. Da keine anderen Verbrennungsprodukte entstanden sind, muss es sich bei den auf 1,000 g noch fehlenden 0,348 g um Sauerstoff handeln, der im Alkoholmolekül enthalten ist.

Die so berechneten Werte geben das Massenverhältnis der Elemente an, die Summenformel soll jedoch das Zahlenverhältnis der Atome ausdrücken. Daher ist noch die unterschiedliche Masse der einzelnen Atome zu berücksichtigen, indem die oben berechneten Werte durch die jeweiligen Atommassen dividiert werden.

Ergebnis: C: 0,0435; H: 0,130; O: 0,02175. Dividiert man durch die kleinste Zahl (0,02175), so zeigt sich, dass die Zahlen im Verhältnis 2:6:1 stehen, d.h. die Summenformel lautet $\mathbf{C_2H_6O}$.

Allerdings würden Substanzen mit einem ganzzahligen Vielfachen dieser Formel die gleichen Werte bei der Verbrennungsanalyse ergeben, die Summenformel könnte z.B. auch $C_6H_{18}O_3$ lauten. Daher muss noch die Molekülmasse bestimmt werden. Dafür gibt es mehrere Möglichkeiten: Verdampfen der Probe und Bestimmung des Dampfvolumens oder (falls sich ein Stoff nicht unzersetzt verdampfen lässt) die Messung der Gefriertemperaturerniedrigung, der Siedetemperaturerhöhung oder des osmotischen Druckes. Für Alkohol erhält man so eine Molekülmasse von 46 u, was der Summenformel C_2H_6O entspricht.

Versucht man nun, unter Berücksichtigung der Wertigkeiten von Kohlenstoff (4), Sauerstoff (2) und Wasserstoff (1) die Strukturformel aufzustellen, so gibt es zwei Möglichkeiten:

(I) 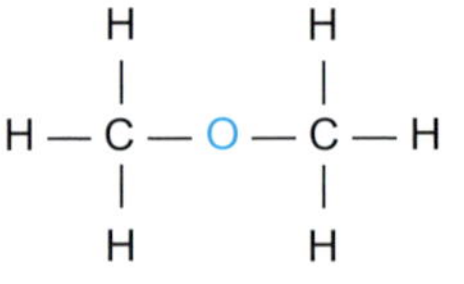

(II) 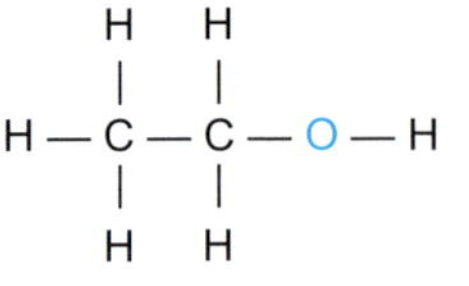

Die Entscheidung, welche nun die tatsächliche Formel von Alkohol ist, kann aufgrund der chemischen Eigenschaften getroffen werden: Mit Natrium reagiert Alkohol lebhaft unter Wasserstoffentwicklung, wobei pro Alkoholmolekül ein Wasserstoffatom abgegeben wird. Daraus lässt sich schließen, dass eines der sechs Wasserstoffatome im Molekül eine Sonderstellung haben muss, was nur bei Struktur II zutrifft.

ÜBUNG:

1.3 Um die Formel des in Gasfeuerzeugen verwendeten Gases zu bestimmen, werden 0,500 g davon verbrannt. Es entstehen 1,517 g Kohlenstoffdioxid und 0,776 g Wasser. Welche Summenformel hat das Gas?
Die Dichte des Gases beträgt bei Normalbedingungen 2,589 g / L. Wie groß ist die Molekülmasse des Gases? Welche Strukturformel könnte die Substanz haben?

1.4 Reaktionstypen der organischen Chemie

In der anorganischen Chemie haben wir Säure-Base-Reaktionen und Redoxvorgänge kennen gelernt. Sie treten auch in der organischen Chemie auf, häufiger sind jedoch andere Reaktionstypen. Auch hier soll der vergleichsweise einfach aufgebaute Alkohol (Ethanol) als Beispiel dienen.

Wird ein Gemisch aus Alkohol, Schwefelsäure und Natriumbromid erwärmt, so destilliert bei 38 °C eine farblose Flüssigkeit über, die mit Wasser nicht mischbar ist und absinkt. Eine Bestimmung der Molekülmasse ergäbe 109 u und die **Beilstein-Probe** zeigt eine Halogenverbindung an. Daraus lässt sich auf eine Formel C_2H_5Br schließen. Da Natriumbromid mit Schwefelsäure Hydrogenbromid (HBr) entwickelt, muss folgende Reaktion eingetreten sein:

Ethanol — Bromethan

Bei dieser Reaktion wurde die C–O-Bindung des Alkoholmoleküls getrennt und die OH-Gruppe gegen ein Bromatom ausgetauscht. Eine Reaktion, bei der ein Atom (oder eine Atomgruppe) durch ein anderes Atom ersetzt wird, nennt man **Substitution**.

Wird ein Gemisch aus Alkohol, der doppelten Menge konzentrierter Schwefelsäure und Sand (als Katalysator) erhitzt, so entsteht ein farbloses, brennbares Gas mit einer Molekülmasse von 28 u und der Summenformel C_2H_4, das Ethen. Eine Strukturformel lässt sich nur mit der Annahme aufstellen, dass zwischen den beiden Kohlenstoffatomen eine Doppelbindung vorhanden ist:

Ethanol — Ethen

Aus dem Ethanolmolekül wird ein kleineres Molekül (Wasser) abgespalten, wodurch eine Doppelbindung entsteht. Eine solche Reaktion wird als **Elimination** bezeichnet.

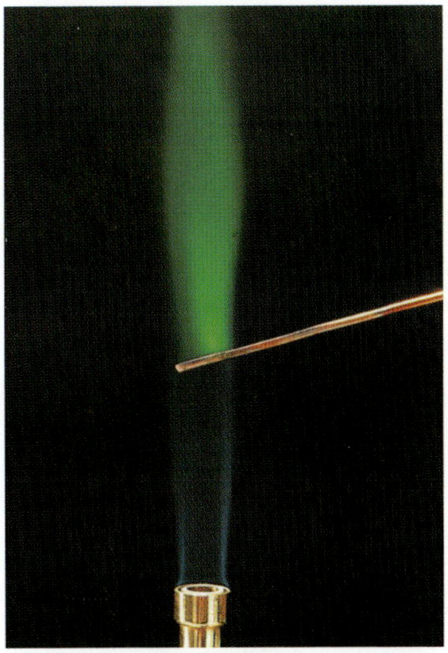

Nachweisreaktion für Halogenverbindungen (Beilstein-Probe).
Ein Kupferdraht wird in der Gasflamme ausgeglüht, bis diese nicht mehr grün gefärbt ist, dann kurz in eine organische Halogenverbindung getaucht und abermals in die Flamme gehalten. Eine starke Grünfärbung ist zu beobachten.
In der heißen Brennerflamme entstehen flüchtige Kupferhalogenverbindungen, die Kupferionen verursachen die grüne Flammenfärbung.

FRIEDRICH KONRAD BEILSTEIN (1838–1906); russischer Chemiker deutscher Herkunft. Gab das „Handbuch der organischen Chemie" heraus (heute als Beilstein-Handbuch vom Beilstein-Institut in Frankfurt am Main überarbeitet und herausgegeben).

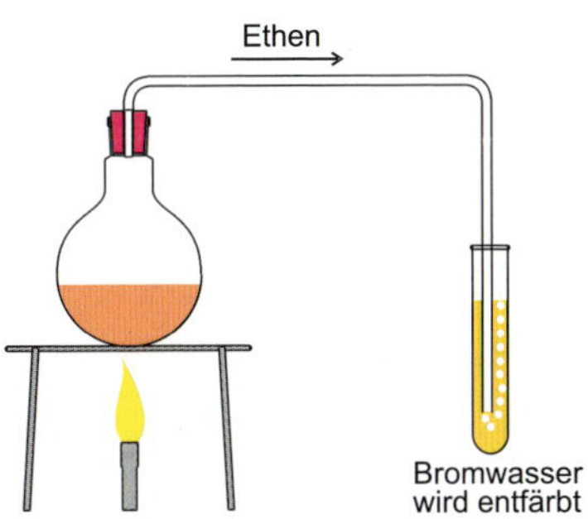

Herstellung von Ethen und Dibromethan. Im Kolben werden 1 Teil Ethanol und 2 Teile konzentrierte Schwefelsäure zusammen mit Sand erhitzt.

Bromwasser wird beim Einleiten von Ethen entfärbt.

Leitet man Ethen in Bromwasser, so wird dieses rasch entfärbt, das Ethen reagiert mit Brom. Mit einer etwas veränderten Versuchsanordnung kann eine farblose Flüssigkeit mit der Molekülmasse 188 u und der Summenformel $C_2H_4Br_2$ gewonnen werden:

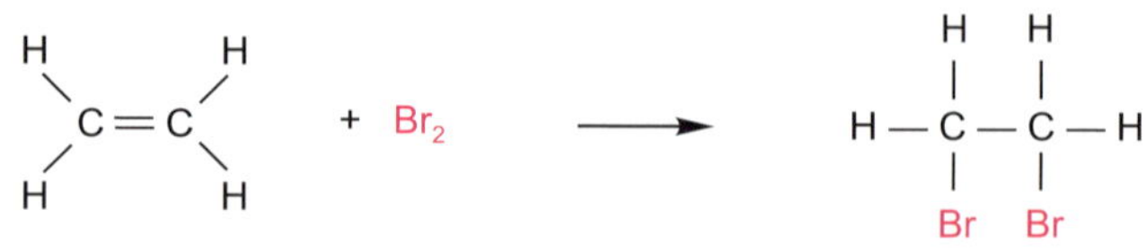

Ethen — 1,2-Dibromethan

Offenbar wurden zwei Bromatome an die Doppelbindung angelagert, eine **Addition** hat stattgefunden. Da von C–C-Mehrfachbindungen leicht andere Atome aufgenommen werden, nennt man solche Verbindungen auch ungesättigt.

Erhitzt man wiederum ein Gemisch aus Alkohol, konzentrierter Schwefelsäure und Sand, wobei diesmal allerdings doppelt so viel Alkohol wie Schwefelsäure verwendet wird, so destilliert aus dem Reaktionsgemisch eine farblose Flüssigkeit mit einer Siedetemperatur von 35 °C. Eine „Analyse" kann hier mit der Nase erfolgen: Am Geruch ist der entstandene Ether (Diethylether) zu erkennen. Die Formel des Ethers könnte auf schon bekannte Art und Weise bestimmt werden: $C_2H_5OC_2H_5$. Aus der Zahl der Kohlenstoffatome ist ersichtlich, dass ein Ethermolekül aus zwei Alkoholmolekülen entstanden sein muss, wobei ein Wassermolekül abgespalten wurde.

Eine Reaktion, bei der sich zwei Moleküle unter Abspaltung eines kleinen anorganischen Moleküls (z. B. Wasser) verbinden, wird **Kondensation** genannt:

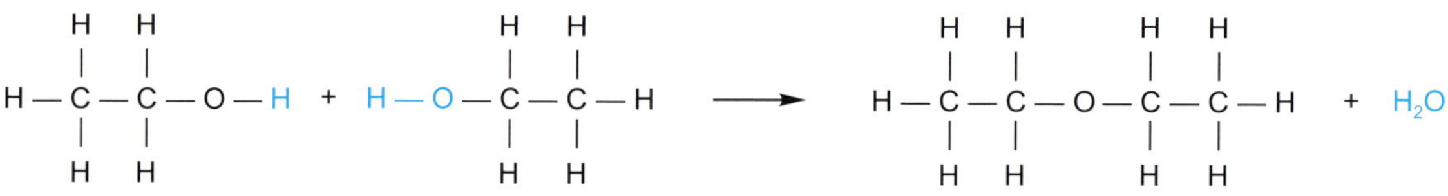

Ethanol — Ethanol — Diethylether

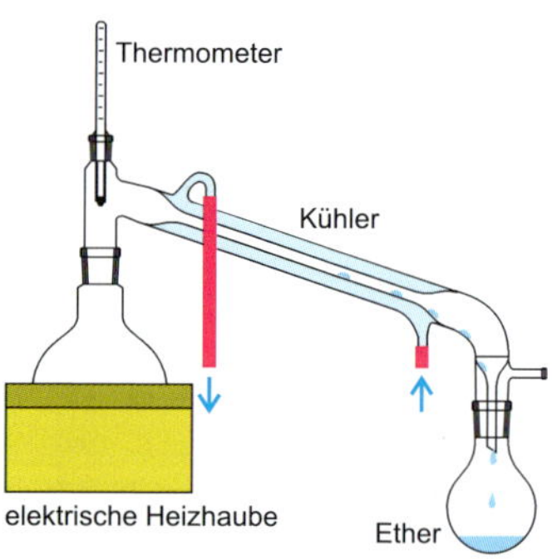

Herstellung von Diethylether.
Im Kolben werden 2 Teile Ethanol und 1 Teil konzentrierte Schwefelsäure zusammen mit Sand erhitzt.

Verglichen mit der vorher besprochenen Reaktion, bei der Ethen entstand, wurde hier aus den gleichen Ausgangsstoffen, nur durch eine kleine Änderung der Reaktionsbedingungen, ein anderes Produkt erhalten; eine Erscheinung, die typisch für organisch-chemische Reaktionen ist.

Aber auch **Oxidationsreaktionen** können mit organischen Molekülen durchgeführt werden, wobei aus naheliegenden Gründen die vollständige Oxidation zu CO_2 und H_2O nicht erwünscht ist. Durch Verwendung geeigneter Oxidationsmittel ist es möglich, nur einen Teil des Moleküls zu oxidieren.

Wird Alkohol mit Schwefelsäure und starken Oxidationsmitteln wie Kaliumpermanganat ($KMnO_4$) oder Kaliumdichromat ($K_2Cr_2O_7$) zur Reaktion gebracht, so lässt sich das überdestillierte Produkt ebenfalls schon am Geruch erkennen: Essigsäure.

Der Alkohol wurde durch eine **Oxidation** in Essigsäure umgewandelt:

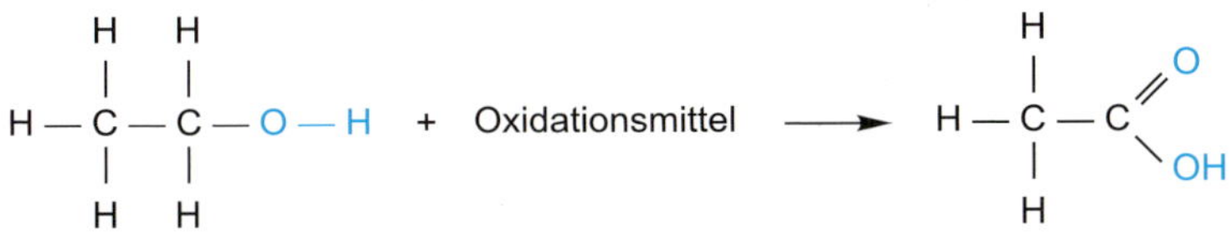

Ethanol — Essigsäure

Essigsäure kann ihrerseits Ausgangsstoff von Synthesen sein:

Wird ein Gemisch aus Alkohol und Essigsäure (mit etwas Schwefelsäure als Katalysator) erwärmt, so ist am entstehenden Klebstoff-Geruch zu erkennen, dass ein neuer Stoff gebildet wurde. Der Alkohol und die Säure verbinden sich zu einem **Ester** (da dieser Ester als Lösungsmittel in Klebstoffen verwendet wird, ist der Geruch vertraut).

Essigsäureethylester wird als Lösungsmittel für Kunststoffe verwendet, z. B. in Klebstoffen oder als Nagellackentferner.

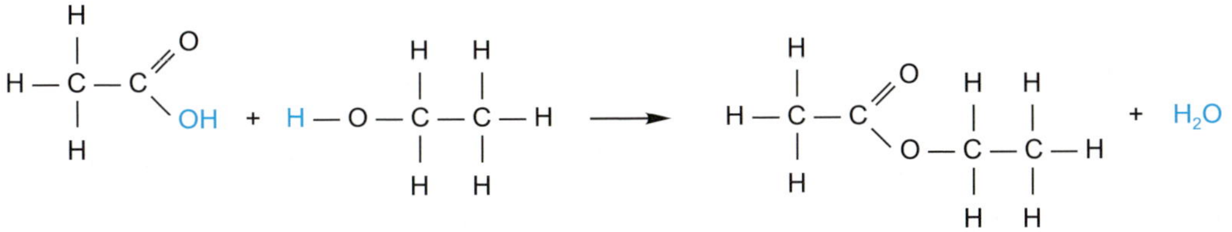

Essigsäure — Ethanol — Essigsäureethylester

Der Reaktionstyp ist uns schon bekannt: eine **Kondensation**.

Übersicht: Reaktionsprodukte des Alkohols

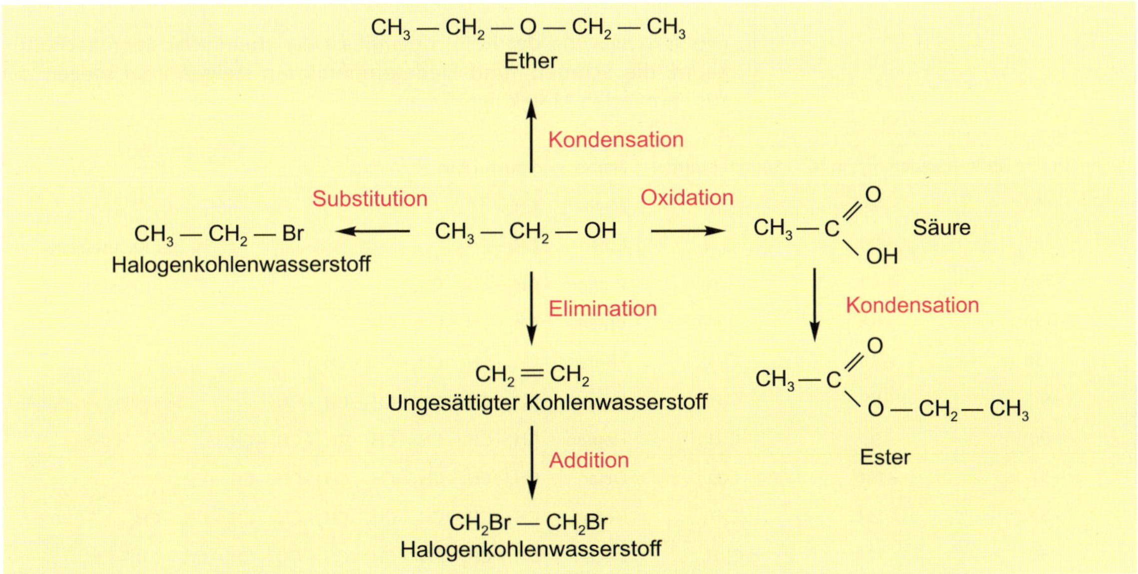

Diese Reaktionen (und das waren keineswegs alle, die bei einem Alkoholmolekül möglich sind) zeigen schon eine Besonderheit der organischen Chemie: Aus einem Ausgangsstoff kann, je nach Reaktionsbedingungen, eine Vielzahl von Produkten hergestellt werden.

Man erkennt auch, dass an den Reaktionen nicht das ganze Molekül beteiligt ist, sondern nur ein Teil davon, z. B. die OH-Gruppe. Sie wird als **funktionelle Gruppe** bezeichnet.

Butan kann schon durch geringen Druck verflüssigt werden, sodass dünnwandige Behälter ausreichen.

2. Gesättigte Kohlenwasserstoffe

Das erste Kapitel befasste sich mit der Vielfalt und den Reaktionen organischer Verbindungen. In den folgenden Abschnitten werden die wichtigsten Stoffgruppen der organischen Chemie vorgestellt.

Zu den **gesättigten Kohlenwasserstoffen**, auch als **Alkane** bezeichnet, zählen alle Moleküle, die aus Kohlenstoff- und Wasserstoffatomen aufgebaut sind und keine ungesättigten Stellen, d.h. keine Doppel- oder Dreifachbindungen, enthalten. Sie werden aus Erdöl und Erdgas gewonnen (Kap. 5, Seite 31 ff.) und sind als Energieträger sowie als Rohstoffe für die chemische Industrie unentbehrlich. Methan entsteht auch bei der anaeroben Gärung organischer Stoffe, z.B. in Sümpfen, Reisfeldern und im Darm der Wiederkäuer.

2.1 Die Reihe der Kohlenwasserstoffe

Einfachstes Molekül dieser Reihe ist das aus einem Kohlenstoff- und vier Wasserstoffatomen bestehenden **Methan** CH_4. Das nächstgrößere Molekül enthält zwei Kohlenstoffatome: **Ethan** C_2H_6. Durch Einfügen weiterer CH_2-Gruppen lassen sich die Formeln der anderen gesättigten Kohlenwasserstoffe ableiten. Ihre Summenformel entspricht der allgemeinen Formel C_nH_{2n+2}.

Die Verlängerung der Kette beeinflusst die chemischen Eigenschaften kaum, die Schmelz- und Siedetemperaturen steigen aber wegen der zunehmenden Molekülgröße an.

Schmelztemp. in °C	Siedetemp. in °C	Summenformel	Name	Strukturformel	
–183	–162	CH_4	Methan	CH_4	
–172	–89	C_2H_6	Ethan	CH_3-CH_3	bei Raumtemperatur
–190	–42	C_3H_8	Propan	$CH_3-CH_2-CH_3$	gasförmig
–135	–0,5	C_4H_{10}	Butan	$CH_3-CH_2-CH_2-CH_3$	
–130	–36	C_5H_{12}	Pentan	$CH_3-CH_2-CH_2-CH_2-CH_3$	
–94	–69	C_6H_{14}	Hexan	$CH_3-CH_2-CH_2-CH_2-CH_2-CH_3$	bei Raumtemperatur
–90	–98	C_7H_{16}	Heptan	$CH_3-CH_2-CH_2-CH_2-CH_2-CH_2-CH_3$	flüssig
–57	–126	C_8H_{18}	Octan	$CH_3-CH_2-CH_2-CH_2-CH_2-CH_2-CH_2-CH_3$	
–54	–151	C_9H_{20}	Nonan	$CH_3-CH_2-CH_2-CH_2-CH_2-CH_2-CH_2-CH_2-CH_3$	
–30	–174	$C_{10}H_{22}$	Decan	$CH_3-CH_2-CH_2-CH_2-CH_2-CH_2-CH_2-CH_2-CH_2-CH_3$	

Die Namen der ersten vier Vertreter dieser Reihe sind ***Trivialnamen***. Sie haben keinen Bezug zum Aufbau des Stoffes und sind logisch nicht ableitbar, sie müssen einfach auswendig gelernt werden. Die Namen aller folgenden gesättigten Kohlenwasserstoffe (auch der hier nicht mehr angegebenen mit noch längeren Ketten) werden entsprechend der Zahl der Kohlenstoffatome aus dem griechischen Zahlwort und der Endung **-an** gebildet.

2.2 Die Struktur der Moleküle

Zur Darstellung eines Moleküls sind verschiedene Formelschreibweisen üblich. Die Summenformel ist meist zu wenig aussagekräftig. Daher werden in der Regel mehr oder weniger vereinfachte Strukturformeln verwendet, um die Struktur eines Moleküls zu beschreiben.

Einige **Schreibweisen** von Butan:

a) $CH_3-CH_2-CH_2-CH_3$

c)

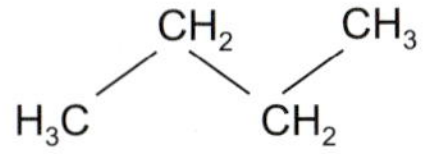

b)

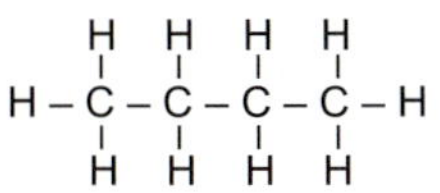

d)

Die **Summenformel** C_4H_{10} sagt nichts darüber aus, wie die Atome verbunden sind.

Die **Strukturformeln** a) und b) zeigen dies. Allerdings wird der Bindungswinkel von 109,5° nicht richtig dargestellt, wie es bei den Schreibweisen c) und d) der Fall ist. Vereinfachend werden oft bei c) die an den Kohlenstoff gebundenen Wasserstoffatome weggelassen.

Die **Kurzschreibweise** d) ist besonders bei größeren Molekülen praktisch. Die Striche stellen das Kohlenstoff-Grundgerüst dar. An jedem End- und Eckpunkt befindet sich ein Kohlenstoffatom, die Wasserstoffatome werden nicht eingezeichnet.

Um die **Gestalt der Moleküle** anschaulich zeigen zu können, werden **Modelle** verwendet, wobei die **Stäbchenmodelle** deutlicher die Winkel zwischen den Atomen zeigen, die **Kalottenmodelle** (sie zeigen auch die Elektronenhüllen der Atome) stellen die Raumerfüllung und das tatsächliche Aussehen eines Moleküls besser dar. Beide Modelle werden, je nach der zu beantwortenden Fragestellung, verwendet.

Der räumliche Aufbau von **Methan** ist schon aus Band 1, Kap. 4, bekannt: Das Kohlenstoffatom befindet sich im Mittelpunkt eines Tetraeders, dessen Eckpunkte von den Wasserstoffatomen eingenommen werden. Der Bindungswinkel beträgt daher 109,5°.

Dieser durch Messungen ermittelte Sachverhalt wird vom Elektronenpaar-Abstoßungs-Modell zutreffend beschrieben: Das Kohlenstoffatom bildet mit den Wasserstoffatomen vier bindende Elektronenpaare, dadurch ist die Oktettregel erfüllt. Diese Orbitale ordnen sich aufgrund der elektrostatischen Abstoßung so an, dass sie weitestmöglich voneinander entfernt sind – das Molekül hat **Tetraederform**.

Die Struktur von **Ethan** ist leicht aus dem Vorhergehenden abzuleiten: Ein Eckpunkt des Tetraeders wird vom zweiten Kohlenstoffatom eingenommen, an das noch drei Wasserstoffatome gebunden sind.

Wie die Modelle zeigen, sind die **Moleküle beweglich**. Die durch Überlappung der Orbitale bewirkte Bindung zwischen den Kohlenstoffatomen bleibt gewahrt, auch wenn die CH_3-Gruppen des Moleküls gegeneinander verdreht werden (was durch die Wärmebewegung ständig der Fall ist). Bevorzugt ist jene Position, in der die abstoßenden Kräfte der Elektronenhüllen am geringsten sind, d. h. die Wasserstoffatome sich in größtmöglicher Entfernung voneinander befinden.

Stäbchenmodell des Methanmoleküls.

Kalottenmodell des Methanmoleküls.

Kalottenmodelle: Ethan, Propan, Butan.

Bei den in der Biochemie zu untersuchenden Riesenmolekülen versagen einfache Stäbchen- oder Kalottenmodelle, sie würden unhandlich groß. Man ist daher einen Schritt weiter gegangen, stellt die Moleküle mit Rechenprogrammen auf einem Bildschirm perspektivisch dar und bewegt sie mit der Tastatur oder Maus.

Ethan, stabilste Form. Die Wasserstoffatome sind so weit wie möglich voneinander entfernt.

Ethan, instabilste Form. Der Energieunterschied beträgt 12,6 kJ / mol.

Kohlenwasserstoff	Isomerenzahl
CH_4, C_2H_6, C_3H_8	1
C_4H_{10}	2
C_5H_{12}	3
C_6H_{14}	5
C_7H_{16}	9
C_8H_{18}	18
C_9H_{20}	35
$C_{10}H_{22}$	75
…	…
$C_{20}H_{42}$	366 319
…	…
$C_{40}H_{82}$	62 491 178 805 831

Zahl der Isomere einiger Alkane.
Die Zahl der möglichen Isomere nimmt mit steigender Anzahl der Kohlenstoffatome rasch zu.

Die verschiedenen Formen eines Moleküls, die durch Drehungen um C–C-Einfachbindungen entstehen, werden als **Konformationen** bezeichnet.

Mögliche Formen (Konformationen) von Hexan C_6H_{14}:

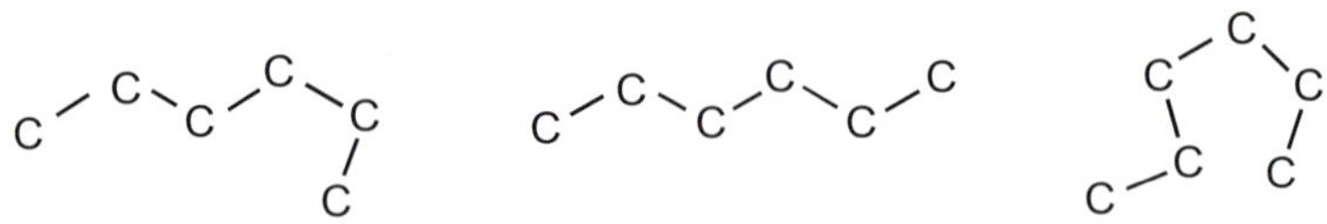

Bei langkettigen Kohlenwasserstoffen führt die Drehbarkeit um die C–C-Bindung zu einer großen Beweglichkeit des Moleküls, durch die Wärmebewegung nimmt es im gasförmigen und im flüssigen Zustand verschiedenste Formen ein. Nur im Feststoff bildet es eine gestreckte Kette.

2.3 Strukturisomerie

Geht man von der Summenformel eines Alkans, z. B. C_4H_{10}, aus, so zeigt sich, dass sie das Molekül nicht eindeutig beschreibt. Neben der normalen, geradkettigen Form (n-Butan) ist auch eine zweite Struktur mit einer verzweigten Kohlenstoffkette möglich:

Solche Moleküle, die sich bei gleicher Summenformel durch die Verknüpfung der Atome unterscheiden, nennt man **Isomere**. Beide Formen existieren, sie unterscheiden sich geringfügig in ihren Schmelz- und Siedetemperaturen.

Beim Anschreiben der Isomere ist zu beachten, dass die hier verwendete Schreibweise den räumlichen Aufbau des Moleküls nicht korrekt wiedergibt. Formen, die sich durch Drehungen um C–C-Einfachbindungen ineinander überführen lassen, sind keine Isomere, sondern Konformere ein und desselben Moleküls. Nur wenn die Kohlenstoffketten anders **verzweigt** sind, handelt es sich um Isomere.

Beispiele:

unverzweigt: C—C—C—C—C

verzweigt:

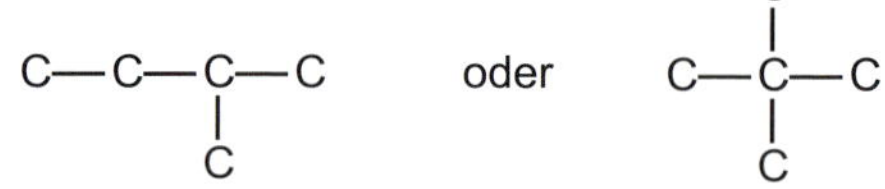

Dagegen ist

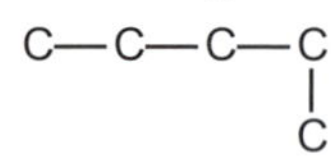

keine verzweigte Kette!

ÜBUNG:

2.1 Welche Isomere haben a) C_5H_{12} b) C_6H_{14} c) C_7H_{16} ?

2.4 Benennung organischer Verbindungen

In der Anfangszeit der organischen Chemie gab es noch keine Regeln zur Benennung der neu entdeckten Substanzen. Man wählte Trivialnamen, die auf die Herkunft des Stoffes (z. B. Traubenzucker, Citronensäure, …) oder auf seine Eigenschaften hinwiesen (z. B. Glycerin). Mit der rasch zunehmenden Zahl organischer Verbindungen wurden die Grenzen dieses Systems bald erreicht. Doppelbenennungen führten zu Verwechslungen und vor allem gab es keinen Zusammenhang zwischen der Formel einer Verbindung und ihrem Namen. Daher legte ein 1892 in Genf abgehaltener Kongress die Grundlagen zu einem eindeutigen System der Namensgebung. Diese Regeln werden heute von der IUPAC (International Union of Pure and Applied Chemistry) dem Fortschritt der Chemie entsprechend ergänzt.

griech. glycis = süß

IUPAC-Regeln:
- Die längste Kohlenstoffkette im Molekül ergibt den Stammnamen.
- Die Kohlenstoffatome dieser Kette werden fortlaufend nummeriert. Die Nummerierung erfolgt in jener Richtung, bei der sich an den Verzweigungen schließlich die kleinsten Zahlen ergeben.
- Die Lage einer Seitenkette wird durch die Nummer des C-Atoms angegeben, von dem sie abzweigt.
- Die Länge einer Seitenkette wird durch den Namen des entsprechenden Kohlenwasserstoffs angegeben, wobei dessen Namensendung -an auf **-yl** abgeändert wird.
- Enthält das Molekül mehrere gleiche Seitenketten, so wird dies durch die Silben Di-, Tri-, Tetra-, Penta- usw. ausgedrückt.
- Die Angabe der Seitenketten erfolgt in alphabetischer Reihenfolge.

Für viele Verbindungen sind jedoch nach wie vor **Trivialnamen** sehr gebräuchlich, die in diesem Buch oft zusätzlich kursiv angegeben sind. Daneben gibt es noch die von Firmen für ihre Produkte verwendeten Handelsnamen.

Beispiele:

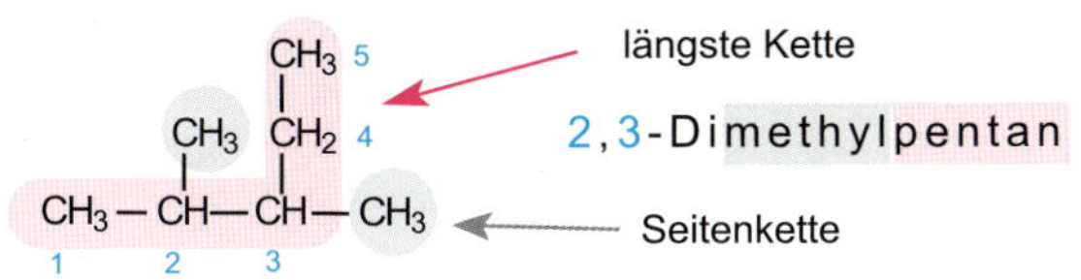

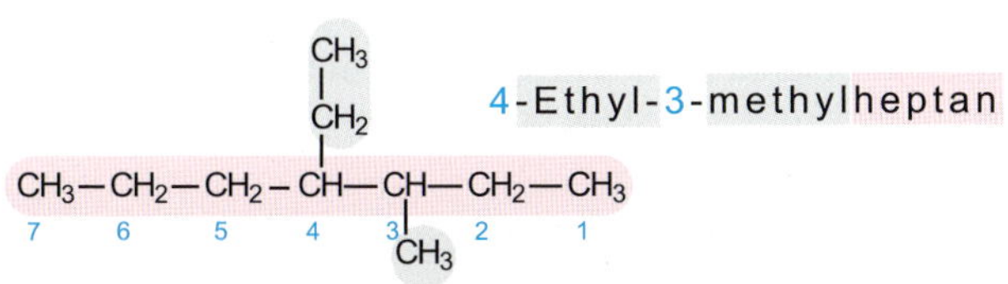

ÜBUNGEN:

2.2 Welche Namen haben die folgenden Verbindungen?

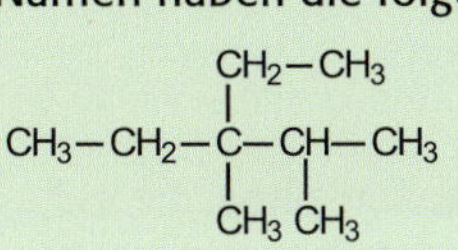

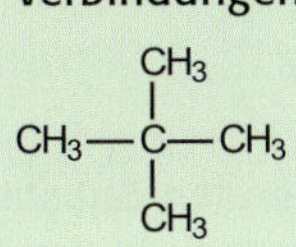

2.3 Welche Strukturformel hat
a) 2,2-Dimethylbutan b) 3-Ethyl-2-methylhexan?

2.4 Welche Namen haben die Isomere von Übung 2.1?

Johannes van der Waals (1837–1923); holländischer Physiker.

2.5 Physikalische Eigenschaften

Die physikalischen Eigenschaften einer Substanz werden von der **Polarität** ihrer Bindungen und der **Molekülgeometrie** bestimmt.

Da sich Kohlenstoff- und Wasserstoffatome in ihrer Elektronegativität nur geringfügig unterscheiden, sind die **C–H-Bindungen** (und damit die Kohlenwasserstoffe) nur **sehr schwach polar**. Daher wirken zwischen Kohlenwasserstoff-Molekülen nur die sehr schwachen **Van-der-Waals-Kräfte**.

Van-der-Waals-Kräfte zwischen Kohlenwasserstoffen:

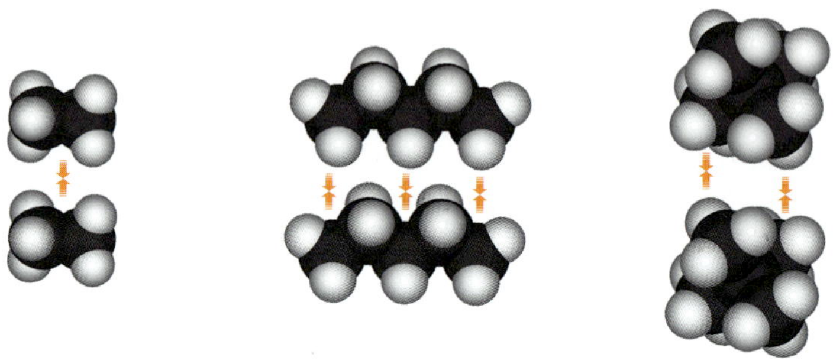

Ethan	Pentan	2,2-Dimethylpropan
	Siedetemperaturen	
−89 °C	36 °C	9 °C

Mit steigender Kettenlänge nimmt die Wirkung dieser Kräfte zu, Siede- und Schmelztemperatur steigen an (siehe Tabelle auf Seite 8). Bei verzweigten und ringförmigen Molekülen können die Van-der-Waals-Kräfte weniger stark zur Geltung kommen als bei geradkettigen, ihre Siedetemperaturen sind daher niedriger.

Geradkettige Kohlenwasserstoffe mit mehr als 16 C-Atomen sind Feststoffe, sie werden mit dem Sammelnamen ***Paraffin*** bezeichnet. Die sehr schwach polaren Kohlenwasserstoffe treten nicht in elektrostatische Wechselwirkung mit stark polaren Molekülen und sind daher in Wasser unlöslich.

Zu anderen schwach polaren Substanzen werden die gleichen zwischenmolekularen Kräfte wirksam wie zwischen Alkanmolekülen selbst, ein Lösungsvorgang kann stattfinden. Die flüssigen Kohlenwasserstoffe sind daher sehr gute Lösungsmittel für wenig polare Stoffe, wie z. B. Fette.

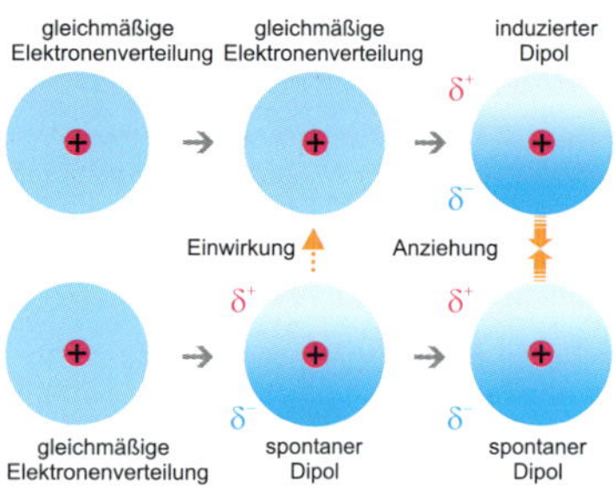

Als **Van-der-Waals-Kräfte** bezeichnet man elektrostatische Wechselwirkungen zwischen zeitweiligen Dipolmolekülen.
Diese entstehen durch die Bewegung der Elektronen in den Elektronenhüllen der Moleküle. Dadurch kann für sehr kurze Zeit eine ungleiche Ladungsverteilung auftreten.

ÜBUNGEN:

2.5 Die folgenden Substanzen sollen ohne die Hilfe von Tabellenwerten nach steigenden Siedetemperaturen geordnet werden: a) 2-Methylhexan b) n-Heptan c) 3,3-Dimethylpentan.

2.6 Wasser siedet fast bei der gleichen Temperatur wie Heptan, obwohl es aus wesentlich kleineren Molekülen besteht. Warum?

2.6 Chemische Reaktionen

Da die gesättigten Kohlenwasserstoffe keine funktionellen Gruppen besitzen, sind sie, verglichen mit anderen organischen Verbindungen, **sehr reaktionsträge**. Die Elektronenhülle schirmt die C–H- und C–C-Bindungen allseits weitgehend ab, ein angreifendes Teilchen X benötigt zur Reaktion eine große Aktivierungsenergie.

Bei höheren Temperaturen reagieren ihre Dämpfe jedoch leicht mit Sauerstoff, es entstehen CO_2 und H_2O. Die dabei frei werdende Reaktionswärme (Verbrennungswärme) ist sehr hoch, da die entstehenden polaren Bindungen H–O und C–O wesentlich stabiler sind als die unpolaren Bindungen C–C und C–H in den Ausgangsstoffen (siehe Band 1, Kap. 4.4). Das erklärt den hohen Heizwert von Erdgas und von Erdölprodukten (rund 42 000 kJ / kg).

Beispiel: Verbrennung von Methan:

$$CH_4 + 2\,O_2 \rightarrow CO_2 + 2\,H_2O \qquad \Delta H_R = -812\,\text{kJ}$$

Mit wachsender Zahl der Kohlenstoffatome wird die Verbrennung in Luft unvollständiger – die Flamme rußt und leuchtet.

Die Verbrennung verschiedener Kohlenwasserstoffe. Von links nach rechts: Methan CH_4, Butan C_4H_{10}, Hexan C_6H_{14} und Benzen C_6H_6.

Die **Reaktionsfähigkeit mit Halogenen** ist unterschiedlich: Fluor reagiert (ähnlich wie Sauerstoff) sehr heftig, mit Chlor und Brom tritt hingegen erst beim Belichten eine Reaktion ein, Iod reagiert nicht.

Beispiel: Die Reaktion von Hexan mit Brom

Gibt man zu Hexan etwas Brom, so löst sich das unpolare Brom im unpolaren Hexan mit brauner Farbe. Eine Reaktion tritt erst ein, wenn die Mischung starkem Licht aussetzt wird. Die braune Farbe des Broms verschwindet und kleine Gasbläschen steigen auf. Ein Stück Indikatorpapier weist den sauren Charakter des Gases nach, das mit NH_3 einen weißen Rauch und mit Silbernitratlösung einen Niederschlag ergibt. Es handelt sich daher um Hydrogenbromid (HBr). Wird nach dem Ende der Reaktion noch gelöstes HBr durch Ausschütteln mit Natronlauge entfernt und die Beilstein-Probe durchgeführt, so zeigt sich, dass die organische Flüssigkeit nun Halogenatome enthält.

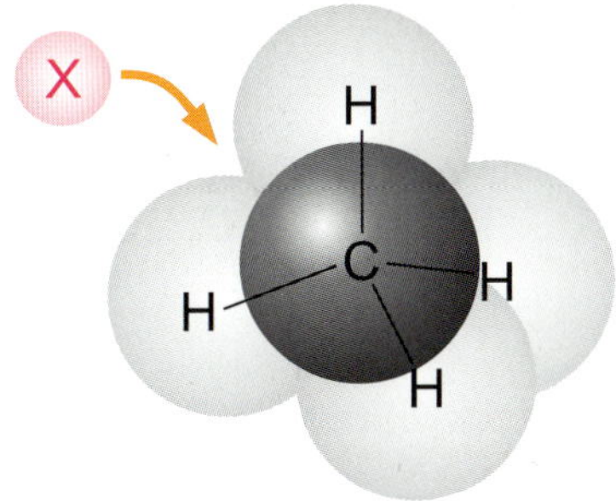

Ein Kohlenstoffatom mit Einfachbindungen ist tetraedrisch von Nachbaratomen umgeben und gegen Angriffe von außen gut abgeschirmt.

Bindungsenergien in kJ / mol

H – H	436		C – H	413
C – C	356		Si – H	318
F – F	159		N – H	391
Cl – Cl	242		P – H	322
Br – Br	193		O – H	463
I – I	151		S – H	347
O = O	498		F – H	567
C = C	594		Cl – H	431
C ≡ C	812		Br – H	366

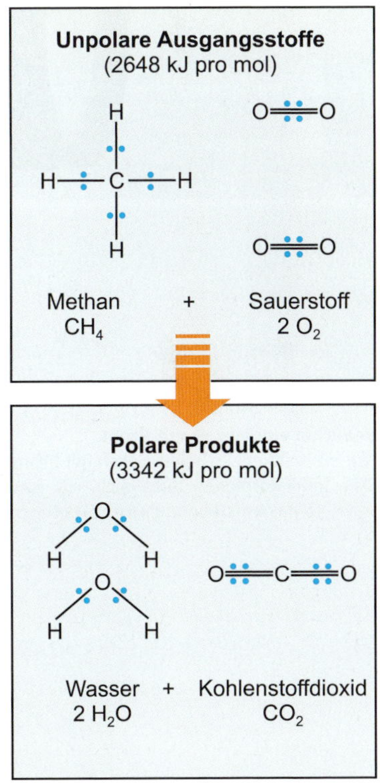

Bei der Verbrennung von Methan entstehen Produkte mit polaren Bindungen, die stabiler sind (die Summe der Bindungsenergien ist größer). Die blauen Punkte sollen die Position der Bindungselektronen andeuten.

Auslösender Faktor für die Reaktion ist das Licht. Wird von den Br_2-Molekülen Licht absorbiert, so führt dies zu einer Spaltung des Moleküls in zwei Br-Radikale (Teilchen, die ein ungepaartes Elektron enthalten):

$$Br_2 \xrightarrow{\text{Licht}} Br\bullet \;+\; Br\bullet$$

Stößt ein Br-Radikal auf ein Hexan-Molekül, so wird eine C–H-Bindung getrennt, es entsteht HBr und ein organisches Radikal:

Hexan Hexyl-Radikal

Reaktion von Hexan mit Brom.
Nur im Lichtkegel reagiert Hexan mit Brom. Das Indikatorpapier färbt sich rot und weist so das entstehende saure Gas nach.

Stößt dieses Hexyl-Radikal nun mit einem Br_2-Molekül zusammen, so verbindet es sich mit einem der Bromatome und setzt ein neues Brom radikal frei:

$$Br_2 \;+\; \bullet C_6H_{13} \longrightarrow Br\bullet \;+\; Br-C_6H_{13}$$

Dieses Radikal reagiert wieder mit einem Hexanmolekül usw.

Eine **radikalische Substitution** läuft ab.

Die Kettenreaktion endet, wenn zwei Radikale zusammenstoßen, z. B.:

$$Br\bullet \;+\; \bullet C_6H_{13} \longrightarrow Br-C_6H_{13}$$

In Summe: $Br_2 \;+\; C_6H_{14} \xrightarrow{\text{Licht}} Br-C_6H_{13} \;+\; HBr$

Da nicht steuerbar ist, an welcher Stelle des Hexan-Moleküls ein Brom-Radikal angreift, entsteht (wie bei den meisten organisch-chemischen Reaktionen) ein Gemisch verschiedener Produkte. Ebenso werden (besonders bei einer größeren Brommenge) auch mehrere Wasserstoffatome eines Moleküls gegen Brom ausgetauscht. Da das so entstehende Produktgemisch meist schwer zu trennen ist, werden solche Reaktionen nur in Ausnahmefällen angewandt.

Von großer technischer Bedeutung sind die **Crack-Reaktionen**. Dabei werden die im Erdöl im Überschuss vorhandenen langkettigen Kohlenwasserstoffe in kürzere gespalten (Seite 36).

ÜBUNGEN:

2.7 Wie lautet die Reaktionsgleichung für die vollständige Verbrennung von: a) Propan b) Octan?

2.8 Wie viele Isomere gibt es von Monobromhexan?

2.9 Wie viele Isomere gibt es von Dibromhexan?

2.10 Wie viele verschiedene Produkte entstehen bei der Reaktion von 2-Methylpropan mit Chlor, wenn jeweils nur ein Wasserstoffatom pro Molekül durch ein Chloratom ersetzt wird?

2.11 Warum entstehen bei der Reaktion von Chlor mit Methan als Nebenprodukt kleine Mengen Ethan?

2.7 Ringförmige Kohlenwasserstoffe

Neben den kettenförmigen Kohlenwasserstoffen existieren auch solche mit einem ringförmigen Kohlenstoffgerüst und der allgemeinen Formel C_nH_{2n}. Sie werden mit dem Namensteil Cyclo- gekennzeichnet (Cycloalkane).

Ihre **Stabilität** hängt von der Ringgröße ab.

Cyclopropan und **Cyclobutan** sind weniger stabil und damit reaktionsfähiger als offenkettige Alkane, da die C–C-Bindungen durch die Ringbildung stark gespannt sind (Bindungswinkel bei Cyclopropan 60°, bei Cyclobutan 90°, an Stelle des Tetraederwinkels von 109,5°).

Die Ringe von **Cyclopentan** und **Cyclohexan** sind dagegen spannungsfrei, sie finden sich in vielen Naturstoffen (z. B. in den Alkaloiden, Seite 100; oder im Vitamin A, Seite 127).

Cyclohexan, C_6H_{12}, weist keine Ringspannungen auf. Zwei Konformationen sind bei diesem Molekül möglich, die Sessel- und die Wannen-Form.

Die Sessel-Konformation ist begünstigt, da bei ihr keine räumlichen Behinderungen der Wasserstoffatome auftreten.

Sessel-Form

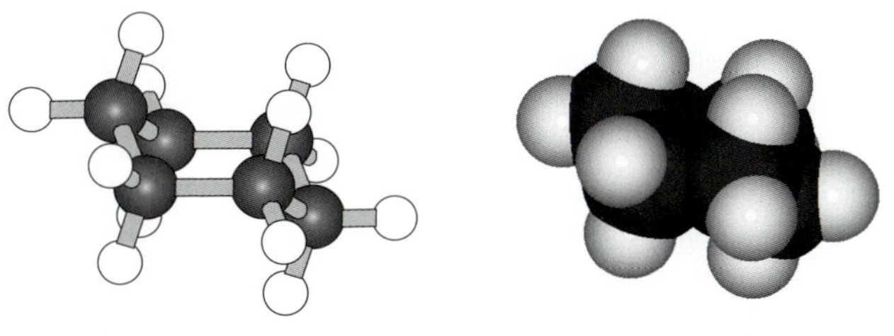

Wannen-Form

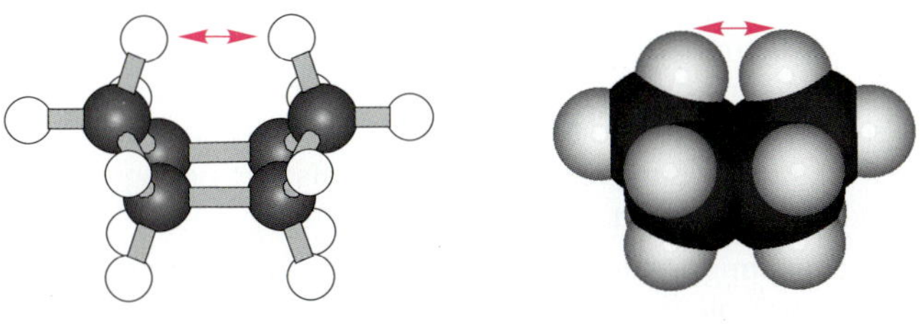

In ihren physikalischen und chemischen Eigenschaften entsprechen die Cycloalkane den offenkettigen Alkanen.

ÜBUNG:

2.12 Bei der Reaktion von Cyclopropan mit Brom entsteht eine Substanz mit der Formel $C_3H_6Br_2$. Was könnte der Grund dafür sein?

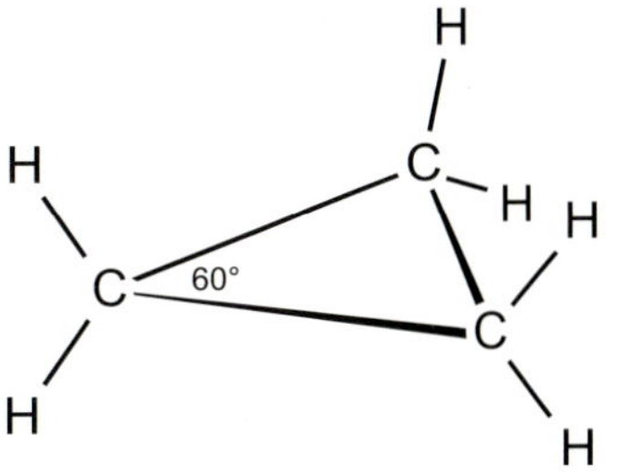

Cyclopropan, C_3H_6, ein gespannter Ring.

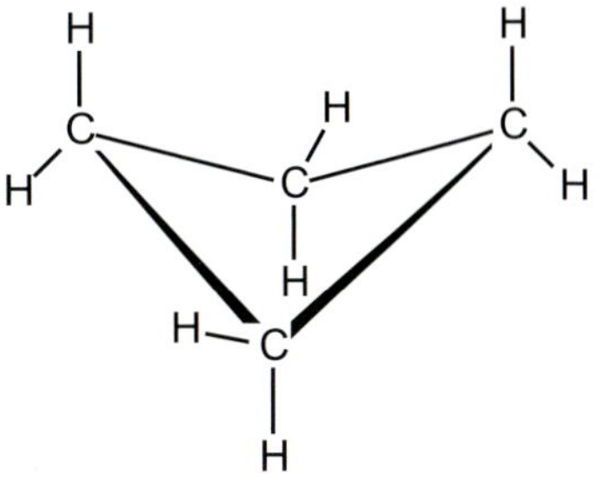

Cyclobutan, C_4H_8, mit niedrigerer Ringspannung.

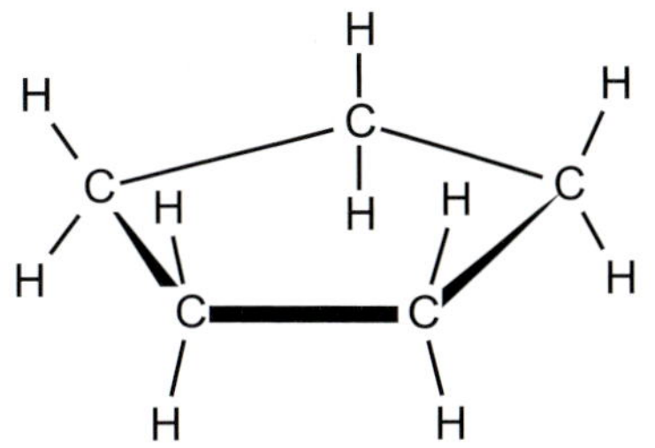

Cyclopentan, C_5H_{10}, ist fast spannungsfrei.

Beispiele zur Benennung von Alkenen

$\overset{1}{CH_2}$	=	$\overset{2}{CH}$	–	$\overset{3}{CH_3}$			Propen
$\overset{1}{CH_2}$	=	$\overset{2}{CH}$	–	$\overset{3}{CH_2}$	–	$\overset{4}{CH_3}$	But-1-en
$\overset{1}{CH_3}$	–	$\overset{2}{CH}$	=	$\overset{3}{CH}$	–	$\overset{4}{CH_3}$	But-2-en
$\overset{1}{CH_2}$	=	$\overset{2}{CH}$	–	$\overset{3}{CH}$	=	$\overset{4}{CH_2}$	Buta-1,3-dien

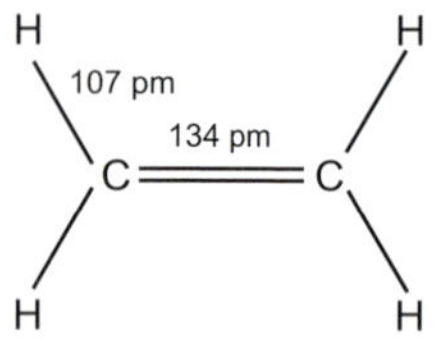

Die Doppelbindung im Ethen:
keine freie Rotation um die Doppelbindung.
(1 pm = 1 Picometer = 10^{-12}m)

Die Orbitale der C=C-Bindung ragen aus der Molekülebene heraus und sind daher chemischen Angriffen leicht zugänglich.

cis (lat.) = diesseits
trans (lat.) = jenseits
Z von „zusammen"
E von „entgegen"

Die Isomere des Dichlorethens.

3. Ungesättigte Kohlenwasserstoffe

Ungesättigte Verbindungen können an ihren Doppel- oder Dreifachbindungen noch andere Atome oder Atomgruppen aufnehmen (addieren). Ihre funktionelle Gruppe ist die C=C- oder C≡C-Bindung. In den physikalischen Eigenschaften entsprechen sie weitgehend den gesättigten Kohlenwasserstoffen.

Moleküle mit einer Doppelbindung werden auch als Alkene, solche mit einer Dreifachbindung als Alkine bezeichnet.

Zur **Benennung** dieser Substanzgruppen wird der Name des entsprechenden gesättigten Kohlenwasserstoffes herangezogen.

Enthält das Molekül eine **Doppelbindung** (Alken), so wird die Endsilbe des Namens auf **-en** geändert, bei einer **Dreifachbindung** (Alkin) auf **-in**. Eine vor der Endsilbe stehende Ziffer gibt an, nach welchem C-Atom die Mehrfachbindung auftritt. Gibt es mehrere Doppel- oder Dreifachbindungen, so wird das durch die Silben di-, tri- usw. ausgedrückt.

ÜBUNG:

3.1 Welche Strukturformel hat 2-Methyl-buta-1,3-dien?

3.1 Die Struktur der Alkene

Messungen am einfachsten Alken, dem Ethen, haben ergeben, dass es sich um ein eben gebautes Molekül handelt, in dem die Bindungswinkel ca. 120° betragen.

Damit sich zwei gemeinsame Elektronenpaare bilden können, muss die Entfernung zwischen den Kohlenstoffatomen geringer sein als bei Einfachbindungen. Jene Orbitale, die die Bindungen zu den Wasserstoffatomen bewirken, nehmen den größtmöglichen Abstand voneinander ein und liegen in einer Ebene, aus der die Elektronenwolken der Doppelbindung herausragen.

Sie sind aus räumlichen Gründen weniger gut in der Lage, die Atomrümpfe der beiden Kohlenstoffatome anzuziehen und deren Abstoßungskräfte abzuschirmen, als dies bei einer Einfachbindung der Fall wäre. Dadurch ist die Bindungsenergie geringer als der Betrag zweier Einfachbindungen (594 statt 2 · 356 kJ / mol).

Die Doppelbindung verhindert eine freie Drehbarkeit um die C–C-Achse. Sind daher verschiedene Gruppen an die Kohlenstoffatome der Doppelbindung gebunden, so können zwei Isomere mit unterschiedlichen physikalischen und chemischen Eigenschaften existieren, man spricht von **Z / E-** oder **cis-trans-Isomerie**.

Beispiel:

Z-1,2-Dichlorethen

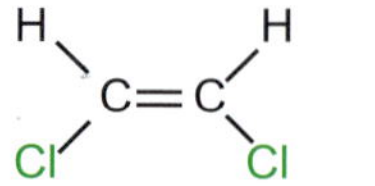

(cis-1,2-Dichlorethen)

E-1,2-Dichlorethen

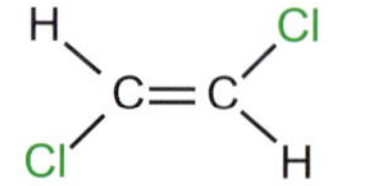

(trans-1,2-Dichlorethen)

ÜBUNGEN:

3.2 Welches der beiden Isomere von 1,2-Dichlorethen ist ein Dipol? Bei welchem wird daher die Siedetemperatur höher sein?

3.3 Welche Strukturformel hat E-But-2-en?

3.2 Chemische Eigenschaften der Alkene

Alkene sind wesentlich **reaktionsfähiger** als gesättigte Kohlenwasserstoffe, da sich die Orbitale der Doppelbindung ober- und unterhalb der Molekülebene befinden und so viel weniger gegen äußere Einflüsse abgeschirmt sind als die Orbitale in einem Alkan.

Typisch für ungesättigte Kohlenwasserstoffe sind **Additionsreaktionen** mit Halogenen, Halogenwasserstoffen, Wasser und Wasserstoff.

Die **Addition** von **Brom** wurde schon auf Seite 5 als **Nachweis** für Doppelbindungen erwähnt. Licht hat auf die Reaktion keinen Einfluss, was vermuten lässt, dass keine Radikale beteiligt sind. Dagegen erhöhen stark polare Lösungsmittel die Geschwindigkeit der Addition. Man schließt daraus auf folgenden Ablauf der Reaktion:

Die Doppelbindung ist ein Bereich erhöhter Elektronendichte, der mit einem positiv geladenen (elektrophilen, d. h. elektronenfreundlichen) Teilchen reagieren kann. Gelangt ein Br_2-Molekül in die Nähe, so werden seine Elektronen von denen der Doppelbindung abgestoßen, das Molekül wird zu einem Dipol. Jener Teil, der näher zur Doppelbindung liegt, verarmt an Elektronen und trägt daher eine positive Partialladung, der andere Teil eine negative. Bei weiterer Annäherung entsteht schließlich ein positiv und ein negativ geladenes Brom-Ion. Das Br^+-Ion lagert sich an die Doppelbindung an, als Übergangszustand entsteht ein ringförmiges Ion, mit dem dann (von der anderen Seite her) ein Br^--Ion reagiert – die **elektrophile Addition** (A_E) ist beendet.

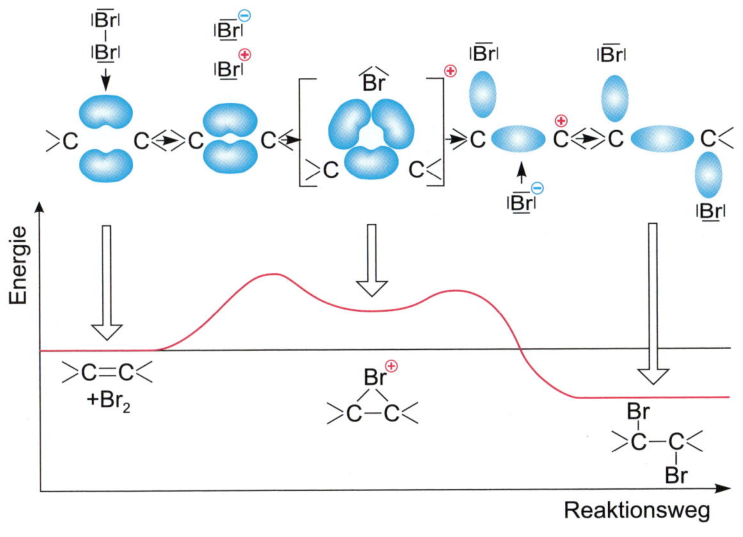

Ethen wird verwendet, um die Reifung von gelagerten Früchten auszulösen.
Links: sieben Tage nach der Ernte.
Rechts: zum gleichen Zeitpunkt geerntet, mit Ethen begast.

Wladimir Markownikoff (1838–1904); russischer Chemiker.

Carbenium-Ion:
Gruppenbezeichnung für Ionen mit der allgemeinen Formel R_3C^+.

Nach dem gleichen Mechanismus verläuft die Addition von Chlor.

Außer den Halogenen können auch andere Moleküle, z. B. die **Halogenwasserstoffe** (HCl, HBr, HI) addiert werden. Für die Addition von Wasser ist eine starke Säure als Katalysator erforderlich:

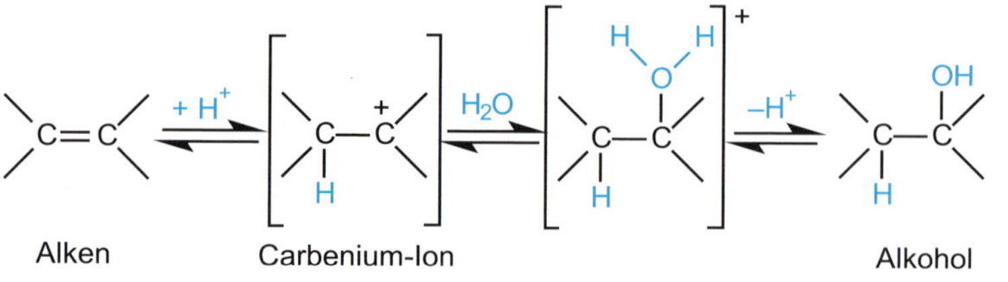

Der elektrophile Angriff erfolgt durch ein Proton der Säure, als Zwischenstufe entsteht ein Carbenium-Ion. Dann wird ein Wassermolekül angelagert und durch Abgabe eines Protons an das Lösungsmittel entsteht das Endprodukt, ein Alkohol.

Das Wasserstoff-Ion der Säure wird dabei bevorzugt von jenem Kohlenstoffatom der Doppelbindung aufgenommen, das die größere Zahl an Wasserstoffatomen besitzt (Regel von Markownikoff).

Der Grund für dieses Verhalten liegt in der unterschiedlichen Stabilität der als Zwischenstufe auftretenden Ionen. Ein Carbenium-Ion ist umso beständiger, je mehr die positive Ladung durch die elektronenabgebende Wirkung angrenzender Kohlenstoffatome stabilisiert wird. Daher befindet sich die positive Ladung am Kohlenstoffatom mit den meisten benachbarten Kohlenstoffatomen, das Wasserstoffatom wird an jenes Kohlenstoffatom gebunden, das die meisten Wasserstoffatome besitzt.

Da alle Teilschritte dieser Reaktion umkehrbar sind, kann über denselben Mechanismus auch die Elimination von Wasser oder Halogenwasserstoff erfolgen (Seiten 5 und 46).

Die **Addition** von **Wasserstoff** (**Hydrierung**) führt zur Bildung von gesättigten Kohlenwasserstoffen. Sie erfordert wegen der hohen Bindungsenergie des H_2-Moleküls (436 kJ / mol) einen Katalysator, z. B. fein verteiltes Nickel oder Platin. Die H_2-Moleküle werden an die Oberfläche dieser Metalle gebunden, was zu einer Lockerung der Bindung zwischen den Wasserstoffatomen führt.

Hydrierungen besitzen unter anderem große Bedeutung für die Benzinproduktion (Seite 37) und die Herstellung von Margarine (Seite 79).

Diese Addition ist umkehrbar, bei hohen Temperaturen erfolgt eine **Elimination** von **Wasserstoff**. Darauf beruht die katalytische **Dehydrierung** von Alkanen zu Alkenen, ein großtechnisch sehr wichtiges Verfahren (Herstellung von Ethen, Seite 19).

Auch die **Polymerisation** ist von großer praktischer Bedeutung. Dabei entstehen durch fortgesetzte Addition ungesättigter Moleküle gesättigte Riesenmoleküle (Makromoleküle), die als **Kunststoffe** Verwendung finden (Seite 116 ff.).

3.3 Technisch wichtige Alkene

Ethen (*Ethylen*)

Es kann großtechnisch leicht durch katalytische Dehydrierung von Ethan (aus Erdgas) oder durch Cracken von Erdölprodukten (Seite 36) gewonnen werden und zählt zu den wichtigsten Rohstoffen der organisch-chemischen Industrie.

Wie im folgenden Reaktionsschema dargestellt, werden aus Ethen wichtige Synthesegrundstoffe und Kunststoffe hergestellt.

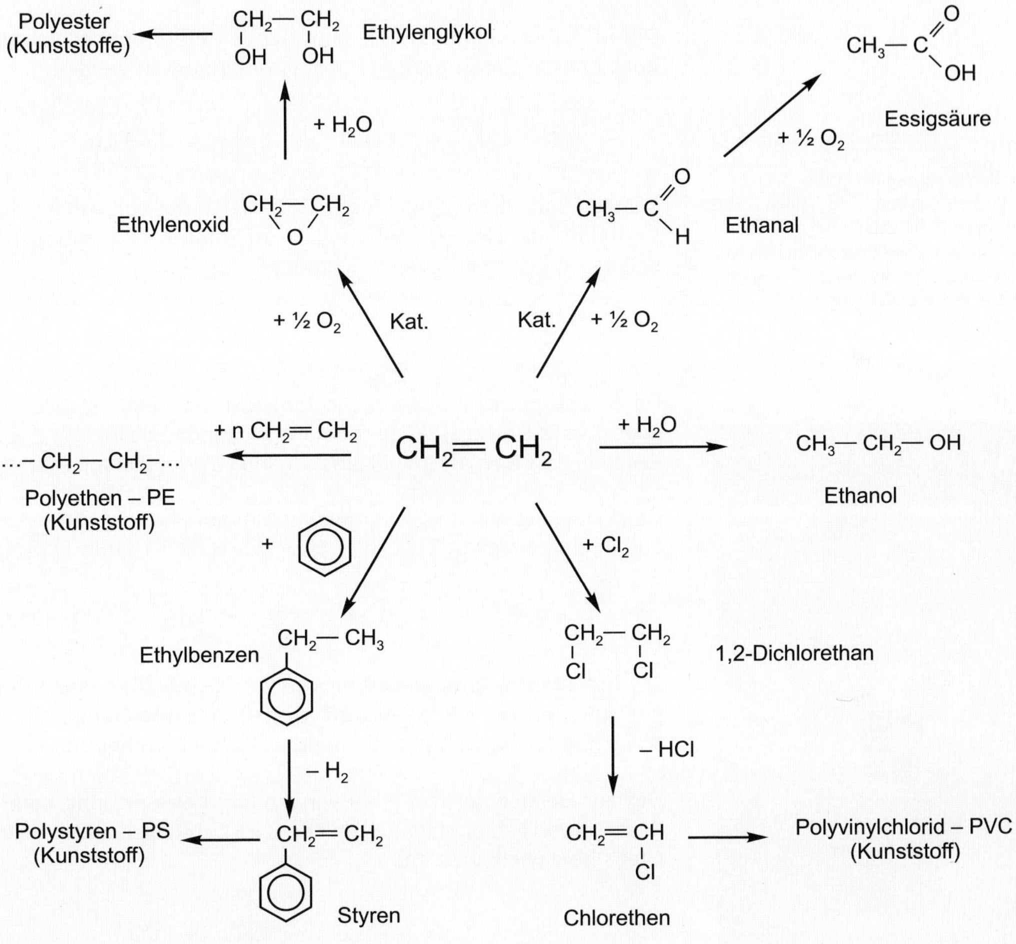

Andere Alkene sind in erster Linie für die Produktion von Kunststoffen (Seite 116 ff.) von Bedeutung, z. B.:

Chlorethen (*Vinylchlorid*) zur Herstellung von Polychlorethen (***Polyvinylchlorid**, PVC*),

Propen (*Propylen*) für Polypropen (*Polypropylen, PP*) und

Buta-1,3-dien für synthetischen Kautschuk.

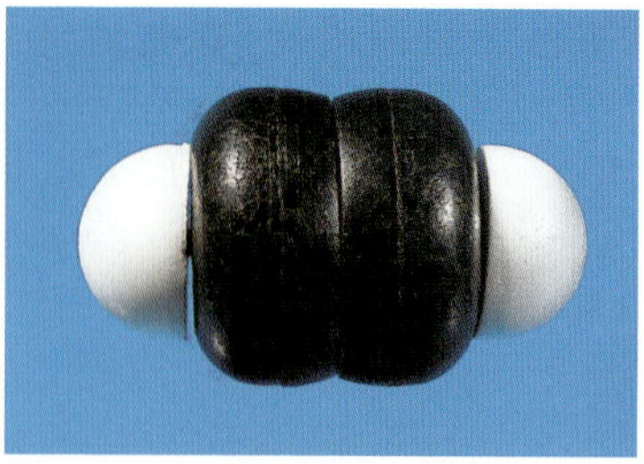

Kalottenmodell von Ethin C_2H_2.

Die Dreifachbindung im Ethin.
Die Kohlenstoffatome sind durch eine 121 pm lange Dreifachbindung verbunden (1 pm = 10^{-12} m). Die Bindungslänge nimmt ab, wenn die Stärke der Bindung zunimmt (vergleiche Ethan und Ethen).

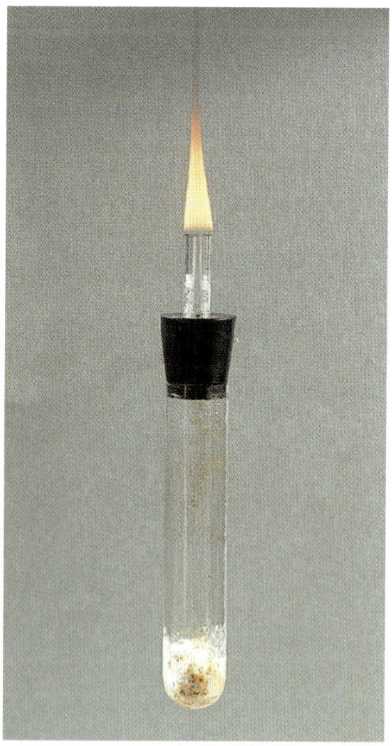

Herstellung von Ethin.
In der Eprouvette entsteht aus Calciumcarbid und Wasser Ethin, das mit stark rußender Flamme verbrennt.

3.4 Alkine

Die Alkine entsprechen in ihren physikalischen Eigenschaften den Alkanen und Alkenen. Als gemeinsames Strukturmerkmal weisen sie eine **Dreifachbindung** auf.

Wichtigster Vertreter dieser Gruppe ist **Ethin** (*Acetylen*).

Zwischen den beiden Kohlenstoffatomen befinden sich drei Orbitale mit bindenden Elektronenpaaren, das Molekül ist linear gebaut, der C–C-Abstand kleiner als bei einer Doppelbindung. Durch das jeweils vierte Orbital erfolgt die Bindung des Wasserstoffatoms.

Die im Labor benötigten kleinen Mengen Ethin können leicht durch Reaktion von Calciumcarbid mit Wasser hergestellt werden:

$$CaC_2 + 2\,H_2O \rightarrow C_2H_2 + Ca(OH)_2$$

Reines Ethin ist ein geruchloses Gas, das an der Luft mit leuchtender, stark rußender Flamme verbrennt. Beim Erhitzen oder unter Druck zerfällt es explosionsartig in die Elemente:

$$C_2H_2 \rightarrow 2\,C + H_2 \qquad \Delta H_R = -228\,kJ/mol$$

Da es sich gut in Propanon (*Aceton*) löst und dabei stabilisiert wird, kommt es in Druckgasflaschen, die mit Propanon und Kieselgur (poröses, saugfähiges Material) gefüllt sind, in den Handel (Dissous-Gas).

Beim Umgang mit Ethin ist große Vorsicht am Platz, da Mischungen mit Luft in einem weiten Bereich (1,5 % – 82 % Ethin) explosiv sind:

$$2\,C_2H_2 + 5\,O_2 \rightarrow 4\,CO_2 + 2\,H_2O \qquad \Delta H_R = -2\,612\,kJ/mol$$

Die hohe **Verbrennungswärme** wird zum **Schweißen** und **Schneiden** genutzt. Mit reinem Sauerstoff werden Flammentemperaturen bis 3 100 °C erreicht, wodurch die meisten Metalle schmelzen.

Das zur Herstellung von Ethin verwendete Calciumcarbid kann durch Reaktion von gebranntem Kalk mit Koks im Lichtbogen eines elektrischen Ofens hergestellt werden:

$$CaO + 3\,C \rightarrow CaC_2 + CO$$

Heute wird Ethin durch thermische Umwandlung oder durch teilweise katalytische Oxidation aus Methan gewonnen:

$$2\,CH_4 \xrightarrow{1\,400\,°C} C_2H_2 + 3\,H_2$$

$$4\,CH_4 + O_2 \xrightarrow{Katalysator} C_2H_2 + 2\,CO + 7\,H_2$$

Die **Alkine** sind mit ihrer Dreifachbindung zu den gleichen **Additionsreaktionen** befähigt wie die Alkene. Die Addition läuft dabei in zwei Stufen ab:

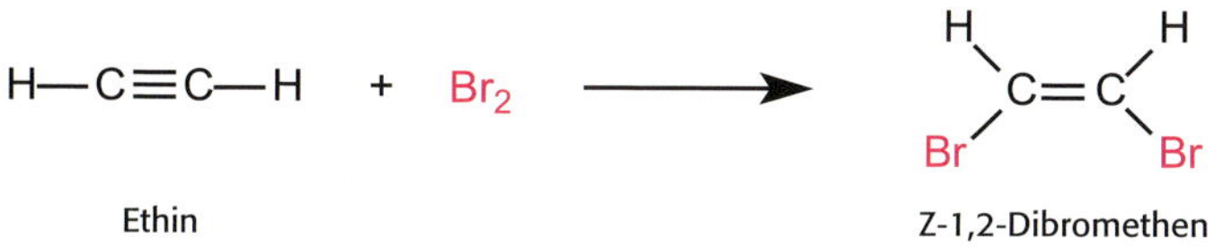

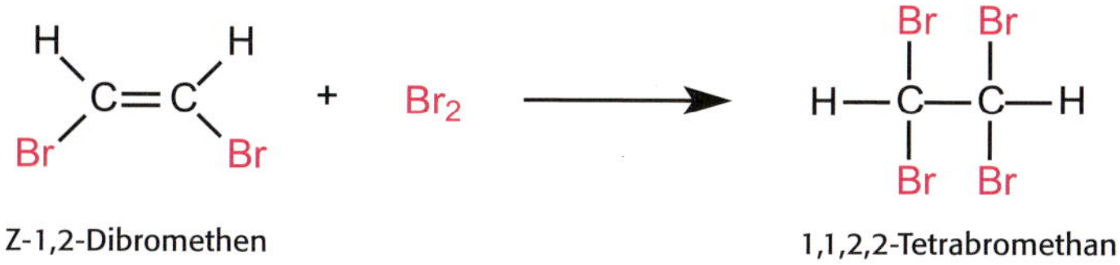

Wegen seiner Reaktionsfähigkeit war Ethin lange Zeit der wichtigste Grundstoff der organisch-chemischen Industrie, wurde aber von Ethen, das billiger herzustellen und sicherer in der Handhabung ist, verdrängt.

Abstich eines Carbidofens der Firma Donau-Chemie, Werk Landeck.

Ethin wird zum Schweißen und Schneiden von Metallen verwendet.

ÜBUNGEN:

3.4 Was ist an den folgenden Namen falsch?
a) 3-Methyl-3-penten b) 2-Ethylhexan c) 4-Hexin
d) 2-Methyl-2-hexin e) 3,3-Dimethyl-2-hexen

3.5 Aus welchen chemisch-technischen Rohstoffen könnten die folgenden Substanzen hergestellt werden:
a) Chlorethen b) Bromethan c) 1,1,2,2-Tetrachlorethan?
Könnte man diese Stoffe auch durch eine andere, nicht in diesem Kapitel erwähnte Reaktion herstellen? Welche Nachteile hätte dieses Produktionsverfahren?

3.6 Von einem Kohlenwasserstoff mit der Summenformel C_6H_{10} wird pro Mol Substanz ein Mol Brom addiert. Um welchen Stoff könnte es sich handeln?

3.7 Welche Substanzen entstehen bei der Addition von Hydrogenbromid (HBr) an Propen? Welches Produkt überwiegt?

3.8 Wie lauten die ersten drei Reaktionsschritte der Polymerisation von Propen mit Diethylperoxid als Starter?

3.9 Beim Einleiten von Ethen in Bromwasser, das NaCl gelöst enthält, entsteht als Nebenprodukt auch eine Substanz mit der Formel $Br - CH_2 - CH_2 - Cl$. Was könnte der Grund dafür sein?

3.10 Wird die Addition von Brom an Chlorethen rascher oder langsamer ablaufen als die an Ethen?

3.11 Die Reaktionsschritte der Elimination von Wasser aus Ethanol (Alkohol) mit Schwefelsäure als Katalysator sollen formuliert werden.

3.12 Welcher für die Kunststofferzeugung wichtige Ausgangsstoff kann durch Reaktion von Ethin mit Hydrogenchlorid (HCl) hergestellt werden?

FRIEDRICH KEKULÉ (1829–1896); deutscher Chemiker. 1865 schlug er zur Erklärung der Benzenstruktur einen Ring mit abwechselnden Einfach- und Doppelbindungen zwischen den C-Atomen vor.

4. Aromatische Kohlenwasserstoffe

Ursprünglich wurde die Bezeichnung „aromatische Verbindungen" zur Charakterisierung von Pflanzeninhaltsstoffen verwendet, die sich durch angenehmen Geruch auszeichnen. Spätere Untersuchungen ergaben, dass in diesen Molekülen ein Baustein mit einer neuen, zunächst unbekannten Bindungsart, das **Benzen** (alter Name: **Benzol**), enthalten ist. Heute wird der Begriff „aromatisch" für alle Substanzen verwendet, die Benzen oder ein Molekül mit gleichem **Bindungstyp** als Strukturelement enthalten.

4.1 Die Struktur des Benzens

Benzen ist eine farblose, benzinähnlich riechende Flüssigkeit, die mit stark rußender Flamme verbrennt. Seine Dämpfe sind sehr gesundheitsschädlich (u.a. auch Krebs erregend). Die Summenformel C_6H_6 wurde schon früh bestimmt, doch die Strukturformel bereitete den Chemikerinnen und Chemikern des vorigen Jahrhunderts einiges Kopfzerbrechen, da sie nicht so einfach mit den chemischen Eigenschaften der Substanz in Einklang gebracht werden konnte.

Benzen kann durch katalytische Dehydrierung von Cyclohexan gewonnen werden, woraus sich, zusammen mit den dabei entstehenden Zwischenprodukten, Rückschlüsse auf seine Struktur ziehen lassen:

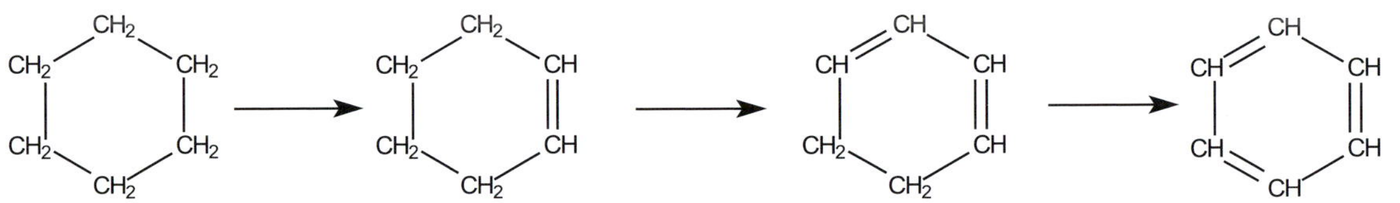

Cyclohexan C_6H_{12} | Cyclohexen C_6H_{10} | Cyclohexa-1,3-dien C_6H_8 | Cyclohexa-1,3,5-trien C_6H_6 Benzen

abgekürzt:

Cyclohexen und Cyclohexa-1,3-dien zeigen die für ungesättigte Kohlenwasserstoffe typischen Eigenschaften: Additionsreaktionen, wie z.B. die Addition von Brom, laufen sehr leicht und rasch ab, die Bindungslängen der Doppelbindungen sind geringer als die der Einfachbindungen.

Ganz anders sind jedoch die Eigenschaften von Benzen, das hier formal zunächst als Cyclohexa-1,3,5-trien angeschrieben wurde: Es zeigt mit Brom keine Additionsreaktion, alle sechs Bindungen sind gleich lang und daher gleichwertig. Die Bezeichnung Cyclohexatrien stimmt also nicht mit den Eigenschaften des Stoffes überein und wird aus diesem Grund nicht verwendet.

KEKULÉ, der 1865 dem Benzen diese Struktur zugeordnet hatte, versuchte die Widersprüche mit der Annahme zu erklären, dass die Doppelbindungen im Molekül ständig sehr rasch ihre Plätze wechseln:

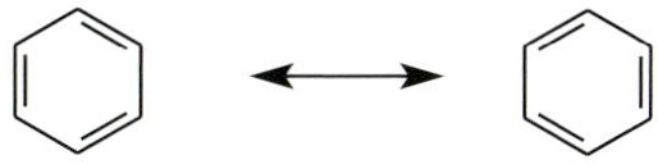

(1) (2)

Die beiden Formeln (1) und (2) können als mesomere Grenzformen aufgefasst werden, die jeweils einen fiktiven Extremzustand des tatsächlichen Moleküls darstellen. Sie entsprechen keinen vorhandenen Molekülformen, man will aber mit ihrer Hilfe angeben, zwischen welchen extremen Bindungszuständen der tatsächliche Zustand liegt.

Ein Pfeil mit entgegengesetzten Spitzen zwischen den beiden Formen symbolisiert diese **Mesomerie**. Er darf nicht mit den Doppelpfeilen verwechselt werden, die Hin- und Rückreaktion eines chemischen Gleichgewichts darstellen und den Wechsel zwischen tatsächlich existierenden Zuständen angeben.

Die Stabilität dieses Zustandes kann durch Angabe der **Mesomerieenergie** gekennzeichnet werden. Sie gibt an, um wie viel das Benzen stabiler ist als das fiktive Cyclohexatrien. Dies kommt z. B. bei der Hydrierung von Benzen zum Ausdruck, wo deutlich weniger Energie frei wird, als bei der Hydrierung von Cyclohexatrien zu erwarten wäre. Auch die Verbrennungswärme von Benzen ist um ca. 160 kJ / mol geringer als die für Cyclohexatrien berechnete.

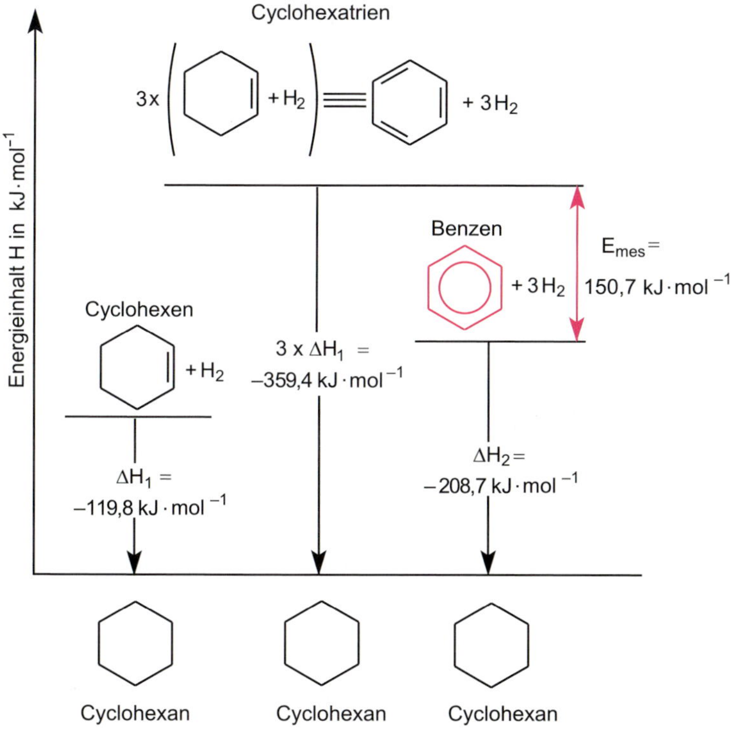

Erst die moderne theoretische Chemie lieferte Modellvorstellungen, die den aromatischen Bindungscharakter zufriedenstellend mathematisch beschreiben (Seite 28 ff.).

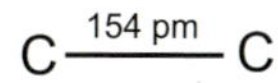

Die Länge einer Einfachbindung.

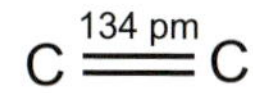

Die Länge einer Doppelbindung.

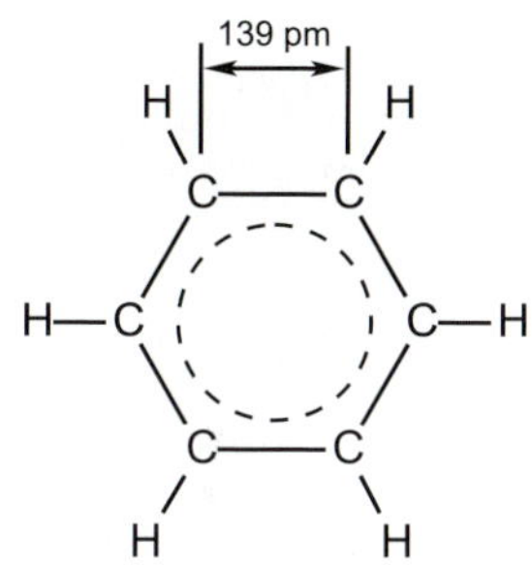

Im Benzen beobachtete Bindungslänge. Alle C–C-Bindungen haben die gleiche Länge, sechs Elektronen sind über den ganzen Ring delokalisiert.

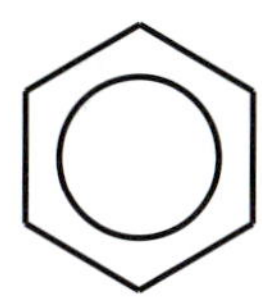

Symbolische Schreibweise des Benzens.

Die Ermittlung der Mesomerieenergie von Benzen aus der Energiebilanz bei der Hydrierung:
Die bei der Hydrierung von Cyclohexen frei werdende Energie ΔH_1 kann experimentell bestimmt werden. Der Wert für „Cyclohexatrien" müsste dreimal so hoch sein. Für Benzen wird jedoch eine deutlich geringere Hydrierungsenergie ΔH_2 gemessen.
Die Mesomerieenergie E_{mes} ergibt sich daher als Differenz mit 150,7 kJ / mol.

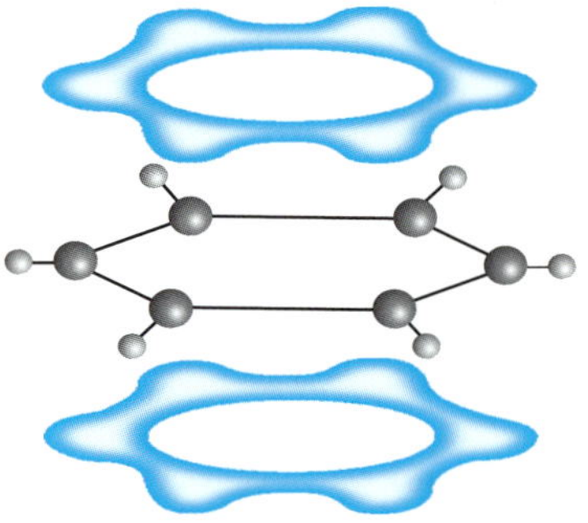

Die Elektronenwolken des Benzens haben oberhalb und unterhalb der Ringebene ihre größte Dichte.

Kalottenmodell des Benzenmoleküls.

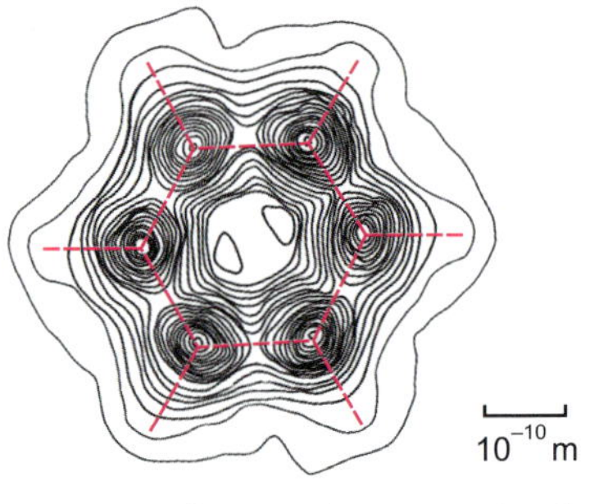

Das Röntgendiagramm des Benzens bestätigt, dass die Kohlenstoffatome ein regelmäßiges Sechseck bilden.

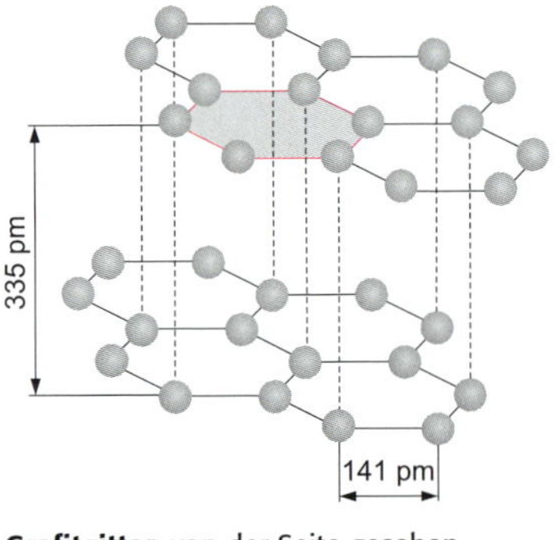

Grafitgitter, von der Seite gesehen.

Messungen und Berechnungen ergaben, dass jedes C-Atom des Ringes mit seinen beiden Nachbarn und dem H-Atom eine Einfachbindung eingeht, wozu drei seiner vier Außenelektronen benötigt werden. Die übrig bleibenden sechs Elektronen befinden sich in zwei ringförmigen Orbitalen oberhalb und unterhalb der Ringebene.

Solche sich über mehrere Atome erstreckende Elektronenwolken werden als π-Orbitale bezeichnet. Ihre Elektronen sind keinem bestimmten Atom zugeordnet, sie können sich innerhalb des π-Orbitals frei bewegen (delokalisierte Elektronen).

Physikalische Messungen zeigen, dass diese Modellvorstellung einen realen Hintergrund hat. Bringt man Benzen in ein sich änderndes Magnetfeld, so verhalten sich die Elektronen in den ringförmigen π-Orbitalen wie die Elektronen in einem Drahtring: Sie geraten in geordnete Bewegung (Induktion); der nun fließende Elektronenstrom erzeugt seinerseits ein Magnetfeld, dessen Wirkungen nachweisbar sind.

Die gleichen Bindungsverhältnisse treten beim Grafitgitter auf, wobei statt der Wasserstoffatome das nächste Kohlenstoff-Sechseck anschließt. Das π-Orbital mit den frei beweglichen Elektronen erstreckt sich über die gesamte Schicht des Gitters, daher ist Grafit ein elektrischer Leiter.

Als „aromatisch" werden heute alle Moleküle bezeichnet, die, wie Benzen, ringförmig geschlossene π-Orbitale besitzen.

4.2 Reaktionen des Benzens

Durch das System der delokalisierten Elektronen ist der Benzenring sehr stabil, er wird bei Reaktionen in der Regel nicht verändert (Ausnahmen siehe Seite 47).

Substitutionsreaktionen, bei denen das Kohlenstoff-Gerüst unverändert bleibt und nur die Wasserstoffatome des Ringes gegen andere Atome oder Atomgruppen ausgetauscht werden, sind jedoch leichter möglich.

Halogenierung (Reaktion mit Chlor oder Brom):

Bei der Zugabe von Brom (Br_2) tritt zunächst keine Reaktion ein. Gibt man allerdings einige Körnchen Aluminiumchlorid ($AlCl_3$) oder Eisenspäne als Katalysator hinzu, so setzt eine heftige, exotherme Reaktion ein. Es entweicht Hydrogenbromid (HBr, Nachweis siehe Seite 13), das Gemisch entfärbt sich und Brombenzen entsteht:

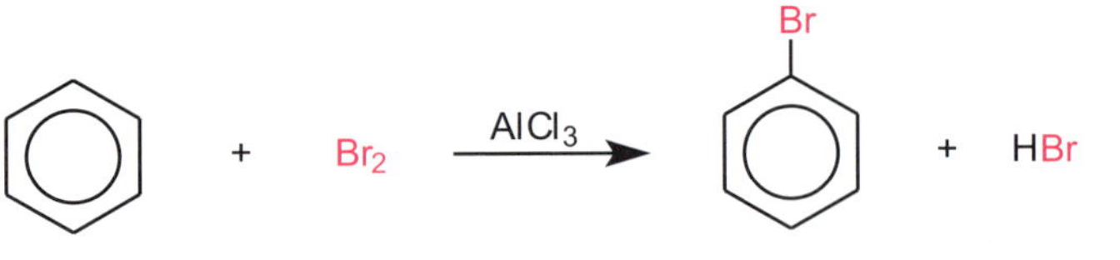

Der Ablauf der Reaktion entspricht einer **elektrophilen Substitution** (S_E) und erfolgt auch bei anderen Reaktionspartnern in prinzipiell gleicher Weise. Die π-Orbitale oberhalb und unterhalb des Benzenringes sind dem Angriff positiver (elektrophiler) Teilchen ähnlich ausgesetzt wie die Orbitale in einem Alken (Seite 17).

Im ersten Schritt lagert sich ein Br_2-Molekül an ein π-Orbital an, wird polarisiert und bildet einen sehr lockeren π-Komplex:

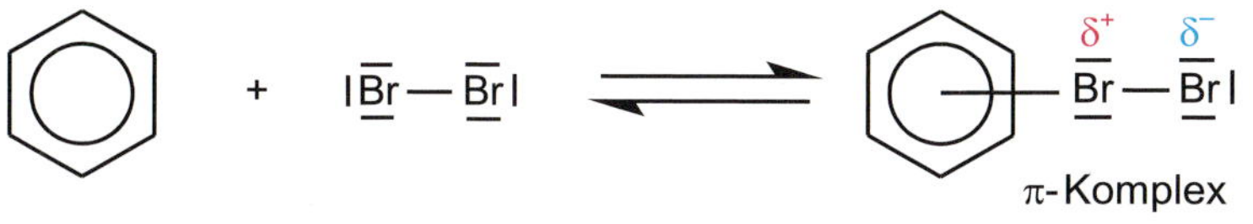

Da aber durch die Verteilung der sechs Elektronen über beide Ringe die Elektronendichte geringer ist als bei einer Doppelbindung, erfolgt zunächst keine Spaltung des Br_2-Moleküls.

Erst unter dem Einfluss des Katalysators, der sich an den negativ geladenen Teil des Komplexes anlagert, kommt es zu einer Trennung der Br–Br-Bindung. Das Br^+-Ion geht mit einem Kohlenstoffatom des Ringes eine Atombindung ein und bildet einen π-Komplex.

Dessen Existenz kann durch Experimente nachgewiesen werden, doch ist seine Konzentration in der Regel gering, da er sich rasch in das Produkt umwandelt oder zum Ausgangsstoff rückbildet.

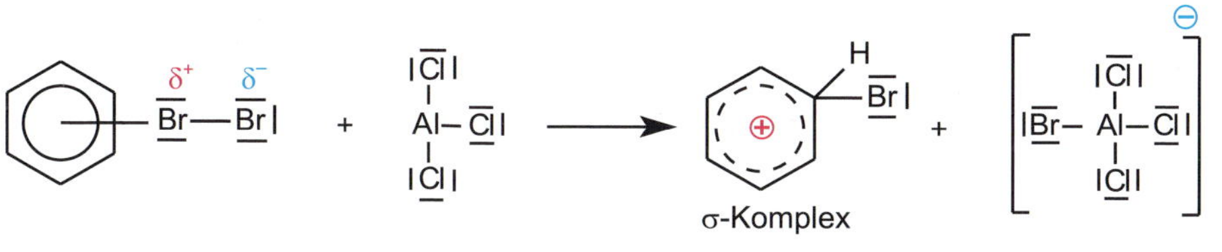

Durch den π-Komplex ist der energetisch sehr begünstigte aromatische Zustand stark gestört (nur mehr vier Elektronen sind über fünf C-Atome verteilt, zwei Elektronen des Benzenringes wurden zur Bindung des Br^+-Ions benötigt); er wird durch Abgabe eines Protons wieder hergestellt:

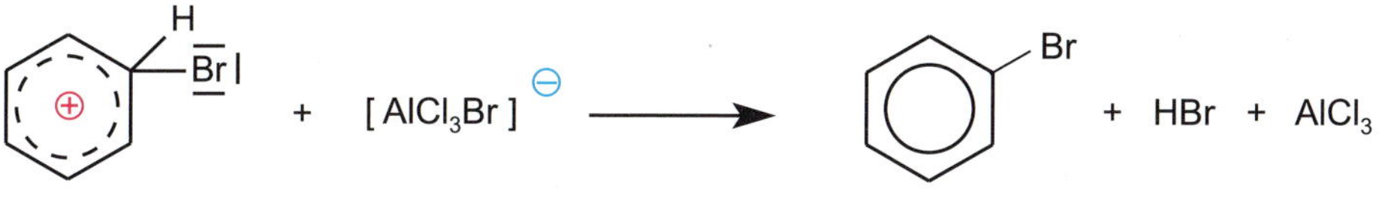

Das Aluminiumchlorid liegt am Ende der Reaktion wieder unverändert vor, da sich das H^+- mit dem Br^--Ion zu HBr vereinigt.

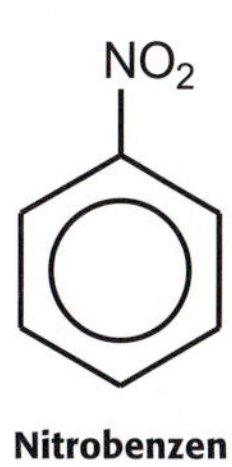

Nitrobenzen

Nitrierung

Bei der Nitrierung entsteht in einem Gemisch von Salpetersäure und Schwefelsäure ein NO_2^+-Ion (Protonierung von HNO_3 und Abspaltung von Wasser), das dann den Benzenring angreift:

$$H_2SO_4 + HNO_3 \rightarrow H_2NO_3^+ + HSO_4^- \rightarrow NO_2^+ + H_2O + HSO_4^-$$

Es entsteht Nitrobenzen, ein wichtiger Rohstoff zur Herstellung von Anilin (Seite 99) und Farbstoffen (Seite 128 f.).

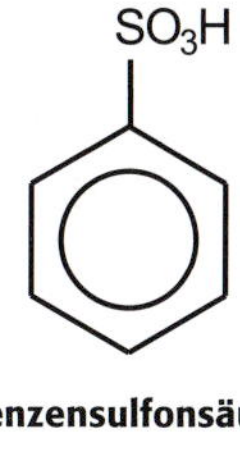

Benzensulfonsäure

Sulfonierung

Zur Sulfonierung dient konzentrierte Schwefelsäure. Es entsteht Benzensulfonsäure, ebenfalls ein wichtiges Zwischenprodukt organischer Synthesen. Die Sulfonierung wird oft benutzt, um aromatische Verbindungen wie Pharmazeutika oder Farbstoffe wasserlöslich zu machen.

Charles Friedel (1832–1899); französischer Chemiker.
James Crafts (1839–1906); amerikanischer Chemiker.

Alkylierung

In Gegenwart von Schwefelsäure können Alkene Benzen elektrophil substituieren. Aus Benzen und Ethen entsteht so Ethylbenzen:

Ethylbenzen

Eine andere Möglichkeit der Alkylierung ist die Reaktion mit Chlor- oder Bromalkanen in Gegenwart von $AlCl_3$ (Friedel-Crafts-Reaktion):

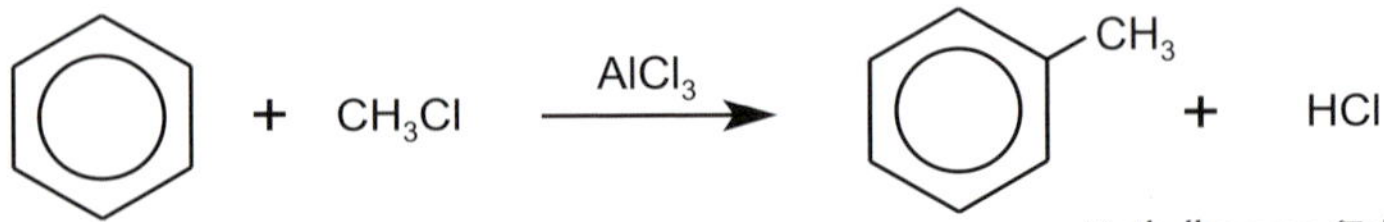

Methylbenzen (Toluen)

Ein Benzenring, der an eine Kohlenstoffkette gebunden ist, wird als Phenyl-Gruppe (C_6H_5–) bezeichnet. Aromatische Gruppen allgemein werden in Formeln oft mit **Ar-** abgekürzt.

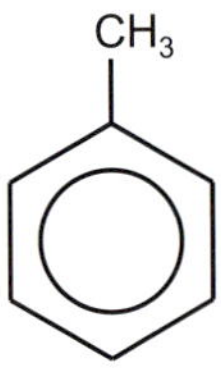

Toluen

4.3 Weitere aromatische Verbindungen

Toluen (Methylbenzen) ist ein wichtiges Lösungsmittel, da es (ebenso wie das Xylen) zu den am wenigsten gesundheitsschädlichen aromatischen Kohlenwasserstoffen zählt (Abbau im Organismus). Es wird z. B. in Filzschreibern verwendet und ist ein wichtiger Grundstoff zur Herstellung von Farb- und Sprengstoffen (TNT = 2,4,6-Trinitrotoluen).

Xylen (Dimethylbenzen) wird ebenfalls als Lösungsmittel verwendet. Da der Benzenring **zwei** Seitenketten enthält, sind drei Isomere möglich. Die Position der Seitenketten wird durch Ziffern angegeben.

Daneben sind auch die älteren Bezeichnungen ortho (o-) für die 1,2-, meta (m-) für die 1,3- und para (p-) für die 1,4-Stellung gebräuchlich.

orthos (griech.) = aufrecht
meta (griech.) = zwischen
para (griech.) = gegen
heteros (griech.) = fremd

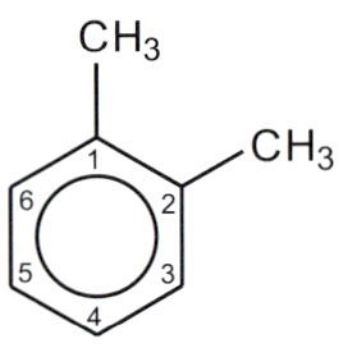

1,2-Dimethylbenzen
(ortho-Xylen)

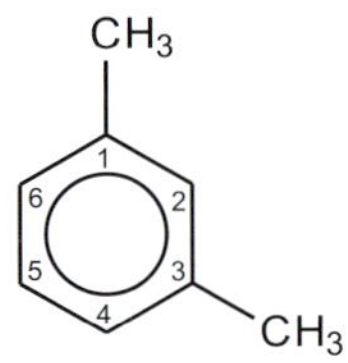

1,3-Dimethylbenzen
(meta-Xylen)

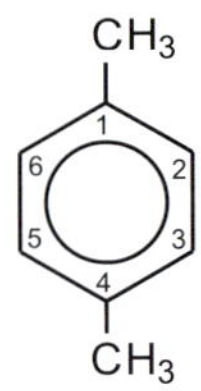

1,4-Dimethylbenzen
(para-Xylen)

Die Herstellung dieser aromatischen Kohlenwasserstoffe erfolgt aus Erdölprodukten (Seite 38).

Enthält ein Molekül mehrere Benzenringe, die zumindest zwei Kohlenstoffatome gemeinsam haben, so spricht man von **kondensierten Aromaten**.

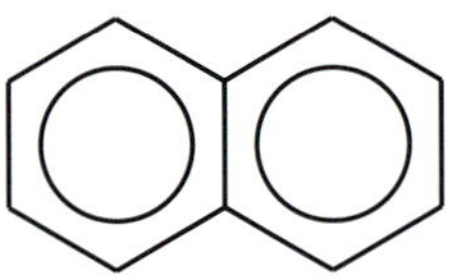

Naphthalen – $C_{10}H_8$

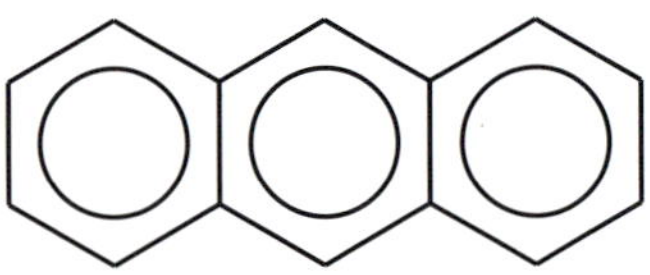

Anthracen – $C_{14}H_{10}$

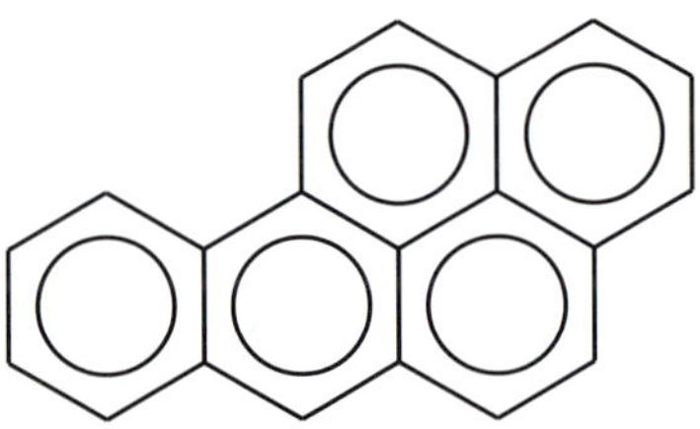

Benzpyren – $C_{20}H_{12}$

Naphthalen ist ein glänzendes, weißes, schuppiges Material mit charakteristischem Geruch (Mottenpulver).

Anthracen bildet schwach gelbliche, blau fluoreszierende Blättchen. Ebenso wie das Naphthalen wird es aus Steinkohlenteer gewonnen.

Benzpyren kommt unter anderem im Tabakrauch vor und ist für dessen Krebs erregende Wirkung verantwortlich.

Heteroaromaten enthalten im Ring auch Stickstoff-, Sauerstoff- oder Schwefelatome und sind Bestandteil vieler Naturstoffe (z. B. Seiten 100 und 140 ff.). Ihr aromatischer Charakter beruht auf dem Umstand, dass vier Elektronen der Kohlenstoffatome und ein Elektronenpaar des Fremdatoms zusammen ein ringförmiges System von π-Elektronen bilden.

Beispiele:

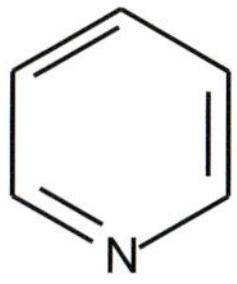

Pyridin C_5H_5N

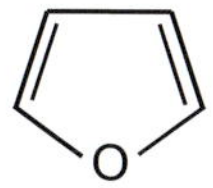

Furan C_4H_4O

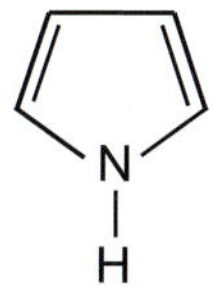

Pyrrol C_4H_5N

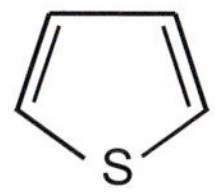

Thiophen C_4H_4S

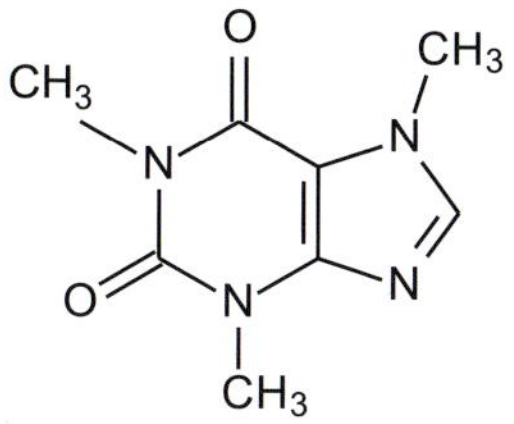

Koffein
in Kaffeebohnen

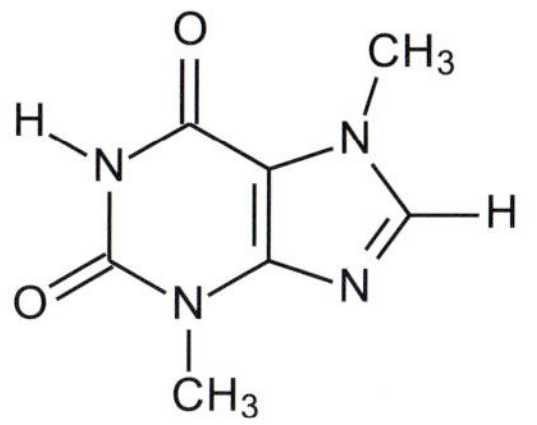

Theobromin
in Kakaobohnen

Durch einen Chemieunfall in Seveso (Italien, 1976) wurde die Substanzgruppe der ***Dioxine*** bekannt. Ihr gefährlichster Vertreter, das TCDD, (2,3,7,8-Tetrachlor-dibenzo-para-dioxin) ist extrem giftig und bewirkt schon in winzigsten Mengen Hauterkrankungen (Chlorakne, Leberschäden, Krebs). Dioxin entsteht als Nebenprodukt bei manchen Synthesen, aber auch bei der Verbrennung chlorhaltiger Verbindungen.

ÜBUNGEN:

4.1 Warum rußt Benzen beim Verbrennen stärker als Cyclohexan?

4.2 Brom reagiert mit a) Cyclohexan b) Cyclohexen c) Benzen. Welche Reaktionstypen treten dabei auf, was ist noch für den Ablauf der Reaktionen erforderlich?

4.3 Wie viele isomere Dibrombenzene gibt es? Wie viele gäbe es, wenn die Bindungen im Benzenring nicht gleichwertig wären?

4.4 Wird Benzen mit Iodchlorid, ICl, zur Reaktion gebracht, so entsteht ausschließlich Iodbenzen, während HCl entweicht. Was sind die Teilschritte der Reaktion? Wieso wird durch dieses Versuchsergebnis das Vorliegen einer elektrophilen Substitution bewiesen?

4.5 Wie verläuft die Reaktion zur Bildung von Nitrobenzen?

4.6 Warum ist die Benzensulfonsäure wasserlöslich, Nitrobenzen dagegen nicht?

4.7 Welche Verbindung entsteht bei der Dehydrierung von Ethylbenzen? Wofür wird sie verwendet (siehe auch Seite 118)?

4.8 Welches Produkt entsteht bei der Reaktion von Benzen mit 2-Chlorpropan (Aluminiumchlorid als Katalysator)?

4.9 Welcher Halogenkohlenwasserstoff wird benötigt, um aus Benzen Triphenylmethan $(C_6H_5)_3CH$ herzustellen?

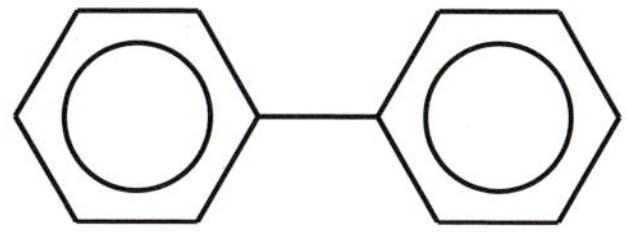

Biphenyl – $C_{12}H_{10}$ ist ein nicht kondensiertes Zweiringsystem. Es dient als Konservierungsmittel für die Schalen von Zitrusfrüchten.

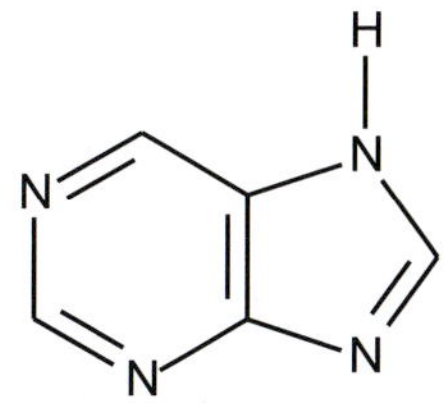

Purin ist Bestandteil von Koffein, Theobromin, Adenin, Guanin und Harnsäure.

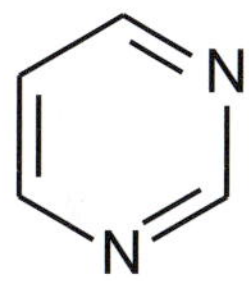

Pyrimidin ist als Strukturelement in Alkaloiden, in Thymin und Cytosin zu finden.

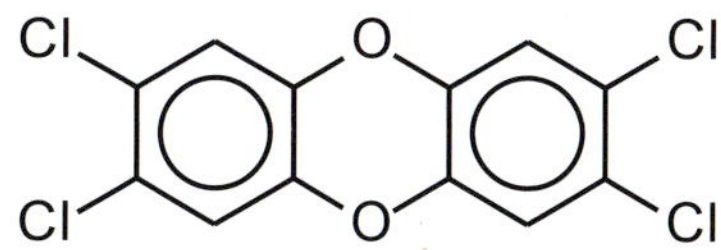

TCDD – Dioxin

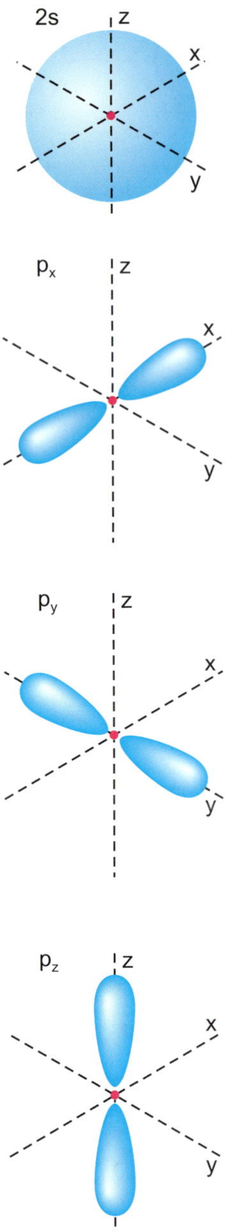

s- und p-Orbitale.

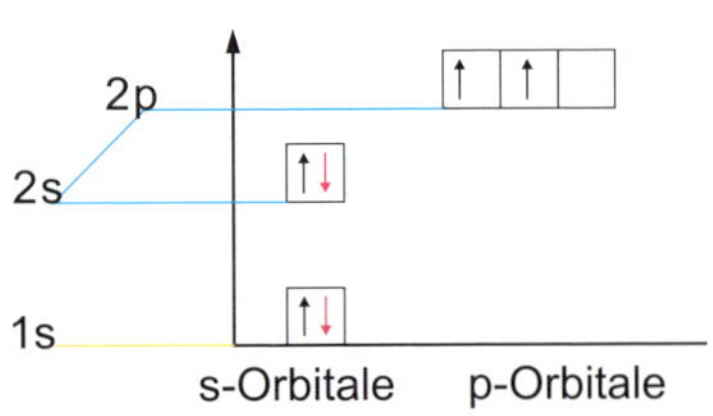

Elektronenanordnung beim Kohlenstoff.

4.4 Modelle der chemischen Bindung

Zur Beschreibung und Vorhersage des räumlichen Aufbaus eines Moleküls sind verschiedene Modellvorstellungen in Gebrauch, bisher (und auch in Band 1) wurde das vergleichsweise anschauliche **Elektronenpaar-Abstoßungs-Modell** verwendet. Mit seiner Hilfe lassen sich die Einfach-, Doppel- und Dreifachbindungen des Kohlenstoffatoms gut beschreiben. Zur Erklärung der aromatischen Bindung bedarf es jedoch anderer, mathematisch aufwändiger Modelle.

Vorausgeschickt sei eine kurze Zusammenfassung der modernen Modellvorstellungen vom Aufbau der Elektronenhülle eines Atoms:

Die Elektronen eines (freien) Atoms befinden sich in Orbitalen, deren Größen und Formen mit der Schrödinger-Gleichung näherungsweise berechnet werden können. s-Orbitale haben Kugelgestalt, ein p-Orbital gleicht einer Hantel. Innerhalb eines Atoms werden die Orbitale mit niedriger Energie zuerst von je zwei Elektronen mit unterschiedlichem Spin (Eigenrotation) besetzt. Orbitale auf gleichem Energieniveau werden zunächst nur einfach besetzt. Die Durchdringung einfach besetzter Orbitale verschiedener Atome führt zur Bildung von gemeinsamen Elektronenpaaren und damit zur Bindung.

Dieses Modell beschreibt zwar die Elektronenanordnung der freien Atome in zutreffender Weise, versagt aber bei der Vorhersage der Bindungsverhältnisse, wie sich z. B. beim Kohlenstoffatom zeigt:

Von den sechs Elektronen befinden sich je zwei im 1s- und im 2s-Orbital, zwei der (im rechten Winkel zueinander stehenden) 2p-Orbitale enthalten je ein Elektron und könnten eine Bindung mit den Orbitalen anderer Atome eingehen.

Demnach müsste die Verbindung mit Wasserstoff rechtwinkelig gebaut sein und die Formel CH_2 haben. Ein solches Molekül existiert jedoch nicht.

Das Elektronenpaar-Abstoßungs-Modell hingegen unterscheidet nicht zwischen den Elektronen des höchsten Energieniveaus. Es bezieht nur die Elektronenpaare des gebundenen Atoms in die Betrachtungen ein und trifft die plausible Annahme, dass sich die Orbitale mit diesen Elektronenpaaren weitestmöglich voneinander entfernen. Seine Ergebnisse stimmen mit der experimentell bestätigten Vierwertigkeit des Kohlenstoffatoms und der tetraedrischen Richtung der Bindungen überein (Seite 9). Auch Doppel- und Dreifachbindungen werden zufriedenstellend beschrieben (Seiten 16 und 20).

Um beim **Orbitalmodell** eine Übereinstimmung von Theorie und Praxis zu erzielen, sind einige Abänderungen notwendig:

Nach PAULING nimmt man an, dass bei der Bildung einer Verbindung zunächst ein Elektron des 2s-Orbitals unter Energieaufwand in das freie 2p-Orbital überwechselt. Ein solches C-Atom könnte nun zwar vier Bindungen eingehen, doch nicht in tetraedrischer Anordnung, denn das s-Orbital hat die Form einer Kugelschale, die drei hantelförmigen p-Orbitale stehen im rechten Winkel zueinander. Vier tetraedrisch ausgerichtete Orbitale werden erst erhalten, wenn man die Gleichungen für diese vier Orbitale durch ein geeignetes mathematisches Verfahren,

Hybridisierung genannt, mischt. Dies führt zu vier gleichwertigen, mit je einem Elektron besetzten sp^3-Hybridorbitalen, die annähernd die Form von Keulen haben. Die Benennung bringt zum Ausdruck, dass diese Orbitale durch Mischung von einem s- und drei p-Orbitalen berechnet wurden.

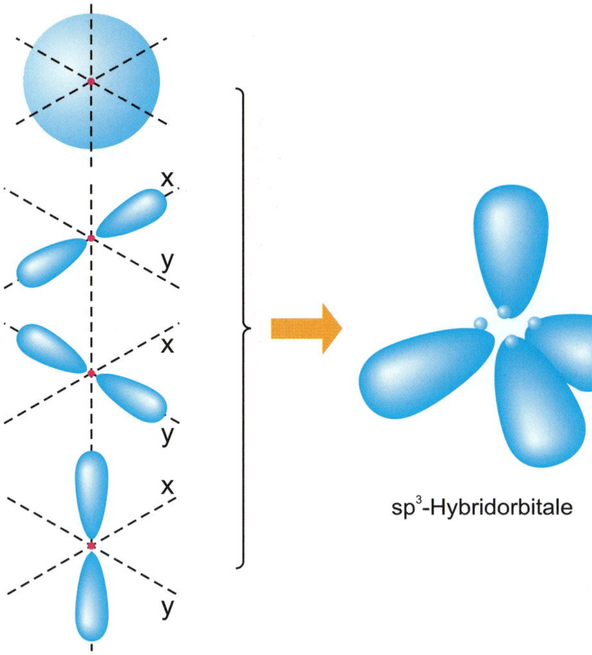

Durch Überlagerung mit den 1s-Orbitalen der Wasserstoffatome bilden sich vier bindende Elektronenpaare. Man erhält das gleiche Bild vom Methan wie beim Elektronenpaar-Abstoßungs-Modell.

Die Hybridisierung ist **nicht** ein Vorgang im Kohlenstoffatom, sondern ein mathematisches Hilfsmittel mit dem Zweck, die Aussagen des Orbitalmodells an die Realität anzupassen. Die Hybridorbitale geben auch **keine Erklärung** für die Molekülgeometrie, sondern sind eine näherungsweise **Beschreibung** der Bindung, wenn die Molekülgeometrie durch Messungen bereits bestimmt wurde.

Das Zustandekommen von **Doppelbindungen** beschreibt das Orbitalmodell durch Hybridisierung von einem 2s- mit nur zwei 2p-Orbitalen. Die drei entstehenden sp^2-Hybridorbitale liegen in einer Ebene und schließen einen Winkel von 120° ein. Je ein sp^2-Orbital bildet die C–C-Bindung, die beiden anderen die C–H-Bindungen. Das dritte p-Orbital jedes Kohlenstoffatoms bleibt in seiner Form erhalten und steht senkrecht auf die Ebene der sp^2-Orbitale. Durch seitliche Überlappung mit dem p-Orbital des anderen Kohlenstoffatoms entsteht die Doppelbindung. Diese Überlappung ist nur möglich, wenn alle C–H-Bindungen in der gleichen Ebene liegen, sodass keine freie Drehbarkeit um die C–C-Achse mehr gegeben ist.

Nach diesem Modell sind die beiden C-Atome durch zwei ungleichwertige Bindungen verknüpft. Die eine kam durch Überlappung der sp^2-Hybridorbitale zustande und weist die größte Aufenthaltswahrscheinlichkeit für die Bindungselektronen im Bereich zwischen den beiden Kohlen-

Linus Pauling (1901–1994); amerikanischer Chemiker, erhielt 1954 den Nobelpreis für Chemie und 1962 den Friedensnobelpreis für seinen Einsatz gegen die Anwendung von Kernwaffen.

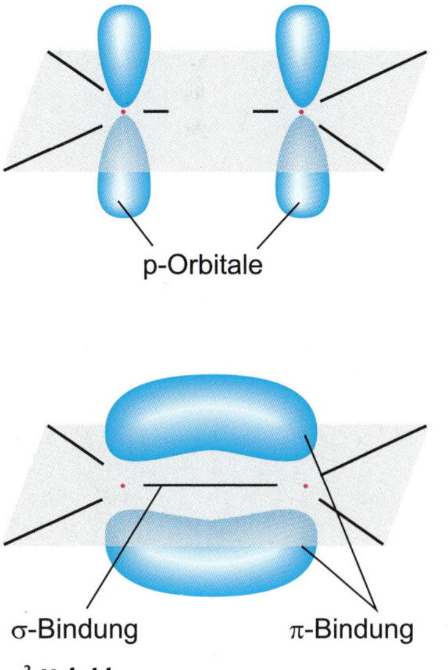

sp^2-Hybrid.
Die anderen Orbitale wurden zwecks besserer Übersichtlichkeit weggelassen.

stoffatomen auf; sie wird π-Bindung genannt. Die andere, als π-Bindung bezeichnet, weist oberhalb und unterhalb der C–C-Achse die größte Aufenthaltswahrscheinlichkeit für die Elektronen auf und entstand durch Überlagerung der beiden p-Orbitale. Da sich diese nicht so stark durchdringen können wie die sp^2-Orbitale, ist die π-Bindung schwächer als die σ-Bindung und daher die Bindungsenergie einer Doppelbindung geringer als die Bindungsenergie zweier Einfachbindungen.

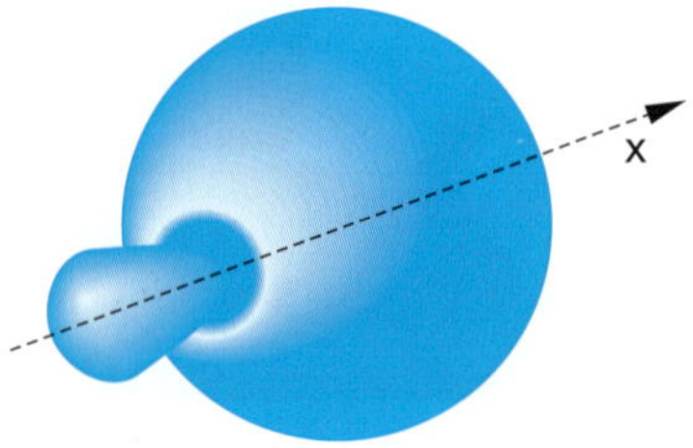

sp-Hybrid.

Dreifachbindungen lassen sich durch eine sp-Hybridisierung beschreiben:

Ein 2s- und ein 2p-Orbital bilden zwei auf einer Geraden liegende sp-Hybridorbitale. Sie bewirken die C–H-Bindung und die σ-Bindung zwischen den Kohlenstoffatomen. Die zwei an jedem Kohlenstoffatom noch verbleibenden p-Orbitale stehen im rechten Winkel zueinander, überlappen mit den p-Orbitalen des Nachbaratoms und bilden zwei π-Bindungen.

Eine zutreffende Beschreibung der aromatischen Bindung ist nur mithilfe des Orbitalmodells möglich:

Für die Kekulé-Formel des Benzens ergibt sich unter der Annahme einer sp^2-Hybridisierung folgendes Bild: Ein sp^2-Orbital jedes C-Atoms bewirkt die Bindung zum H-Atom, die beiden anderen sp^2-Orbitale die σ-Bindung zu den benachbarten C-Atomen. Aus dem so vorgegebenen sechseckigen Grundgerüst ragen die noch verbliebenen p-Orbitale heraus. Durch Überlappung dieser Orbitale entstehen dann zwei ringförmige π-Orbitale oberhalb und unterhalb der Ringebene, in denen sich je drei Elektronen aufhalten.

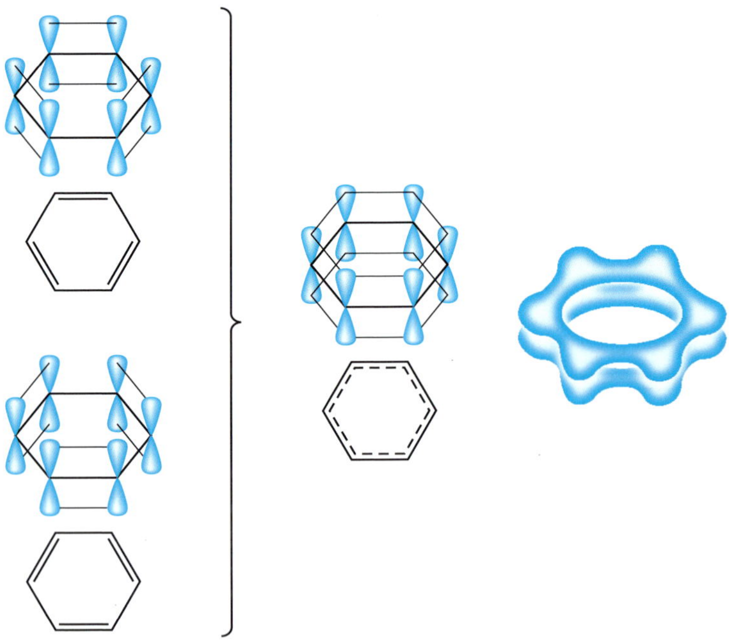

Links: Die den beiden Kekulé-Formeln entsprechende Verteilung der π-Elektronen.
Rechts: Das ringförmige π-Elektronen-System.

5. Energieträger und Rohstoffe

Historiker benennen verschiedene Epochen nach den verwendeten Werkstoffen und sprechen daher von der Stein-, Bronze- und Eisenzeit. Für alle diese Perioden zusammen wäre allerdings die Bezeichnung „Holzzeit" treffender. Denn Holz war der mit Abstand wichtigste Rohstoff: zum Bau von Häusern und Schiffen und als Heizmaterial. Holzkohle wurde zur Metallgewinnung benötigt, Holzasche zur Glaserzeugung.

Nun ist Holz zwar ein nachwachsender Rohstoff, doch mit zunehmender Bevölkerung und oft unvernünftiger Nutzung erfolgte das Nachwachsen bald nicht rasch genug. Die weitgehende Entwaldung der Britischen Inseln und der Mittelmeerländer sind die auch heute noch sichtbaren Folgen des Raubbaues. Der zunehmende Holzmangel führte vor rund 250 Jahren zur Erschließung der Kohlelagerstätten. Kohle löste das Holz als Energieträger ab und diente später auch als Rohstoff für die chemische Industrie. Ab der Mitte des 20. Jahrhunderts verdrängten das bequemer zu handhabende Erdöl und Erdgas die Kohle aus ihrer führenden Position.

Erdöl, Erdgas und Kohle sind wichtige Rohstoffe für chemische Produkte. Doch nur 5 % der geförderten Menge wird von der chemischen Industrie verwendet, der Rest dient zur Energiegewinnung, d. h. als Heizmaterial, für Wärmekraftwerke und als Treibstoff.

Für den Schiffsbau wurden ganze Wälder gerodet. So waren für ein größeres Handels- oder Kriegsschiff über 2000 Eichen erforderlich. Das Bild zeigt den Nachbau eines Handelsschiffes aus dem Jahre 1750 (Schifffahrtsmuseum, Amsterdam).

5.1 Erdöl und Erdgas

Öl und Gas – wie lange noch?

Preiserhöhungen bei Erdölprodukten sind regelmäßig Anlass für Prophezeiungen, dass diese Rohstoffe demnächst zu Ende gehen oder zumindest unerschwinglich teuer werden.

Eine nähere Analyse zeigt, dass die Situation nicht ganz so dramatisch ist. Zwar wirken sich politische Ereignisse und Spekulationsgeschäfte in Form kurzfristiger Preisschwankungen aus (wobei stets nur die Preiserhöhungen in den Schlagzeilen erwähnt werden), über einen längeren Zeitraum betrachtet bewegen sich die Preise hingegen im Rahmen der üblichen Teuerungsrate.

Die sicheren und mit heutiger Technik wirtschaftlich gewinnbaren Öl- und Gas-Reserven reichen aus, um die Förderung auf heutigem Niveau über mehr als 40 Jahre aufrechtzuerhalten. Nicht mitgerechnet sind jene Mengen, die man in Küstengewässern und in der Tiefsee noch zu entdecken hofft oder mit neuen Techniken aus bekannten Teersand- und Ölschiefervorkommen gewinnen kann. Sie werden auf ein Vielfaches der gesicherten Reserven geschätzt.

Auch wenn keine dramatische Verknappung droht: die **sparsame Verwendung** fossiler Energieträger macht in mehrfacher Hinsicht Sinn. Trotz inzwischen wesentlich verbesserter Umweltschutzmaßnahmen sind Förderung, Transport und Verbrennung mit Umweltbelastungen verbunden. Ein geringerer Verbrauch bedeutet daher nicht nur weniger Schadstoffe, sondern auch eine bessere Zahlungsbilanz, denn Öl, Gas und Kohle müssen zum Großteil importiert werden.

Am Meeresboden bei Temperaturen von 4 °C bildet Methan mit Wasser eine lockere, eisartige Verbindung. An die Oberfläche gebracht, lässt sich dieses Methaneis entzünden. Techniken, diese riesigen Mengen Methan zu gewinnen, sind erst im Versuchsstadium.

Erdöl.

Das Erdöl befindet sich in den Poren des Gesteins. Wird ein Bohrkern in Wasser gelegt, so steigen die Öltröpfchen auf.

Entstehung und Gewinnung

Erdöl ist eine schwarze bis grünbraune, nach Benzin riechende Flüssigkeit und ein Gemisch tausender Substanzen, von denen die meisten zu den gesättigten Kohlenwasserstoffen gehören.

Man findet aber auch komplizierte Moleküle wie Blut- und Blattfarbstoffe sowie stickstoff- und schwefelhaltige Verbindungen, die auf den biologischen Ursprung des Erdöls hinweisen.

Man nimmt an, dass abgestorbene Kleinlebewesen (Plankton) am Grund von Meeren unter Sauerstoffabschluss und Mitwirkung von Bakterien in Kohlenwasserstoffe umgewandelt wurden. Erhöhte Temperaturen und hoher Druck durch darüberliegende Sedimente unterstützten diesen Vorgang.

Erdöl wird nur in Sedimentgesteinen, meist in Tiefen zwischen 1000 und 2000 m, gefunden.

In dieses Speichergestein gelangt es nach einer Wanderung vom Ort der Bildung, die erst von undurchlässigen Gesteinsschichten beendet wird. Erdgas findet sich häufig gemeinsam mit Erdöl, es gibt aber auch zahlreiche erdölfreie Lagerstätten.

Das **Auffinden von Erdöl- und Erdgaslagerstätten** erfordert viele aufwändige Untersuchungen:

In unerschlossenen Gebieten beginnt die Suche mit Luftaufnahmen, die fotogeologisch ausgewertet werden. Dann erkunden Geologen das Oberflächengestein und ziehen daraus Schlüsse über die Beschaffenheit der unterirdischen Formationen.

Durch kleine Sprengungen oder Vibrationen werden Schallwellen im Gestein erzeugt, die von den Gesteinsschichten reflektiert werden und so Auskunft über deren Lage geben.

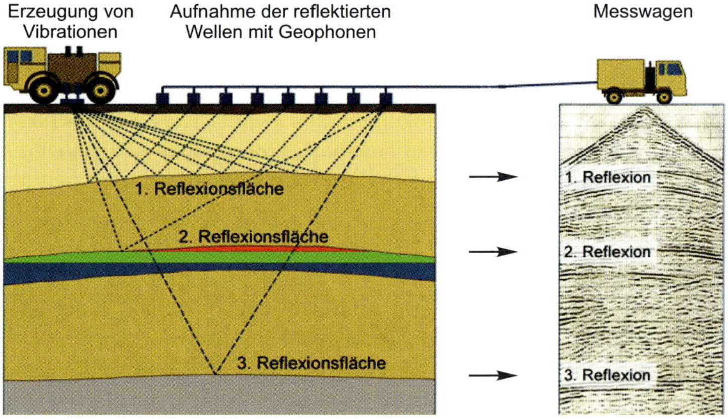

Die Gesteinsschichten werden durch seismische Verfahren erkundet.

Aber erst eine Probebohrung kann die Gewissheit bringen, ob eine neue Lagerstätte entdeckt wurde.

Bei der Bohrung wird ein am unteren Ende des Hohlgestänges eingeschraubtes Bohrwerkzeug, das entweder ein Blatt-, Rollen- oder Diamantmeißel sein kann, in drehende Bewegung versetzt. Gleichzeitig wird eine Spülflüssigkeit durch das hohle Bohrgestänge gedrückt. Sie fördert das erbohrte Gesteinsmaterial an die Oberfläche. Dieses wird untersucht, um Hinweise auf die durchbohrten Schichten zu erhalten. Die Bohrgeschwindigkeit beträgt 3–30 m pro Stunde.

Verschiedene Bohrwerkzeuge: Rollenmeißel, Diamantbohrer, Kernbohrer.

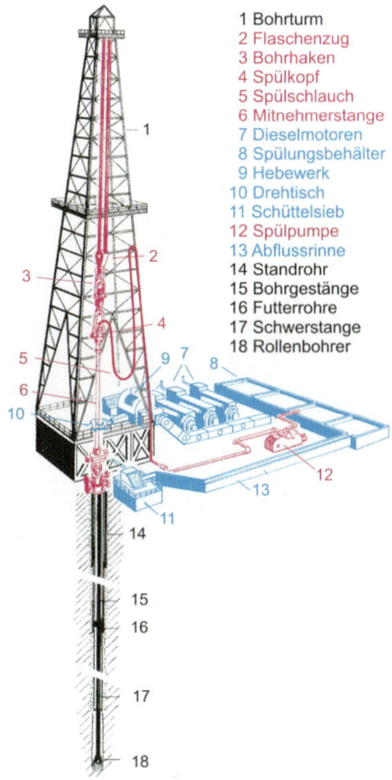

Schema eines Bohrturms.

Je nach Gestein wird der Bohrer nach 600–800 m stumpf. Zum Auswechseln wird das gesamte Bohrgestänge hochgezogen, auseinandergeschraubt, dann wieder zusammengesetzt und hinabgelassen. Zeigen die Auswertungen eine wirtschaftliche Lagerstätte an, wird das Bohrloch durchgehend verrohrt. Den fündigen Aufschlussbohrungen folgen Erweiterungsbohrungen zur Abgrenzung und Produktionsbohrungen zur weiteren Erschließung des gefundenen Feldes. Danach werden die Bohrtürme abgebaut, in einem erschlossenen Erdölfeld sind nur die Fördersonden zu sehen.

Anfangs reicht meist der natürliche Druck, unter dem das Öl steht, damit es von selbst ausfließt. Später muss es durch Pumpanlagen oder Einpressen von Gas (Gaslift) bzw. Wasser gefördert werden. Damit lassen sich 30–35 % des im Gestein enthaltenen Öls gewinnen. Durch Einpressen von Heißdampf oder geeigneten Chemikalien, die das Erdöl aus dem Gestein herauswaschen, kann die Ausbeute erhöht werden.

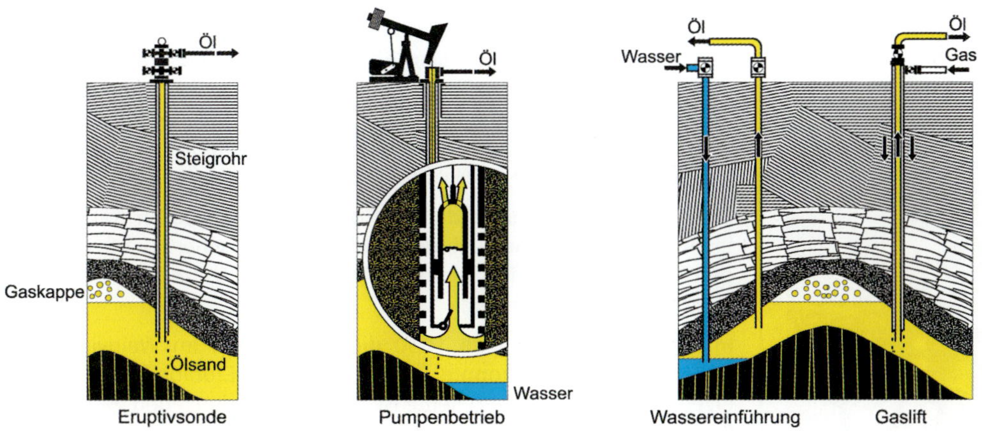

Verfahren der Erdölförderung.

Extremer technischer und finanzieller Aufwand ist für das Bohren in seichten Meeresgebieten oder in Polarregionen erforderlich.

Die Bohrung Molln der OMV.

Pumpsonde.

Eruptivsonde.

Bohrtechnik in Schelfgebieten

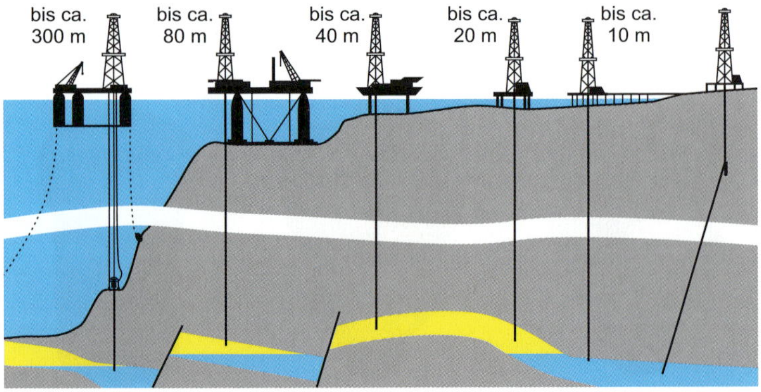

Das **Rohöl** wird von Erdgas und Salzwasserresten befreit, in großen Tanks zwischengelagert und durch Pipelines oder Hochseetanker zu den Häfen der Verbraucherländer transportiert.

Erdgas wird vor seiner Weiterleitung getrocknet, von schädlichen Bestandteilen (CO_2 und H_2S) befreit und gelangt per Pipeline oder in verflüssigter Form per Tankschiff zu den Verbrauchern. Um die gleichmäßige Anlieferung dem jahreszeitlich schwankenden Verbrauch anzupassen, werden ausgeförderte Gaslagerstätten, in die es unter hohem Druck eingepresst wird, als Speicher verwendet.

Einzelne Erdölprodukte aus natürlichen Quellen sind im Nahen Osten schon seit ungefähr 6000 Jahren bekannt und dienten für Beleuchtungszwecke, zum Einbalsamieren von Leichen (Ägypten) und zum Abdichten der Boote.

Die industrielle Verwertung begann Anfang des 19. Jahrhunderts, als in Galizien (damals zu Österreich gehörend) nach Erdöl gebohrt wurde. Mit dem gewonnenen Leuchtöl wurde schon 1816 eine Probebeleuchtung der Stadt Prag durchgeführt, 1857 wurde Bukarest zum ersten Mal mit rumänischem Erdöl beleuchtet.

1859 stieß in den USA in Titusville im Bundesstaat Pennsylvania die erste Bohrung auf Öl (Tiefe 21 m, Fördermenge 2 – 3 t pro Tag). Der rasch einsetzende Erdölboom führte zur Gründung von Erdölgesellschaften (z. B. Standard Oil durch Rockefeller), die den Ausbau des Eisenbahnnetzes, den Bau von Raffinerien, die Erschließung neuer Felder und den Vertrieb der Produkte übernahmen.

Die ursprüngliche Verwendung zu Beleuchtungszwecken trat mit der Einführung der Gasbeleuchtung und des elektrischen Lichtes bald in den Hintergrund, dafür beanspruchte die einsetzende Motorisierung ständig steigende Mengen.

In **Österreich** wurden ab 1930 die Lagerstätten im Weinviertel erschlossen. Bis 1958 konnte Österreich seinen Erdölbedarf durch die eigene Förderung decken. Heute ist dies, bedingt durch den gestiegenen Bedarf und die sinkenden Fördermengen, bei Öl nur mehr zu rund 6 % und bei Gas zu rund 15 % der Fall.

Etwa 90 % des Öls und 70 % des Erdgases werden von der OMV (Österreichische Mineralöl-Verwaltung), der Rest von der RAG (Rohöl-Aufsuchungs AG, im Besitz von Mobil Oil und Shell) gefördert.

Erdölverarbeitung

Rohöle verschiedener Herkunft unterscheiden sich stark in ihrer Zusammensetzung. Die Anteile an hoch- und niedrigsiedenden Komponenten sowie der Schwefelgehalt hängen von der Herkunft ab und bestimmen den Preis.

Bei der Verarbeitung wird Erdöl zuerst durch **Destillation** in Fraktionen von Kohlenwasserstoffen annähernd gleicher Molekülgröße zerlegt; je nach den Anforderungen der Wirtschaft können diese durch nachfolgende chemische Prozesse in wertvollere Produkte umgewandelt werden.

Fraktionierte Kondensation

Das gereinigte Rohöl wird auf etwa 350 °C erhitzt, wodurch alle Stoffe mit einer niedrigeren Siedetemperatur verdampfen. Das Flüssigkeits-Gas-Gemisch wird in den (bis zu 50 m hohen) Destillationsturm eingebracht. Dieser Turm enthält Glockenböden, deren Temperatur nach oben hin abnimmt. Die Glocken zwingen den aufsteigenden Dampf auf jeder Etage zu einem intensiven Kontakt mit der dort kondensierten Flüssigkeit, um eine gute Auftrennung in die einzelnen Fraktionen zu erreichen. In verschiedenen Höhen werden den Glockenböden die Erdölbestandteile entnommen.

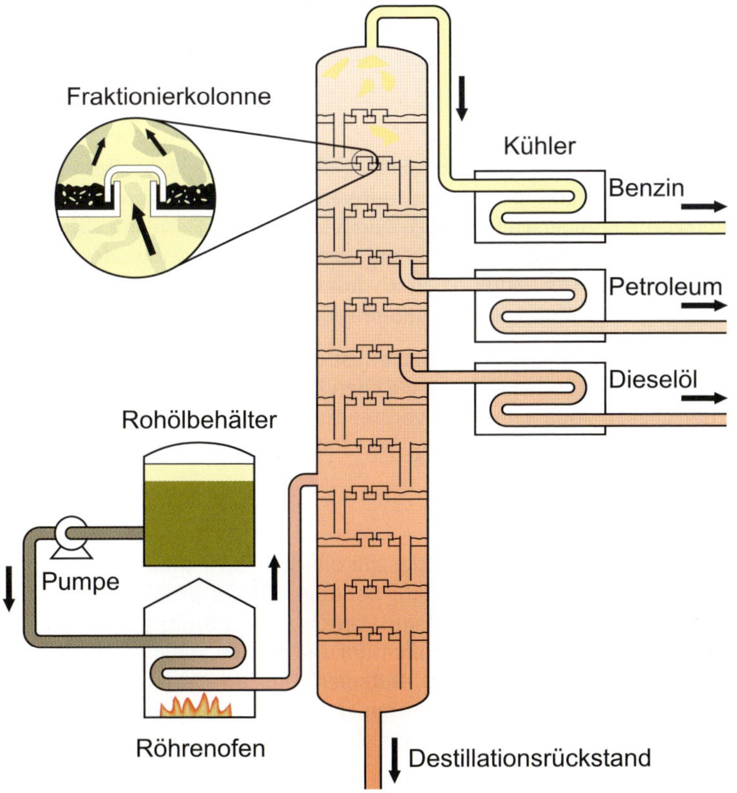

Destillation des Rohöls.

Der Rückstand mit den über 350 °C siedenden Bestandteilen kann nicht durch noch stärkeres Erhitzen getrennt werden, da es dann schon zu Zersetzungsreaktionen käme. Er wird daher anschließend in einer ähnlichen Anlage unter vermindertem Druck (zur Herabsetzung der Siedetemperatur) destilliert (Vakuumdestillation). So werden die verschiedenen Schmier- und Heizöle erhalten.

Destillationsanlage der OMV in Schwechat, NÖ.

Die Fraktionen des Erdöls und ihre Verwendungen

Fraktion	Siedebereich	Namen	Verwendungen
Rohbenzin	40 – 150 °C	Petrolether Waschbenzin Autobenzin Ligroin	Lösungsmittel Treibstoffe
Kerosin	150 – 250 °C	Kerosin Petroleum	Treibstoff
Gasöl	250 – 350 °C	Dieselöl Heizöl extra leicht	Treibstoff Ölöfen
Schmieröl	Vakuumdestillation	Heizöl Spindelöl Vaseline Paraffin	Ölfeuerungen Schmiermittel Salbengrundlage Kerzen Fettsäuregewinnung
Rückstand		Bitumen Petrolasphalt Petrolkoks	Straßenbelag Dachpappe Elektroden für Schmelzelektrolysen

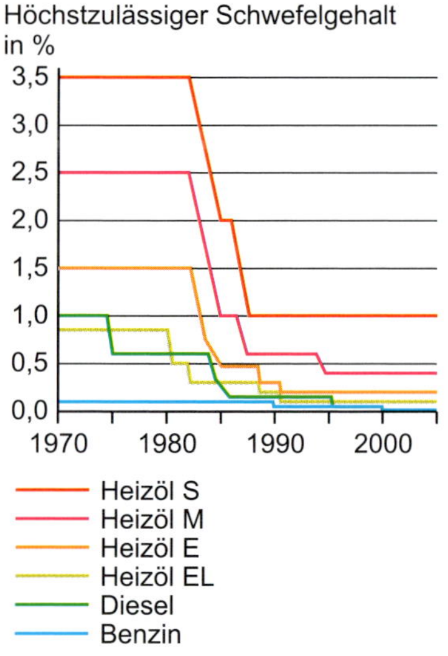

Entschwefelung

Alle Raffinerien sind heute verpflichtet, die Erdölprodukte weitestgehend von Schwefelverbindungen zu befreien, da bei der Verbrennung SO_2 frei würde (Luftverschmutzung). Durch Erhitzen der Destillate auf 350 °C (60 bar Druck) wird, zusammen mit Wasserstoff und geeigneten Katalysatoren, eine Umwandlung in Hydrogensulfid (H_2S) erreicht. Dieses wird abgetrennt und zu elementarem Schwefel weiterverarbeitet.

Bei den höher siedenden Heizölen ist die Entschwefelung jedoch aus technischen Gründen nicht im gleichen Ausmaß möglich wie bei Benzin oder Diesel, sodass bei der Verbrennung dieser Produkte noch eine Rauchgasreinigung notwendig ist. Raffinerien sind heute wichtige Schwefellieferanten.

Cracken

Als Treibstoffe werden kurzkettige, für die chemische Industrie hingegen ungesättigte Kohlenwasserstoffe benötigt, die im Erdöl nicht in ausreichender Menge enthalten sind. Durch starkes Erhitzen (ca. 800 °C) werden die langen Kohlenstoffketten zerbrochen (engl.: to crack), es entsteht Ethen, Ethin, Propen, Butadien, Benzen, Toluen und Wasserstoff. Bei niedrigeren Temperaturen (ca. 450 °C) und unter Mitwirkung von Katalysatoren bilden sich kurzkettige Kohlenwasserstoffe, die als Treibstoffe geeignet sind.

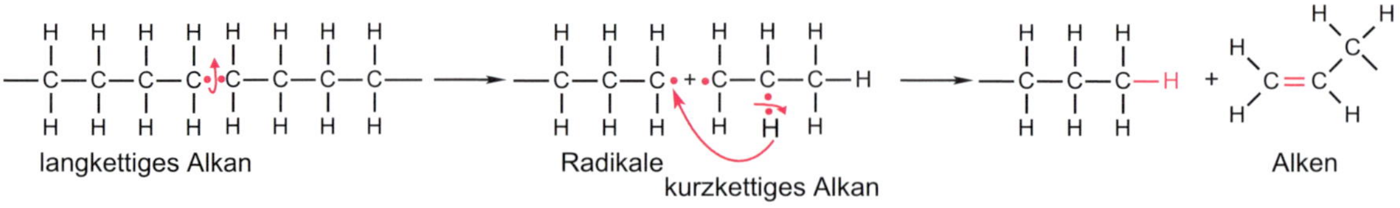

5.2 Erdölprodukte

Benzin

Neben ihrer Verwendung als Lösungsmittel dienen die kurzkettigen Kohlenwasserstoffe hauptsächlich als Treibstoff. Qualitätsmerkmal für Benzin ist dabei seine **Klopffestigkeit**, die durch die **Octanzahl** angegeben wird.

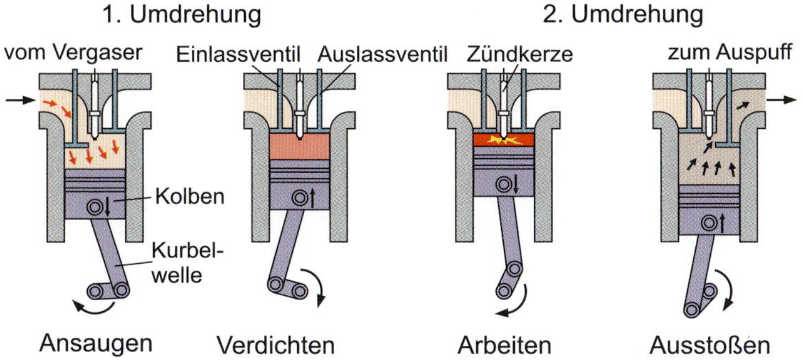

Funktionsweise eines Viertakt-Benzinmotors.

Im Motor kann es beim Verdichten des Benzin-Luft-Gemisches durch die im Zylinder herrschenden Temperaturen und die beim Verdichten (ca. 9 : 1) entstehende zusätzliche Wärme (ca. 550 °C) zur Bildung von Radikalen und in der Folge zu vorzeitigen Selbstentzündungen kommen. Die Druckwellen der Explosionen schlagen dann auf den Kolben und versetzen Motorenteile in Schwingungen, was als Klopfen (Klingeln, Nageln) wahrgenommen wird und zu einer Leistungsverminderung sowie zu einer starken Abnutzung des Motors führt. Ob es zum Klopfen kommt, hängt vom Verdichtungsverhältnis des Motors und der Zusammensetzung des Treibstoffes ab.

Geradkettige Alkane (z. B. n-Heptan) neigen stark, verzweigte Alkane (z. B. 2,2,4-Trimethylpentan = iso-Octan) nur wenig zum Klopfen. Zur Bestimmung der Klopffestigkeit vergleicht man das Benzin in Versuchsmotoren mit einem Testgemisch aus n-Heptan und iso-Octan. Verhält es sich wie ein Gemisch aus z. B. 92 % iso-Octan und 8 % n-Heptan, so hat es die Octanzahl 92 (Normalbenzin). Nach dem verwendeten Messverfahren wird der Wert auch als **R**esearch-**O**ctanzahl, ROZ, bezeichnet. Superbenzin hat 98 ROZ.

Das aus der Destillations- oder Crackanlage kommende Benzin hätte eine für moderne Motoren viel zu geringe Octanzahl. Sie muss durch das **Platformen** und die Zugabe von **Antiklopfmitteln** angehoben werden.

Beim **Platformen** (Umformen mit Platinkatalysatoren) werden die Benzinfraktionen mit Wasserstoff unter Druck auf etwa 500 °C erhitzt. Neben Crackprozessen finden Isomerisierungen und Cyclisierungen statt. Die entstehenden stärker verzweigten bzw. ringförmigen Kohlenwasserstoffe haben günstigere Treibstoffeigenschaften (Klopffestigkeit).

Die Verbrennungsvorgänge im Zylinder, aufgenommen mit einer Hochgeschwindigkeitskamera.

Normale Verbrennung: Die Zündung erfolgte durch die Zündkerze (rechts oben), die Flammenfront breitet sich annähernd kugelförmig aus.

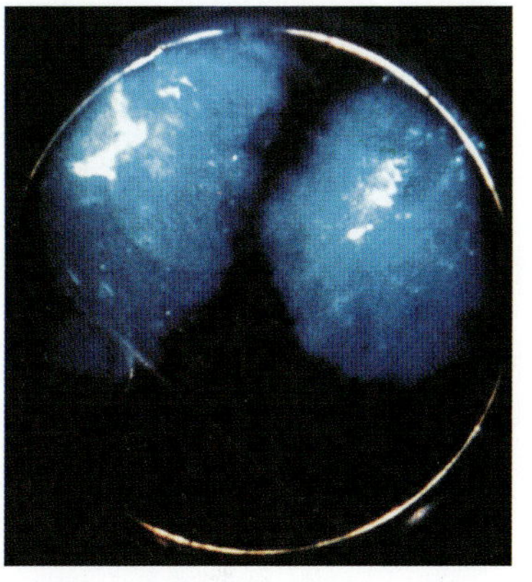

Klopfen: Zusätzlich zur Zündung erfolgte an einer anderen Stelle im Zylinder eine Selbstentzündung.

Isomerisierung:

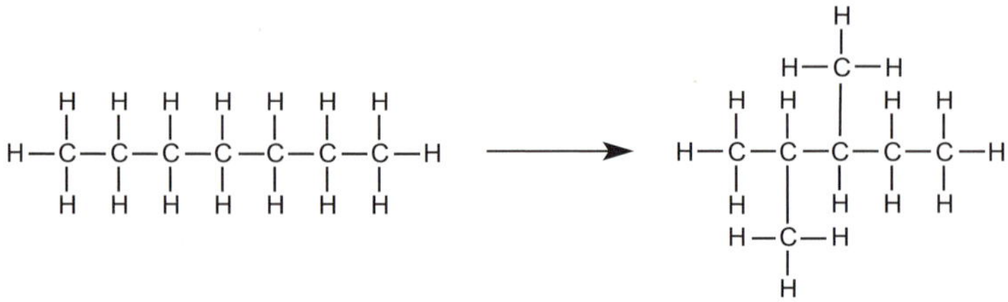

n-Heptan

2,3-Dimethylpentan

Cyclisierung:

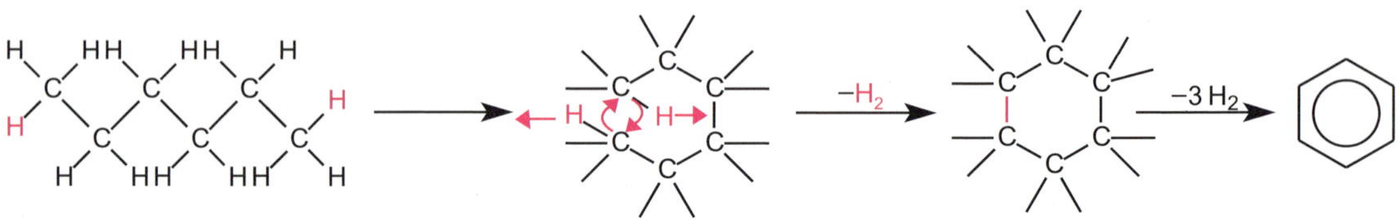

offenkettiges Alkan

Cycloalkan

aromatische Verbindung

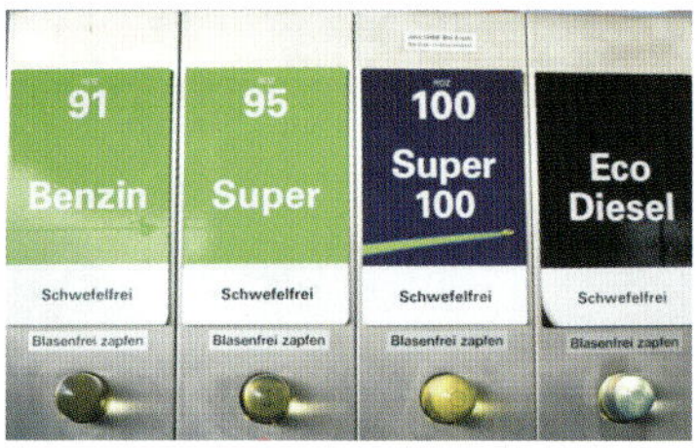

Die Octanzahl, die ein Motor benötigt, hängt von seiner Konstruktion ab. Benzin mit zu niedriger Octanzahl kann zu einer Leistungsverminderung und zu Motorschäden führen. Eine zu hohe Octanzahl bringt hingegen nicht höhere Leistung, sondern nur höhere Kosten.

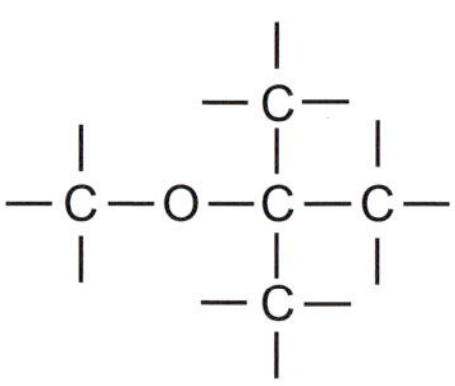

MTBE

Aus den Cycloalkanen werden durch katalytische Dehydrierung (Wasserstoffabspaltung) aromatische Kohlenwasserstoffe (Benzen, Toluen, Xylene) hergestellt.

Antiklopfmittel sind Substanzen, die schon in geringen Mengen die Klopffestigkeit stark erhöhen. Mögliche Zusätze sind:

- **Alkohole**
  Das dafür verwendete Methanol und Propanol wird petrochemisch hergestellt. Ethanol kann auch aus landwirtschaftlichen Produkten gewonnen werden.

- **Aromatische Verbindungen** (Benzen, Toluen, Xylene)
  Ihre Verwendung ist problematisch, da sie teilweise Krebs erregend sind und/oder bei ihrer (unvollständigen) Verbrennung stark Krebs erregende kondensierte Aromaten (Seite 26) bilden.
  Produktionsbedingt sind sie jedoch zu einigen Prozent im Benzin enthalten.

- **MTBE** (Methyltertiärbutylether)
  Er wird in der Raffinerie aus Methanol und 2-Methylpropen hergestellt, weist in Summe die besten Eigenschaften auf und wird in Mengen von etwa 5 % dem Superbenzin zugesetzt.

- **Bleitetraethyl** Pb $(C_2H_5)_4$
  war ein sehr wirksames Antiklopfmittel, ist aber nicht mehr in Verwendung, da es sowohl selbst als auch in Form seiner Verbrennungsprodukte sehr giftig ist und außerdem die Abgas-Katalysatoren unwirksam machen würde.

Dieselöl

Dieselöl ist der Treibstoff für Lastkraftwagen und wird in zunehmendem Maße auch für Pkw verwendet (Dieselmotoren haben einen höheren Wirkungsgrad und daher einen geringeren Treibstoffverbrauch als Benzinmotoren). Es besteht aus Kohlenwasserstoffen mit 10 bis etwa 18 C-Atomen.

Im Dieselmotor wird reine Luft angesaugt und stark verdichtet (ca. 22:1). Dadurch steigt die Temperatur auf 700–900 °C, das Dieselöl wird, wenn der Kolben seine oberste Position erreicht hat, direkt in den Verbrennungsraum eingespritzt und entzündet sich von selbst. Da beim kalten Motor keine für die Selbstentzündung ausreichenden Temperaturen erreicht werden, muss zum Starten eine im Zylinder befindliche Glühkerze elektrisch aufgeheizt werden. Die im Vergleich zum Benzinmotor höhere Verdichtung führt zu einem höheren Wirkungsgrad, aber auch zu einem unruhigeren Lauf.

Bei niedrigen Temperaturen scheiden sich die langkettigen Kohlenwasserstoffe in fester Form ab und verstopfen das Treibstoffsystem. Um dies möglichst zu verhindern, wird Dieselöl von der Raffinerie in einer Sommer- und in einer Winterqualität abgegeben.

Alternative Treibstoffe

Das Bestreben, die Erdölvorräte zu schonen und den CO_2-Ausstoß zu verringern, hat alternative Treibstoffe in den Blickpunkt des Interesses gerückt. Denn vom Prinzip her müssen Verbrennungsmotoren nicht unbedingt mit Erdölprodukten betrieben werden. Ein Benzinmotor kann, nach entsprechendem Umbau, mit einem brennbaren Gas oder einer niedrig siedenden brennbaren Flüssigkeit betrieben werden, ein Dieselmotor läuft auch mit anderen brennbaren, öligen Flüssigkeiten.

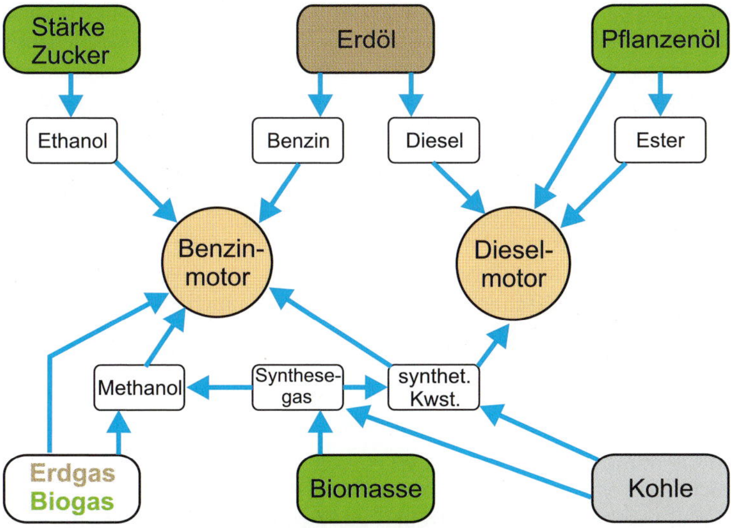

Verschiedene Möglichkeiten zur Herstellung von Treibstoffen.

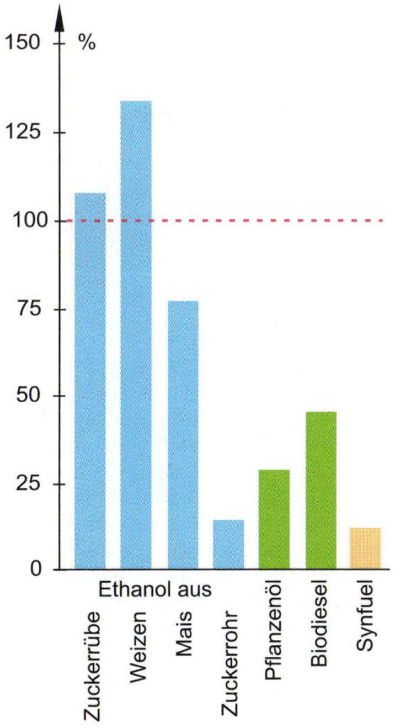

CO_2-Bilanz nachwachsender Rohstoffe. Für die Herstellung nötige Energie im Verhältnis zu der im Treibstoff enthaltenen Energie (Synfuel = Treibstoff aus Holz).

Alle in der Grafik genannten Treibstoffe haben in Versuchsautos ihre Tauglichkeit bewiesen, die Produktionsverfahren sind technisch ausgereift. Dass alternativen Treibstoffe trotzdem noch kein durchschlagender Erfolg beschieden war, hat handfeste technische, wirtschaftliche und ökologische Gründe.

Gasförmige Treibstoffe (Methan aus Erd- oder Biogas, Flüssiggas) eignen sich gut zum Betrieb ortsfester Motoren zur Erzeugung von Strom und Wärme. Ihr Einsatz in Fahrzeugen erfordert jedoch einen teuren Ausbau des Tankstellennetzes und birgt ein erhöhtes Sicherheitsrisiko, wenn der Druckgastank bei einem Unfall oder beim Parken in einer Garage undicht wird.

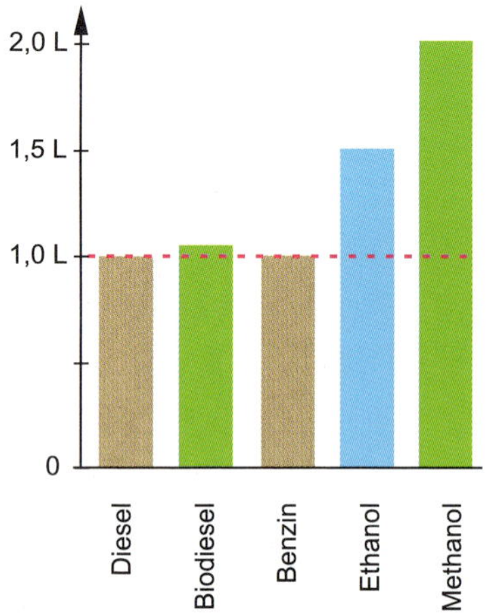

Energieinhalt verschiedener Treibstoffe. Um die gleiche Energiemenge wie mit einem Liter Diesel oder Benzin zu erhalten, muss entsprechend mehr getankt werden.

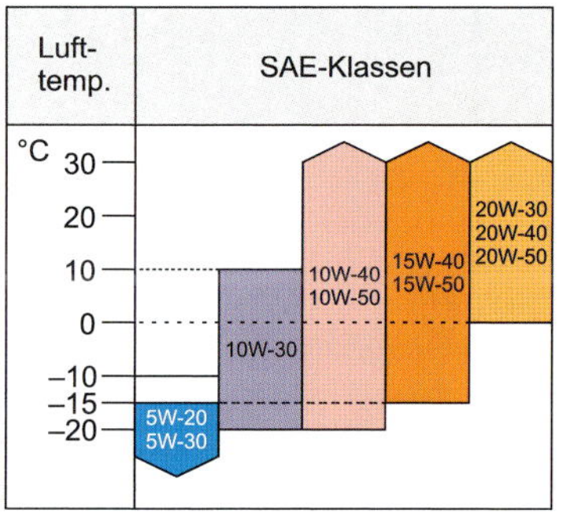

Die Viskosität von Motorölen wird in SAE-Graden angegeben (Society of Automotive Engineers). Die Zahlen sind willkürlich gewählt; je höher, umso dickflüssiger ist das Öl. Der Zusatz „W" steht für Winter und bezieht sich auf das Kaltstartverhalten. Ein Mehrbereichsöl mit einer Viskosität von z. B. 10W-40 weist somit ein günstigeres Kaltstartverhalten als ein Öl mit 10W und bei voller Betriebstemperatur die Viskosität eines Öles mit 40 SAE-Graden auf.

Treibstoffe aus **Kohle** oder **Erdgas** vermindern zwar die Abhängigkeit von Erdöl, leisten aber keinen Beitrag zur Verringerung des CO_2-Ausstoßes.

Treibstoffe aus **nachwachsenden Rohstoffen** hingegen sind nicht so CO_2-neutral und ökologisch, wie es auf den ersten Blick scheint. „Treibstoff vom Acker" wächst nicht von selbst in den Tank, sondern erfordert Dünger und weitere Verarbeitung, wofür fossile Energieträger benötigt werden. Das verschlechtert die **CO_2-Bilanz** zum Teil drastisch. Wird beispielsweise Ethanol aus Zuckerrüben oder Weizen hergestellt, so ist dafür mehr Energie notwendig, als im produzierten Ethanol enthalten ist.

Ein weiterer Nachteil sind die **Kosten**: Unter Berücksichtigung der hohen Subventionen der europäischen Landwirtschaft ist „Bio-Treibstoff" etwa doppelt so teuer wie Treibstoff auf Erdöl-Basis und könnte höchstens rund 10 % des europäischen Bedarfes abdecken. Denn bei Preisvergleichen ist zu beachten, dass die zum Bau und zur Erhaltung der Straßen verwendete Mineralölsteuer ca. die Hälfte des Benzin- und Dieselpreises ausmacht. Da außerdem Alkohole (OH-Gruppe) bereits stärker oxidiert sind als Kohlenwasserstoffe, müsste man für die gleiche Strecke mehr tanken.

Wesentlich kostengünstiger und ertragreicher ist die Produktion auf tropischen Plantagen. Alkohol aus Zuckerrohr (Brasilien) oder Diesel aus Palmöl (Südostasien) können mit Erdölprodukten wirtschaftlich konkurrieren. Allerdings um einen hohen ökologischen Preis: Abholzung der Regenwälder zum Anlegen der Plantagen, riesige Monokulturen mit intensivem Einsatz von Schädlingsbekämpfungsmitteln und niedrige Löhne und Sozialstandards für die Arbeiter.

Schmieröle

Schmieröle müssen hohen und, je nach Verwendungszweck, sehr unterschiedlichen Ansprüchen gerecht werden. Sie sollen nicht nur an den gleitenden Flächen gut haften, sondern auch bei längerer Beanspruchung nicht verharzen, keine Säuren bilden, Feststoffteilchen gut in Schwebe halten und sich bei den auftretenden Temperaturen nicht entzünden. Bei Motorölen soll sich außerdem die Viskosität (Zähigkeit) in einem großen Temperaturbereich möglichst wenig ändern.

Altöle können in vielen Fällen wieder aufgearbeitet werden, was nicht nur wegen der Rohstoffersparnis, sondern auch aus Gründen des Umweltschutzes anzustreben ist, da unbedacht weggeschüttetes Altöl nicht nur, wie jedes Erdölprodukt, das Grundwasser gefährdet, sondern meist auch noch gesundheitlich problematische Reste von Verbrennungsprodukten und Metalle enthält.

Heizöle

Heizöl extra leicht (Ofenheizöl) entspricht in seiner Zusammensetzung dem Dieselöl, ist aber wegen der geringeren Steuerbelastung billiger. Seine Verwendung als Treibstoff ist verboten, zu Kontrollzwecken wird es rot gefärbt.

Heizöl leicht, **mittel** und **schwer** werden in größeren Heizungsanlagen eingesetzt. Das in Kraftwerken verfeuerte Heizöl schwer ist bei Raumtemperatur vaselinartig fest und muss erwärmt werden, bevor es durch die Rohrleitungen gepumpt werden kann.

5.3 Chemische Grundstoffe aus Kohle

Kohle entstand in geologischen Zeiträumen aus üppigen Sumpf- und Mangrovenwäldern, die durch Naturkatastrophen verschüttet wurden. Steinkohle ist ca. 500 Millionen Jahre, Braunkohle ca. 5 Millionen Jahre alt. Das Pflanzenmaterial gelangte durch Absenkung des Untergrundes in größere Tiefen und unterlag dort hohem Druck und hohen Temperaturen, wodurch ein Inkohlung genannter Prozess ablief. Dabei werden Wasserstoff und Sauerstoff als Methan, Kohlenstoffmonoxid und Kohlenstoffdioxid abgespalten, sodass der Kohlenstoffgehalt und damit der Heizwert bei der Umwandlung von Braunkohle in Steinkohle und schließlich Anthrazit ständig ansteigt.

Die gesicherten Kohlereserven sind sehr groß, sie würden bei gleichbleibendem Verbrauch noch für mindestens 2000 Jahre reichen.

Braunkohle wird kaum als Rohstoff für die chemische Industrie, sondern meist zur Energieerzeugung in Kraftwerken eingesetzt.

Steinkohle kann im Wesentlichen auf vier Arten verarbeitet werden:

Verkokung

Etwa die Hälfte der Steinkohlenförderung wird unter Luftabschluss auf 1200 °C erhitzt. Dabei entstehen 80 % Koks, der für Hochöfen usw. benötigt wird. Als flüssige Nebenprodukte erhält man Gaswasser und Steinkohlenteer. Sie waren vor der Entwicklung der Petrochemie wichtige Rohstoffe für die organisch-chemische Industrie. Aus Gaswasser wird Ammoniak gewonnen, aus dem Teer aromatische Kohlenwasserstoffe (Benzen und kondensierte Aromaten, Seite 26). Das ebenfalls entstehende Leuchtgas war lange Zeit das wichtigste Heizgas.

Herstellung von Calciumcarbid

Koks reagiert bei 2200 °C mit Calciumoxid zu Calciumcarbid, aus dem mit Wasser Ethin entsteht (Seite 20).

Treibstoffe aus Kohle

Das Bestreben, von Erdölimporten unabhängig zu werden, führte zur Entwicklung von Verfahren zur Herstellung von Treibstoffen aus Kohle (Kohleverflüssigung).

Beim **Bergius-Verfahren** (Kohlehydrierung) wird pulverisierte Steinkohle in Steinkohlenteer verteilt und bei 500 °C, 300 bar und in Anwesenheit von Katalysatoren mit Wasserstoff zur Reaktion gebracht. Es entsteht ein Gemisch von Kohlenwasserstoffen, das destilliert und je nach Bedarf katalytisch hydriert wird. Aus einer Tonne Steinkohle lassen sich so 600 kg Benzin herstellen.

Beim **Fischer-Tropsch-Verfahren** (Kohlevergasung) werden Koks, Braunkohle, Steinkohle und Teeröle mit Sauerstoff und Wasserdampf zu **Synthesegas** (H_2 und CO) umgewandelt. Je nach dem weiteren Verfahrensgang können daraus Methanol (Seite 50) oder kurzkettige Kohlenwasserstoffe (Benzin, Dieselöl) hergestellt werden.

Beide Verfahren wurden in Deutschland entwickelt und dort während des Zweiten Weltkrieges in großem Maßstab angewandt. Zurzeit wird nur in Südafrika nach dem Fischer-Tropsch-Verfahren Kohle in Benzin umgewandelt.

Zusammensetzung von Kohlen:

Kohlensorten	C	H	O	N	S	Asche
	Massengehalt in %					
Braunkohle	67	5,5	2	1	1,5	5
Steinkohle	80	3	2	1	1	5
Anthrazit	93	1	1	0,5	0,5	3

Glühender Koks nach dem Ausstoß aus der Kammer einer Kokerei.

FRIEDRICH BERGIUS (1884–1949); Professor für Chemie in Heidelberg, erhielt 1931 den Nobelpreis für Chemie.

FRANZ FISCHER (1877–1947); deutscher Chemiker.

HANS TROPSCH (1889–1935); deutscher Chemiker.

Im Ofen knisternde **Holzscheite** vermitteln zwar ein Gefühl der Behaglichkeit, sind für Dauerheizungen aber mühsam und führen zur Luftverschmutzung durch Qualm und Feinstaub.

Hackschnitzel lassen sich mit Förderschnecken vom Vorratsbehälter zum Heizkessel transportieren. Dadurch werden automatisierte Holzheizungen möglich.

Pellets werden aus Holzabfällen (z. B. Sägespänen) gepresst.

5.4 Holz als Rohstoff

Preiserhöhungen bei Erdöl und Erdgas sowie ökologische Überlegungen haben diesem nachwachsenden Rohstoff, dessen maßvolle Nutzung die CO_2-Bilanz der Atmosphäre nicht beeinflusst, auch in Österreich zu neuem Ansehen verholfen.

Als **Brennmaterial** ist Holz allerdings nur bedingt umwelt- und benutzerfreundlich. Mit Holzscheiten befeuerte Öfen erfordern eine arbeitsintensive Bedienung und die unterschiedlichen Verbrennungsphasen der großen Holzstücke führen häufig zur einer unvollständigen Verbrennung und der Abgabe von Qualm und Feinstaub.

Moderne Heizungsanlagen, die mit Hackschnitzeln oder Pellets betrieben werden, vermeiden beide Nachteile. Sie lassen sich, ähnlich einer Gas- oder Ölheizung, automatisieren und ermöglichen eine optimale, umweltfreundliche Steuerung der Verbrennung.

Holz dient als **Rohstoff** für die **chemische Industrie**. Es liefert **Cellulose** zur Herstellung von Papier (Seite 96) und Kunstfasern (Seite 97).

Auch die Herstellung von **Treibstoff** aus Holz ist möglich. Durch Aufspaltung der Cellulose kann Traubenzucker und daraus Alkohol (Ethanol) erzeugt werden.

Ein anderer Weg führt über die Zersetzung von Holz bei hohen Temperaturen zusammen mit Wasserdampf. Man erhält **Synthesegas** (H_2 + CO), das im Fischer-Tropsch-Verfahren zu synthetischem Treibstoff (Synfuel) weiterverarbeitet werden kann.

Die Bedingungen für eine stärkere Nutzung von Holz sind in Österreich gegeben. Durch die Aufforstung landwirtschaftlich nicht mehr genutzter Flächen hat die Waldfläche in den letzten Jahrzehnten stetig zugenommen, es wächst mehr Holz zu, als geschlägert wird. Eine verstärkte Nutzung kann dazu beitragen, die Abhängigkeit Österreichs von importierter Energie zu vermindern.

Eine (wohl nur theoretisch mögliche) vollständige Verwendung des derzeit ungenutzten Holzzuwachses zur Wärmeerzeugung könnte rund 10 % der importierten fossilen Energieträger (Erdöl, Erdgas und Kohle) ersetzen.

ÜBUNGEN:

5.1 Warum werden beim Crack-Verfahren hauptsächlich die C–C-Bindungen und nicht die C–H-Bindungen gespalten?

5.2 Warum ist es nicht günstig, Tankstellenbenzin zum Fleckputzen zu verwenden?

5.3 Durch welche Bauteile unterscheidet sich ein Benzin- von einem Dieselmotor?

5.4 Ist es auch bei Dieselöl notwendig, auf die Octanzahl zu achten?

5.5 Welche Umweltprobleme sind mit dem Transport bzw. der Verbrennung von Erdölprodukten und von Kohle verbunden? Welche Gegenmaßnahmen werden getroffen bzw. könnten getroffen werden?

6. Halogenkohlenwasserstoffe

Halogenkohlenwasserstoffe sind Derivate (Abkömmlinge) von Kohlenwasserstoffen, wobei ein oder mehrere Wasserstoffatome durch Halogenatome ersetzt wurden.

Sie bilden eine Substanzgruppe mit zwiespältigen Eigenschaften: Einerseits haben viele Stoffe dieser Gruppe außergewöhnlich nützliche Eigenschaften oder sind unentbehrliche Zwischenprodukte bei der Synthese vieler Chemikalien.

Andererseits sind manche ihrer Vertreter ozonschädlich oder gesundheitsgefährdend (Leberschäden und Krebs erregende Wirkung). Hinzu kommt, dass sie in der Regel aufgrund ihrer großen chemischen Stabilität in der Natur nur langsam abgebaut werden und sich über die Nahrungskette im Fettgewebe des Körpers (schwach polare Substanzen – gute Fettlöslichkeit) anreichern können.

Aus all diesen Gründen ist man bestrebt, die Halogenkohlenwasserstoffe, wo immer dies sinnvoll möglich ist, durch weniger gefährliche Stoffe zu ersetzen.

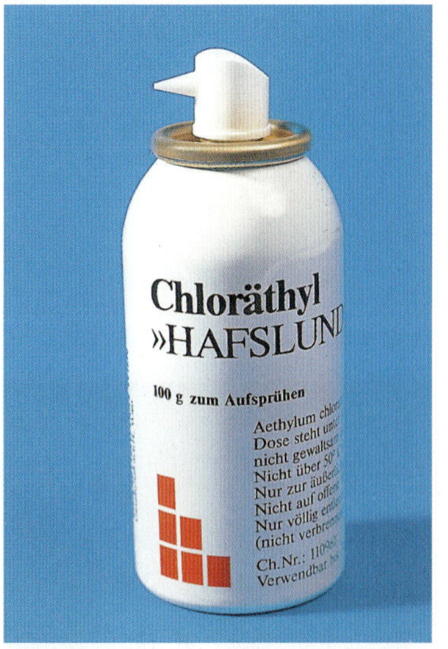

Chlorethan-Spray zur medizinischen Verwendung.

6.1 Wichtige Halogenkohlenwasserstoffe

Trichlormethan (*Chloroform*), $CHCl_3$, ist eine farblose Flüssigkeit mit süßlichem Geruch und nicht brennbar. Die Dämpfe bewirken Bewusstlosigkeit, doch dient es wegen seiner relativ großen Giftigkeit nicht mehr als Narkosemittel.

Dichlordifluormethan (*Frigen, Freon 12*), CF_2Cl_2, ist, ebenso wie andere Fluorchlorkohlenwasserstoffe (FCKW), ein unbrennbares, ungiftiges, geruchloses und sehr reaktionsträges Gas, das sich durch Druck leicht verflüssigen lässt. Auf diesen positiven Eigenschaften beruhte seine Verwendung als Treibgas in Spraydosen, Treibmittel für Schaumstoffe und Kühlflüssigkeit in Kompressorkühlschränken. Da die FCKW die Ozonschichte der Erde zerstören, wurden sie weltweit verboten und durch teilhalogenierte Kohlenwasserstoffe sowie Butan und Dimethylether ersetzt. Aus defekten alten Kühlschränken werden die FCKW abgesaugt und entsorgt.

Verwandte, bromhaltige Substanzen sind ausgezeichnete Feuerlöschmittel (*Halon*). Wegen ihrer ozonschädigenden Wirkung dürfen sie nur mehr für Spezialzwecke, z. B. an Bord von Flugzeugen, eingesetzt werden.

1,1,1-Trifluor-2-brom-2-chlorethan wird unter der Bezeichnung *Halothan* als Narkosemittel verwendet. 0,5 – 1 % in der Atemluft genügen zur Narkose, das Erwachen erfolgt rasch und weitgehend ohne Nebenwirkungen.

Chlorethan (*Ethylchlorid*), C_2H_5Cl, dient in der Medizin als Vereisungsmittel zur lokalen Betäubung. Da es wegen seiner niedrigen Siedetemperatur von + 12 °C beim Aufsprühen sofort verdampft, wird die Haut unterkühlt und schmerzunempfindlich.

Chlorethen (*Vinylchlorid*), C_2H_3Cl, ist der Grundstoff zur Herstellung von PVC (Seite 19 und 118).

Tetrachlorethen (*Perchlorethylen, Per*), C_2Cl_4, wird als Lösungsmittel in Putzereien (chemische Reinigung) und in der Stahlindustrie (Entfetten von Eisenblech) verwendet.

VEW-Betriebsrat zum Thema Wasser-Misere:
Gefahr von Perchlor zu spät erkannt

Maßnahmen gegen Giftwerte im Wasser oft wirkungslos
Neue Ergebnisse in Mitterndorfer Senke

Der früher sehr sorglose Umgang mit halogenhaltigen Lösungsmitteln im Putzereigewerbe und in der Metall verarbeitenden Industrie bis in die Zeit um 1980 führte in einigen Gebieten Österreichs zur **Verseuchung des Grundwassers**.
Durch die seither in Kraft getretenen strengen Regeln hinsichtlich der Verwendung und Entsorgung der Halogenkohlenwasserstoffe und die **Sanierung von Altlasten** (nicht sachgerecht bzw. illegal betriebene Mülldeponien) hat sich die Situation deutlich gebessert.

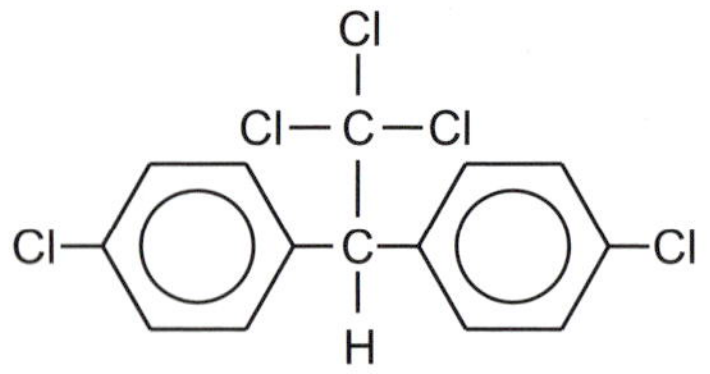

DDT
Dichlordiphenyltrichlorethan

Nach dem Zweiten Weltkrieg wurde DDT in Europa in großem Umfang eingesetzt, um krankheitsübertragende Insekten zu bekämpfen.

Das von der amerikanischen Biologin RACHEL CARLSON 1962 verfasste Buch „Der stumme Frühling" war einer der Grundsteine der Ökologie-Bewegung. CARLSON prophezeite als Folge der DDT-Verwendung das Aussterben der Vögel durch Nahrungsmangel und Vergiftung.

DDT – Fluch oder Segen?

Diese drei Buchstaben – die Kurzform von Dichlordiphenyltrichlorethan – wurden zum Inbegriff aller Schädlingsbekämpfungsmittel im guten wie im schlechten Sinn.

Erstmals wurde DDT schon 1874 hergestellt, doch erst 1939 entdeckte der Chemiker PAUL MÜLLER seine Insekten vernichtende Wirkung, die sofort intensiv genutzt wurde. Amerikanische Soldaten erhielten DDT-imprägnierte Hemden und wurden, so wie die Bevölkerung Österreichs und anderer Länder nach Kriegsende, mit DDT förmlich eingepudert, um Läuse und andere krankheitsübertragende Insekten zu töten. Mit bestem Erfolg, sodass PAUL MÜLLER 1948 für seine Entdeckung den Nobelpreis für Medizin erhielt. Im folgenden Jahrzehnt leistete DDT einen wesentlichen Beitrag zur Ausrottung der Malaria in Europa und Nordamerika.

Parallel dazu wurde DDT in vielen Ländern, besonders in den USA, intensiv in der Landwirtschaft eingesetzt. Als Breitbandinsektizid tötete es nicht nur die jeweiligen Schädlinge, sondern auch viele andere Insekten, wodurch natürliche Gleichgewichte empfindlich gestört wurden. Dieser massive Einsatz, die Anreicherung über die Nahrungskette im Körperfett und die inzwischen extrem empfindlichen Analyseverfahren der Chemiker führten dazu, dass Spuren von DDT plötzlich überall gefunden wurden – von der Muttermilch bis zum Körperfett der Pinguine in der Antarktis.

Nun schlug das Pendel der öffentlichen Meinung nach der anderen Seite aus: DDT wurde zum Inbegriff der Umweltverseuchung, zum Sündenbock für verschiedenste Umweltschäden. In den Industriestaaten wurde die Verwendung von DDT verboten, Entwicklungsländer unter Druck gesetzt, auf DDT auch bei der Malaria-Bekämpfung zu verzichten. Dort wurde es wegen seiner vergleichsweise geringen Giftigkeit für den Menschen, seiner lang anhaltenden Wirkung und der niedrigen Kosten zum Besprühen der Wände in den Hütten benutzt, um die Anopheles-Mücke zu vernichten.

Das DDT-Verbot hatte verheerenden Folgen: Malaria-Erkrankungen nahmen dramatisch zu, rund 50 Millionen Menschen in den Entwicklungsländern bezahlten dies mit ihrem Leben.

Heute hat sich eine ausgewogenere Sichtweise durchgesetzt: DDT wird in vielen Ländern wieder zur Bekämpfung krankheitsübertragender Insekten verwendet. In der Landwirtschaft hat man es, ebenso wie andere Insektizide, die schwer abbaubar sind und/oder eine Breitband-Wirkung besitzen, durch bessere Verfahren ersetzt.

6.2 Reaktionen und Herstellung

Die wesentlichen Reaktionstypen der Halogenkohlenwasserstoffe sind **Substitution** und **Elimination**.

Wir wollen zunächst die **Substitution** näher untersuchen:

Wird Bromethan mit verdünnter Natronlauge und einigen Tropfen Universalindikator erwärmt, so ist nach kurzer Zeit eine Änderung des pH-Wertes von 13 – 14 auf 6 – 7 zu beobachten. Mit Silbernitratlösung bildet sich ein weißer Niederschlag von Silberbromid. Das Bromatom wurde offenbar durch eine OH-Gruppe ersetzt.

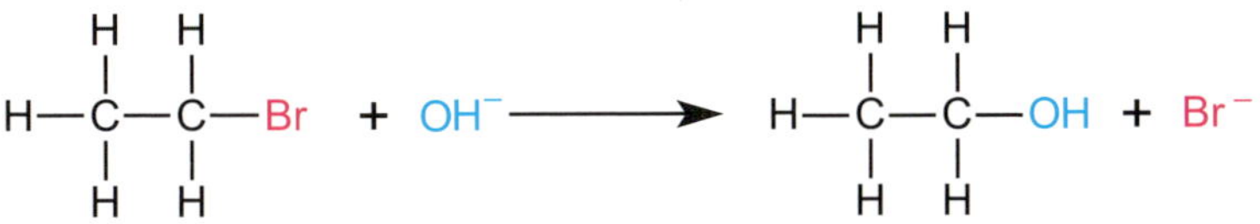

Brommethan Ethanol

Diese Reaktionsgleichung beschreibt zwar die Bruttoreaktion, nicht aber den Reaktionsmechanismus.

Bromethan besitzt eine polare C–Br-Bindung. Das Bromatom zieht die Bindungselektronen zu sich, das Kohlenstoffatom trägt daher eine positive Partialladung. Die OH^--Ionen streben zu der positiven Ladung (sie sind **nucleophil** = kernfreundlich) und verdrängen das Halogenatom. Theoretische Überlegungen, gestützt auf experimentelle Hinweise, lassen auf folgenden **Reaktionsmechanismus** schließen:

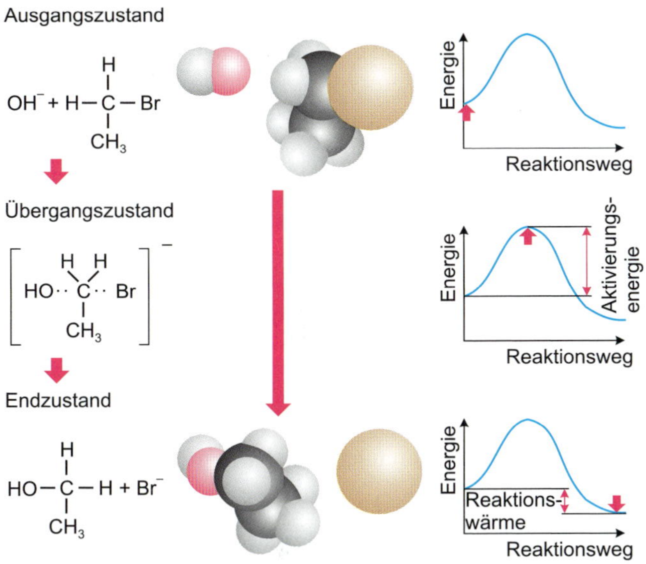

Verlauf der Reaktion von Bromethan mit OH^-.

Das nucleophile OH^--Ion nähert sich dem Bromethan von der dem Brom gegenüberliegenden Seite. Es bildet sich ein labiler Übergangszustand, in dem die H-Atome in einer Ebene liegen. Senkrecht dazu befinden sich die ein- und austretenden Gruppen in ungefähr gleichem Abstand. Die eintretende Gruppe bindet sich schließlich an den Kohlenstoff, die Wasserstoffatome klappen wieder in Tetraederanordnung, aber in die andere Richtung (Umklappen wie ein Regenschirm) und Br^- wird abgegeben.

Nucleophile Substitutionsreaktionen (S_N) von Halogenalkanen haben große synthetische Bedeutung, da durch die Wahl geeigneter Reaktionspartner die verschiedensten funktionellen Gruppen in das Kohlenstoffgerüst eingebaut werden können:

$$Y^- + R{-}Hal \rightarrow R{-}Y + Hal^-$$

Nucleophil, Halogenalkan, Produkt, Halogenid-Ion

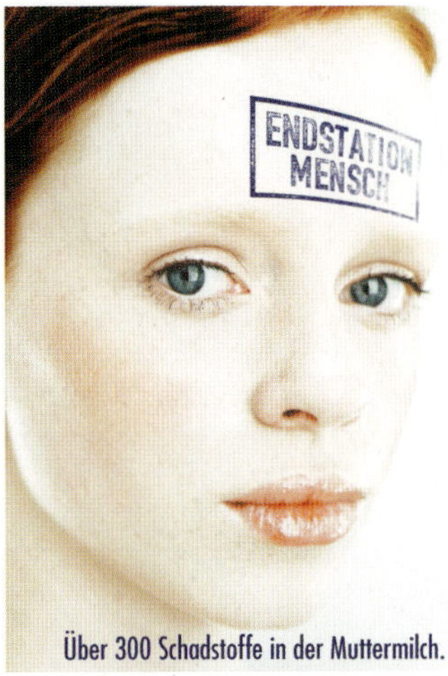

Über 300 Schadstoffe in der Muttermilch.

Horrormeldungen wie diese über 300 Schadstoffe in der Muttermilch finden auch dann ihren Weg in die Schlagzeilen, wenn sie nur auf Halbwahrheiten beruhen. Dass in allen untersuchten Proben zusammen über 300 Schadstoffe festgestellt wurden, ist sicher richtig. In einigen Jahren werden sogar doppelt so viele Schadstoffe nachweisbar sein. Aber nicht, weil die Umweltbelastung zugenommen hat, sondern weil die Analysemethoden der Chemie weiter verbessert wurden und noch mehr Stoffe in Mengen weit unter 10–12 g nachgewiesen werden können.

Angst erzeugende Meldungen dieses Typs beschränken sich stets auf die Erwähnung der Existenz eines Stoffes, auch wenn er nur in winzigsten, die Gesundheit mit Sicherheit nicht beeinträchtigenden Mengen nachgewiesen werden konnte. Der Zusammenhang zwischen Dosis und Wirkung wird völlig ignoriert.

Die Wirklichkeit sieht viel erfreulicher aus: Die Menge der Halogenkohlenwasserstoffe in der Muttermilch hat seit 1980 um 90 % abgenommen! Aber eine positive Meldung ist eben keine Schlagzeile wert.

Einige Beispiele sollen dies zeigen:

Nucleophiler Reaktionspartner Y^-		Produkte R–Y	
OH^-	Hydroxid-Ion	R–OH	Alkohole
$R'O^-$	Alkoholat-Ion	R–O–R'	Ether
CN^-	Cyanid-Ion	R–CN	Nitrite
SH^-	Hydrogensulfid-Ion	R–SH	Thiole
NH_3	Ammoniak	R–NH_2	Amine
NO_2^-	Nitrit-Ion	R–NO_2	Nitroalkane

Die Reaktivität der Halogenalkane ist verschieden. Fluoralkane sind extrem reaktionsträge, die Iodalkane reagieren am leichtesten. Die Elektronenhülle der großen Brom- oder Iodatome ist durch äußere Einflüsse (z.B. polare Lösungsmittelmoleküle, benachbarte Gruppen) leichter verschiebbar (polarisierbar), wodurch ihre Abspaltung als Anion erleichtert wird.

Unter veränderten Reaktionsbedingungen finden **Eliminationen** statt: Reagiert beispielsweise Bromethan nicht mit verdünnter, sondern mit konzentrierter Natronlauge, so entsteht Ethen:

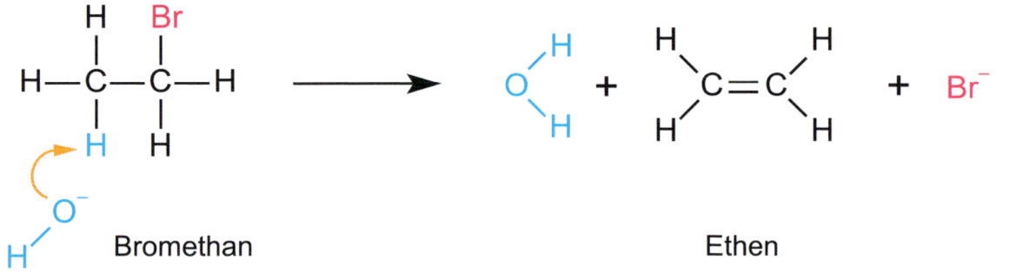

Die Reaktion beruht darauf, dass jedes Nucleophil auch basische Eigenschaften besitzt. Es kann aufgrund seines Elektronenüberschusses ein H^+-Ion binden.

Das OH^--Ion entzieht dem Halogenalkan ein Proton unter gleichzeitiger Ausbildung einer Doppelbindung und der Abgabe eines Bromid-Ions vom benachbarten C-Atom.

Eliminierungsreaktionen treten immer als **Konkurrenzreaktionen** zu nucleophilen Substitutionen auf. Durch geeignete Wahl der Reaktionsbedingungen kann die eine oder die andere Reaktion begünstigt werden.

Auch die Eliminierungsreaktionen besitzen große synthetische Bedeutung, da sie zur Bildung ungesättigter (d.h. reaktionsfähiger) Verbindungen führen.

Die wichtigsten Verfahren zur **Herstellung** von **Halogenalkanen** wurden bereits besprochen. Sie entstehen aus:

- **Alkanen** durch **radikalische Substitution** (Seite 14),
- **Alkenen** und **Alkinen** durch **Addition** von **Halogenen** oder **Halogenwasserstoffen** (Seiten 17 und 21),
- **Alkoholen** durch **Substitution** der **OH-Gruppe** durch ein **Halogenid-Ion** (Seite 5, Umkehrung der eingangs besprochenen Reaktion).

Chlorierte Kohlenwasserstoffe werden unter anderem von der Firma Donau-Chemie in Brückl (Kärnten) hergestellt.

Halogenderivate aromatischer Kohlenwasserstoffe

Aromatische Kohlenwasserstoffe unterscheiden sich in ihrer Reaktionsfähigkeit deutlich von den Alkanen und Alkenen. Dies zeigt sich auch in ihrem Verhalten gegenüber Chlor und Brom. Je nach Reaktionsbedingungen treten Additionen oder Substitutionen auf.

Reagiert Benzen in der Dunkelheit und in Anwesenheit eines Katalysators ($AlCl_3$, $FeCl_3$) mit Chlor, so findet eine **elektrophile Substitution** statt (Seite 24):

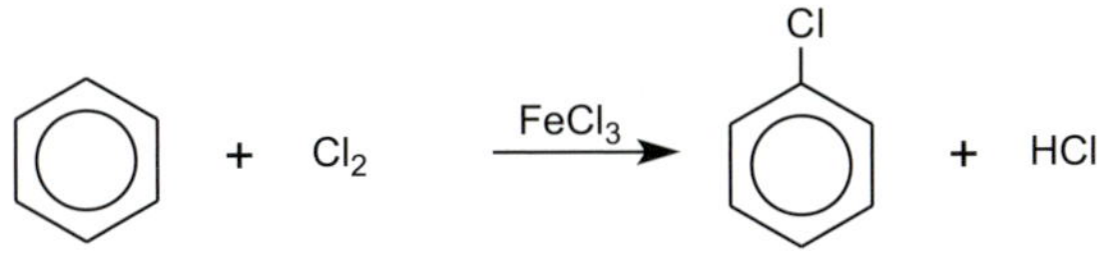

Unter Einwirkung von intensivem UV-Licht findet eine **Addition** an den Benzenring statt, der aromatische Charakter geht verloren. So wird beispielsweise Hexachlorcyclohexan hergestellt:

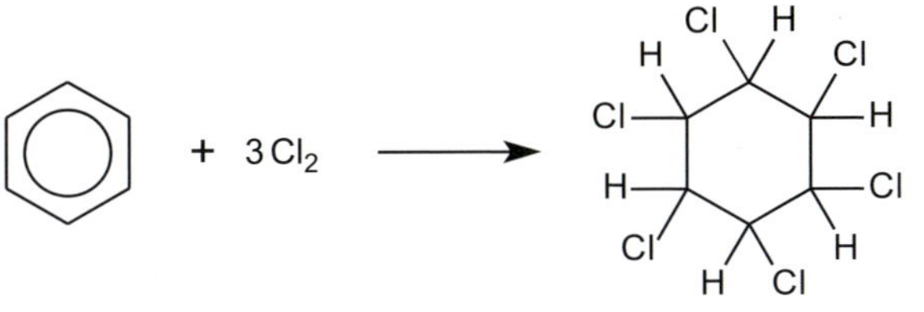

Hat der Benzenring eine Seitenkette, so erfolgt bei höheren Temperaturen und unter Einwirkung von UV-Licht die Substitution dort:

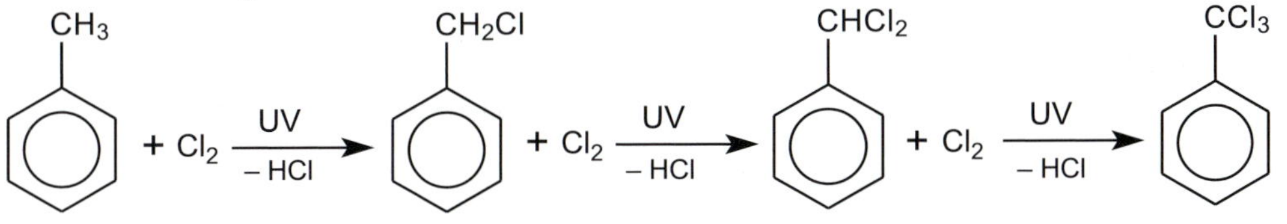

ÜBUNGEN:

6.1 Ist die Bezeichnung „*chemisch* putzen" für die Verwendung von Halogenkohlenwasserstoffen zur Fleckentfernung korrekt?

6.2 Trichlormethan löst sich etwas besser in Wasser als Tetrachlormethan. Was könnte der Grund dafür sein?

6.3 Welches Produkt wird bevorzugt entstehen, wenn 2-Chlor-2-methylpropan mit verdünnter Kalilauge erwärmt wird?

6.4 Wie kann Trichlormethan hergestellt werden, welche Nebenprodukte sind zu erwarten?

6.5 Wie kann 1,1,2-Trichlorethen hergestellt werden?

6.6 In welcher Konformation liegt 1,2-Dibromethan bevorzugt vor?

6.7 Durch welche Reaktionsfolge und über welches Zwischenprodukt kann man aus Toluen (Methylbenzen) Benzylalkohol (C_6H_5–CH_2– OH) herstellen?

6.8 Um die Ozonschicht der Erde nicht noch mehr zu belasten, werden als Treibgas in Spraydosen statt Halogenkohlenwasserstoffen Butan oder Dimethylether verwendet. Welches Risiko bringen diese Stoffe für den Konsumenten mit sich?

Alkohol von alkohol (arab.) = Geist
Ether von aither (griech.) = reine Luft
glycos (griech.) = süß

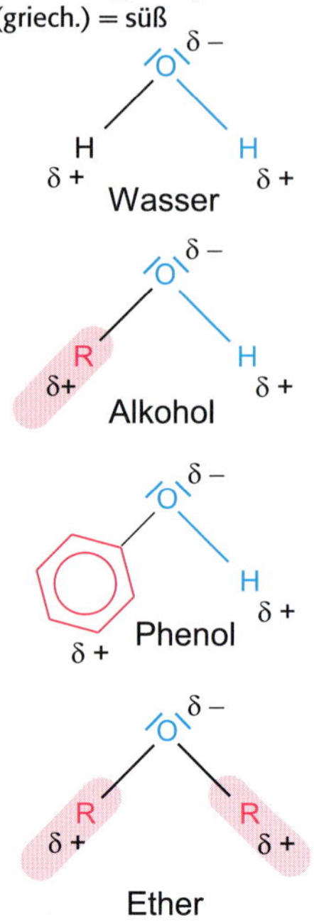

R: Kohlenstoffkette

7. Alkohole, Phenole, Ether

Alkohole, Phenole und Ether enthalten Sauerstoffatome, die durch eine Einfachbindung mit einem Kohlenstoffatom verbunden sind. Sie können als **Verwandte des Wassers** aufgefasst werden.

Wurde ein H-Atom durch eine Kohlenstoffkette ersetzt, liegt ein Alkohol vor; wurde es durch einen Benzenring ersetzt, so spricht man von einem Phenol. Sind beide H-Atome durch organische Gruppen ersetzt, handelt es sich um einen Ether.

7.1 Benennung und physikalische Eigenschaften der Alkohole

Alkohole, die sich von gesättigten Kohlenwasserstoffen ableiten, bilden wie diese eine homologe Reihe. Ihre Summenformel lautet $C_nH_{2n+1}OH$.

Sie werden durch Anhängen der Endung **-ol** an den Namen des entsprechenden Kohlenwasserstoffs bezeichnet. Eine vor die Endsilbe gestellte Ziffer gibt an, an welches C-Atom die OH-Gruppe gebunden ist. Die Nummerierung beginnt an jenem Ende der Kohlenstoffkette, das der OH-Gruppe am nächsten ist.

Häufig werden aber auch Trivialnamen verwendet.

Beispiele:

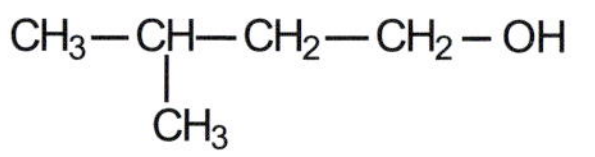
3-Methyl-butan-1-ol

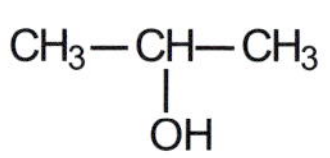
Propan-2-ol

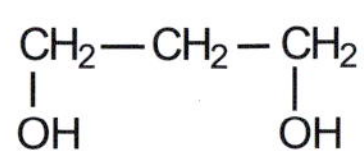
Propan-1,3-diol

Verbindungen mit mehreren OH-Gruppen heißen -diol, -triol usw. Sie werden auch als mehrwertige Alkohole bezeichnet. Moleküle mit mehreren OH-Gruppen an einem C-Atom sind nicht stabil.

Je nach der **Position der OH-Gruppe** wird zwischen **primären**, **sekundären** und **tertiären Alkoholen** unterschieden:

- **Primäre** Alkohole: An das C-Atom, das die OH-Gruppe trägt, ist noch maximal **ein** C-Atom gebunden (die OH-Gruppe ist endständig).
- **Sekundäre** Alkohole: An das C-Atom, das die OH-Gruppe trägt, sind **zwei** C-Atome gebunden (die OH-Gruppe befindet sich an einem Kohlenstoffatom innerhalb einer Kette).
- **Tertiäre** Alkohole: An das C-Atom, das die OH-Gruppe trägt, sind **drei** C-Atome gebunden (die OH-Gruppe befindet sich an einer Verzweigung der Kohlenstoffkette).

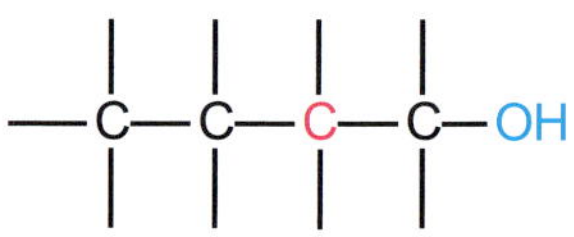

Primäres Butanol (Butan-1-ol)
Siedetemperatur: 117 °C

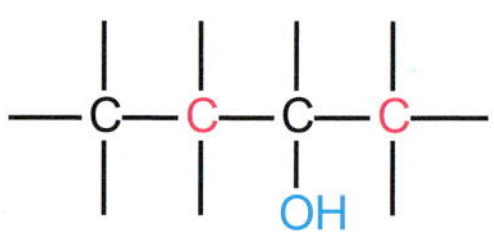

Sekundäres Butanol (Butan-2-ol)
Siedetemperatur: 100 °C

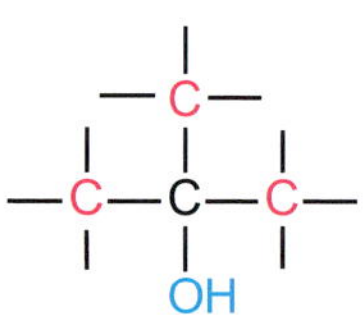

Tertiäres Butanol (Methyl-propan-2-ol)
Siedetemperatur: 83 °C

Die **physikalischen Eigenschaften** eines Alkohols werden von den beiden Strukturelementen bestimmt, aus denen sich das Molekül zusammensetzt:

hydor (griech.) = Wasser
phobos (griech.) = Furcht
philos (griech.) = Freund
hydrophob = wasserabstoßend

Kohlenstoffkette – O – H

kohlenwasserstoffähnlich	wasserähnlich
unpolarer Anteil	polarer Anteil
hydrophober Anteil	hydrophiler Anteil

Mit zunehmender Länge der Kohlenstoffkette wird die Wirkung der OH-Gruppe immer schwächer, da sie einen immer kleineren Teil des Gesamtmoleküls ausmacht.

Das Sauerstoffatom zieht durch seine große Elektronegativität die Bindungselektronen näher an sich und bildet das negative Ende des Dipols, die Kohlenstoffatome und das Wasserstoffatom tragen positive Partialladungen. Dies führt zu starken elektrostatischen Anziehungskräften zwischen den Molekülen und zu Wassermolekülen.

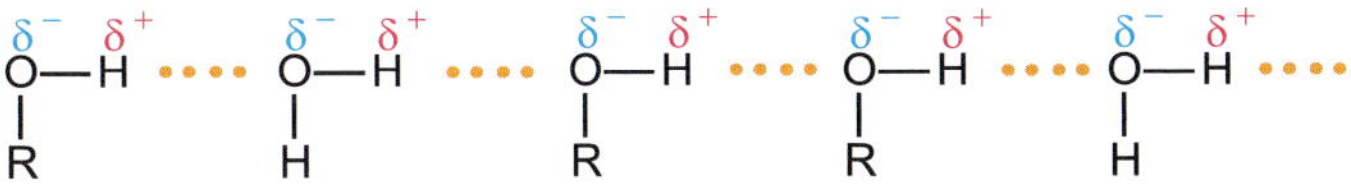

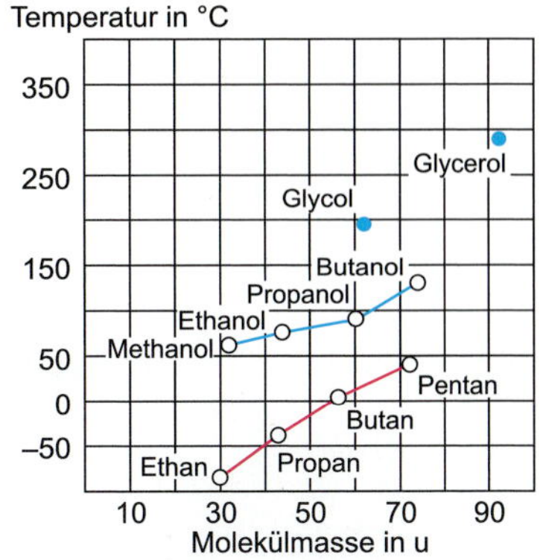

Die unterschiedlichen Schmelz- und Siedetemperaturen von Kohlenwasserstoffen und Alkoholen.

Man nennt diese starken zwischenmolekularen Kräfte **Wasserstoffbrückenbindungen**. Ihre Bindungsenergie beträgt etwa ein Zehntel der Bindungsenergie einer Atombindung und ist die Ursache für die im Vergleich zu Kohlenwasserstoffen gleicher Molekülmasse hohen Schmelz- und Siedetemperaturen.

Wird die Kohlenstoffkette länger, so verliert der Einfluss der OH-Gruppe an Wirkung und die Unterschiede werden kleiner.

Besonders stark sind die zwischenmolekularen Kräfte bei Alkoholen mit mehreren OH-Gruppen, zum Beispiel:

Siedetemperaturen von	Ethanol	78 °C
	Ethandiol (Glycol)	197 °C
	Propantriol (Glycerol)	290 °C

Bei längeren Ketten werden die Van-der-Waals-Kräfte zwischen den Kohlenwasserstoffketten wirksamer, die Wassermoleküle können sich nicht mehr zwischen die Alkoholmoleküle hineindrängen.

Die Löslichkeit in Wasser nimmt daher mit zunehmender Kettenlänge ab, die Löslichkeit in unpolaren Lösungsmitteln steigt hingegen.

Kurzkettige Alkohole sind wichtige Lösungsmittel. Sie wirken als Lösungsvermittler. Ein hydrophobes, unpolares Molekül kann sich durch Van-der-Waals-Kräfte an das Alkoholmolekül binden, die OH-Gruppe stellt die Wasserstoffbrücken zu den Wassermolekülen her. Darauf beruht die Verwendung von Ethanol in der Pharmazie und Lebensmitteltechnik zur Herstellung von Pflanzenextrakten (Tinkturen, Liköre).

Kalottenmodelle von Wasser, Methanol und Ethanol.

Tod nach Raki-Genuss

Innerhalb einer Woche sind in der Türkei an gepanschtem Raki mindestens 18 Menschen gestorben. Noch immer liegen etliche Menschen mit Vergiftungen im Krankenhaus. Der Anis-Schnaps war mit Methylalkohol versetzt gewesen.

Kriminell gepanschter Schnaps fordert immer wieder Todesopfer.

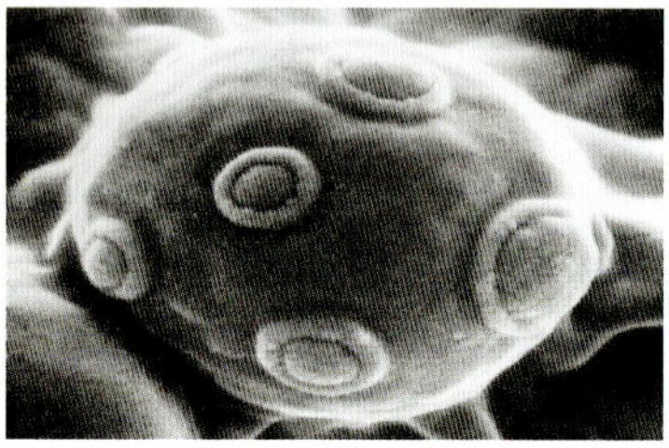

Die kugelförmigen Hefepilze haben einen Durchmesser von rund 10 μm (hier bei 12 000facher Vergrößerung im Rasterelektronenmikroskop). Bei der ungeschlechtlichen Fortpflanzung bilden sich Tochterzellen, die sich später abschnüren. An diesen Stellen bleiben Narben zurück.

Aus Zuckerrohr hergestellter Alkohol wird in Brasilien in großem Umfang als Treibstoff verwendet.

7.2 Wichtige Alkohole

Methanol CH_3OH (*Methylalkohol*)

ist eine farblose Flüssigkeit (Siedetemperatur 65 °C) und wird als Lösungsmittel, Ausgangsstoff für viele großtechnische Synthesen und als Treibstoffzusatz (Seite 38) verwendet. Die Herstellung erfolgt durch Oxidation von Methan oder aus Kohlenstoffmonoxid und Wasserstoff, die wiederum aus Kohle gewonnen werden (Seite 41):

$$CO + 2\,H_2 \xrightarrow[\text{300 °C, 200 bar}]{\text{Katalysator}} CH_3OH$$

Methanol ist giftig. Kleinere Mengen führen zur Erblindung, größere Mengen (ca. 25 g) zum Tod. Unfälle können bei Verwechslung mit Ethanol auftreten oder bei Genuss von Schnaps, der in krimineller Weise aus methanolhaltigem Spiritus hergestellt wurde.

Ethanol C_2H_5OH (*Ethyl-* bzw. *Äthylalkohol*, *Weingeist*, „Alkohol")

ist eine wasserklare, brennend schmeckende Flüssigkeit (Siedetemperatur 78 °C), die 4,4 % Wasser enthält, das sich durch gewöhnliches Destillieren nicht entfernen lässt. Wasserfreies (absolutes) Ethanol wird durch Reaktion mit wasserentziehenden Stoffen gewonnen.

Reiner Alkohol ist in allen Staaten hoch besteuert. Für technische Zwecke verwendeter Alkohol wäre dadurch zu teuer. Durch Zusatz von Stoffen, die nur schwer entfernt werden können und ihn zum Genuss untauglich machen (vergällen), erhält man technischen Alkohol (Spiritus), der nicht der Branntweinsteuer unterliegt.

Ethanol ist wegen seiner vergleichsweise geringen Giftigkeit ein wichtiges Lösungsmittel. Viele pharmazeutische Wirkstoffe werden daher in Ethanol gelöst. Weiters ist Ethanol ein Rohstoff der organisch-chemischen Industrie und ein möglicher alternativer Treibstoff bzw. Benzinzusatz (Seite 38).

Die **Herstellung** erfolgt hauptsächlich durch **Gärung**. Hefezellen, die in der Natur fast allgegenwärtig sind, beziehen ihre Energie aus dem Abbau von **Zuckern**, wie sie in Fruchtsäften reichlich vorhanden sind (Seite 85 ff.). Unter anaeroben Bedingungen (Sauerstoffausschluss) entstehen mithilfe des Enzymkomplexes Zymase Ethanol und Kohlenstoffdioxid:

$$\underset{\text{Traubenzucker (Glucose)}}{C_6H_{12}O_6} \rightarrow \underset{\text{Ethanol}}{2\,C_2H_5OH} + 2\,CO_2$$

Das Kohlenstoffdioxid (Gärgas) ist dabei immer wieder die Ursache meist tödlich verlaufender Unfälle.

Aus **Stärke** (Getreide, Kartoffeln) kann Hefe erst dann Ethanol erzeugen, wenn durch stärkespaltende Enzyme der Abbau zu Zuckern erfolgt ist.

Für technische Zwecke ist auch die Gewinnung aus **Cellulose** (Holz, Stroh) von Bedeutung. Dabei muss die Cellulose durch Kochen mit Säure in Zucker gespalten werden (Seite 94).

Die Gärung kommt (falls überhaupt so viel Zucker vorhanden ist) zum Stillstand, wenn der Ethanolgehalt ca. 18 % beträgt. Ebenso wie ein zu hoher Alkoholgehalt kann ein zu hoher Zuckergehalt die Gärung verhindern (konservierende Wirkung von Alkohol und von Zucker). Durch Gärung allein lässt sich daher kein konzentrierter Alkohol gewinnen. Durch wiederholtes Destillieren kann die Hauptmenge des Wassers, restliche flüchtige Pflanzeninhaltsstoffe sowie höhere Alkohole (Fuselöle), die ebenfalls bei der Gärung entstehen, abgetrennt werden.

Ethanol ist ein Genussmittel, das bei ständigem Konsum zu einer seelischen und körperlichen Abhängigkeit führt. Im Gegensatz zu anderen Drogen ist es legal erhältlich und unterliegt keiner staatlichen Kontrolle.

Wegen ihrer Wirkung als Genussmittel und ihrer einfachen Herstellung durch Gärung findet man alkoholische Getränke bei allen Völkern, die Ackerbau betreiben. Die Erhöhung des Alkoholgehaltes durch Destillation (Schnapsbrennen) kam in Europa erst um 1 000 n. Chr. auf.

Die physiologische Wirkung des Ethanols hängt von der Menge ab, die frei im Blut zirkuliert. Dieser Blutalkohol kann analytisch bestimmt werden und wird in Promille (‰) angegeben.

Ethanol beeinflusst die Kontrollfunktion des Gehirns. Der Gleichgewichtssinn wird beeinträchtigt, die Reaktionszeit verlängert. Auch die Durchblutung der Haut wird angeregt, was ein erhöhtes Wärmegefühl zur Folge hat (obwohl dabei vermehrt Wärme an die Umgebung abgegeben wird; Ethanol ist daher zum Vorbeugen vor Unterkühlung absolut ungeeignet). Der Wasserhaushalt und die Nierenfunktion werden verändert.

In Österreich ist das Lenken eines Fahrzeuges bis zu einem Blutalkoholgehalt von höchstens 0,5 ‰ zulässig. Da jedoch schon unterhalb dieses Wertes die Reaktionszeit merklich verlängert ist, ist es höchst sinnvoll, als Lenker/in eines Kraftfahrzeuges keinerlei Alkohol zu sich zu nehmen.

Die Alkoholmenge, die „legal", d. h. bis zur Erreichung der 0,5-‰-Grenze getrunken werden kann, lässt sich nicht exakt angeben. Sie hängt außer vom Körpergewicht auch von der eingenommenen Mahlzeit ab, da Alkohol bei nüchternem Magen rascher ins Blut übergeht als nach einer reichlichen, fetten Mahlzeit. Im Allgemeinen kann aber davon ausgegangen werden, dass bei einem Erwachsenen nicht mehr als ein Seidel Bier oder ein Achtel Wein oder ein Stamperl Schnaps zulässig ist.

Bei ca. 1 ‰ wird der Verlust der Muskelkontrolle merkbar, das Gleichgewichtsgefühl wird unsicher, das Sprechen verlangsamt sich. Bei 2 ‰ tritt Torkeln auf, bei 3 ‰ kann man sich nicht mehr aufrecht halten und der Trinker verliert – meist zu seinem Glück – das Bewusstsein, wodurch ein Erreichen der tödlichen Dosis von ca. 4 ‰ verhindert wird. Diese wird manchmal erreicht, wenn mit hochprozentigen Getränken rasch um die Wette getrunken wird.

Unbeeinflussbar durch Nahrungsmittel, Kaffee oder irgendwelche Hilfsmittel vermindert sich der Blutalkoholgehalt um ca. 0,1 ‰ pro Stunde (Abbaugeschwindigkeit des Ethanols in der Leber). Die Wirkung des Blutalkohols lässt sich nicht durch Medikamente oder andere Stoffe beeinflussen. Bei manchen Medikamenten wird im Gegenteil schon zusammen mit geringen Mengen Alkohol die Fahrtüchtigkeit stark

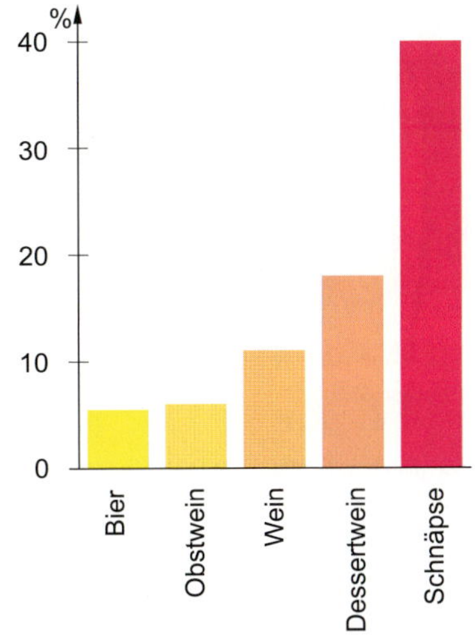

Alkoholgehalt verschiedener Getränke.

Nicht immer verlaufen die typischen Disco-Unfälle so glimpflich wie auf diesem Bild. Die Bilanz eines Wochenendes kann man dann den Zeitungen entnehmen.

18jähriger lud Freunde ein / Schon auf der Fahrt zum ersten Lokal verunglückt

4 Tage den Führerschein 3 Tote bei Disco-Tour

Lehrling hatte den Führerschein erst seit vier Monaten

Nach Disco-Besuch in den Tod gerast

Zu schnell bei Nebel – Feuerwehr mußte die Toten aus den Wracks schneiden

„Frontaler" nach Disco-Tour kostete zwei Menschenleben

Zu viel Alkohol: Bursche erbrach und erstickte

Teenager leerte eine Flasche Rum

Die durch Alkohol verlängerte Reaktionszeit bedeutet bei vielen Sportarten ein deutlich erhöhtes Unfallrisiko.
Lohnt es sich wirklich, den Verlockungen der Werbung zu folgen und dann erst im Gipszimmer eines Krankenhauses auszunüchtern?

Viele Alkohole sind beim Auto nützlich: Methanol, Ethanol und Propan-2-ol zum Enteisen der Windschutzscheibe und als Frostschutz für die Scheibenwaschanlage, Ethandiol als Frostschutz im Kühler, längerkettige Alkohole und Diole als Bremsflüssigkeit.

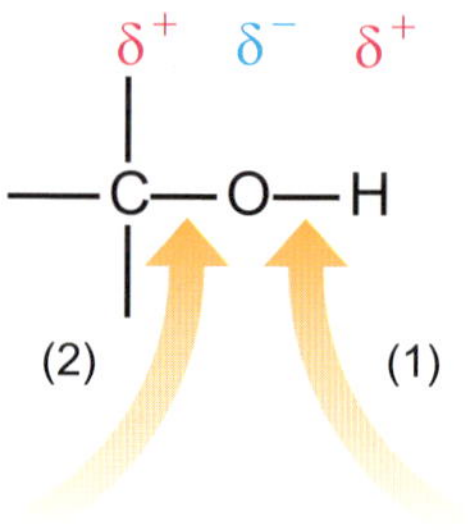

vermindert. Darauf ist bei der Einnahme zu achten (Hinweise am Beipackzettel).

Die exakte **Bestimmung des Blutalkoholgehaltes** erfolgt mit einem Gaschromatographen (Seite 133) aus der Blutprobe. Eine ungefähre Bestimmung ist auch durch eine Messung des Alkoholgehaltes der ausgeatmeten Luft möglich, der vom Blutalkoholgehalt abhängt. Bei Verkehrskontrollen werden Geräte (Alkomaten) verwendet, die den Alkoholgehalt der Atemluft mithilfe eines Halbleiters messen, dessen elektrische Eigenschaften sich je nach Alkoholgehalt verändern. Mundsprays und andere Hilfsmittel können zwar den Alkoholgeruch überdecken, täuschen jedoch nicht die Messgeräte.

Chronischer Alkoholmissbrauch führt zu einem Absterben von Gehirnzellen (Delirium tremens = Säuferwahnsinn) und zur Schädigung der Leber (Leberzirrhose = Schrumpfleber). Beides ist in letzter Konsequenz tödlich. Zusätzlich verursacht der Alkoholismus auch schwerwiegende soziale Probleme. Daher ist Alkohol jene Droge, die direkt oder indirekt (Straßenverkehr und Arbeitsunfälle) die weitaus meisten Todesopfer fordert.

Ethan-1,2-diol (*Ethylen-* bzw. *Äthylenglycol*, *Glycol*)

ist farblos, dickflüssig, von leicht süßlichem Geschmack und giftig, da im Körper eine Oxidation zu Oxalsäure (Seite 70) erfolgt. Es dient als Rohstoff zur Kunststoffproduktion (Polyester, Seite 119) und, in Mischungen mit Wasser, als Frostschutzmittel in Autokühlern.

Propan-1,2,3-triol (*Glycerol*, *Glycerin*)

ist eine farblose, ungiftige, ölige Flüssigkeit mit süßlichem Geschmack. Es wird unter anderem beim Seifensieden gewonnen (Seite 80), da es in den Fetten (Seite 76) chemisch gebunden enthalten ist. Wegen seiner wasseranziehenden Wirkung wird es für Farbbänder, Druckfarben, Salben und Hautcremes verwendet.

Auch andere Alkohole mit mehreren OH-Gruppen zeichnen sich durch ihren süßen Geschmack aus. So enthält das Traubenzuckermolekül sechs C-Atome und fünf OH-Gruppen, *Sorbit* (sechs C-Atome, sechs OH-Gruppen) hat sogar eine größere Süßkraft als Zucker und dient als Zuckeraustauschstoff (Seite 88).

7.3 Chemische Eigenschaften der Alkohole

Alkohole leiten, in Wasser gelöst, den Strom nicht. Eine zugesetzte Indikatorlösung zeigt keinen Farbumschlag. Es liegen also, im Gegensatz zu NaOH oder KOH, keine OH^--Ionen vor.

Die funktionelle Gruppe der Alkohole ist die an ein C-Atom gebundene OH-Gruppe (Hydroxylgruppe). Bei chemischen Reaktionen kann entweder die O–H-Bindung (1) oder die C–O-Bindung (2) getrennt werden, da beide polaren Charakter besitzen.

Reaktionen an der O–H-Bindung

Säure-Base-Reaktionen

Wie Wasser können auch Alkoholmoleküle als Säuren oder Basen reagieren. Säure- und Basenstärke sind geringer als die von Wasser. Mit sehr starken Basen reagiert ein Alkohol als Säure (Protonenspender). Es wird ein negativ geladenes Ion, ein so genanntes Alkoholat-Ion, gebildet:

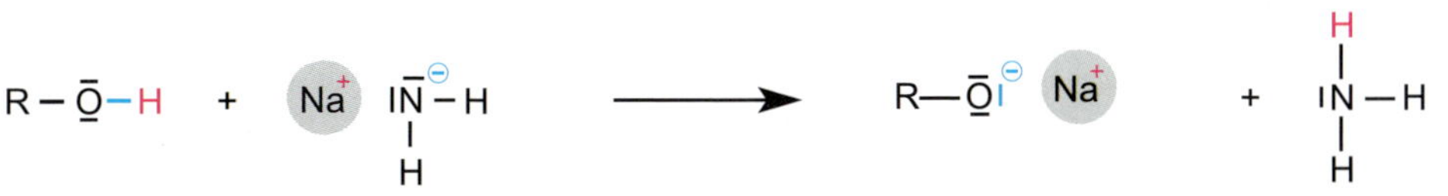

Alkohol Natriumamid Alkoholat-Ion Ammoniak

Mit sehr starken Säuren kann ein Alkohol als Base wirken. Er nimmt ein Proton auf, es entsteht ein positiv geladenes Ion (Oxonium-Ion):

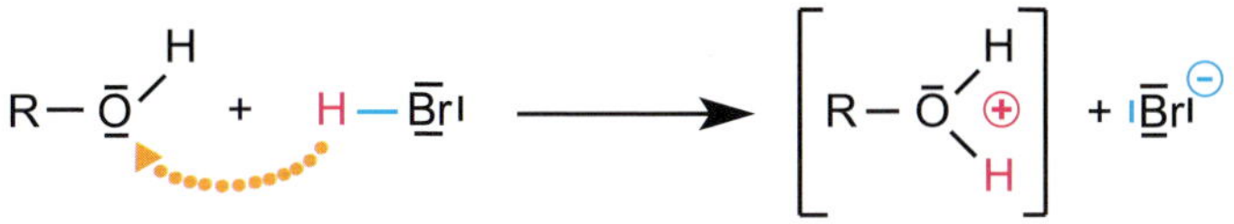

Alkohol Bromwasserstoff Oxonium-Ion Bromid-Ion

Diese Ionen spielen als Zwischenprodukte bei vielen säurekatalysierten Reaktionen eine wichtige Rolle. Sie erleichtern die Abspaltung von Wasser.

Etherbildung

Mit Halogenkohlenwasserstoffen reagieren Alkohole bzw. Alkoholate unter Bildung von Ethern, z. B.:

$$\underset{\text{Iodmethan}}{CH_3-I} + \underset{\text{Ethanol}}{H-OCH_2CH_3} \rightarrow \underset{\text{Ethylmethylether}}{CH_3-O-CH_2CH_3} + \underset{\text{Iodwasserstoff}}{HI}$$

Auch das Erhitzen von Alkoholen mit konzentrierter Schwefelsäure führt zu Ethern. So entsteht beispielsweise aus Ethanol bei 140 °C Diethylether (Seite 6).

Reaktionen an der C–O-Bindung

Bildung von Halogenkohlenwasserstoffen

Bei der Reaktion von Alkoholen mit Halogenwasserstoffen findet eine nucleophile Substitution der OH-Gruppe statt (Seiten 5 und 45):

$$R-O-H + H-Br \rightarrow R-Br + H_2O$$

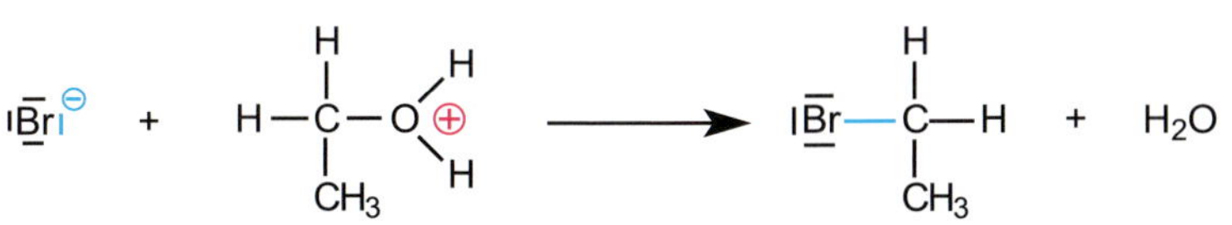

Ester sind Stoffe, die durch eine Kondensationsreaktion aus einer Säure und einem Alkohol gebildet werden können.

Bildung von Estern anorganischer Säuren

Reagieren Alkohole bei niedrigen Temperaturen mit anorganischen Säuren, so wird die OH-Gruppe durch den Säurerest ersetzt.

- **Ester der Schwefelsäure**

  Bei der Reaktion von Alkoholen mit Schwefelsäure entstehen Schwefelsäureester:

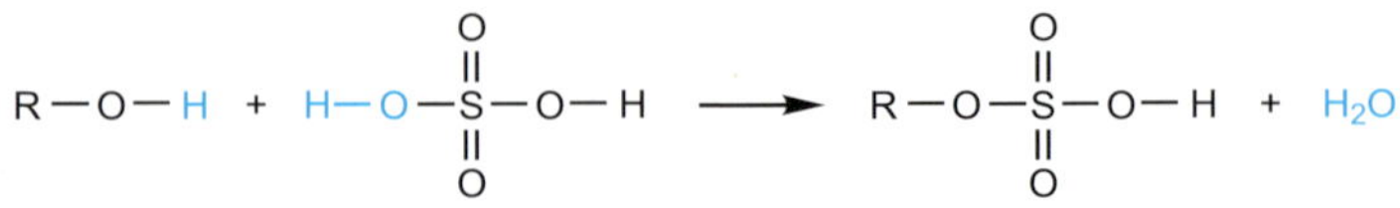

  Da H_2SO_4 eine zweiprotonige Säure ist, gibt es zwei Ester, den Schwefelsäuremonoalkylester und den Schwefelsäuredialkylester.

  Der Monoalkylester verfügt noch über ein als Proton abspaltbares Wasserstoffatom und ist daher eine starke Säure.

  Die Natriumsalze der Schwefelsäureester höherer Alkohole (C_{10}–C_{16}) sind wichtige Waschmittel (Seite 81).

Alfred Nobel (1833–1896); schwedischer Chemiker. Dynamit und andere Erfindungen bildeten den Grundstein seines Vermögens, das er einer Stiftung vermachte. Von den Zinsen dieses Vermögens werden die Nobelpreise ausbezahlt.

- **Ester der Salpetersäure** haben als Sprengstoffe Bedeutung.

  Bekanntester Vertreter dieser Gruppe ist der Trisalpetersäureglycerolester, besser bekannt unter dem Namen *Nitroglycerin*.

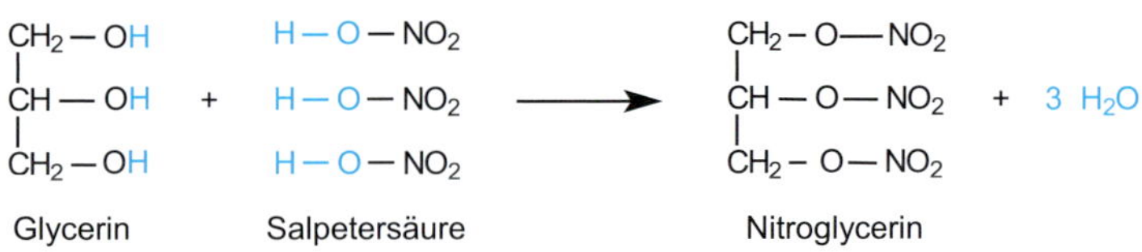

  Nitroglycerin ist eine ölige Flüssigkeit, die bei geringen Erschütterungen oder geringem Erwärmen explosionsartig zerfällt:

  $$4\,C_3H_5(NO_3)_3 \rightarrow 12\,CO_2 + 10\,H_2O_{(Dampf)} + 5\,N_2 + 2\,NO$$

  Die Sprengwirkung beruht auf der großen Menge der entstehenden Gase.

  Nitroglycerin wurde erstmals 1847 hergestellt, seine extreme Empfindlichkeit schloss aber eine praktische Verwendung zunächst aus. 1866 entdeckte Alfred Nobel, dass Nitroglycerin sicher zu handhaben ist, wenn es von Kieselgur aufgesaugt wurde und erfand so den ersten brauchbaren hochbrisanten Sprengstoff. Er nannte das Gemisch *Dynamit*.

- **Ester der Phosphorsäure**

  Einige kompliziert gebaute Phosphorsäureester sind wichtige Schädlingsbekämpfungsmittel, wie z. B. das *Parathion* (*E 605*).

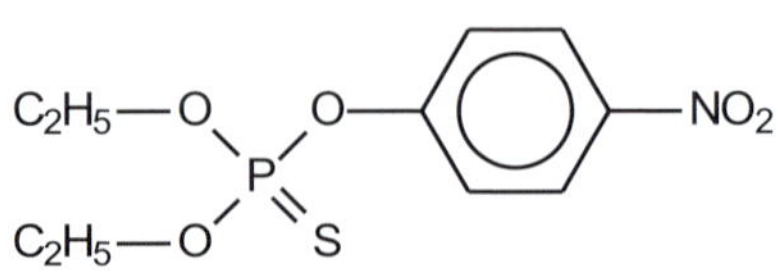

  Die Phosphorsäure besitzt hier statt einem Sauerstoff- ein Schwefelatom. Man spricht daher von einem Thiophosphorsäureester.

Die größte Bedeutung besitzen die Phosphorsäureester im Stoffwechsel der Zellen, bei der Speicherung und Übertragung von Energie. Darüber hinaus haben sie eine wichtige strukturelle Aufgabe. So erfolgt die Verknüpfung der Ribose- und Desoxyribose in RNA- und DNA-Molekülen (Ribo- und Desoxyribonucleinsäuren) über Phosphorsäureesterbindungen (Seite 149 ff.).

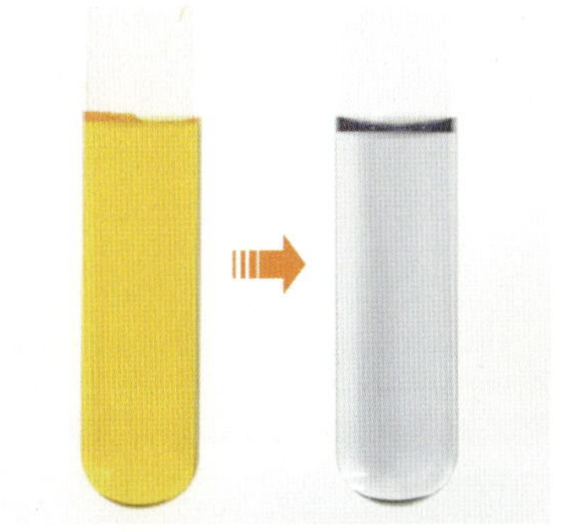

Zur Oxidation eines Alkohols kann eine saure Lösung von Kaliumdichromat ($K_2Cr_2O_7$) dienen. Die Reaktion kann am Verbrauch des Oxidationsmittels erkannt werden. Die orange Farbe der Dichromat-Ionen wechselt auf blau (Farbe der entstehenden Cr^{3+}-Ionen).

Bildung von ungesättigten Kohlenwasserstoffen

Beim Erhitzen von Alkoholen mit konzentrierter Schwefelsäure auf 170 °C entstehen Alkene (Elimination von Wasser, Seite 5).

Oxidation von Alkoholen

Primäre, sekundäre und tertiäre Alkohole zeigen gegenüber Oxidationsmitteln unterschiedliches Verhalten:

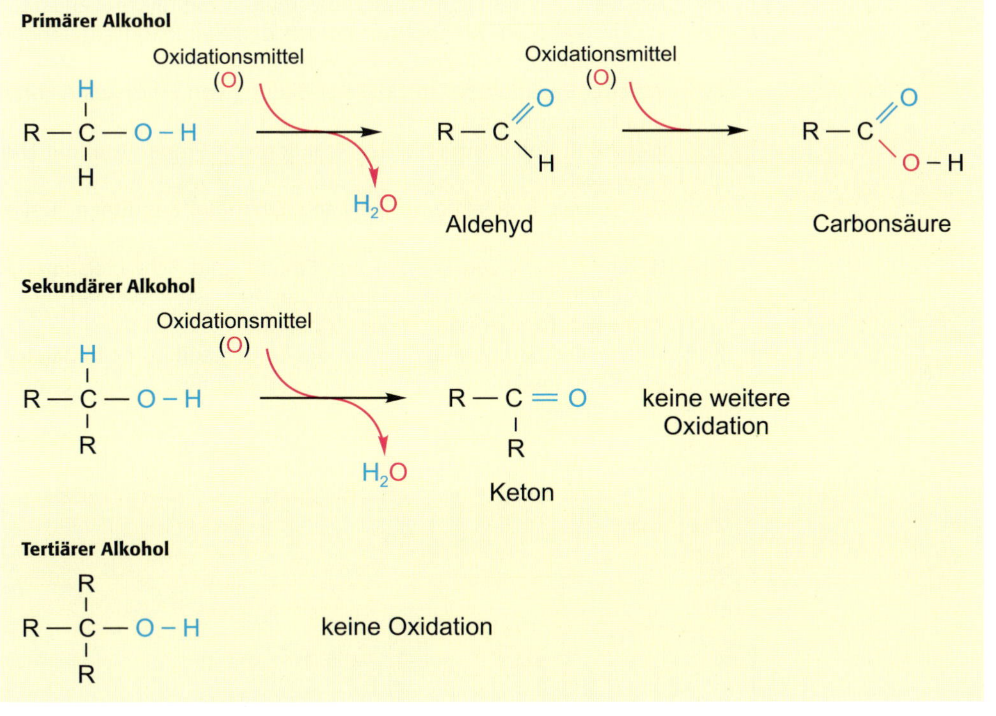

Formal betrachtet bestehen diese Oxidationen aus der Abspaltung von Wasserstoffatomen und deren Weiterreaktion zu Wasser. Ist an das C-Atom kein Wasserstoffatom (mehr) gebunden, so ist keine (weitere) Oxidation möglich. Dies gilt für Ketone und tertiäre Alkohole. Bei diesen Substanzgruppen kommt es erst mit sehr starken Oxidationsmitteln zu einer Spaltung des Kohlenstoffgerüsts.

Alle Oxidationsprodukte der Alkohole enthalten eine C=O-Doppelbindung, **Carbonylgruppe** genannt (Kapitel 8 und 9).

Oxidationsreaktionen von Alkoholen besitzen große Bedeutung in der organisch-chemischen Synthese. Sie laufen aber auch in allen Organismen bei der Umwandlung der Nährstoffe in CO_2 und H_2O ab.

ÜBUNGEN:

7.1 Was ist die Ursache für die unterschiedlichen Siedetemperaturen von primärem, sekundärem und tertiärem Butanol?

7.2 Ist Cyclohexanol ein primärer, sekundärer oder tertiärer Alkohol?

7.3 Wie lautet die Reaktionsgleichung für die Verbrennung von Spiritus?

7.4 Welche Strukturformeln haben Sorbit (ein Alkohol mit sechs Kohlenstoffatomen und sechs OH-Gruppen) und Cyclohexanol? Was lässt sich über das Lösungsverhalten der beiden Stoffe in Wasser und in Cyclohexan aussagen? Welche Erklärung gibt es für den Umstand, dass Sorbit ein Feststoff, Cyclohexanol aber eine Flüssigkeit ist?

7.5 Wie lässt sich das hygroskopische Verhalten von Glycerol erklären?

7.6 Warum kann ein Alkohol nur das an den Sauerstoff gebundene Wasserstoffatom als Proton abgeben?

7.7 Welcher Reaktionstyp tritt bei der Bildung von Ether aus Alkohol und Halogenalkan auf?

7.8 Welche Produkte sind bei der Reaktion von Propan-2-ol mit HBr zu erwarten?

7.9 Durch welche Reaktionsfolge kann Ethandiol aus Ethen hergestellt werden?

7.10 Welche Substanzen können aus Ethanol und Schwefelsäure, je nach Wahl der Reaktionsbedingungen, hergestellt werden?

7.11 Was versteht man unter einer Oxidation?

7.12 Welche Oxidationszahlen haben die Kohlenstoffatome in den folgenden Molekülen? Zu welchen Verbindungsklassen gehören diese Stoffe?

a)
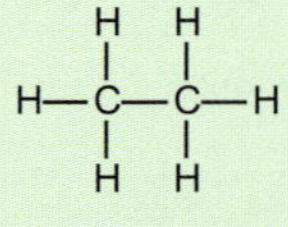

b)
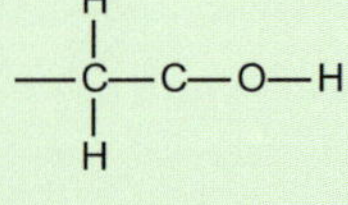

c)
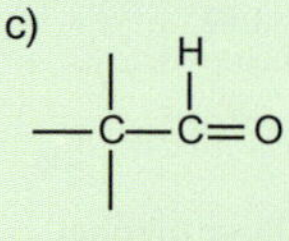

d)
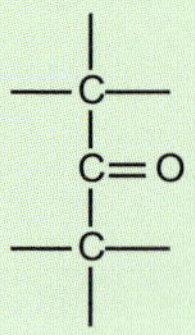

e)
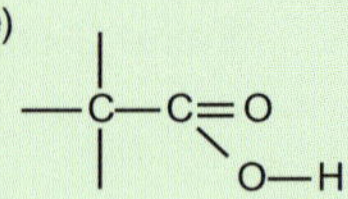

7.13 Der Kohlenwasserstoff A mit der Summenformel C_5H_{10} ergibt nach katalytischer Hydrierung 2-Methylbutan. Bei der Reaktion von A mit Hydrogenchlorid (HCl) entsteht eine Verbindung B, die durch Erwärmen mit Natronlauge in einen Alkohol C umgewandelt wird, der zu einem Keton oxidiert werden kann. Gesucht sind Strukturformeln und Namen von A, B und C.

7.4 Phenole

Als Phenole bezeichnet man alle Substanzen, bei denen OH-Gruppen direkt an einen Benzenring gebunden sind. Namensgebend für diese Gruppe ist das

Phenol – C_6H_5OH (*Carbol, Carbolsäure*)

Es ist ein in reinem Zustand farbloser, intensiv riechender Feststoff und beschränkt in Wasser löslich.

Eine wässrige Lösung hat einen pH-Wert von 4–5, d.h. Phenol ist eine deutlich stärkere Säure als z.B. Ethanol.

Grund dafür ist, dass die Elektronen des Sauerstoffatoms teilweise in das π-Elektronensystem des Benzenrings miteinbezogen werden. Dadurch ist die O–H-Bindung stärker polarisiert und das Wasserstoffatom kann leichter als Proton abgespalten werden:

$$C_6H_5OH + H_2O \rightarrow C_6H_5O^- + H_3O^+$$

Verglichen mit Benzen ist Phenol wesentlich reaktionsfähiger gegenüber positiven (elektrophilen) Reagenzien, da die OH-Gruppe die Elektronendichte am Ring erhöht. So wird z.B. Bromwasser augenblicklich entfärbt, es entsteht 2,4,6-Tribromphenol:

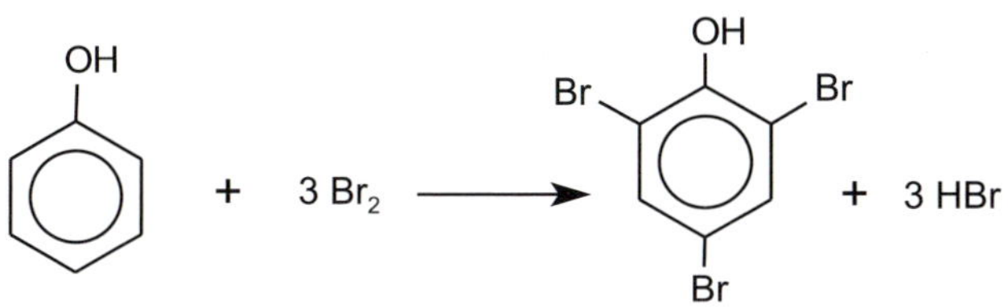

Phenol wurde früher als Desinfektionsmittel viel verwendet. Der englische Chirurg Joseph Lister (1827–1912) führte u.a. mithilfe dieser *Carbolsäure* in der Medizin den Begriff der Antisepsis zur Verhinderung von Wundinfektionen ein.

Damit gelang es ihm, die Todesrate durch Wundinfektionen nach Operationen von 45 % auf 15 % zu senken. Da Phenol jedoch Hautreizungen verursacht, wurde es später durch andere Stoffe und Verfahren (z.B. Hitzesterilisation der Instrumente) abgelöst.

Heute ist Phenol ein wichtiger Synthesegrundstoff, unter anderem für Kunststoffe (Bakelit), für Schädlingsbekämpfungs- und für Holzschutzmittel.

Es gibt drei isomere **Dihydroxibenzene**:

1,2-Dihydroxibenzen (*Brenzcatechin*)
1,3-Dihydroxibenzen (*Resorcin*)
1,4-Dihydroxibenzen (*Hydrochinon*)

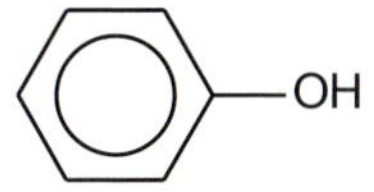

Phenol

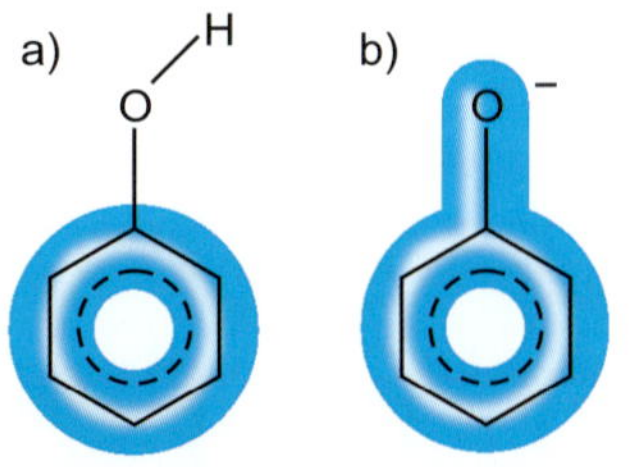

Elektronendelokalisierung.
a) im Phenol-Molekül in saurer Lösung
b) im Phenolat-Ion in basischer Lösung

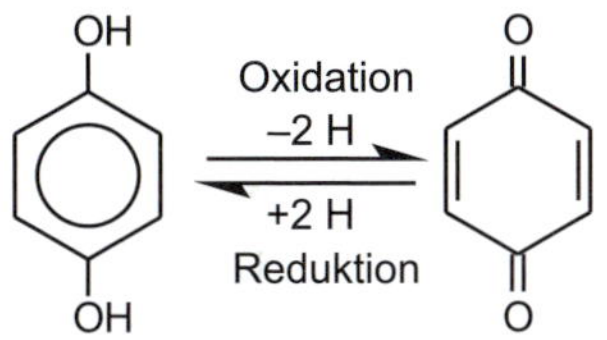

Hydrochinon p-Benzochinon

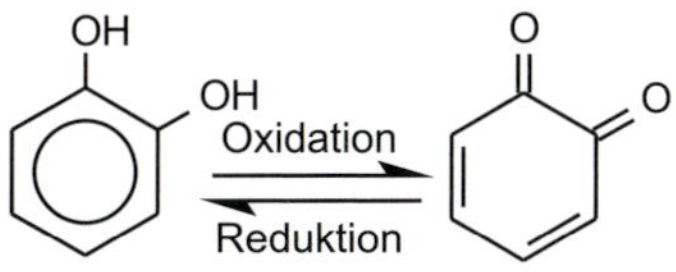

Brenzcatechin o-Benzochinon

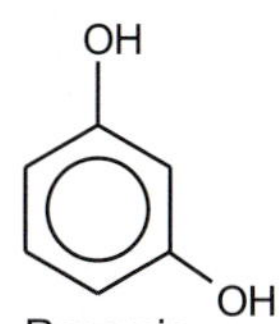

Resorcin

Kalottenmodell von Diethylether.

Extrahieren von Iod.
Iod löst sich in Ether (obere Flüssigkeit) besser als in Wasser (untere Flüssigkeit), sodass sich das Iod nach kräftigem Durchschütteln der beiden Flüssigkeiten nahezu vollständig im Ether befindet (rechte Eprouvette).

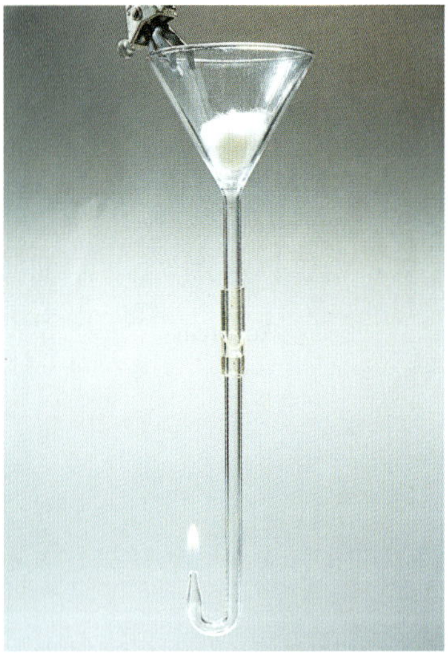

Brennbarkeit von Etherdampf.
Wird der Wattebausch im Trichter mit Ether befeuchtet, so sinkt der Etherdampf nach unten und lässt sich an der Spitze des Glasrohres entzünden.

ÜBUNGEN:

7.14 Phenol löst sich in Natronlauge, Cyclohexanol nicht. Was könnte der Grund dafür sein?

7.15 Eine Nitrogruppe ($-NO_2$) wirkt wegen der starken Elektronegativität von Stickstoff und Sauerstoff stark elektronenanziehend. Wie wird sich daher para-Nitrophenol in seiner Säurestärke und in seiner Reaktionsfähigkeit von Phenol unterscheiden?

7.16 2,4,6-Trinitrophenol wird auch Pikrin*säure* genannt. Warum ist dieses Molekül deutlich stärker sauer als Phenol?

7.5 Ether

Bei Ethern sind beide H-Atome des Wassermoleküls durch organische Gruppen ersetzt. Wichtigster Vertreter ist der

Diethylether $CH_3-CH_2-O-CH_2-CH_3$ *(Äther)*

Da zwischen Ethermolekülen keine Wasserstoffbrückenbindungen bestehen, sind die zwischenmolekularen Kräfte wesentlich geringer als bei Alkoholen. Diethylether ist daher eine leicht verdunstende Flüssigkeit (Siedetemperatur 35 °C) mit charakteristischem Geruch. Als einfach zu handhabendes Narkosemittel hat er seit 1846 wesentlich zum medizinischen Fortschritt beigetragen. Denn bis dahin mussten die Patientinnen und Patienten bei vollem Bewusstsein operiert werden – ein „guter" Chirurg war, wer sehr schnell arbeitete, was zwangsläufig zu Fehlern mit oft tödlichen Folgen führte.

Darüber hinaus ist Diethylether ein wichtiges Lösungsmittel. Er wird zum Herauslösen (Extrahieren) von unpolaren Substanzen aus wässrigen Gemischen verwendet. Man schüttelt das mit Diethylether versetzte Gemisch in einem Scheidetrichter und wartet, bis sich die etherische und die wässrige Schicht (Phase) voneinander trennen. Dann lässt man die wässrige Schicht ausfließen, aus der etherischen Lösung lassen sich die unpolaren Substanzen durch Abdestillieren des Ethers leicht gewinnen.

Beim Umgang mit Diethylether ist allerdings Vorsicht geboten, da er leicht verdunstet und Gemische mit Luft in weiten Grenzen explosionsfähig sind (Explosionsgrenzen 1 % – 50 % Etherdampf).

ÜBUNGEN:

7.17 Warum ist Diethylether-Dampf schwerer als Luft?

7.18 Wie könnte man Dipropylether herstellen?

7.19 Wie könnte man Ethylpropylether herstellen?

7.20 Durch welche Reaktionsfolge könnte aus Ethen Diethylether hergestellt werden?

8. Aldehyde und Ketone

Aldehyde und Ketone sind **Oxidationsprodukte** primärer bzw. sekundärer **Alkohole** (Seite 55). Ihnen ist die C=O-Doppelbindung (Carbonylgruppe) gemeinsam.

Bei **Aldehyden** ist das C-Atom der Carbonylgruppe mit einem H-Atom verbunden. Die vierte Bindung geht entweder zu einem zweiten H-Atom (Methanal) oder zum C-Atom einer Kohlenstoffkette bzw. eines Benzenringes.

Worterklärung:
Aldehyd von **al**coholus **dehyd**rogenatus, d.h. Alkohol, dem Wasserstoff entzogen wurde.

Die funktionelle Gruppe lautet daher:

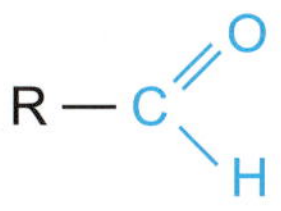

Kurzschreibweise: R – CHO

Die Benennung erfolgt durch Anhängen der Endung **-al** an den Namen des entsprechenden Kohlenwasserstoffs. Die Nummerierung beginnt mit dem Carbonyl-C-Atom.

Beispiel: CH_3CHO Ethanal

Bei **Ketonen** tragen beide Bindungen des Carbonyl-C-Atoms Kohlenstoffatome.

Funktionelle Gruppe:

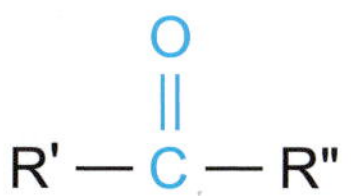

Kurzschreibweise: R' – CO – R''

Die Bezeichnung erfolgt durch Anhängen der Endung **-on** an den Alkannamen.

Beispiele:

CH_3COCH_3	Propanon
$CH_3CH_2CH_2COCH_3$	Pentan-2-on

8.1 Physikalische Eigenschaften

Der polare Charakter der C=O-Doppelbindung ist sehr ausgeprägt. Wie die C=C-Bindung ist sie eben gebaut, der Bindungswinkel beträgt 120°. Die Elektronen der Doppelbindung werden stark zum elektronegativeren Sauerstoffatom hingezogen, die Moleküle sind Dipole. Dies beeinflusst entscheidend das physikalische und chemische Verhalten der Carbonylverbindungen.

Die Schmelz- und Siedetemperaturen der kurzkettigen Aldehyde und Ketone sind um ca. 50 – 80 °C höher als die der Kohlenwasserstoffe mit vergleichbarer Molekülmasse. Weil keine Wasserstoffbrückenbindungen zwischen den Molekülen möglich sind, liegen die Werte andererseits unter denen der entsprechenden Alkohole. Mit steigender Kettenlänge nehmen auch hier die Unterschiede ab.

Tollens-Reagens.
Mit einem Aldehyd bildet sich ein Silberspiegel.

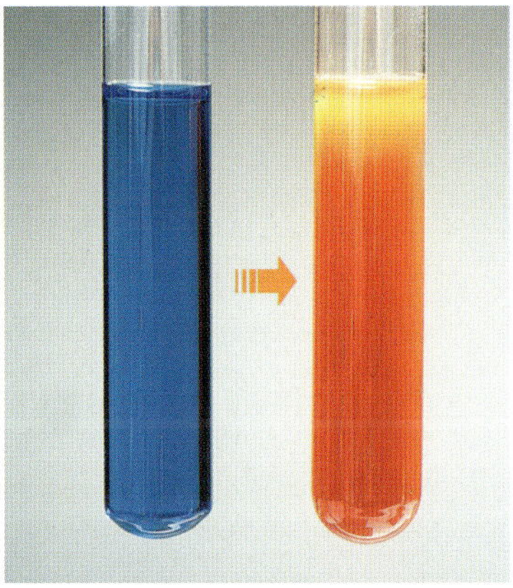

Fehling-Lösung.
Links: ursprüngliche Farbe.
Rechts: nach Reaktion mit einem Aldehyd.

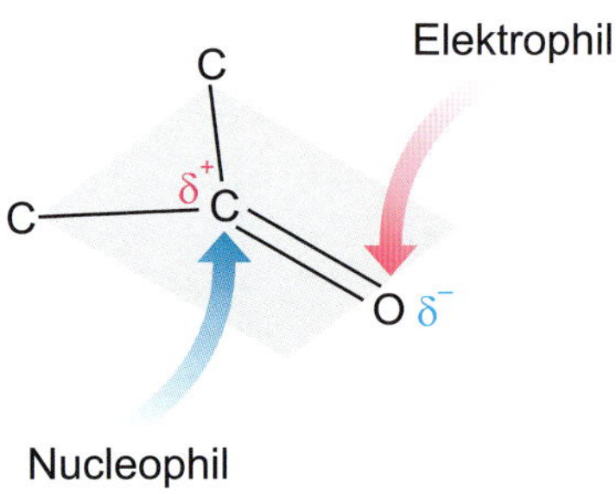

Die C=O-Bindung eines Aldehyds oder Ketons ist auf beiden Seiten dem Angriff durch ein Elektrophil (einem Teilchen wie H^+, das von Elektronen angezogen wird) oder ein Nucleophil (einem Teilchen wie OH^- oder Cl^-, das von Molekülbereichen mit lokalem Elektronenmangel angezogen wird) ausgesetzt. Aldehyde und Ketone sind also gute Ausgangsstoffe für chemische Synthesen.

Physikalische Eigenschaften einiger Aldehyde und Ketone

Name	*Trivialname*	Formel	Schmt. in °C	Siedet. in °C
Methanal	*Formaldehyd*	HCHO	−92	−21
Ethanal	*Acetaldehyd*	CH_3CHO	−123	20
Propanal	*Propionaldehyd*	C_2H_5CHO	−81	49
Butanal	*Butyraldehyd*	C_3H_7CHO	−97	75
Pentanal	*Valeraldehyd*	C_4H_9CHO	−92	104
Propanon	*Aceton*	CH_3COCH_3	−95	56
Butanon	*Methylethylketon*	$CH_3COC_2H_5$	−86	80
Pentan-3-on	*Diethylketon*	$C_2H_5COC_2H_5$	−42	102

Methanal, Ethanal und Propanon sind in jedem Verhältnis mit Wasser mischbar, da es zur Ausbildung von Wasserstoffbrücken zwischen den Wasserstoffatomen des Wassers und dem Sauerstoffatom der Carbonylgruppe kommt. Werden die unpolaren Gruppen größer, so nimmt die Wasserlöslichkeit erwartungsgemäß ab.

8.2 Chemische Reaktionen

Unterscheidung von Aldehyden und Ketonen

Wie schon auf Seite 55 erwähnt, werden Aldehyde leicht zu Carbonsäuren weiteroxidiert, während Ketone unter gleichen Bedingungen nicht reagieren. Diese leichte Oxidierbarkeit der Aldehyde wird zu ihrer Unterscheidung von Ketonen herangezogen.

Bei der Reaktion mit ammoniakalischer Silbernitratlösung (**Tollens-Reagens**) reduzieren Aldehyde die Ag^+-Ionen zu metallischem Silber, das sich als glänzender Spiegel an der Gefäßwand absetzt.

Bei Verwendung der **Fehling-Lösung**, einem Gemisch aus Kupfersulfat-, Kalium-Natriumtartratlösung und Natronlauge, werden die tief dunkelblau gefärbten Kupfer(II)-Komplexionen durch Aldehyde reduziert, was an der Bildung von ziegelrotem Kupfer(I)-oxid zu erkennen ist.

Synthetisch wichtige Reaktionen

Aldehyde und Ketone spielen bei organisch-chemischen Synthesen eine wichtige Rolle, da an der stark polaren Carbonylgruppe verschiedene **Additionsreaktionen** ablaufen können.

Die Addition von Hydrogensulfit führt zu kristallisierten Produkten, die Reaktion wird zum Nachweis bzw. zur Identifizierung von Aldehyden und Ketonen verwendet:

$$R_2C{=}O \quad + \quad Na^+HSO_3^- \longrightarrow R_2C(OH)(SO_3Na)$$

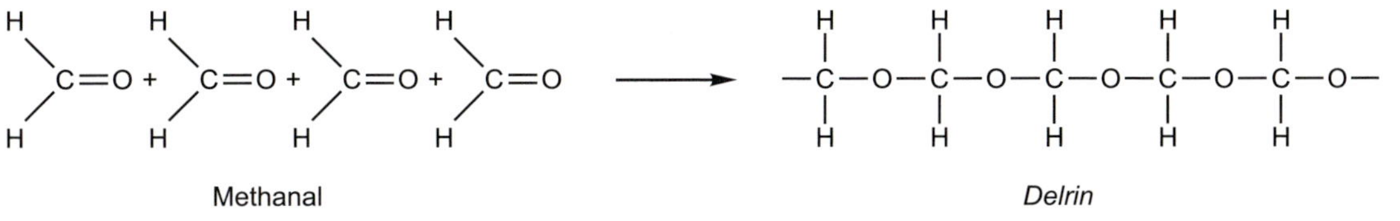

Ketone reagieren weniger leicht, da die beiden Kohlenstoffketten an der C=O-Gruppe den Angriff anderer Atomgruppen erschweren.

Durch die stark polare C=O-Bindung werden auch die C–H-Bindungen am benachbarten Kohlenstoffatom polarisiert. Dieses Wasserstoffatom kann daher unter Wirkung einer sehr starken Base als Proton abgespalten werden.

Die leichte Abspaltbarkeit eines H^+-Ions zeigt sich auch darin, dass Carbonylverbindungen in zwei verschiedenen Formen existieren:

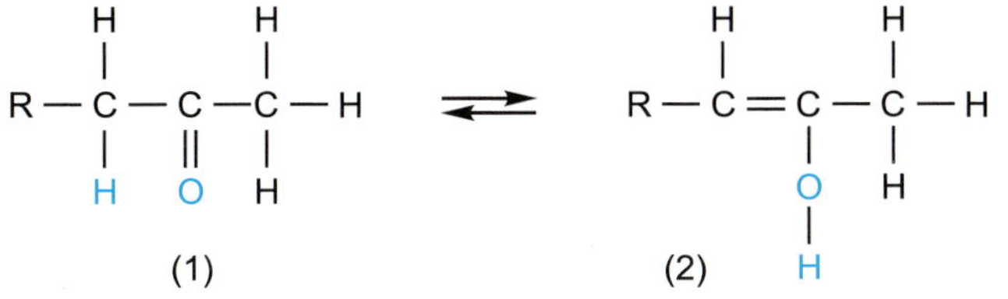

Form (1) ist das **Keton**, Form (2) wird als **Enol** bezeichnet, da sie eine Doppelbindung (-en) und eine OH-Gruppe (-ol) enthält. Beide Formen stehen in einem dynamischen Gleichgewicht.

griech. tautó = das Gleiche
griech. meros = der Anteil

Die Erscheinung, dass eine Substanz in zwei isomeren Formen auftritt, die in einem dynamischen Gleichgewicht stehen, wird als **Tautomerie** bezeichnet.

Das Keton-Enol-Gleichgewicht liegt in der Regel stark auf der Seite des Ketons. Sind jedoch noch weitere stark polare Gruppen im Molekül benachbart, so begünstigt dies die Enol-Form. Daher liegt beispielsweise das Penta-2,4-dion (Acetylaceton) zu 80 % als Enol vor:

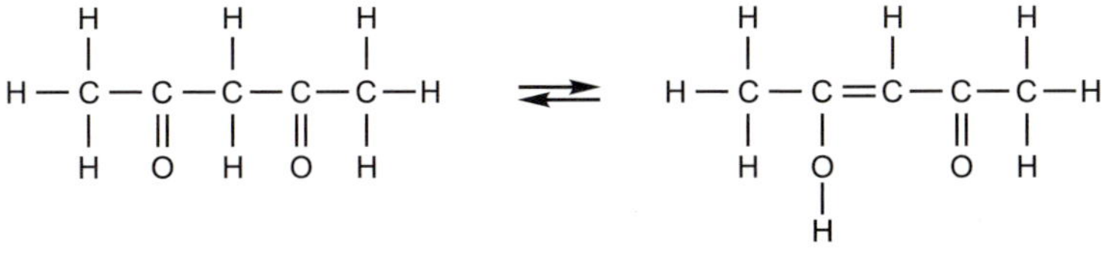

Die Tautomerie darf nicht mit der Mesomerie verwechselt werden!

Tautomere Formen sind real existierende Moleküle, die sich durch die Anordnung der Atome unterscheiden. Mesomere Formen haben hingegen keine reale Existenz, sie dienen lediglich zur Umschreibung der tatsächlichen Bindungsverhältnisse und unterscheiden sich voneinander durch die Elektronenverteilung.

Polymerisation und **Polykondensation** von kurzkettigen Aldehyden führen zu Makromolekülen. Ketone und längerkettige Aldehyde zeigen diese Reaktion nicht.

Methanal polymerisiert zu langen Ketten, der so hergestellte Kunststoff kommt unter dem Namen Delrin in den Handel.

Mit geeigneten Verbindungen (z. B. Phenol oder Resorcin) bildet Methanal **Kunstharze**.

Es entstehen dreidimensional vernetzte Makromoleküle, die harte, unlösliche und relativ temperaturbeständige Kunststoffe ergeben (Duromere, Seite 120).

Bei der Reaktion von Methanal mit Phenol oder Resorcin wird Wasser abgespalten, die entstehenden Makromoleküle sind **Polykondensate**.

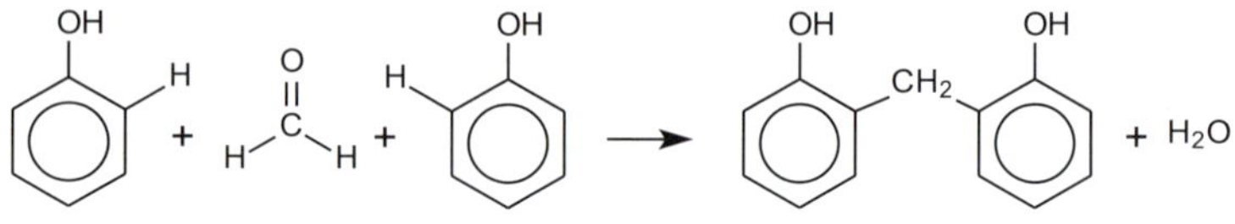

Sie werden als Phenolharze (Resorcinharze) bezeichnet, Handelsname *Bakelit*.

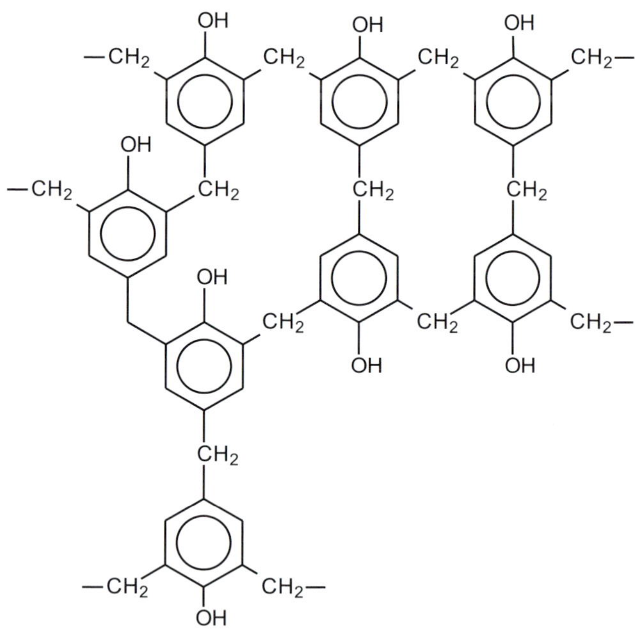

Aufbau eines Kunstharzes aus Phenol und Methanal.

Auch als Bindemittel für Spanplatten werden Kunstharze auf Methanalbasis verwendet. Da sie jedoch noch längere Zeit hindurch das gesundheitsschädliche Methanal abgeben, sollten solche Platten nicht für Innenräume verwendet werden.

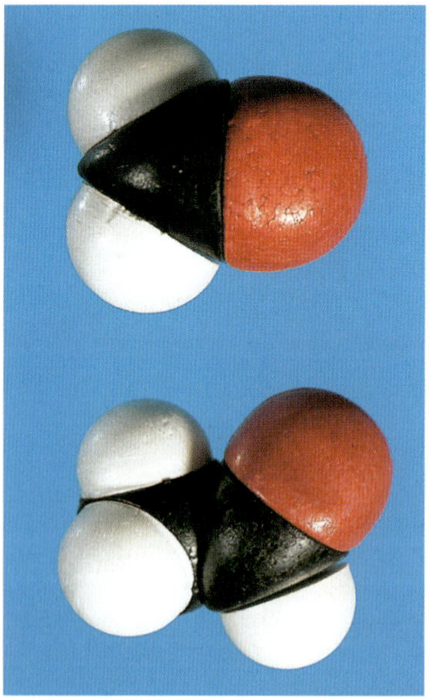

Kalottenmodelle von Methanal und Ethanal.

8.3 Wichtige Aldehyde und Ketone

Methanal HCHO (*Formaldehyd*)

ist ein farbloses, stechend riechendes, giftiges Gas, das entweder als 35 – 40 %ige wässrige Lösung (*Formalin*) oder polymerisiert als Feststoff (aus dem es durch Erhitzen freigesetzt werden kann) in den Handel kommt. Verwendung als Desinfektionsmittel, zur Konservierung biologischer Präparate und als Grundstoff zur Erzeugung von Kunstharzen.

Ethanal CH_3CHO (*Acetaldehyd*)

ist eine farblose, unangenehm riechende Flüssigkeit. Vier Ethanalmoleküle reagieren zu Metaldehyd, der als Brennstoff (Trockenspiritus) dient.

Aromatische Aldehyde

kommen als Duftstoffe in vielen Pflanzen vor, z. B. Benzaldehyd in bitteren Mandeln, Vanillin in den Schoten der Vanillestaude, Anisaldehyd in Anissamen.

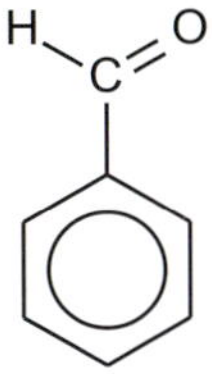

Benzaldehyd

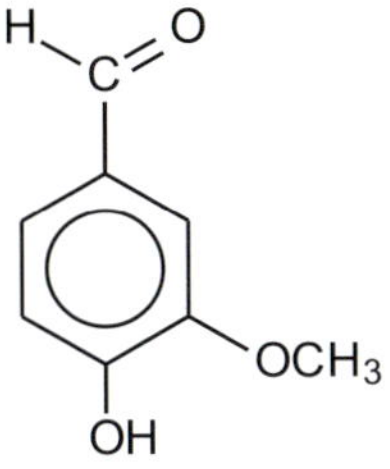

Vanillin

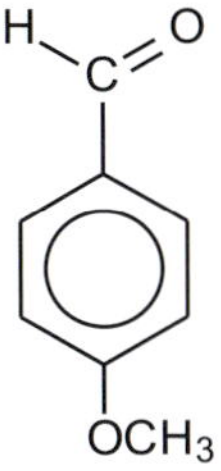

Anisaldehyd

Propanon CH_3COCH_3 (*Aceton*)

ist eine farblose Flüssigkeit und ein wichtiges Lösungsmittel für Lacke, Harze und Fette (Verwendung z. B. als Nagellackentferner).

ÜBUNGEN:

8.1 Aus welchem Alkohol kann Propanon hergestellt werden?

8.2 An der Öffnung einer Flasche mit Benzaldehyd bildet sich nach einiger Zeit ein weißer Feststoff, der sich gut in Wasser löst und eine saure Lösung bildet. Welche Reaktion könnte abgelaufen sein?

8.3 Die folgenden Substanzen sollen (ohne Zuhilfenahme von Tabellenwerten) nach steigender Siedetemperatur geordnet werden: a) Propan-1-ol b) Butan c) Ethandiol d) Propanon.

Vanillezucker enthält den Extrakt der Vanilleschote, einer ursprünglich in Mexiko heimischen Orchideengattung.

Für Vanillinzucker wird synthetisch hergestelltes Vanillin verwendet.

Aceton ist ein gutes Lösungsmittel für Kunststoffe und in vielen Nagellack-Entfernern enthalten.

Kalottenmodell der Essigsäure.

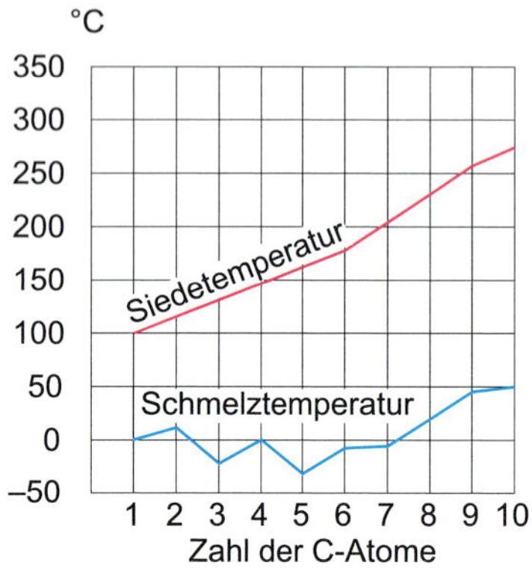

Schmelz- und Siedetemperaturen geradkettiger Monocarbonsäuren.

formica (lat.) = Ameise
valeriana (lat.) = Baldrian
oxalis (lat.) = Sauerklee
lac (lat.) = Milch

9. Organische Säuren

Organische Säuren, auch als **Carbonsäuren** bezeichnet, sind Oxidationsprodukte der Aldehyde bzw. der primären Alkohole. Ihre **funktionelle Gruppe** ist die

Carboxylgruppe: 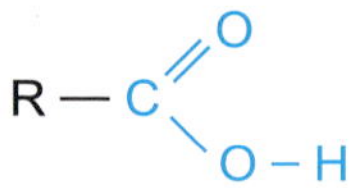 Kurzschreibweise: R – **COOH**

Ihre Eigenschaften werden von der Wechselwirkung der C=O-Gruppe mit der OH-Gruppe bestimmt. Durch die Elektronegativität des Carbonyl-Sauerstoffatoms werden Elektronen von der OH-Gruppe abgezogen, die O–H-Bindung ist wesentlich stärker polarisiert als in Alkoholen, das Wasserstoffatom kann leicht als Proton (H^+) abgegeben werden.

Die IUPAC-Namen der Carbonsäuren setzen sich aus dem Namen des Kohlenwasserstoffs und der Endung **-säure** zusammen.

Beispiele: CH_3CH_2COOH Propansäure

$CH_3CH(CH_3)CH_2COOH$ 3-Methylbutansäure

Allgemeine Formel gesättigter Carbonsäuren: $C_nH_{2n+1}COOH$.

Für die Namensgebung ist das C-Atom der Säuregruppe mitzuzählen.

Verbindungen mit einer Carboxylgruppe werden als Monocarbonsäuren, Verbindungen mit mehreren Carboxylgruppen als Di-, Tri- usw. Carbonsäuren bezeichnet.

Beispiel: COOH – COOH Ethandisäure

Da viele Carbonsäuren zu den seit langem bekannten organischen Verbindungen gehören, ist die Zahl der Trivialnamen, die vor allem auf ihr Vorkommen in Pflanzen und Tieren hinweisen, besonders groß, z. B. *Ameisensäure, Citronensäure, Äpfelsäure,…*

Unverzweigte, langkettige Carbonsäuren werden mit dem Sammelnamen **Fettsäuren** bezeichnet (Seite 76).

Die Reihe der Monocarbonsäuren $C_nH_{2n+1}COOH$

*)bei 20 mbar

Anzahl der C-Atome	Formel	systematischer Name	*Trivialname* der Säure	*Trivialname* des Salzes	Schmelzt. in °C	Siedetemp. in °C
1	HCOOH	Methansäure	*Ameisensäure*	*Formiat*	+8	+100
2	CH_3COOH	Ethansäure	*Essigsäure*	*Acetat*	+17	+118
3	C_2H_5COOH	Propansäure	*Propionsäure*	*Propionat*	−22	+141
4	C_3H_7COOH	Butansäure	*Buttersäure*	*Butyrat*	−6	+164
5	C_4H_9COOH	Pentansäure	*Valeriansäure*	*Valerat*	−34	+187
6	$C_5H_{11}COOH$	Hexansäure	*Capronsäure*	*Caprat*	−9	+205
…	…	…	…	…	…	…
16	$C_{15}H_{31}COOH$	Hexadecansäure	*Palmitinsäure*	*Palmitat*	+64	+215*)
18	$C_{17}H_{35}COOH$	Octadecansäure	*Stearinsäure*	*Stearat*	+69	+232*)

Durch Abgabe des Protons entsteht der Säurerest, das **Carboxylat-Anion**. Es wird durch die Endung **-oat** bezeichnet, z. B. Ethanoat. Auch dafür existieren Trivialnamen.

9.1 Physikalische Eigenschaften

Die physikalischen Eigenschaften werden vom unpolaren Alkylrest und von der stark polaren Carboxylgruppe bestimmt.

unpolar	polar
hydrophob	hydrophil
Fähigkeit zur Bildung von Van-der-Waals-Bindungen	Fähigkeit zur Bildung von Wasserstoffbrückenbindungen

Durch Wasserstoffbrücken zwischen benachbarten Carboxylgruppen kommt es im festen, flüssigen, teilweise sogar im gasförmigen Zustand zur Bildung von Doppelmolekülen (Dimeren).

Diese starken Wechselwirkungskräfte sind für die relativ hohen Schmelz- und Siedetemperaturen der Carbonsäuren verantwortlich.

Carbonsäuren mit ein bis vier C-Atomen sind sowohl in Wasser als auch in unpolaren Flüssigkeiten löslich.

Die Wasserlöslichkeit erklärt sich durch die Fähigkeit, mit dem Wasser Wasserstoffbrücken zu bilden. In unpolaren Lösungsmitteln liegen dieselben dimeren Moleküle wie im flüssigen Zustand vor, dadurch sind die polaren Gruppen abgeschirmt und auch kurzkettige Carbonsäuren löslich. Mit steigender Kettenlänge nimmt der hydrophobe Einfluss der Alkylgruppe zu und die Wasserlöslichkeit rasch ab.

Wasserstoffbrücken zwischen Essigsäure- und Wassermolekülen.

9.2 Chemische Reaktionen

Die Reaktionen der Carbonsäuren können in zwei Gruppen eingeteilt werden:

- Reaktionen an der **O–H**-Bindung:
  Dazu gehören die Säure-Base-Reaktionen der Carbonsäuren.

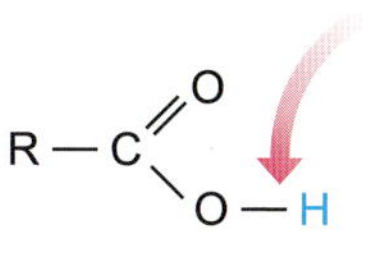

- Reaktionen an der **C–O**-Bindung:
  Diese führen zum Beispiel zur Bildung von Estern.

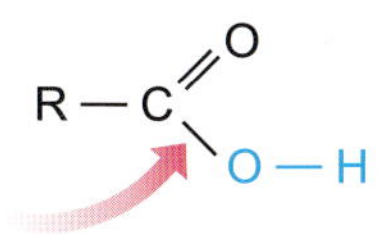

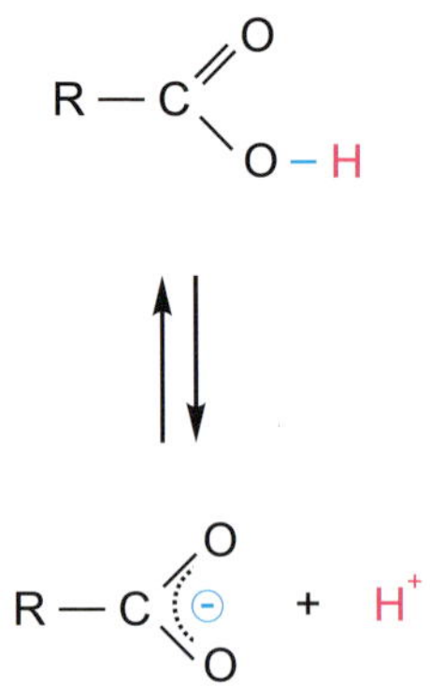

Wenn eine Carbonsäure ionisiert wird, nehmen die beiden C–O-Bindungen im Ion teilweisen Doppelbindungscharakter an und die negative Ladung ist über die ganze Carboxylat-Gruppe verteilt.

Säure-Base-Eigenschaften

Verglichen mit anorganischen Säuren wie der Salzsäure, Salpetersäure oder Schwefelsäure sind die Carbonsäuren mit der allgemeinen Formel $C_nH_{2n+1}COOH$ eher schwache Säuren. Das Gleichgewicht liegt sehr stark auf Seite der nicht in Ionen zerfallenen Verbindung. So sind zum Beispiel in verdünnter Essigsäure nur ca. 1 % der Moleküle in Ionen zerfallen:

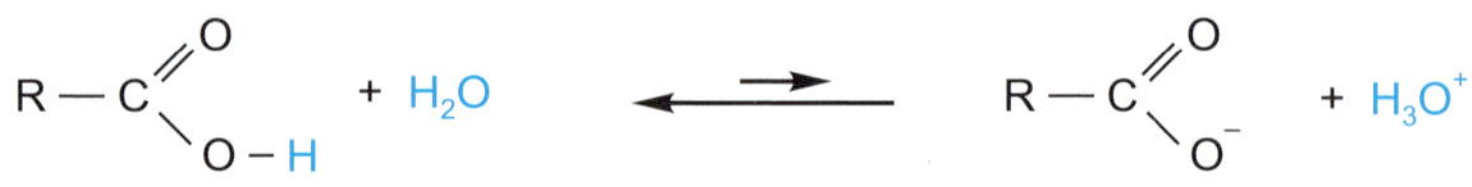

Carbonsäure   Carboxylat-Ion

Die Säurestärke wird durch den pK_a-Wert angegeben (negativer dekadischer Logarithmus der Säurekonstanten K_a). Je kleiner pK_a, desto stärker die Säure.

Die Säurekonstante K_a wird nach folgender Gleichung berechnet:

$$K_a = \frac{c_{(CH_3COO^-)} \cdot c_{(H_3O^+)}}{c_{(CH_3COOH)}} = \approx 10^{-5} \qquad \text{(Beispiel Essigsäure)}$$

$$pK_a = -\log K_a = 5 \qquad c = \text{Konzentration in mol/L}$$

Die **Säurestärke** wird durch den Kohlenstoffrest und die daran gebundenen Atome wesentlich beeinflusst:

- **Säurestärke vermindernd** wirken Gruppen, die an die Carboxylgruppe Elektronen abgeben, weil ihre Atome weniger elektronegativ sind, z. B. die Alkylgruppen.
  Daher ist Ameisensäure, die keine Alkylgruppe trägt, stärker als die Essigsäure.

- **Säurestärke erhöhend** wirken dagegen Gruppen, die von der Carboxylgruppe Elektronen abziehen und dadurch die Abspaltung des Protons erleichtern.
  Dazu gehören die elektronegativen Halogene, alle sauerstoffhaltigen Atomgruppen, auch Doppelbindungen und Benzenringe. Ihr Einfluss ist natürlich am größten, wenn sie der COOH-Gruppe unmittelbar benachbart sind.

Die Tabelle zeigt den Einfluss verschiedener Gruppen auf die Säurestärke von Carbonsäuren:

Formel	Name	pK_a-Wert
HCOOH	*Ameisensäure*	3,77
CH_3COOH	*Essigsäure*	4,76
C_6H_5COOH	*Benzoesäure*	4,22
$CH_2{=}CHCOOH$	*Acrylsäure*	4,26
$CH_3CH(OH)COOH$	*Milchsäure*	3,87
COOH – COOH	*Oxalsäure*	1,46 / 4,40
$CH_2ClCOOH$	*Monochloressigsäure*	2,81
$CHCl_2COOH$	*Dichloressigsäure*	1,30
CCl_3COOH	*Trichloressigsäure*	0,89

Die Säurestärken verschiedener funktioneller Gruppen:

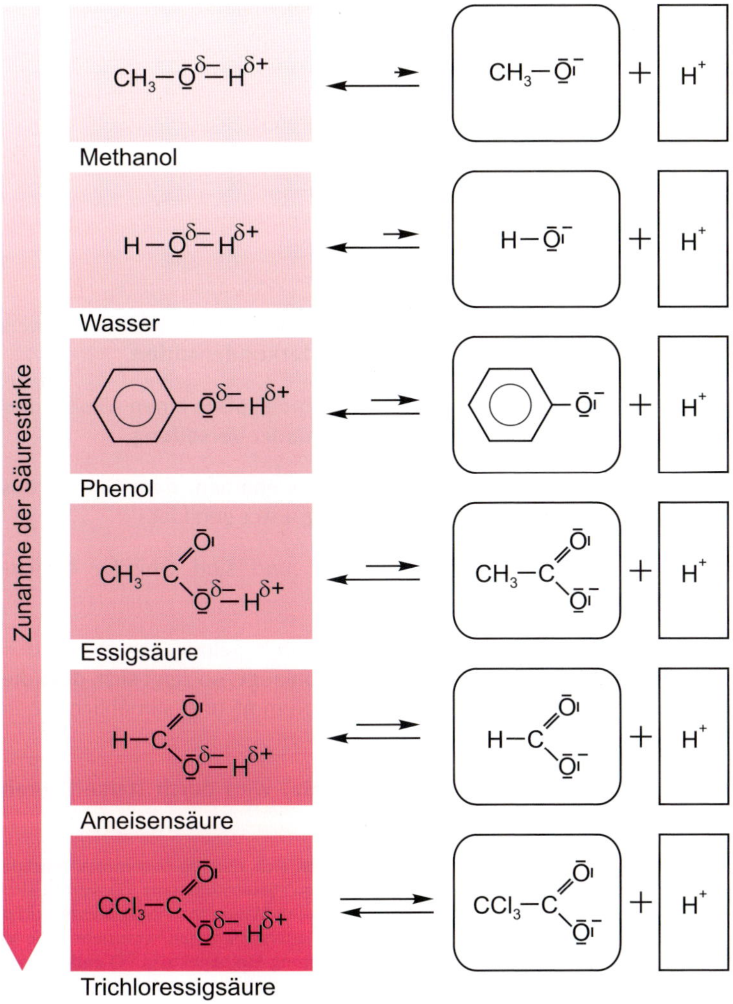

Durch Neutralisation erhält man die **Salze der Carbonsäuren**:

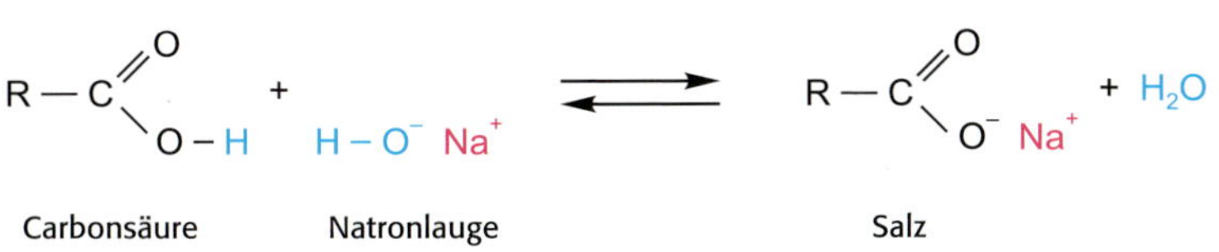

Es handelt sich um eine Ionenreaktion (Protonenübergang von der Säure auf ein OH^--Ion), die in extrem kurzer Zeit abläuft.

Die Alkalisalze der Säuren mit 1 – 10 C-Atomen sind gut wasserlöslich; die Salze der längerkettigen Säuren (Fettsäuren) werden **Seifen** genannt (Seite 80). Als Salze schwacher Säuren und starker Basen reagieren sie in Wasser alkalisch (Band 1, Seite 80).

Ester der Carbonsäuren

Bei der Reaktion von Carbonsäuren mit Alkoholen entstehen **Ester**.

Allgemeine Reaktionsgleichung:

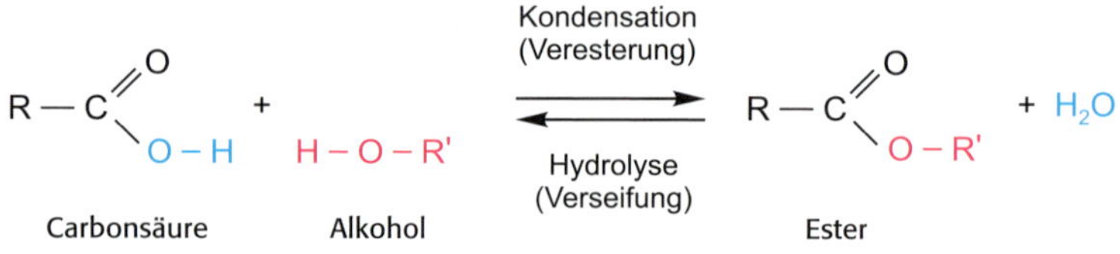

Bei der Veresterung werden unter Abspaltung eines Wassermoleküls Alkohol und Carbonsäure verknüpft – **Esterkondensation**.

Die Umkehrung, die Spaltung eines Estermoleküls in einen Alkohol und eine Carbonsäure, nennt man **Hydrolyse** oder **Verseifung**.

Der Name des Esters wird aus dem Säurenamen, dem Namen des Kohlenwasserstoffrestes und der Endung -ester gebildet.

Veresterungen verlaufen sehr langsam und sind typische **Gleichgewichtsreaktionen**.

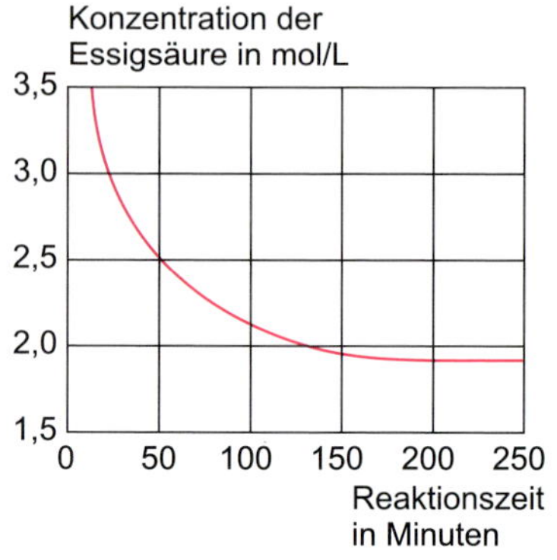

Abhängigkeit der Essigsäure-Konzentration von der Reaktionszeit der Esterbildung.

Entnimmt man dem Reaktionsgemisch in regelmäßigen Abständen kleine Proben und titriert diese mit Natronlauge, so zeigt sich, dass die Konzentration der Säure mit der Zeit abnimmt und allmählich einen konstanten Wert erreicht.

Die Reaktion (Veresterung wie Hydrolyse) wird durch starke Säuren katalysiert.

Der Reaktionsmechanismus der Veresterung lässt sich mithilfe bestimmter Nuclide aufklären. ^{18}O, der „schwere Bruder" des „normalen" Sauerstoffatoms ^{16}O, verhält sich chemisch gleich, unterscheidet sich aber durch seine Masse. Man kann dieses Nuclid daher zur Markierung bestimmter Positionen von Sauerstoffatomen heranziehen, die so unterscheidbar werden. Wird z. B. bei der Veresterung Methanol, das ^{18}O enthält, verwendet, so findet sich dieses Nuclid im gebildeten Methylester. Das Wasser enthält kein ^{18}O, seine OH-Gruppe kann daher nicht vom Alkohol stammen.

Der Essigsäureethylester (*Ethylacetat*) ist ein gutes Lösungsmittel und wird z. B. in Nagellackentfernern verwendet.

Veresterung und Verseifung kann nur unter bestimmten Bedingungen vollständig ablaufen:

- Natronlauge oder andere stark alkalische Lösungen ermöglichen die vollständige Esterhydrolyse, da sie die entstehende Carbonsäure in ihr Salz umwandeln und so aus dem Gleichgewicht entfernen.
- Wird während der säurekatalysierten Veresterung der gebildete Ester laufend abdestilliert und so dem Gleichgewicht entzogen, erfolgt die Reaktion ebenfalls vollständig.

Die **Fruchtester** entstehen bei der Reaktion kurzkettiger Alkohole mit kurzkettigen Carbonsäuren. Sie haben oft (im Gegensatz zu den äußerst unangenehm riechenden Säuren) einen angenehmen, fruchtartigen Geruch, kommen in verschiedenen Früchten vor und werden (synthetisch hergestellt) als Duftstoffe verwendet (z. B. Buttersäureethylester – Ananasgeruch).

Wachse sind die Ester langkettiger Carbonsäuren mit langkettigen Alkoholen (jeweils 16–30 C-Atome). Dies erklärt ihre hydrophoben Eigenschaften und die, verglichen mit den Fruchtestern, höheren Schmelztemperaturen (bei Zimmertemperatur fest).

Wachse bilden Schutzschichten auf Blättern und Früchten der meisten Pflanzen. Auch das Wollfett Lanolin gehört chemisch zu den Wachsen. Sie werden für Politur-, Schuh- und Bodenpasten verwendet, Bienenwachs auch für Kerzen. Oft nimmt man allerdings an Stelle der natürlichen Wachse die wesentlich billigeren wachsartigen Kohlenwasserstoffe (Paraffine) oder Stearin.

Die **Fette** und **Öle**, die Ester langkettiger Carbonsäuren mit Glycerol, werden in Kap. 10, Seite 76 ff., besprochen.

Die Brennhaare der Brennessel enthalten Ameisensäure.

Bewegt man eine Glockenblume knapp über einem Ameisenhaufen, so wird sie für einen Feind gehalten und bekämpft – der Farbstoff der Blüte ist ein Säure-Basen-Indikator und zeigt die Treffer an.

9.3 Wichtige Carbonsäuren

Monocarbonsäuren

Methansäure HCOOH (*Ameisensäure*)
ist die einfachste Vertreterin dieser Reihe. Sie ist ist eine farblose, ätzende, stechend riechende Flüssigkeit und kommt in den Giftdrüsen der Ameisen, in den Brennhaaren der Brennnesseln und in den Nesseln von Hohltieren (z. B. Quallen) vor.

Zahlreiche Verwendungen in der chemischen Industrie machen sie zu einem wichtigen Rohstoff, im Haushalt wird sie manchmal zum Entkalken von Heißwassergeräten verwendet.

Ethansäure CH_3COOH (*Essigsäure*)
Speiseessig wird von Essigsäurebakterien unter aeroben Bedingungen (Anwesenheit von Sauerstoff) aus schwach alkoholischen Lösungen (Most, Wein) gebildet. Essigsäure ist ein Zwischenprodukt des Stoffwechsels aller Organismen; sie entsteht beim Abbau von Kohlenhydraten, Fetten und Eiweiß.

Speiseessig enthält 5–7,5 % Essigsäure.

Reine Essigsäure ist eine farblose, ätzende, stechend riechende Flüssigkeit, die bei 17 °C zu einer eisartigen Masse erstarrt und daher auch *Eisessig* genannt wird.

Speiseessig ist ein wichtiges Würz- und Konservierungsmittel in der Lebensmitteltechnik. Seine Herstellung erfolgt in Reaktionsgefäßen, in denen durch intensive Belüftung und sorgfältige Temperaturwahl für optimale Lebensbedingungen der Essigsäurebakterien gesorgt wird (Submers-Verfahren).

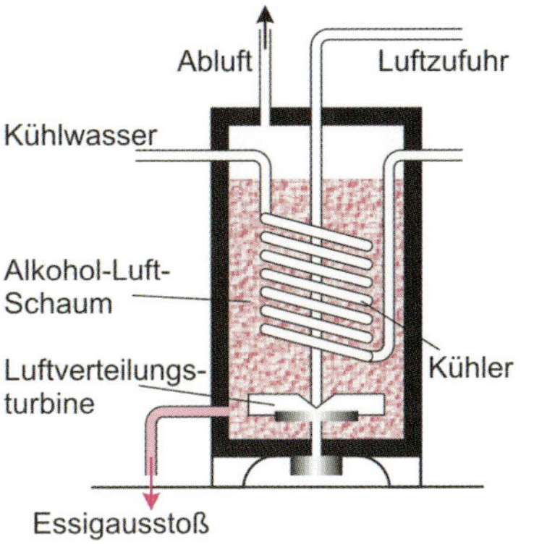

Speiseessigerzeugung.

Die Kosten einer nachfolgenden Konzentrierung der Säure machen dieses Verfahren zur Herstellung von Eisessig unrentabel. Für technische Zwecke wird Essigsäure daher entweder durch Oxidation von Ethanal oder aus Methanol und Kohlenstoffmonoxid hergestellt:

$$CH_3OH + CO \xrightarrow{300\,°C,\ 200\,bar} CH_3COOH$$

Reine Essigsäure ist ein wichtiger Grundstoff der chemischen Industrie (Herstellung von Estern als Lösungsmittel, von Kunstseide, ...).

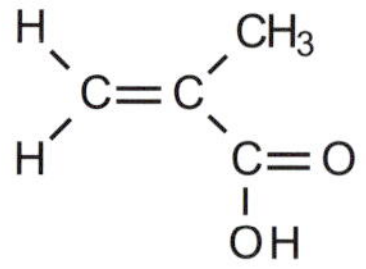

Propensäure (Acrylsäure)

Benzoesäure als Konservierungsmittel.

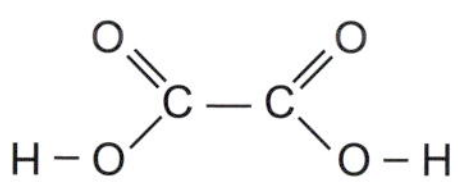

Ethandisäure (Oxalsäure)

Propansäure C_2H_5COOH (*Propionsäure*)
dient ebenfalls als Konservierungsmittel für Lebensmittel (z. B. Schnittbrot).

Butansäure C_3H_7COOH (*Buttersäure*)
ist leicht an ihrem äußerst unangenehmen, schweißartig-ranzigen Geruch zu erkennen. Sie wird beim Ranzigwerden von Butter gebildet und entsteht auch auf der Haut, wenn Bestandteile des Schweißes durch Bakterien in Buttersäure umgewandelt werden.

Langkettige Carbonsäuren (*Fettsäuren*) mit gerader Anzahl von Kohlenstoffatomen sind am Aufbau der Fette und Öle beteiligt (Kap. 11, Seite 80 ff.). Aufgrund ihrer langen Alkylreste sind sie hydrophob und paraffinartig fest.

Propensäure C_2H_3COOH (*Acrylsäure*)
ist die einfachste ungesättigte Monocarbonsäure und ein wichtiges Ausgangsmaterial zur Herstellung glasartiger Kunststoffe, wie z. B. Acrylglas (Handelsnamen Plexiglas, Paraglas, Seite 117).

Hexa-2,4-diensäure $CH_3- CH = CH - CH = CH - COOH$ (*Sorbinsäure*)
dient zur Konservierung von Lebensmitteln.

Benzencarbonsäure C_6H_5COOH (*Benzoesäure*)
ist die einfachste **aromatische Carbonsäure**. Die Herstellung erfolgt durch Oxidation von Toluen:

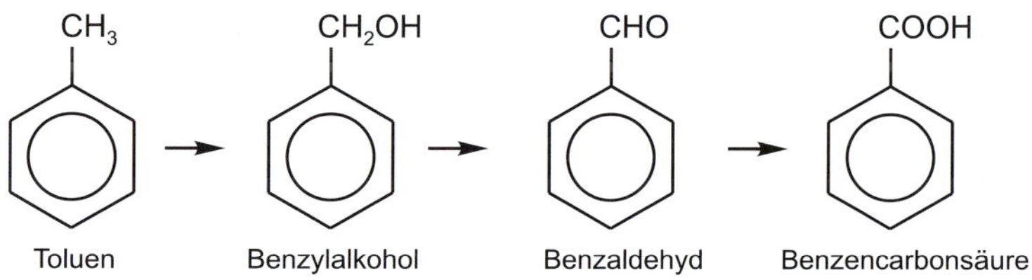

Sie ist ein weißer Feststoff und wird unter anderem zur Konservierung von Lebensmitteln (z. B. Fischkonserven) verwendet.

Dicarbonsäuren

Dicarbonsäuren sind durchwegs Feststoffe.

Ethandisäure COOH – COOH (*Oxalsäure*)
kommt in Form ihres Salzes Kaliumhydrogenoxalat (*Kleesalz*) in vielen Pflanzen vor, z. B. in Sauerklee, Rhabarber, Spinat und in Stachelbeeren.

Oxalsäure und Oxalate sind giftig (4 – 5 g wirken für einen Erwachsenen tödlich), da sie mit Ca^{2+}-Ionen schwer lösliches Calciumoxalat bilden, das sich in den Nierenkanälen ablagert und sie verstopft.

Hexandisäure $COOH - (CH_2)_4 - COOH$ (*Adipinsäure*) und die **Octandisäure $COOH - (CH_2)_6 - COOH$ (*Sebacinsäure*)** sind als Ausgangsstoffe zur Herstellung von Nylon wichtig (Seite 119).

Aromatische Dicarbonsäuren liegen als Isomere vor:

Die ***Phthalsäure*** ist die ortho-Form (1,2-Benzendicarbonsäure), die ***Terephthalsäure*** die para-Verbindung (1,4-Benzendicarbonsäure). Beide werden zur Herstellung von Farbstoffen und Kunstfasern (Handelsname *Trevira*) verwendet (Seite 119), ihre Ester auch als Weichmacher für Kunststoffe (Seite 118).

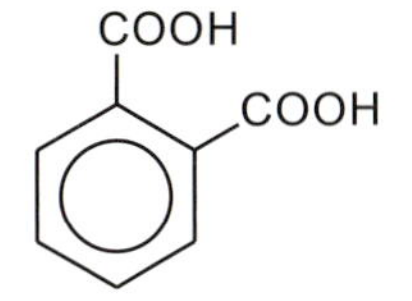

Phthalsäure

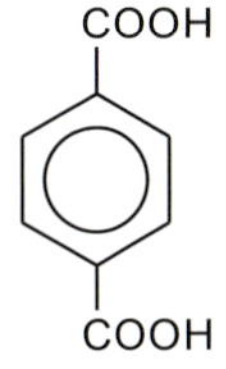

Terephthalsäure

Hydroxycarbonsäuren

enthalten neben Carboxylgruppen auch Hydroxylgruppen. Einige von ihnen sind wichtige Zwischenprodukte des Stoffwechsels.

2-Hydroxypropansäure (*Milchsäure*)
entsteht durch Einwirkung von Milchsäurebakterien auf Milchzucker (Sauerwerden von Milch, Jogurt, Sauerkraut). Das Anion der Milchsäure (Lactat) entsteht auch bei der Muskelarbeit aus Traubenzucker.

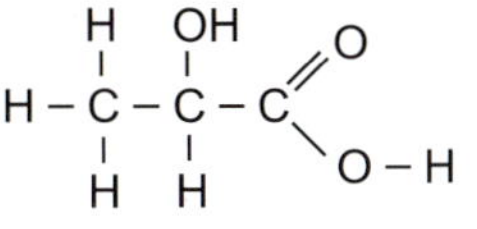

Milchsäure

2,3-Dihydroxybutandisäure (*Weinsäure*)
kommt im Wein vor. Ihr saures Kaliumsalz (Kaliumhydrogentartrat, Weinstein) scheidet sich aus dem Wein bei längerer Lagerung ab. Die Anionen der Weinsäure sind Komplexbildner. Mit Cu^{2+}-Ionen bilden sie intensiv blaue Komplexe (Fehling-Lösung, Seite 60).

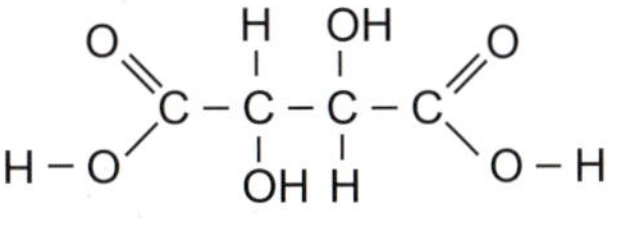

Weinsäure

Apfelsäure, ***Oxalessigsäure*** und ***Citronensäure*** sind Zwischenprodukte des Stoffwechsels.

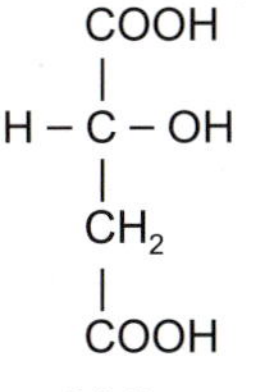

Apfelsäure

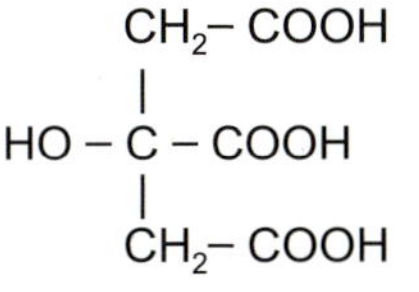

Citronensäure

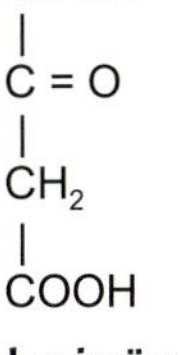

Oxalessigsäure

Citronensäure ist darüber hinaus ein wichtiger Rohstoff für die Lebensmittelindustrie (für Limonaden, saure Zuckerln, ...). Die benötigten Mengen werden aus Melasse (Seite 90) durch Vergären mit geeigneten Mikroorganismen hergestellt.

Die *Salicylsäure* zählt zur Gruppe der aromatischen Hydroxysäuren. Durch die Veresterung der Hydroxygruppe mit Essigsäure entsteht die *Acetylsalicylsäure*, besser bekannt unter den Handelsnamen *Aspirin* oder *Aspro*, ein wichtiges fiebersenkendes und schmerzstillendes Medikament.

ÜBUNGEN:

9.1 Warum hat Hexansäure eine höhere Siedetemperatur als Essigsäure?

9.2 Wird Essigsäure den Strom besser oder schlechter leiten als eine gleich konzentrierte Salzsäure?

9.3 Welchen pH-Wert hat Essigsäure, welchen hat Salzsäure, wenn sie in einer Konzentration von 0,1 mol / L vorliegen?

9.4 Die folgenden Substanzen sollen nach zunehmender Säurestärke geordnet werden:
a) CH_3CH_2COOH b) $HCOOH$ c) $CH_2ClCOOH$ d) CH_3CH_2OH

9.5 Welche Säure ist stärker:
4-Nitrobenzencarbonsäure oder 4-Ethylbenzencarbonsäure?

9.6 Ein mit Kalk ($CaCO_3$) verkrusteter Topf wird mit Ameisensäure gereinigt. Wie lautet die Reaktionsgleichung?

9.7 Betrachtet man die Strukturformel der Ameisensäure genauer, so ist auch die funktionelle Gruppe eines Aldehyds zu erkennen. Welche Säure entsteht, wenn Ameisensäure oxidiert wird?

9.8 Warum ist Oxalsäure, anders als die Essigsäure, ein Feststoff?

9.9 Warum ist die Oxalsäure eine stärkere Säure als Essigsäure?

9.10 Oxalsäurediethylester wird mit Wasser gekocht. Wie ändern sich pH-Wert und Leitfähigkeit?
9.11 Welche Formel hat der Bromessigsäurepropylester?
9.12 Welche Reaktion tritt beim Erhitzen von Buttersäureethylester mit Natronlauge ein? Welche Stoffe entstehen? Wie ändert sich der pH-Wert während der Reaktion?
9.13 Aus welchem Alkohol kann Oxalsäure hergestellt werden?
9.14 Welche Oxidationszahlen haben die Kohlenstoffatome in der Milchsäure?
9.15 Welche Stoffe entstehen, wenn Salicylsäure mit a) Essigsäure b) Ethanol reagiert?
9.16 Durch welche Reaktionen lassen sich Pentan, Pentan-1-ol, Pentanal und Pentansäure unterscheiden?
9.17 Durch welche Reaktion kann Propansäure von Propensäure (Acrylsäure) unterschieden werden?
9.18 Eine aromatische Dicarbonsäure mit der Summenformel $C_8H_6O_4$ ergibt bei der Nitrierung drei verschiedene Mononitroprodukte. Um welche Säure handelt es sich?

9.4 Optische Aktivität – Chirale Verbindungen

Als optische Aktivität bezeichnet man die Fähigkeit eines Stoffes, die Schwingungsebene von polarisiertem Licht zu drehen.

Da Weinsäure die erste organische Verbindung war, bei der dieser Effekt beobachtet wurde, wird er meist im Zusammenhang mit den Hydroxycarbonsäuren besprochen. Er ist jedoch nicht auf diese Substanzgruppe beschränkt.

Zur Untersuchung optisch aktiver Verbindungen verwendet man ein **Polarimeter**. Es besteht aus einer monochromatischen (einfärbigen) Lichtquelle, z.B. einer Natriumdampflampe, einem Polarisationsfilter (Polarisator) zur Herstellung von linear polarisiertem Licht, einem Gefäß zur Aufnahme der Probenlösung und einem zweiten Polarisationsfilter, dem Analysator.

$$[\alpha_0]^t_\lambda = \frac{\alpha}{l \cdot c}$$

α .... gemessener Drehwinkel
t .... Temperatur
λ .... Wellenlänge des Lichtes
l .... durchstrahlte Schichtdicke in m
c .... Konzentration in g/dm^3
α_0 ... spezif. Drehung der Substanz

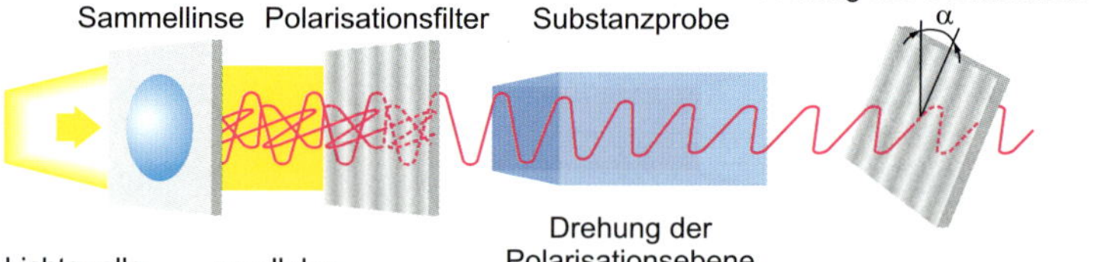

Aus einem Lichtbündel wird durch ein Polarisationsfilter eine Schwingungsebene herausgefiltert und diese durch eine optisch aktive Substanz um einen bestimmten Winkel gedreht. Der Drehwinkel wird durch einen zweiten Filter, den Analysator, bestimmt.

Wenn der Analysator parallel zum Polarisator steht, gelangt das linear polarisierte Licht in das Auge des Betrachters. Steht der Analysator jedoch senkrecht, so findet Auslöschung statt. Bringt man in das Gefäß die Lösung einer optisch aktiven Substanz, so ist eine Aufhellung zu beobachten, die Schwingungsebene des polarisierten Lichts wurde gedreht. Der Drehwinkel α wird nun dadurch gemessen, dass man den Analysator so weit dreht, bis wieder Auslöschung eintritt. Die Drehrichtung wird durch das Vorzeichen (+) oder (–) angegeben. Dabei steht (+) für eine Drehung nach rechts, vom Analysator zum Polarisator hin betrachtet.

Der Drehwinkel hängt von der Konzentration des Stoffes, der Schichtdicke der durchstrahlten Lösung, der Wellenlänge des Lichts, der Temperatur und vor allem von der Art der Substanz ab.

Die Entdeckung der optischen Aktivität war für die organische Chemie von großer Bedeutung. 1848 fand Pasteur, dass es zwei Formen der Weinsäure gibt, die in ihren Eigenschaften identisch sind und sich nur in ihrem Verhalten gegenüber polarisiertem Licht unterscheiden. Van't Hoff und Le Bel erklärten dies 1874 mit der Annahme, dass die vier Bindungen des Kohlenstoffs tetraedrisch angeordnet sind und von optisch aktiven Substanzen zwei spiegelbildliche Molekülstrukturen existieren.

Jacobus Henricus van't Hoff (1852–1911); niederländischer Physikochemiker, Professor in Amsterdam und Berlin, erhielt 1901 den Nobelpreis für Chemie.

Joseph Achille Le Bel (1847–1930); französischer Chemiker.

Die Ursache der optischen Aktivität liegt im räumlichen Aufbau der Moleküle. Von optisch aktiven Stoffen existieren immer zwei verschiedene, zueinander spiegelbildliche Molekülformen. Sie verhalten sich wie die rechte zur linken Hand. Daher nennt man solche Moleküle **chiral**.

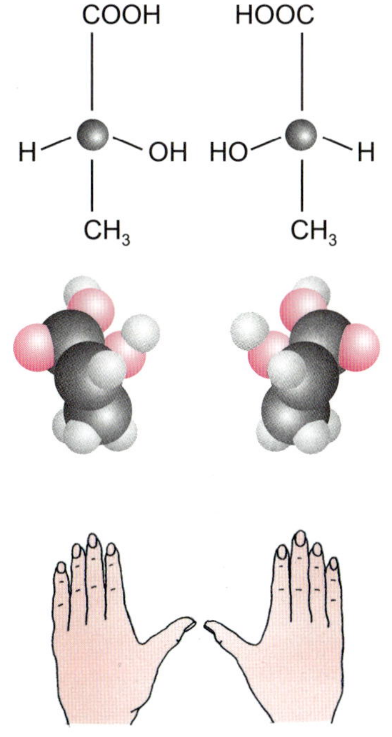

Spiegelbildisomerie der Milchsäure.

Beachte, dass entgegen dem üblichen Sprachgebrauch die rechte und die linke Hand nicht „gleich" sind, bloß weil sich an jeder fünf Finger befinden. Im geometrischen Sinn bedeutet „gleich" immer „deckungsgleich", und das sind unsere Hände eindeutig nicht: Sie sind spiegelbildlich.

In den weitaus häufigsten Fällen liegen chirale Moleküle dann vor, wenn sie ein C-Atom enthalten, an das vier verschiedene Gruppen (Substituenten) gebunden sind. Man spricht von einem **asymmetrischen Kohlenstoffatom**. Als Folge des tetraedrischen Aufbaues sind dann zwei spiegelbildliche Anordnungen der Substituenten möglich (Spiegelbildisomerie). In Formeln werden asymmetrische C-Atome manchmal durch einen Stern (*) gekennzeichnet.

cheir (griech.) = Hand

Eine Möglichkeit, den Aufbau der beiden Isomere zweidimensional wiederzugeben, ist die Darstellung in der **Fischer-Projektion**:

Zunächst wird das Molekül so angeordnet, dass die C–C-Kette senkrecht steht und das höchstoxidierte C-Atom oben ist.

Nun denkt man sich das asymmetrische C-Atom in der Papierebene liegend. Die von diesem Atom ausgehenden C–C-Bindungen (der Kette) sollen hinter die Papierebene, die beiden anderen Bindungen vor die Papierebene zeigen. Werden nun die vier Substituenten auf die Zeichenebene projiziert, so erhält man für die C–C-Bindungen vertikale und für die C–H- und C–OH-Bindungen horizontale Bindungsstriche.

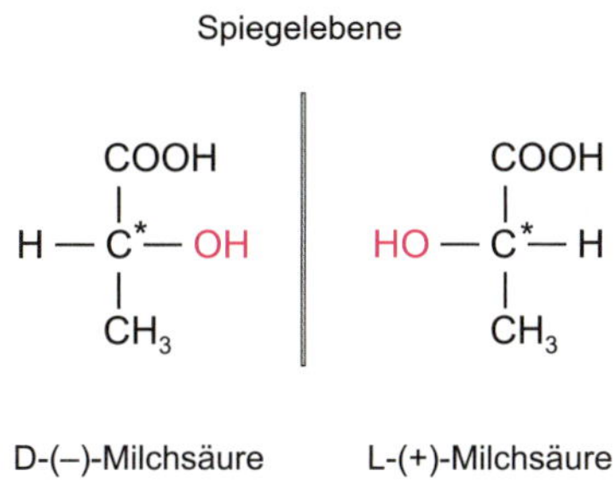

D-(–)-Milchsäure L-(+)-Milchsäure

Spiegelbildisomerie der Milchsäure in Fischer-Projektion.

dexter (lat.) = rechts; laevus (lat.) = links

Die beiden spiegelbildlichen Milchsäuren unterscheiden sich durch die Stellung der OH-Gruppe. Das Isomer, bei dem die OH-Gruppe in der Fischer-Projektion rechts steht, wird als D-Milchsäure bezeichnet. Bei der L-Milchsäure befindet sich die OH-Gruppe auf der linken Seite. Alle Moleküle, die sich ohne Bindungstrennung am asymmetrischen C-Atom in D-Milchsäure umwandeln lassen, gehören zur D-Reihe.

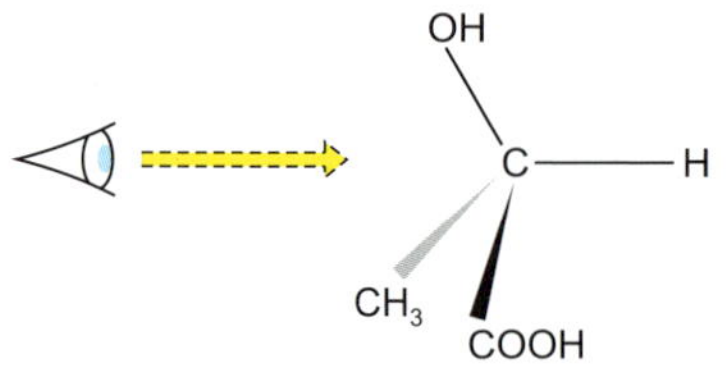

R-Milchsäure

Zwischen experimentell bestimmter Drehrichtung und der Zugehörigkeit zur D- oder L-Form besteht leider kein Zusammenhang. So dreht z. B. D-Milchsäure die Polarisationsebene nach links und D-Glycerolaldehyd nach rechts!

Heute werden optisch aktive Substanzen meist nach der **R-S-Nomenklatur** benannt:

Zunächst bestimmt man dazu die Rangordnung der Substituenten am asymmetrischen Kohlenstoffatom. Dabei gilt:

- Den höchsten Rang hat das Atom mit der höchsten Ordnungszahl,

$$\text{z. B. } Br > Cl > O > N > C > H$$

- Sind die ersten Atome von Substituenten gleichrangig, so entscheidet das jeweils nächstfolgende Atom,

$$\text{z. B. } -COOH > -CH_2OH > -CH_2CH_3$$

Für die Substituenten der Milchsäure ergibt sich somit:

$$-OH > -COOH > -CH_3 > -H$$

Das Molekül wird dann so betrachtet, dass der Substituent mit dem niedrigsten Rang (meist das Wasserstoffatom) nach hinten schaut. Die Aufeinanderfolge der drei übrigen, dem Betrachter zugewandten Substituenten nach abnehmendem Rang – im Uhrzeigersinn oder gegen den Uhrzeigersinn – ergibt die Bezeichnung R- (rectus, lat. = gerade) oder S- (sinister, lat. = links befindlich).

Sind in einem Molekül mehrere asymmetrische C-Atome vorhanden, so gibt es normalerweise 2^n optisch aktive Formen, von denen jeweils zwei Spiegelbildisomere sind.

racemus (lat.) = Traube

Ein 1 : 1-Gemisch der Spiegelbildisomeren, ein **Racemat**, dreht die Ebene des polarisierten Lichtes nicht.

Spiegelbildisomere haben gleiche physikalische Eigenschaften (Schmelz- und Siedetemperatur, Löslichkeit, Dichte, Farbe, ...); nur durch polarisiertes Licht lassen sie sich unterscheiden. Der Effekt selbst, die Drehung der Schwingungsebene, hat keine praktische Anwendung, er dient lediglich zur Unterscheidung der beiden Formen.

Auch bei Reaktionen mit nicht chiralen Reaktionspartnern verhalten sich beide Isomere gleich, mit anderen chiralen Molekülen ist aber eine unterschiedliche Reaktionsfähigkeit zu beobachten (ein rechter Handschuh passt auch besser auf eine rechte Hand als auf eine linke).

Dies ist bei biochemischen Vorgängen von Bedeutung. So werden z. B. nur Kohlenhydrate der D-Reihe gebildet und verwertet. Bei den Aminosäuren kommen wiederum nur Vertreter der L-Reihe vor, sodass auch alle Proteine (und Enzyme) chiral sind. Daher kann man bei manchen chiralen pharmazeutischen Wirkstoffen feststellen, dass ein Isomer wesentlich wirksamer ist als das andere. Würde man ein Racemat verabreichen, wäre die Hälfte der Substanz wirkungsloser Ballast, der höchstens unerwünschte Nebenwirkungen verursacht.

Allerdings entsteht bei der Synthese chiraler Verbindungen aus nicht chiralen Ausgangsstoffen immer ein Racemat. Will man beispielsweise aus der nicht chiralen Propansäure durch radikalische Substitution chirale 2-Brompropansäure herstellen, so besteht für jedes der beiden

Wasserstoffatome die gleiche Wahrscheinlichkeit, von einem Bromradikal angegriffen und substituiert zu werden:

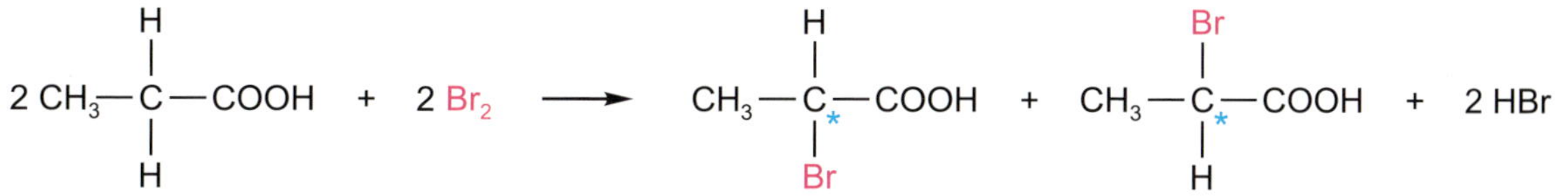

Daher werden beide Spiegelbildisomere im gleichen Verhältnis gebildet, ein Racemat entsteht. Seine Trennung ist nur mithilfe eines optisch aktiven Hilfsstoffes möglich.

Führt man z. B. eine Veresterung mit einem optisch aktiven Alkohol durch, so reagiert ein Isomer rascher, weil es besser auf das chirale Alkoholmolekül passt. Wird für die Reaktion nur die halbe Menge Alkohol verwendet, so reagiert das eine Isomer bevorzugt zum Ester, das andere bleibt als Säure übrig. Das entstehende Ester-Säure-Gemisch kann nun aufgrund der stark unterschiedlichen chemischen und physikalischen Eigenschaften seiner Bestandteile leicht getrennt werden. Eine andere Möglichkeit besteht in der Verwendung von optisch aktiven Enzymen, die nur eine Form abbauen, während die andere unverändert zurückbleibt.

Wenn aber bei jeder Synthese ein Racemat entsteht, das nur mit einem bereits optisch aktiven Hilfsstoff getrennt werden kann, wie ist dann die erste chirale Substanz entstanden? Dieser Vorgang, auch optische Urzeugung genannt, ist eng mit der Frage nach der Entstehung des Lebens (chirale Aminosäuren!) verbunden, konnte aber noch nicht endgültig geklärt werden.

Eine Analogie zur Racemat-Trennung

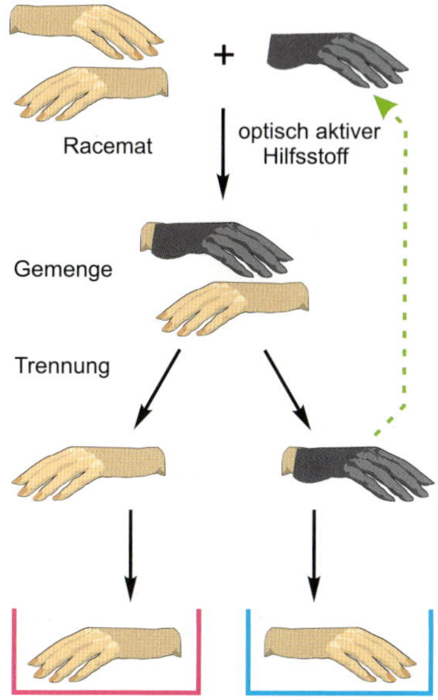

getrennte spiegelbildliche Formen

Ein Lehrling soll die Bestandteile von 100 Schaufensterpuppen sortieren, scheitert aber bei den Händen, weil er immer rechts und links verwechselt.
Sein Chef gibt ihm als Hilfe 50 rechte Handschuhe und den Auftrag: „Gib die Handschuhe nur auf jene Hände, auf die sie leicht passen, dann sortiere."
Der Lehrling hat nun kein Problem, die Hände ohne Handschuhe von den Händen mit Handschuhen zu trennen. Danach zieht er die Handschuhe ab und kann sie für die nächste Aufgabe wieder verwenden.

ÜBUNGEN:

9.19 In den folgenden Formeln soll das asymmetrische C-Atom bestimmt werden:

a) 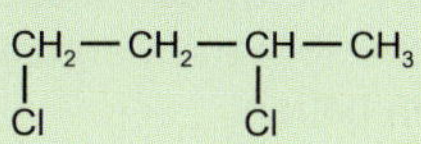

b) 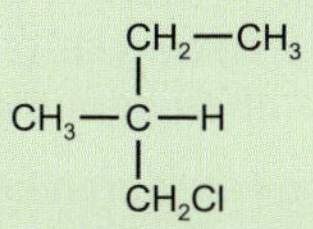

c) 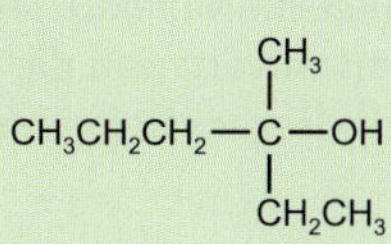

d) 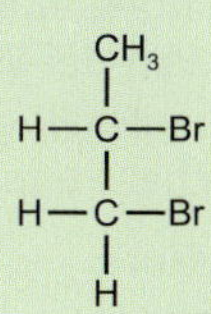

9.20 Welche der angegebenen Stoffe sind nicht optisch aktiv?

a) CH_3CH_2COOH

b) 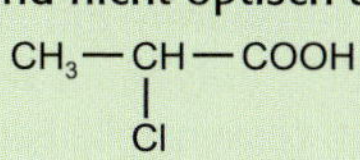

c) 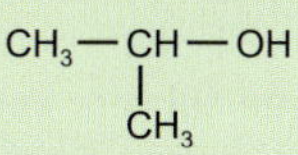

d) 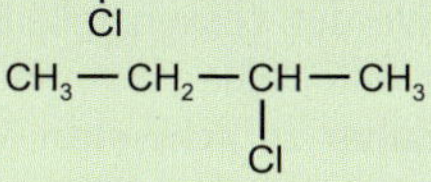

9.21 Wie könnte man ein Gemisch aus einem Ester und einer Carbonsäure trennen?

10. Fette und Öle

Fette und Öle sind **Ester** langkettiger Carbonsäuren, der **Fettsäuren**, mit **Glycerol**. Da Fettsäuren im Organismus aus Essigsäure-Bausteinen (C_2-Einheiten) aufgebaut werden, enthalten sie stets eine gerade Anzahl an C-Atomen. Außer den gesättigten sind vor allem in den Ölen auch ungesättigte Fettsäuren vorhanden.

	Laurinsäure (C_{12})	$C_{11}H_{23}COOH$
	Palmitinsäure (C_{16})	$C_{15}H_{31}COOH$
	Stearinsäure (C_{18})	$C_{17}H_{35}COOH$
	Ölsäure (cis Δ^9; C_{18})	$C_{17}H_{33}COOH$
	Linolsäure (cis cis Δ^9, Δ^{12}; C_{18})	$C_{17}H_{31}COOH$
	α-Linolensäure (all cis Δ^9, Δ^{12}, Δ^{15}; C_{18})	$C_{17}H_{29}COOH$
	Arachidonsäure (all cis Δ^5, Δ^8, Δ^{11}, Δ^{14}; C_{20})	$C_{19}H_{31}COOH$

Δ: Symbol für die Doppelbindung; hochgestellter Index: Bindungsnummer

Um die **Lage der Doppelbindung(en)** angeben zu können, werden die Kohlenstoffatome, beginnend mit jenem der Carboxylgruppe, nummeriert. Bei der Linolsäure ($\Delta^{9,12}$) befinden sich die beiden Doppelbindungen nach dem neunten und dem zwölften C-Atom.

Früher bezeichnete man die C-Atome 2 und 3 mit den griechischen Buchstaben α **und** β, den Kohlenstoff der Methylgruppe am Ende der Kohlenwasserstoffkette mit ω. Auf dieser Nomenklatur beruhen die Bezeichnungen **ω-3- bzw. ω-6-Fettsäuren**, die in den letzten Jahren vor allem für Werbezwecke (z.B. für Fischstäbchen, Margarine, Babynahrung) wieder an Bedeutung gewonnen haben.

Die ungesättigten Fettsäuren liegen in der Natur nur in der cis-Form vor, d.h. jede Doppelbindung führt zu einem Knick im Molekül. Dadurch ist die Ausbildung von Van-der-Waals-Kräften erschwert, und die Schmelztemperaturen der ungesättigten Fettsäuren liegen tiefer als die der gesättigten mit gleicher Kettenlänge, z.B.:

Stearinsäure – Schmelztemperatur 70 °C
Ölsäure – Schmelztemperatur 13 °C

Ungesättigte Fettsäuren mit mehr als einer Doppelbindung können vom Körper nicht aufgebaut werden und müssen mit der Nahrung zugeführt werden (essenzielle Fettsäuren). Die natürlichen Fette enthalten auch die fettlöslichen Vitamine A, D, E und K. Eine völlig fettfreie Ernährung würde daher zu schweren Mangelerscheinungen führen. Fette haben wegen ihres hohen Nährwertes (38 000 kJ/kg im Gegensatz zu 17 000 kJ/kg bei Kohlenhydraten und Proteinen) als Reservestoffe (Depotfett) für den menschlichen und tierischen Organismus große

Gibt man in Chloroform gelöstes Brom zu einem Pflanzenöl, so reagiert das Brom sofort, die Lösung wird entfärbt – ein Hinweis auf die Existenz von Doppelbindungen.

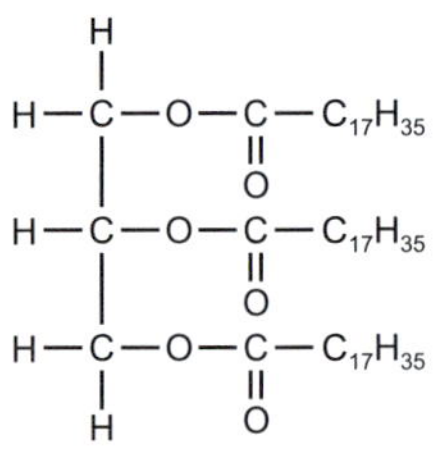

Tristearinsäureglycerolester

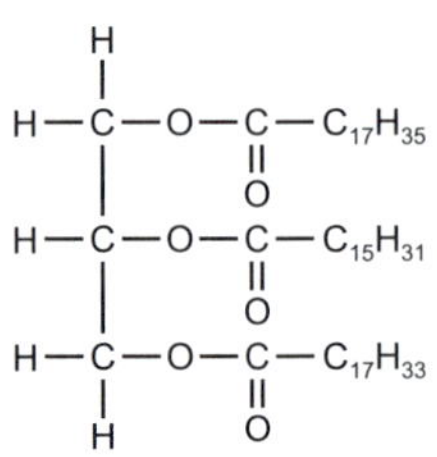

Stearinsäure-Palmitinsäure-Ölsäure-Glycerolester

Bedeutung, dienen aber auch zur Wärmeisolation und als Schutz für innere Organe (z. B. Fettpolster um die Nieren).

Wie schon erwähnt, sind Fette und Öle Ester des Glycerols und werden daher auch als Triacylglycerine oder Triglyceride bezeichnet. Jede der drei OH-Gruppen ist verestert, die drei Fettsäuren können gleich, aber auch unterschiedlich sein. Für ein bestimmtes Fett kann daher keine einheitliche Formel angegeben werden, sondern nur der Anteil der einzelnen Fettsäuren, die seine Eigenschaften bestimmen.

Durchschnittliche Zusammensetzung einiger Fette und Öle:

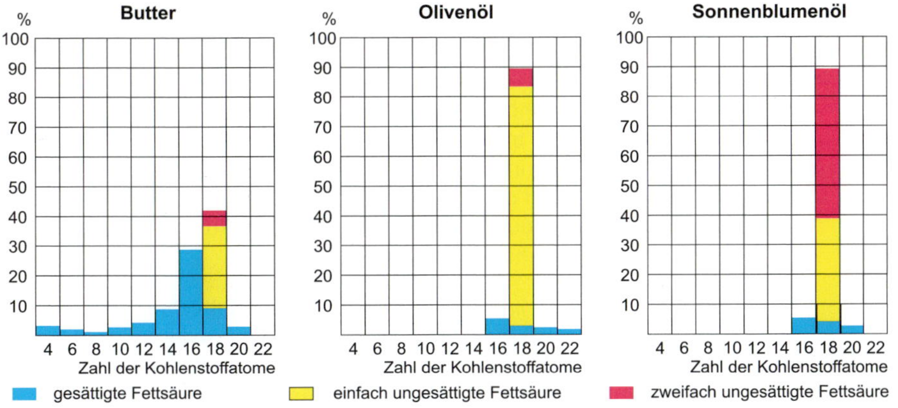

Der Anteil der einzelnen Fettsäuren ist für ein bestimmtes Fett typisch und wird zu seiner Identifizierung benutzt (Lebensmitteluntersuchungen). Dazu werden die Fette durch Kochen mit Methanol in Fettsäuremethylester umgewandelt (Umesterung). Diese lassen sich, im Gegensatz zu den Fetten, unzersetzt verdampfen. Der Anteil der einzelnen Fettsäuremethylester wird mit einem Gaschromatografen (Seite 133) bestimmt. Man erhält ein typisches Signalmuster. Butterfett kann z. B. durch das Auftreten eines vom Buttersäuremethylester stammenden Signals (C_4) von allen anderen Fetten unterschieden werden.

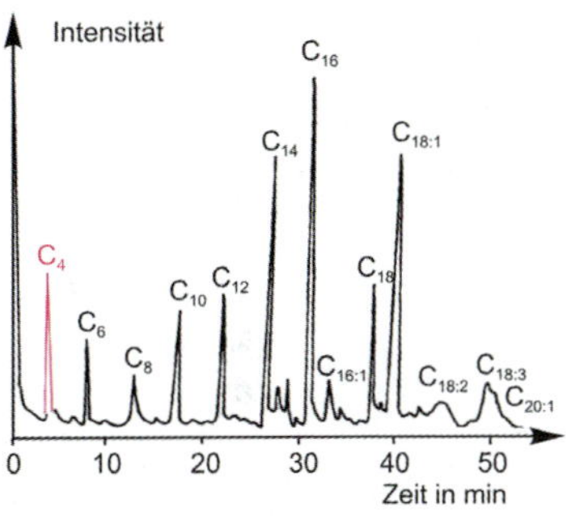

Gaschromatografische Untersuchung von Butter.

Eigenschaften der Fette

Da Fette nicht aus einheitlichen Molekülen bestehen, besitzen sie keine genau angebbare Schmelztemperatur, sondern erweichen innerhalb eines bestimmten Temperaturbereiches. Er liegt umso niedriger, je höher der Anteil an ungesättigten Fettsäuren ist, da sich diese wegen der cis-Stellung an der Doppelbindung schwerer in ein Kristallgitter einordnen lassen.

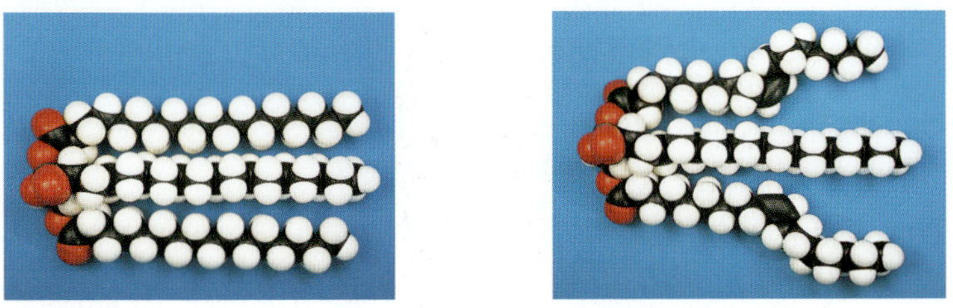

Kalottenmodelle von Fetten mit gesättigten und ungesättigten Fettsäuren.

Neben dem Anteil an Doppelbindungen beeinflusst auch die Kettenlänge den Schmelzbereich. Er liegt umso höher, je größer die durchschnittliche Kettenlänge ist.

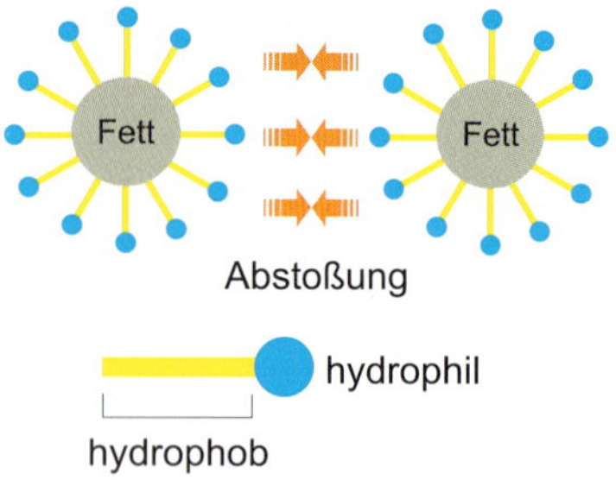

Die Wirkung eines Emulgators.

Fette sind hydrophob (wasserfeindlich). Die an sich stark polaren Carbonylgruppen der Esterbindung sind von den langen Alkylresten abgeschirmt und nach außen nicht wirksam. Fette lösen sich daher nicht in Wasser, wohl aber in allen unpolaren Lösungsmitteln (z. B. Benzin, Halogenkohlenwasserstoffe).

Werden Öle mit Wasser kräftig geschüttelt, so bildet sich eine Emulsion. Das Öl ist in Form kleiner Tröpfchen im Wasser verteilt. Nach kurzer Zeit tritt Entmischung ein, das Öl sammelt sich an der Oberfläche. Zur Stabilisierung von Emulsionen müssen daher Emulgatoren zugesetzt werden. Dafür kommen verschiedene Substanzgruppen in Frage (z. B. Proteine, Seife).

Diesen Stoffen ist gemeinsam, dass sie aus Molekülen bestehen, die vorwiegend hydrophob sind, jedoch eine kleine, meist ionisierte, polare, hydrophile Gruppe tragen. Die Emulgatoren dringen mit ihrem hydrophoben Molekülteil in das Fetttröpfchen (Van-der-Waals-Kräfte), ihr hydrophiler Anteil bildet die Kontaktfläche zum Wasser. Da dieser Anteil eine Ladung trägt, wird durch die gegenseitige Abstoßung eine Vereinigung der Öltröpfchen verhindert.

Emulsionen haben in der Natur, der Lebensmitteltechnologie und bei der Herstellung kosmetischer Präparate große Bedeutung. Milch ist eine Emulsion von Fett in Wasser. Margarine und Butter sind Emulsionen von Wassertröpfchen in Fett (ca. 20 % Wasser).

Wasserhaltiges Fett spritzt beim Erhitzen, da das Wasser Dampfblasen bildet. Der Siedebereich der Fette liegt bei ca. 300 °C, doch beginnt bei dieser Temperatur meist auch schon die Zersetzung, das Fett beginnt zu rauchen. Dabei bildet sich aus dem Glycerolteil der ungesättigte Aldehyd *Acrolein* ($CH_2{=}CH{-}CHO$), eine stechend riechende Substanz.

Bei längerer Lagerung werden Fette und Öle durch Einwirkung von Luftsauerstoff und Mikroorganismen chemisch verändert. Vor allem an den Doppelbindungen der ungesättigten Fettsäuren können radikalische Reaktionen mit Sauerstoff stattfinden, die zu einer Oxidation und Spaltung dieser Bindungen führen. Sonnenlicht beschleunigt diese Prozesse.

Durch Zugabe von Antioxidanzien (Radikalfängern) kann dieser Vorgang verhindert werden (Vitamin E, das *Tocopherol*, ist ein natürliches Antioxidans). Die durch Oxidationsprozesse der Mikroorganismen freigesetzten kürzerkettigen Fettsäuren sind für den unangenehmen Geruch ranziger Fette verantwortlich (Buttersäure, Seite 70).

Fette mit einem hohen Gehalt an mehrfach ungesättigten Fettsäuren (z. B. Leinöl) erhärten langsam an der Luft. Man nennt sie daher trocknende Öle. Der Sauerstoff löst eine radikalische Polymerisation der Doppelbindungen aus; dies führt zu einer Vernetzung der Fettmoleküle. Leinöl wird in Firnissen und Ölfarben verwendet.

Tierische Fette werden meist durch Ausschmelzen gewonnen (Schmalz), pflanzliche Öle durch Auspressen. Kalt gepresste Öle enthalten die typischen Geschmacksstoffe der Ölpflanze, durch Pressen der erhitzten Ölfrüchte erreicht man eine höhere Ausbeute, da das Öl dünnflüssiger ist, allerdings werden Geschmacksstoffe und Vitamine in Mitleidenschaft gezogen. Auch das Herauslösen (Extrahieren) von Fetten und Ölen z. B. mit Kohlenwasserstoffen ist üblich.

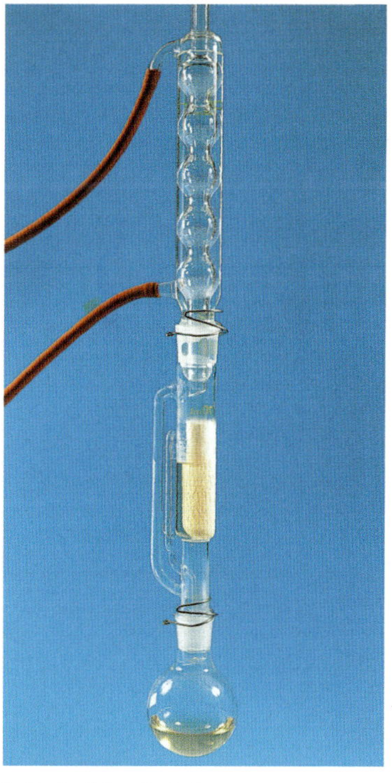

Fettextraktion im Labor.
Der Kohlenwasserstoff im Rundkolben wird zum Sieden gebracht, der Dampf strömt durch das seitliche Rohr, kondensiert im Kühler, tropft in die Papierhülse mit der fetthaltigen Substanz und löst das Fett. Durch die Saugheber-Wirkung des dünneren seitlichen Rohres wird der Kohlenwasserstoff in den Rundkolben zurückgeführt.

Margarineherstellung

Viele Öle (Palmöl, Baumwollsaatöl, Rapsöl) können billig gewonnen werden, sind jedoch wegen ihres flüssigen Zustandes und teilweise auch wegen ihres Geruches für die menschliche Ernährung weniger geeignet.

Durch katalytische Hydrierung können diese Öle in feste Fette übergeführt werden (**Fetthärtung** – NORMAN, 1905). Gleichzeitig verschwindet auch der unangenehme Geruch. Die Produkte werden entfärbt und dann zu Speisefetten weiterverarbeitet.

Ein typisches Nebenprodukt der Fetthärtung sind die so genannten **trans-Fettsäuren**. Zum Unterschied zu den natürlich vorkommenden cis-Fettsäuren, stehen sich die beiden Wasserstoffatome an einer Doppelbindung gegenüber. Die unterschiedliche räumliche Struktur von cis- bzw. trans-Fettsäuren bedingt sowohl unterschiedliche physikalische als auch ernährungsphysiologische Eigenschaften.

Bei der Margarineherstellung fließen gehärtete und ungehärtete Fette, fettlösliche Vitamine, Lecithin als Emulgator und Carotin (gelber Farbstoff) zusammen mit einer wässrigen Phase (z. B. Magermilch) in den Schnellkühler. Durch kräftiges Mischen, Kühlen und Kneten bildet sich eine butterähnliche Wasser-Fett-Emulsion. Um Margarine leicht von Butter unterscheiden zu können, ist der Zusatz einer geringen Menge Stärke (Nachweis siehe Seite 92) vorgeschrieben.

Die Früchte der Ölpalme.

Raps ist die bedeutendste einheimische Ölpflanze.

Schema der Margarineherstellung

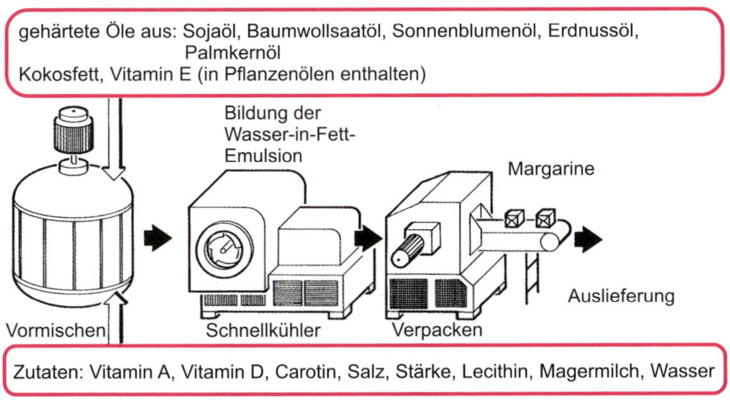

ÜBUNGEN:

10.1 Durch welche Reaktion könnte man einfach überprüfen, ob eine Fettsäure gesättigt oder ungesättigt ist?

10.2 Warum lassen sich die Methylester der Fettsäuren bei niedrigeren Temperaturen verdampfen als die Fette selbst?

10.3 Welche Substanzen wirken in Milch als Emulgatoren?

10.4 Welcher Stoff entsteht bei der vollständigen Hydrierung von Linolsäure?

10.5 Warum wäre es nicht sinnvoll, bei der Margarineherstellung die Fettsäuren vollständig zu hydrieren?

11. Seifen und Waschmittel

Seifen und Waschmittel werden, wie alle Substanzen, die in der Lage sind, die Oberflächenspannung zu verringern, auch als **Tenside** oder **Detergentien** bezeichnet. Sie enthalten Moleküle, die aus einem großen unpolaren Kohlenwasserstoff-Teil und einem kleinen, stark polaren (meist ionisierten) Anteil bestehen.

11.1 Seifen

Seifen sind die Alkalisalze der Fettsäuren.

Die Herstellung erfolgte früher durch Kochen von meist minderwertigen Fetten (Seifensieden) mit Basen (NaOH, KOH oder Na_2CO_3).

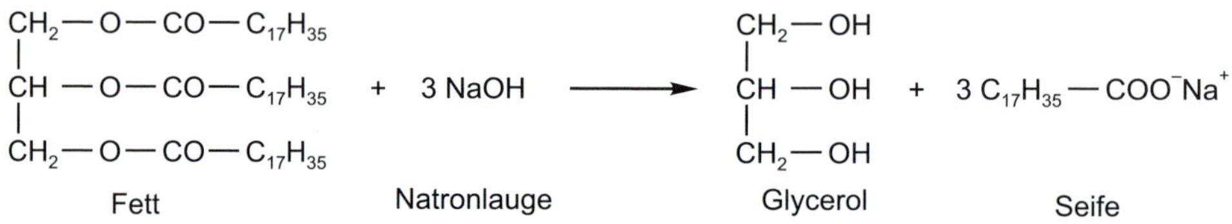

Da bei diesem Verfahren die Abtrennung des wertvollen Glycerols schwierig ist, führt man die Esterspaltung heute mit überhitztem Wasserdampf oder katalytisch wirkender Schwefelsäure durch.

Nach Abtrennen des Glycerols werden die Fettsäuren neutralisiert, mit Farb- und Duftstoffen vermischt und in Stückform gepresst.

Schmierseifen sind die Kaliumsalze der Fettsäuren, die wegen ihres Glycerolgehaltes weich sind.

Der Waschvorgang

Die Waschwirkung beruht, wie bei jedem Tensid, auf dem Zusammenspiel zwischen den hydrophoben und hydrophilen Molekülteilen. Wesentliche Faktoren beim Waschvorgang sind dabei die Reduzierung der Oberflächenspannung des Wassers, die elektrische Aufladung der Schmutzpartikel sowie das Emulgiervermögen.

Die Oberflächenspannung hat zur Folge, dass die Wasseroberfläche wie eine Haut wirkt, die das Eindringen erschwert. Sie ist die Folge der an der Oberfläche einseitig wirkenden Anziehungskräfte zwischen den Flüssigkeitsteilchen. So wird ein Molekül an der Oberfläche nur von seinen Nachbarn unterhalb und an der Seite angezogen. Flüssigkeiten haben daher das Bestreben, eine kleinstmögliche Oberfläche anzunehmen, was durch einen kugelförmigen Tropfen verwirklicht wird. Bei Wasser ist die Oberflächenspannung wegen der sehr starken zwischenmolekularen Kräfte (Wasserstoffbrücken) besonders groß, es perlt daher von hydrophoben Oberflächen wie der Haut oder von Textilien ab und benetzt sie schlecht.

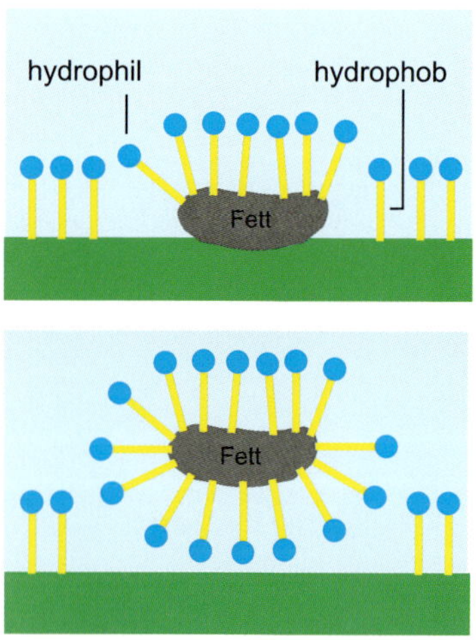

Wirkungsweise eines Tensides.

Der hydrophobe, langkettige Molekülteil eines Tensids tritt nicht in Wechselwirkung mit den Wassermolekülen und ist daher zur Oberfläche hin gerichtet, der polare Teil tritt mit den Wassermolekülen in Wechselwirkung und zerstört die Wasserstoffbrücken zwischen den

Molekülen an der Oberfläche: Die Oberflächenspannung wird herabgesetzt und somit das Benetzungsvermögen, die Grundvoraussetzung für die Ablösung von Schmutz, erhöht. Tenside bezeichnet man wegen dieser Wirkung auch als oberflächen- oder grenzflächenaktiv. Sie „entspannen" das Wasser.

Ölig-fettiger Schmutz wird durch Tensid-Moleküle zu kleinen Kügelchen zusammengeschoben, die sich von der Textilfaser ablösen. Die Schmutzteilchen, Öltröpfchen und die Textilfasern werden dabei von Tensidmolekülen eingehüllt, deren hydrophobe Enden lagern sich an den hydrophoben Schmutz (Öl, Faseroberfläche) an, während der hydrophile (ionisierte) Bereich gegen das Wasser gerichtet ist. Die Schmutzteilchen und die Faseroberfläche sind daher von einer elektrisch gleichnamig geladenen Hülle umgeben. Durch die elektrostatische Abstoßung wird ein Zusammenklumpen des Schmutzes ebenso verhindert wie ein Ablagern auf der Faser.

Wassertropfen auf einem Gewebe.
Die Oberflächenspannung verhindert eine Benetzung.

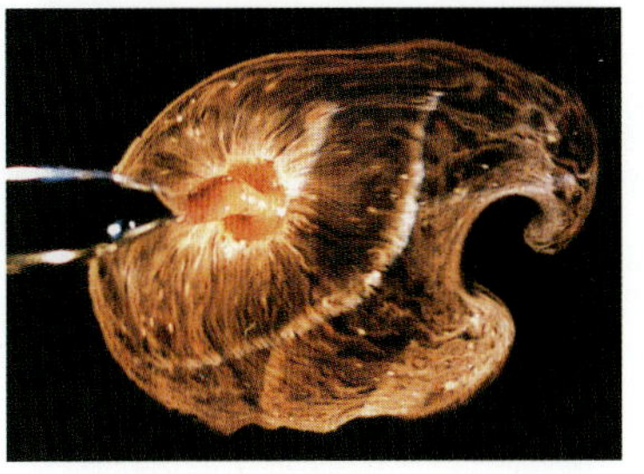

Die emulgierende Wirkung einer Tensidlösung auf Schmutz.

Die Nachteile der Seifen

- Seifen reagieren als Salze schwacher Säuren mit starken Basen in Wasser **alkalisch** (pH 9 – 10). Dadurch können Textilien geschädigt und empfindliche Haut gereizt werden.
- Die Härtebildner des Wassers, die Ca^{2+}- und Mg^{2+}-Ionen, bilden mit Seifen schwerlösliche Salze (Kalkseifen), die sich als grauweißer Niederschlag auch auf den Fasern der Textilien ablagern und diese unansehnlich machen.

Aufgrund ihrer alkalischen Eigenschaften eignet sich Seife nicht zum oftmaligen Haarewaschen. Auf Dauer würden die Haare ihren Glanz verlieren. Man verwendet daher **Shampoos**, die neutral reagierende Tenside (siehe folgender Abschnitt) enthalten.

11.2 Waschmittel

Waschmittel werden in ihrer Zusammensetzung auf die jeweilige Aufgabe abgestimmt.

Vollwaschmittel enthalten etwa:

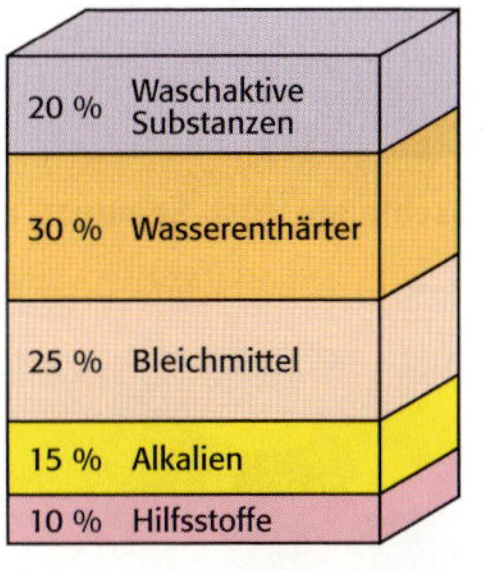

Die Zusammensetzung eines Vollwaschmittels.

- 20 % synthetische **Tenside**. Es handelt sich dabei um Substanzen, die nach dem gleichen Prinzip wie Seife wirken, aber deren Nachteile vermeiden. Je nach der Ladung des hydrophilen Molekülteiles unterscheidet man verschiedene Arten:

  Anionenaktive Tenside:

  Wichtigste Vertreter sind die Fettalkoholsulfate (Natriumsalze der Schwefelsäureester von Fettalkoholen), Alkylsulfonate und Alkylbenzensulfonate (Salze starker Säuren mit einer starken Base).

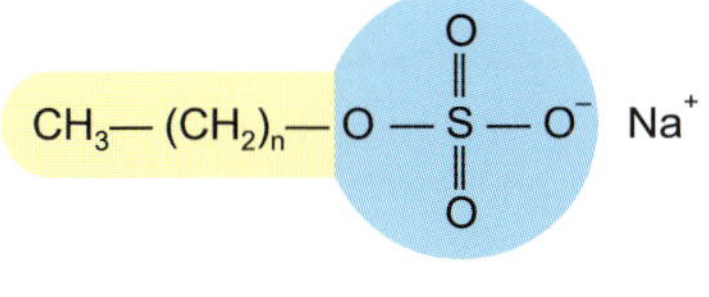

Fettalkoholsulfat

Anionenaktives Tensid.

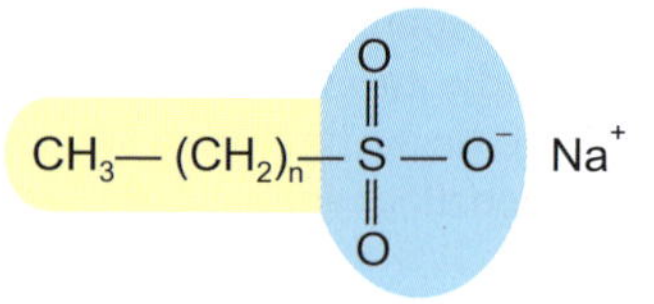

Alkylsulfonat

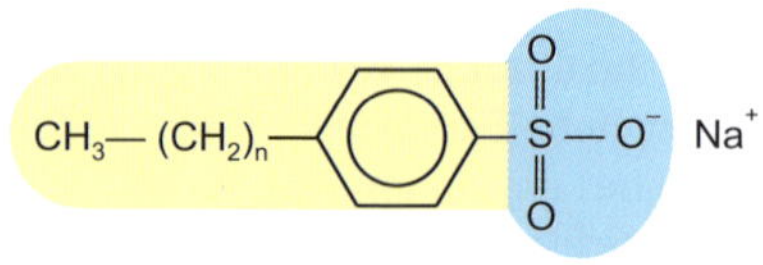

Alkylbenzensulfonat

Nichtionisches Tensid.

Nichtionische Tenside, z. B. Fettalkoholpolyglycolether:

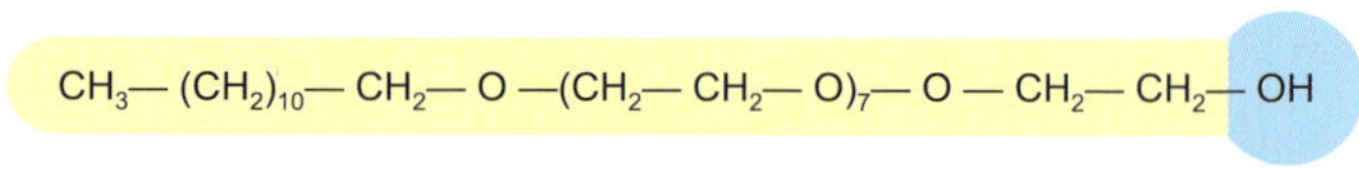

Diese neigen bei ausgezeichneter Reinigungswirkung weniger zur Schaumbildung als anionenaktive Tenside und werden ebenfalls als Maschinenwaschmittel und in Geschirrspülern verwendet. Die Schaumentwicklung hat nichts mit der Waschwirkung zu tun und ist in Maschinen unerwünscht.

Da Waschmittel in großen Mengen ins Abwasser gelangen, muss auf die biologische Abbaubarkeit ihrer Bestandteile besonderer Wert gelegt werden. Aus diesem Grund werden z. B. schon seit längerer Zeit keine Tenside mehr verwendet, in denen an ein Kohlenstoffatom zwei Seitenketten gebunden sind. Ein solches Molekül könnte von den Mikroorganismen nur bis zu dieser Verzweigung (und damit nicht weit genug) abgebaut werden.

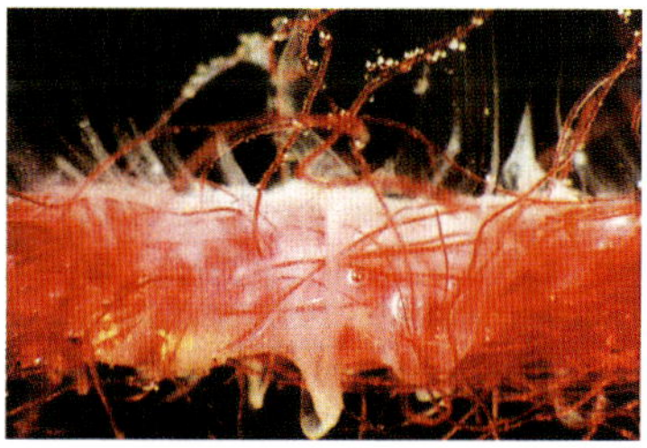

Die Waschlauge löst Schmutz aus der Faser.

- 30 % **Wasserenthärter** (Natriumaluminiumsilikate, Sasil). Ohne diese Stoffe würde sich der beim Erhitzen von hartem Wasser ausscheidende Kalk an den elektrischen Heizstäben der Maschine niederschlagen, deren Wärmeabgabe behindern und zu einem Durchbrennen führen. Auch auf den Fasern würden sich winzige, scharfkantige Kalkkristalle abscheiden, das Gewebe verschmutzen und auf Dauer durchscheuern. Die früher als Enthärter verwendeten Polyphosphate haben den Nachteil, dass sie, einmal im Abwasser, von den üblichen (zweistufigen) Kläranlagen nicht zurückgehalten werden und daher wesentlich zur Überdüngung der Gewässer beitragen. Sie wurden daher durch Sasil ersetzt.
- 25 % **Bleichmittel** zur oxidativen Zerstörung von Farbstoffen. Das verwendete Natriumperborat [$NaBO_2(OH)_2$] spaltet Wasserstoffperoxid ab, das weiter zu atomarem, sehr reaktionsfähigem Sauerstoff zerfällt. Die Bleichwirkung setzt bei 50 °C ein und erreicht über 90 °C ihr Optimum.
- **Enzyme** werden in kleinen Mengen (bis 0,5 %) zugesetzt, um eiweißhaltigen Schmutz (z. B. Flecken von Milch oder Blut) in kürzere, wasserlösliche Bruchstücke abzubauen. In der Werbung werden solche Waschmittel als „biologisch aktiv" angepriesen. Bei Wassertemperaturen über 60 °C werden die Enzyme zerstört.

Die Struktur von Sasil im Modell.
Der Hohlraum in der Mitte des Silikates nimmt ein Ca^{2+}-Ion auf.
Sasil von engl. sodium (Natrium)-aluminium-silicate

- **Hilfsstoffe**, zu rund 25 % enthalten, haben unterschiedliche Aufgaben. Schmutzträger sollen ein Wiederablagern des Schmutzes auf dem Gewebe verhindern, Schaumregler eine zu starke Schaumentwicklung vermeiden, Alkalien einen optimalen pH-Wert einstellen. Stabilisatoren verhindern eine unerwünschte vorzeitige Zersetzung des Bleichmittels, Korrosionsinhibitoren ein Rosten der Waschmaschine, andere Substanzen ein Zusammenklumpen des Waschmittels im Karton.
- **Optische Aufheller** bewirken ein verkaufsförderndes „strahlendes Weiß" der Wäsche. Es handelt sich um Fluoreszenzfarbstoffe (Seite 126), von denen die zu etwa 4 % im Tageslicht enthaltene unsichtbare UV-Strahlung absorbiert und als sichtbares blaues Licht wieder abgegeben wird. Dadurch wird der gelbliche Farbton, den oft gewaschene Wäsche ansonsten annehmen würde, ausgeglichen. Das so erzeugte bläuliche Weiß wird vom Auge „weißer" als andere Weißtöne empfunden.
- **Duftstoffe** vermitteln den Eindruck „duftender Frische" von Waschmittel und Wäsche.

Spezialwaschmittel haben abweichende Zusammensetzungen:

Handwaschmittel werden bei niedrigeren Temperaturen verwendet, sie enthalten daher Enzyme, aber keine Bleichmittel. Auch **Feinwaschmittel** für empfindliche Fasern enthalten keine Bleichmittel.

Flüssigwaschmittel enthalten als Tenside Alkyl- und Alkylbenzensulfonate sowie Seife, deren Bindungsvermögen für Ca^{2+}-Ionen hier erwünscht ist. In manchen Produkten ist als Enthärter zusätzlich noch Sasil enthalten. Flüssigwaschmittel für Wolle enthalten auch Fettalkoholethersulfate.

Weichspüler enthalten als wesentlichen Bestandteil meist Distearyldimethylammoniumchlorid, ein quartäres Ammoniumsalz (Seite 98). Diese Ammonium-Ionen lagern sich auf den Fasern an und bilden so eine Hülle mit positiven Ladungen, durch deren Abstoßung es zum gewünschten Effekt kommt.

Scheuerpulver enthalten feinst gemahlenes Marmor- oder Quarzmehl und Tenside, in **Haushaltsreinigern** sind Tenside und Alkohole enthalten.

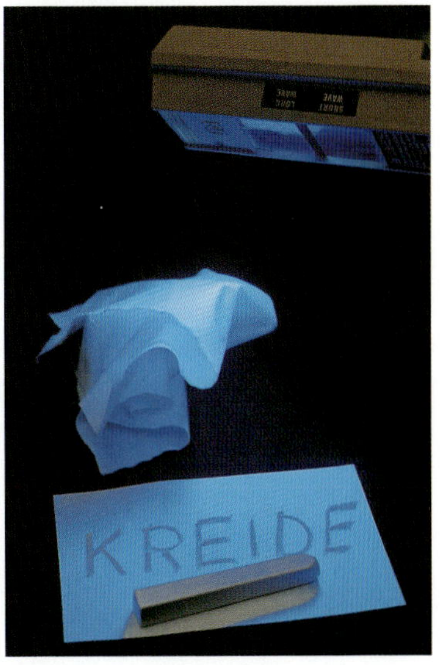

Optische Aufheller geben sich im UV-Licht zu erkennen:
Das Gewebe und das Papier enthalten Aufheller und leuchten blau, die Kreide erscheint im UV-Licht dunkel, sie ist von Natur aus rein weiß, daher werden ihr keine Aufheller zugesetzt.

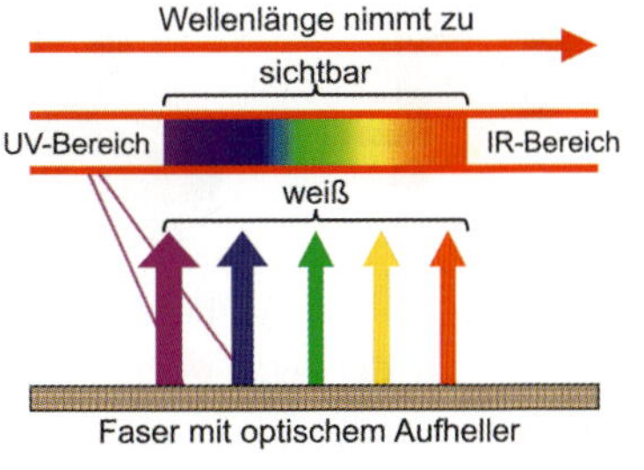

Die Wirkung eines optischen Aufhellers. Der Blau-Anteil des reflektierten Lichtes wird erhöht.

ÜBUNGEN:

11.1 Beim Händewaschen an einem Urlaubsort ist eine raschere und stärkere Schaumentwicklung als daheim festzustellen. Welchen Schluss lässt dies auf die Beschaffenheit des an diesem Ort vorhandenen Leitungswassers zu?

11.2 Warum verliert Seife in saurem Wasser ihre Waschwirkung?

11.3 Warum ergeben anionenaktive und nichtionische Tenside, im Gegensatz zu Seife, neutrale Lösungen?

11.4 Warum ist bei der Dosierung eines Waschmittels auf die Wasserhärte zu achten?

11.5 Für eine Shampoomarke wird mit dem Argument „ist nicht alkalisch" bzw. „ist absolut neutral" geworben. Ist diese Werbung richtig, irreführend oder falsch?

12. Kohlenhydrate

Kohlenhydrate bilden mengenmäßig den größten Teil der auf der Erde vorkommenden Naturstoffe. Zu den bekanntesten gehören die verschiedenen Zucker, Stärke und Cellulose.

12.1 Aufbau und Eigenschaften

Der Name Kohlenhydrate stammt von der Tatsache, dass diese Verbindungen Wasserstoff und Sauerstoff im Verhältnis 2 : 1 enthalten und man früher angenommen hatte, dass es sich um „Hydrate" des Kohlenstoffs handelt. Gestützt wurde diese Vermutung durch experimentelle Befunde: Bei der Einwirkung von konzentrierter Schwefelsäure auf Zucker erfolgt Zersetzung unter Abscheidung von Kohlenstoff. Das „Wasser" wurde durch die Schwefelsäure entzogen. Erhitzt man Kohlenhydrate in einem Reagenzglas, so verkohlen sie ebenfalls, es bildet sich ein Belag von Wassertröpfchen.

Die Fotosynthese der grünen Pflanzen und die Atmung der Pflanzen und Tiere bilden zusammen einen Kreislauf, in dem C-, H- und O-Atome immer anders miteinander zu Molekülen verbunden werden, wobei ständig Energie umgesetzt wird. Dieser Energie-Kreislauf wird von der Sonne in Gang gehalten, von der die Energie für die Fotosynthese der Glucose stammt.

Inzwischen ist durch die Aufklärung der Strukturformeln die Vorstellung vom „Hydrat des Kohlenstoffs" längst widerlegt, der Name wurde aber beibehalten.

Kohlenhydrate werden in Pflanzen durch **Fotosynthese** gebildet. Unter diesem Begriff wird eine Reihe von Reaktionen zusammengefasst, durch die aus Kohlenstoffdioxid und Wasser Kohlenhydrate und Sauerstoff entsteht:

$$x\,CO_2 + x\,H_2O \xrightarrow{\text{Licht}} (CH_2O)_x + x\,O_2$$

Die Reaktion wird durch die Lichtabsorption des grünen Pflanzenfarbstoffes Chlorophyll-A ausgelöst. Die Energie des so aktivierten Chlorophylls dient zur Spaltung des Wassers und zur Reduktion von CO_2. Eines der ersten Zwischenprodukte ist der D-Glycerolaldehyd. Von ihm ausgehend entstehen in den Pflanzen durch weitere enzymatische Reaktionen einfache Zucker (Monosaccharide) wie Traubenzucker (Glucose) $C_6H_{12}O_6$, dann (unter Wasserabspaltung) Zweifachzucker (Disaccharide), wie z. B. Malzzucker (Maltose, $C_{12}H_{22}O_{11}$), und schließlich polymere Kohlenhydrate (Polysaccharide) wie Stärke und Cellulose, die aus über 1 000 Einfachzuckern aufgebaut sind. Unter dem Begriff **Zucker** fasst man Monosaccharide und Disaccharide zusammen. Ihre Namen besitzen in der Regel die Endung **-ose**.

Kohlenhydrate enthalten zahlreiche OH-Gruppen. Dadurch sind sie sehr hydrophil und außergewöhnlich gut wasserlöslich: Bei 20 °C enthält eine gesättigte Glucose-Lösung 67 % Zucker! Bei den polymeren Kohlenhydraten ist die Löslichkeit durch die Molekülgröße erschwert.

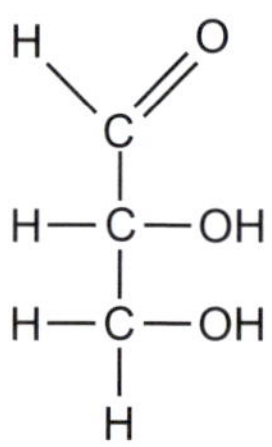

D-Glycerolaldehyd

Nicht nur zu Wasser, sondern auch zu anderen Kohlenhydratmolekülen werden Wasserstoffbrückenbindungen ausgebildet. Alle Kohlenhydrate sind daher bei Zimmertemperatur fest. Bevor die Schmelztemperatur erreicht wird, tritt meist schon Zersetzung ein (Karamellisierung). Die Wasserstoffbrückenbindungen sind also zusammen stärker als eine einzelne Elektronenpaarbindung.

Alle Kohlenhydrate sind **optisch aktiv**, die optische Drehung wird oft zu ihrer mengenmäßigen Bestimmung ausgenutzt. In der Natur wird von den beiden Spiegelbildern fast ausschließlich jenes gebildet, dessen Geometrie der D-Milchsäure und somit dem D-Glycerolaldehyd entspricht.

12.2 Monosaccharide

Monosaccharide sind die Bausteine der Kohlenhydrate. Sie enthalten drei bis sieben Kohlenstoffatome.

Nach dieser Zahl werden sie als **Triosen**, **Tetrosen**, **Pentosen**, **Hexosen** und **Heptosen** bezeichnet.

Monosaccharide sind Polyalkohole. Weiters enthält das Molekül eine **Carbonylgruppe**, die sich am ersten oder am zweiten C-Atom befinden kann.

Bildet die C=O-Gruppe den Anfang der Kette, so liegt ein Aldehyd vor, ansonsten handelt es sich um ein Keton. Dementsprechend werden **Aldosen** und **Ketosen** unterschieden.

Die **Glucose** (Traubenzucker) ist eine Aldohexose.

Folgende experimentelle Ergebnisse bestätigen dies:

- Verbrennungsanalyse und Molekülmasse ergeben die Summenformel $C_6H_{12}O_6$.
- Bei der Veresterung mit Essigsäure werden pro Glucosemolekül fünf Essigsäuremoleküle verbraucht.
- Eine Glucoselösung reagiert mit Fehling-Lösung (Seite 60).

Die Struktur (1) ist im Einklang mit diesen Ergebnissen:

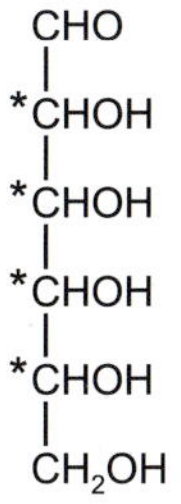

(1) Aldohexose

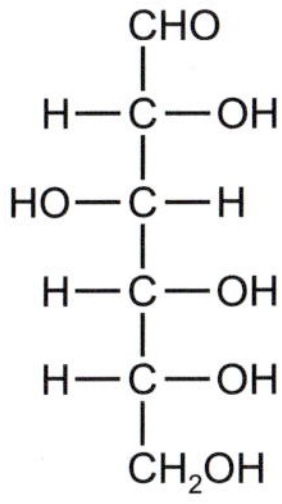

(2) D-Glucose

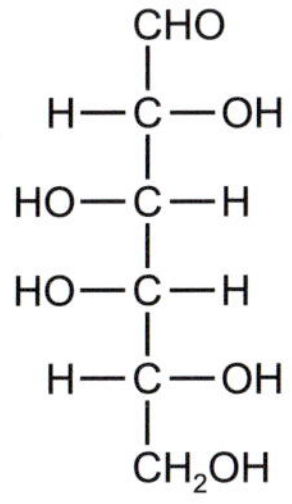

(3) D-Galactose

In den Strukturformeln sind vier asymmetrische C-Atome (*) zu erkennen. Dies bedeutet, dass es $2^4 = 16$ stereoisomere Aldohexosen gibt, die sich nur durch die räumliche Anordnung der OH-Gruppen an den einzelnen C-Tetraedern unterscheiden.

So entspricht beispielsweise die Anordnung (2) der Glucose, die Anordnung (3) der Galactose, einem Bestandteil des Milchzuckers mit geringer Süßkraft.

Zur Darstellung der Zuckermoleküle wurde hier die Fischer-Projektion (Seite 73) verwendet.

Diese Schreibweise gibt allerdings die räumlichen Verhältnisse nicht gut wieder. Es ist nicht ersichtlich, dass sich die Aldehydgruppe am C_1 und die OH-Gruppe am C_5 so nahe kommen, dass eine Ringschlussreaktion eintritt.

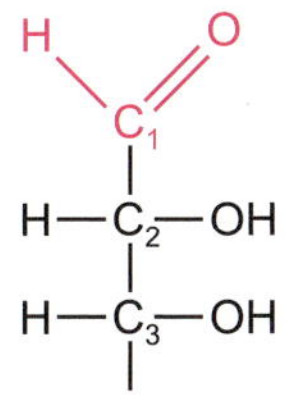

Aldose

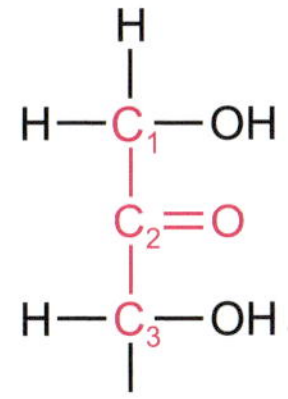

Ketose

HERMANN FEHLING (1811–1885), deutscher Chemiker; entwickelte ein Verfahren zur Bestimmung von Zucker im Harn (Nachweis der Zuckerkrankheit).

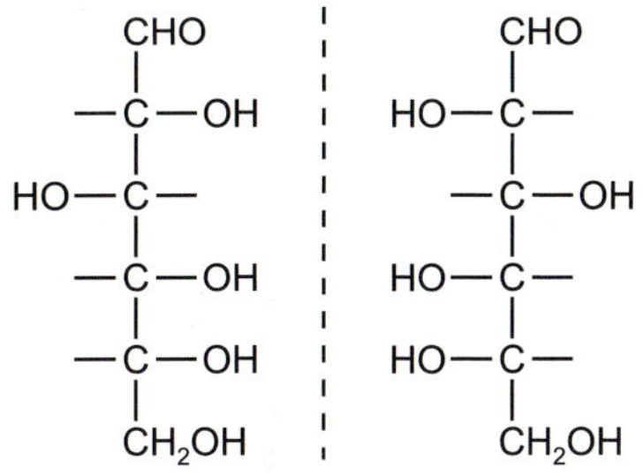

D-Glucose **L-Glucose**

Die Unterschiede innerhalb der Paare beruhen auf Spiegelbildisomerie. Zum Beispiel D-Glucose und L-Glucose.

Cellulose von cella (lat.) = Zelle
Galactose von lac (lat.) = Milch
glycos (griech.) = süß
Monosaccharide von
monos (griech.) = allein;
sakcharos (griech.) = Zucker

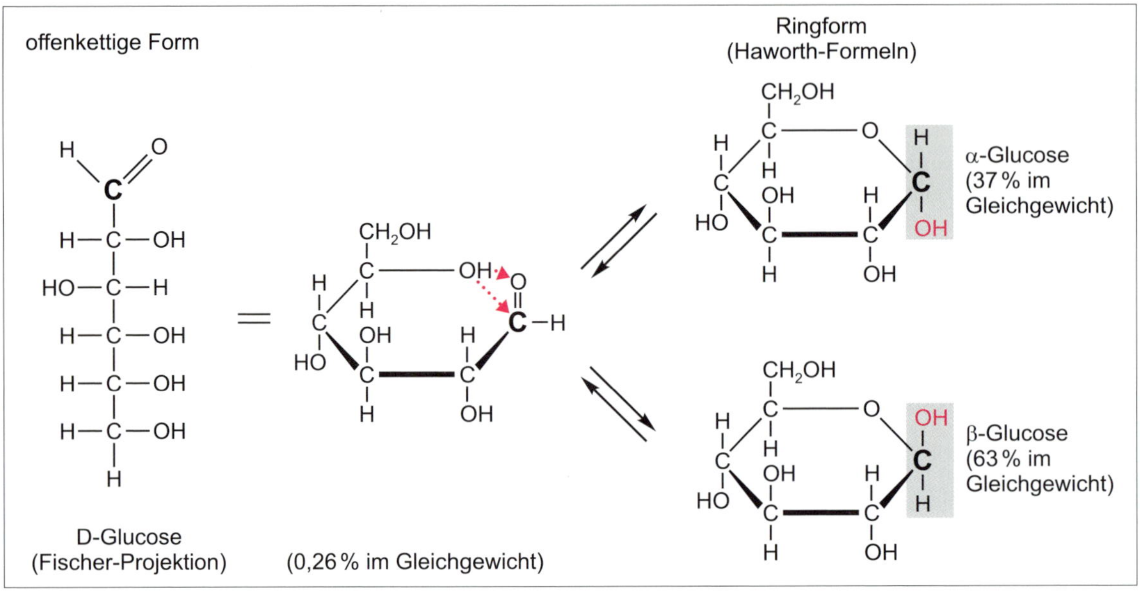

Walter Haworth (1883–1950); englischer Chemiker, erhielt 1937 den Nobelpreis für Chemie für die Aufklärung der Struktur von Kohlenhydraten und Vitamin C sowie für die Vitamin-C-Synthese.

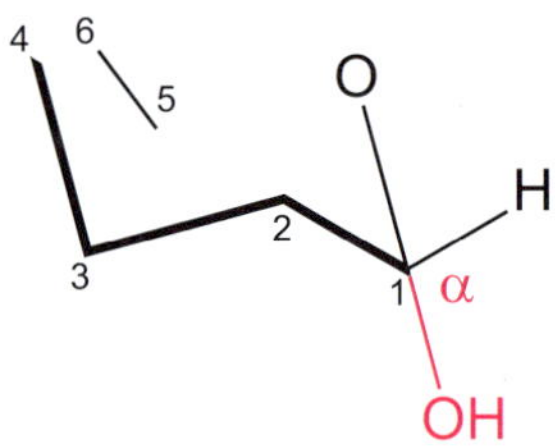

α-D-Glucose
Im Molekül ist die OH-Gruppe in Position 1 abwärts gerichtet, senkrecht zur Ringebene, und das H-Atom ragt nach außen, ungefähr in der Ebene des Rings.

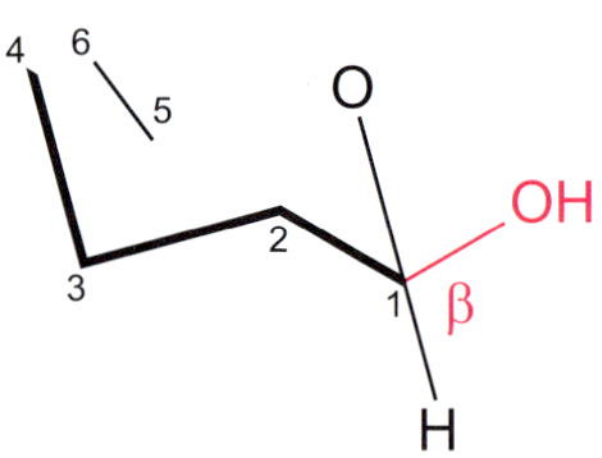

β-D-Glucose
Im Molekül ist das H-Atom in Position 1 nach unten gerichtet, die OH-Gruppe liegt ungefähr in der Ringebene.

Am exaktesten werden die räumlichen Verhältnisse durch die Schreibweise der Sesselform wiedergegeben, da man so die gegenseitige räumliche Behinderung der einzelnen Gruppen am besten erkennen kann. Sie ist aber für den ständigen Gebrauch zu kompliziert.

Man verwendet daher meist eine vereinfachte Darstellung, die **Haworth-Projektionsformeln**.

Der an sich gewinkelt gebaute Ring wird flach dargestellt. Die dicker gezeichneten, unteren Bindungsstriche symbolisieren den aus der Papierebene herausragenden Teil des Ringes.

Die Stellung der Reste gibt an, ob sie sich oberhalb oder unterhalb der Ringebene befinden. Substituenten, die in der Fischer-Projektion gemeinsam auf einer Seite stehen, zeigen in der Haworth-Formel alle nach oben oder alle nach unten.

Betrachtet man das Kalottenmodell der ringförmigen Glucose, so ist zu erkennen, dass es sich um eine räumlich besonders günstige Anordnung handelt. Alle großen Gruppen (CH_2OH, OH) liegen an der Peripherie des Ringes und behindern sich gegenseitig nicht.

Dies dürfte der Grund sein, warum Glucose die in der Natur am häufigsten anzutreffende Aldohexose ist.

Durch den Ringschluss entsteht am C_1-Atom ein weiteres Asymmetriezentrum. Die neugebildete OH-Gruppe kann unterhalb (α-Form) oder oberhalb (β-Form) der Ringebene liegen. α- und β-Form sind nicht spiegelbildlich und entsprechen daher Substanzen mit verschiedenen Eigenschaften.

Bei enzymatischen Reaktionen spielt dieser Unterschied eine Rolle. So wird im Energiestoffwechsel nur die α-Form, zum Aufbau der Gerüstsubstanzen nur die β-Form verwendet.

Beispiele für Monosaccharide:

Namen und Vorkommen	Offenkettige Form (Fischer-Formel)	Ringform (Haworth-Formel)
D-Ribose Aldopentose; Bestandteil der RNA (Ribonucleinsäuren), einiger Vitamine und Coenzyme	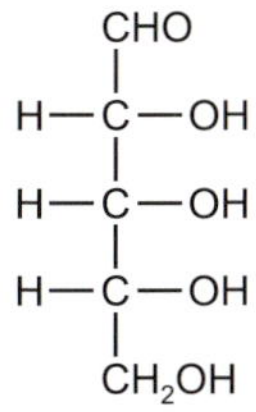	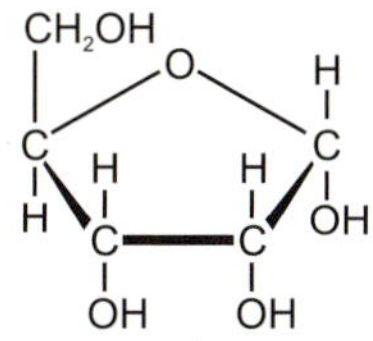 α-**D-Ribose**
D-Desoxyribose Aldopentose; Bestandteil der DNA (Desoxyribonucleinsäure)	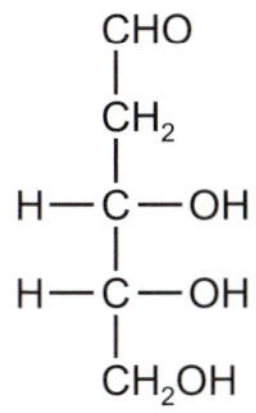	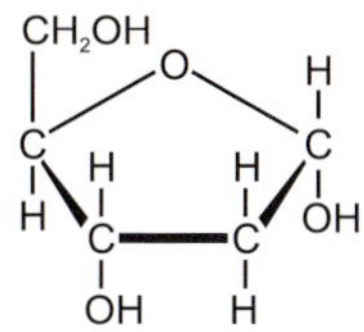 β-**D-Desoxyribose**
D-Galactose Aldohexose; Bestandteil des Milchzuckers und polymerer Pflanzengummi	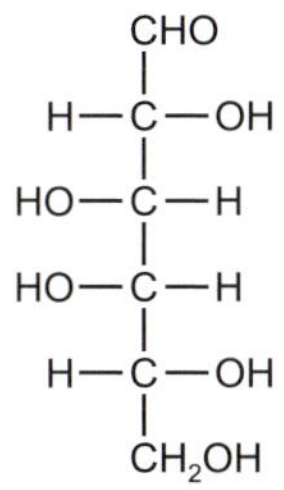	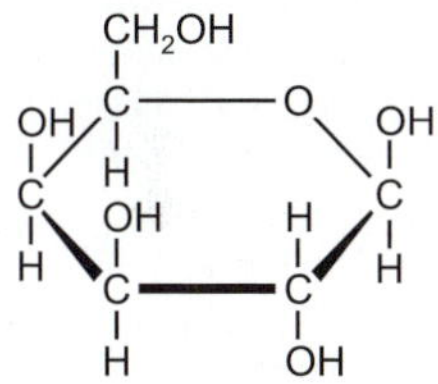 β-**D-Galactose**
D-Fructose Ketohexose; frei in Früchten und Honig, Bestandteil des Rohrzuckers	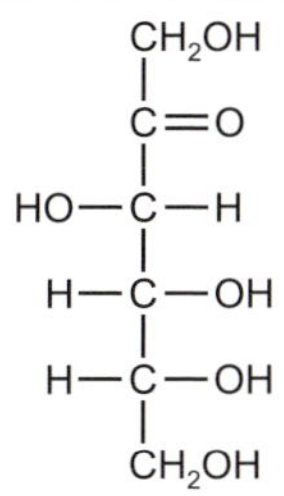	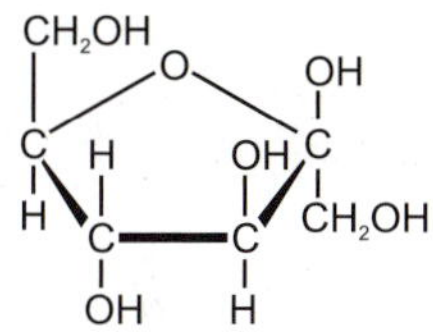 β-**D-Fructose**

Glucose (Traubenzucker) ist ein weißer Feststoff und schmeckt weniger süß als Rübenzucker. Sie kommt in vielen Früchten und im Honig vor, aus dem sie oft körnig auskristallisiert.

Technisch wird Glucose durch Kochen von Stärke mit verdünnter Säure hergestellt (Handelsname *Dextropur*).

Im menschlichen Blut wird der Glucosegehalt (Blutzuckerspiegel) vor allem durch die Hormone Insulin, Glucagon und Adrenalin reguliert und konstant auf etwa 0,1 % gehalten. Die Blutglucose stellt ein ständig verfügbares Energiedepot für die einzelnen Organe und das Gewebe dar. Bei Fehlregulierung, z. B. bei fehlender Insulinproduktion, kommt es zum unkontrollierten Ansteigen der Konzentration und zur Entgleisung des Stoffwechselgleichgewichtes (Diabetes mellitus = Zuckerkrankheit)

β-**D-Glucose**: Kalottenmodell.

Fructose und Sorbit werden für Diabetiker-Produkte verwendet.

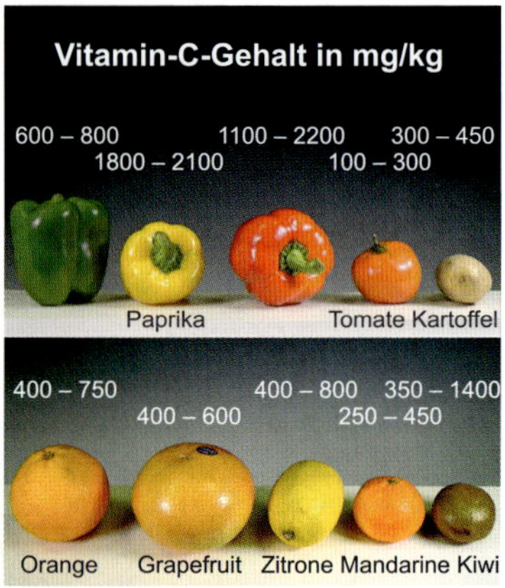

Ascorbinsäure und ihr Natriumsalz (E 300 und E 301) werden in Lebensmitteln als **Antioxidationsmittel** verwendet, um Farb- und Geschmacksveränderungen durch die Einwirkung von Sauerstoff zu verhindern.

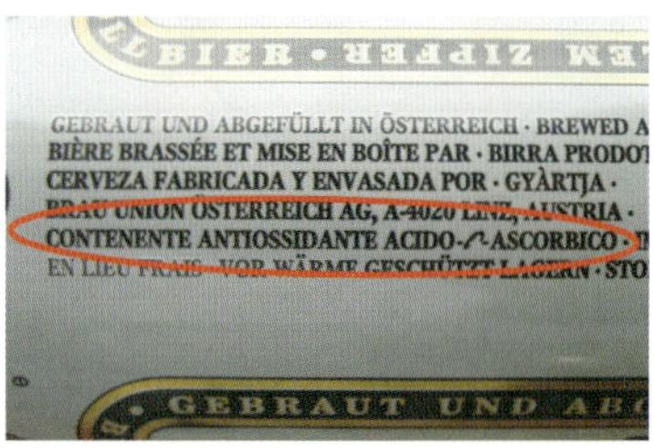

Glucose wird von allen Nährstoffen am schnellsten vom Körper aufgenommen. Glucoselösungen werden für Infusionen in den Blutkreislauf verwendet.

Sorbit entsteht aus Glucose durch Reduktion der Aldehydgruppe, sodass sechs OH-Gruppen im Molekül vorliegen. Es kann als Zuckeraustauschstoff für Diabetiker verwendet werden, da es, ebenso wie Fructose, den Stoffwechsel des Zuckerkranken nicht in gleicher Weise belastet wie Traubenzucker oder Rübenzucker.

Ascorbinsäure (Vitamin C) ist ähnlich wie Monosaccharide aufgebaut und ein wichtiges Redoxsystem im Stoffwechsel.

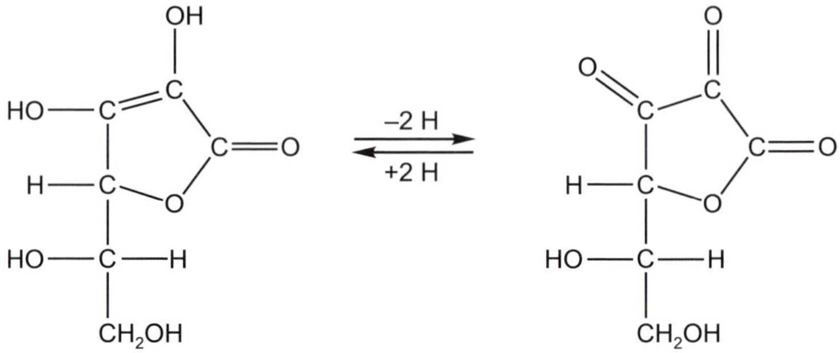

Ascorbinsäure (reduzierte Form)

Dehydroascorbinsäure (oxidierte Form)

Vitamin C kommt in vielen Pflanzen und Früchten vor, ist wasserlöslich und wird beim Erwärmen rasch zersetzt, worauf bei der Zubereitung von Lebensmitteln zu achten ist.

Vitamin C kann vom Körper nicht gespeichert werden, sodass eine ständige Zufuhr geringer Mengen (ca. 70 mg pro Tag) erforderlich ist. Ein Mangel an Vitamin C führt zu Skorbut, einer in früheren Jahrhunderten besonders von Seeleuten gefürchteten Krankheit. Unsere heutige, ausgeglichene Ernährung deckt den Vitaminbedarf zu jeder Jahreszeit. Behauptungen, dass die Einnahme großer Mengen Ascorbinsäure die Abwehrkräfte des Körpers (besonders gegen Erkältungskrankheiten) stärkt, konnten experimentell nicht bestätigt werden.

ÜBUNGEN:

12.1 Wie könnte die Formel einer Aldotriose und einer Ketopentose lauten?

12.2 Durch Oxidation von Glycerol können drei verschiedene Zucker mit der Summenformel $C_3H_6O_3$ hergestellt werden. Welche Formeln und Namen haben dieser Zucker?

12.3 In welche Untergruppe der Monosaccharide ist die Substanz CHO – CHOH – CHOH – CH_2OH einzuordnen?

12.4 Warum soll Gemüse erst nach dem Waschen zerkleinert werden?

12.5 Warum wirkt Vitamin C als Säure, obwohl es keine COOH Gruppe enthält?

12.3 Disaccharide

Disaccharide bestehen aus zwei Monosacchariden, die durch eine Kondensationsreaktion miteinander verknüpft wurden.

Formal lässt sich diese Reaktion so anschreiben:

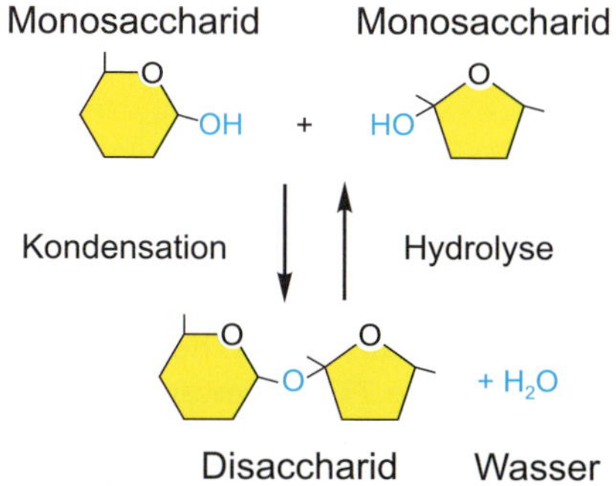

Dies entspricht der Etherbildung aus zwei Molekülen Alkohol. In der Kohlenhydratchemie wird diese Verknüpfung als **glycosidische Bindung** bezeichnet.

Zur Bezeichnung des Disaccharids werden die Nummern jener C-Atome angegeben, an denen die beteiligten OH-Gruppen gebunden sind. Ist eine C_1-OH-Gruppe beteiligt (bei Aldosen), so muss auch noch angegeben werden, ob diese Gruppe in der α- oder β-Position vorliegt.

Beispiel: Eine α(1,4)-glycosidische Bindung bedeutet, dass die α-OH-Gruppe am C_1 des einen Monosaccharids mit der OH-Gruppe am C_4 des anderen Monosaccharids reagiert hat.

Die Kondensationsreaktion ist umkehrbar, durch Kochen mit verdünnter Säure kann die Bindung gespalten werden.

Maltose (Malzzucker) entsteht beim enzymatischen Abbau von Stärke durch α-Amylasen (stärkespaltende Enzyme). Solche Enzyme können aus keimender Gerste gewonnen werden. Die Gewinnung von Maltose aus Stärke spielt bei der Alkoholproduktion eine große Rolle (Seite 50).

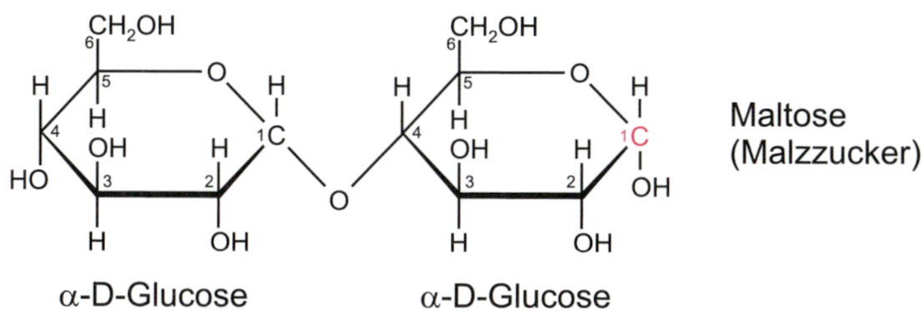

Maltose ist ein Disaccharid aus zwei Glucosemolekülen, die α(1,4)-glycosidisch verknüpft sind. Da noch eine C_1-OH-Gruppe vorhanden ist, die mit einer offenkettigen Aldehydform im Gleichgewicht steht, reduziert Maltose Fehling-Lösung.

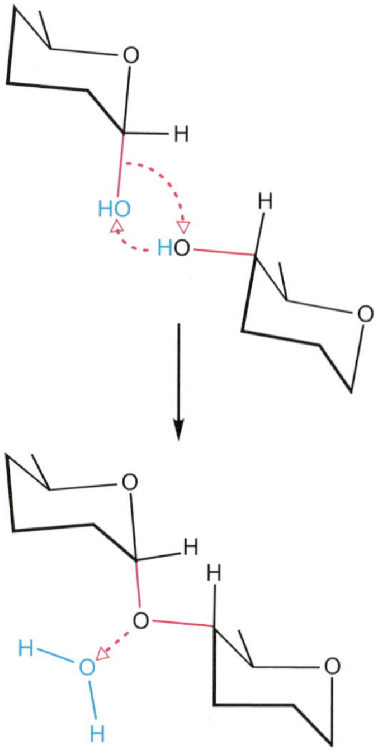

Bei der Reaktion wird ein Wassermolekül abgespalten und Maltose gebildet. Es entsteht eine α(1,4)-glycosidische Bindung.

Zuckerrohrernte in der Karibik.

Zuckerrohrstängel.

Lactose (Milchzucker) ist ein Disaccharid, das nur in Milch vorkommt. Es wird aus Molke gewonnen und ist für die Säuglingsnahrung wichtig.

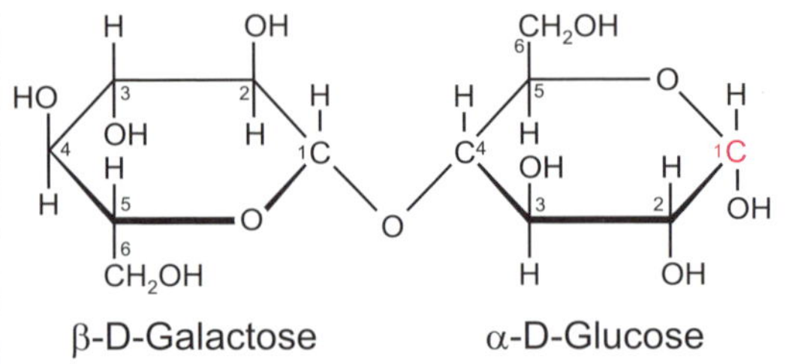

Lactose (Milchzucker)

Das Molekül besteht aus Galactose und Glucose, die β(1,4)-glycosidisch verknüpft sind. Beim Sauerwerden der Milch wird Lactose durch Bakterien in Milchsäure (Seite 71) umgewandelt.

Saccharose (Rohr- oder Rübenzucker, „Zucker") ist der im Haushalt verwendete Zucker. Fehling-Lösung wird nicht reduziert. Durch Kochen mit verdünnten Säuren entsteht Glucose und Fructose.

Diese Ergebnisse stehen mit folgender Struktur in Einklang: Die α-C_1-OH-Gruppe eines Glucosemoleküls ist mit einer β-OH-Gruppe am C_2-Atom eines Fructosemoleküls verknüpft, es sind keine weiteren freien C_1-OH-Gruppen vorhanden.

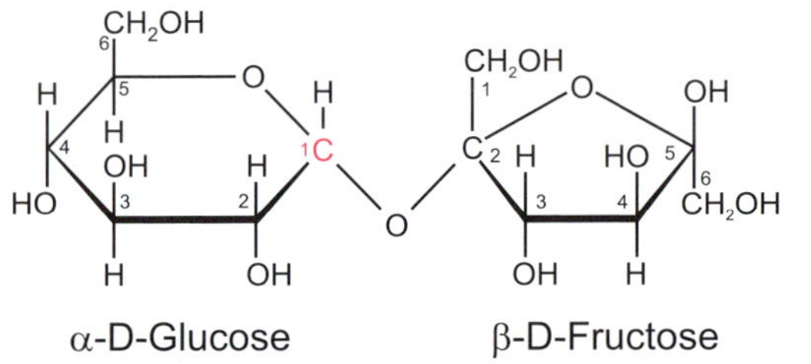

Saccharose (Rohrzucker, Rübenzucker)

Zucker wird durch Auspressen des Zuckerrohrs oder durch Auslaugen von zerkleinerten Zuckerrüben mit Wasser gewonnen.

Da bei der Lagerung der Rüben ihr Zuckergehalt rasch abnimmt, müssen sie möglichst schnell verarbeitet werden (Oktober bis Dezember).

Um wasserlösliche Begleitstoffe auszufällen, wird die Lösung durch Zugabe von Kalkmilch $Ca(OH)_2$ alkalisch gemacht und überschüssige Kalkmilch durch nachfolgendes Einleiten von Kohlenstoffdioxid als Kalk abgeschieden, wobei weitere Verunreinigungen entfernt werden.

Die filtrierte Zuckerlösung (Dünnsaft) wird dann im Vakuum eingedampft, die sich dabei bildenden Kristalle abzentrifugiert. Der verbleibende dunkelbraune Rückstand ist die **Melasse**.

Sie dient zur Herstellung von Citronensäure (Seite 71) oder, zusammen mit den ausgelaugten Rübenschnitzeln, als Viehfutter.

Zuckerrübe.
Die Wurzel enthält 16–20 % Saccharose.

Zuckerrübenernte in Österreich.

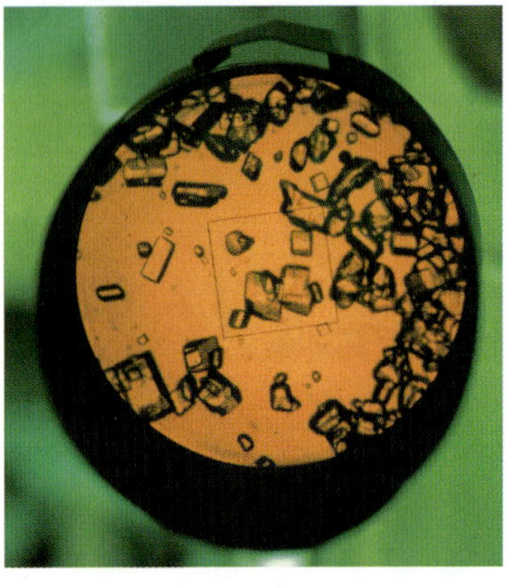

Zuckerkristalle im Eindicker.

Abzentrifugieren der Zuckerkristalle.

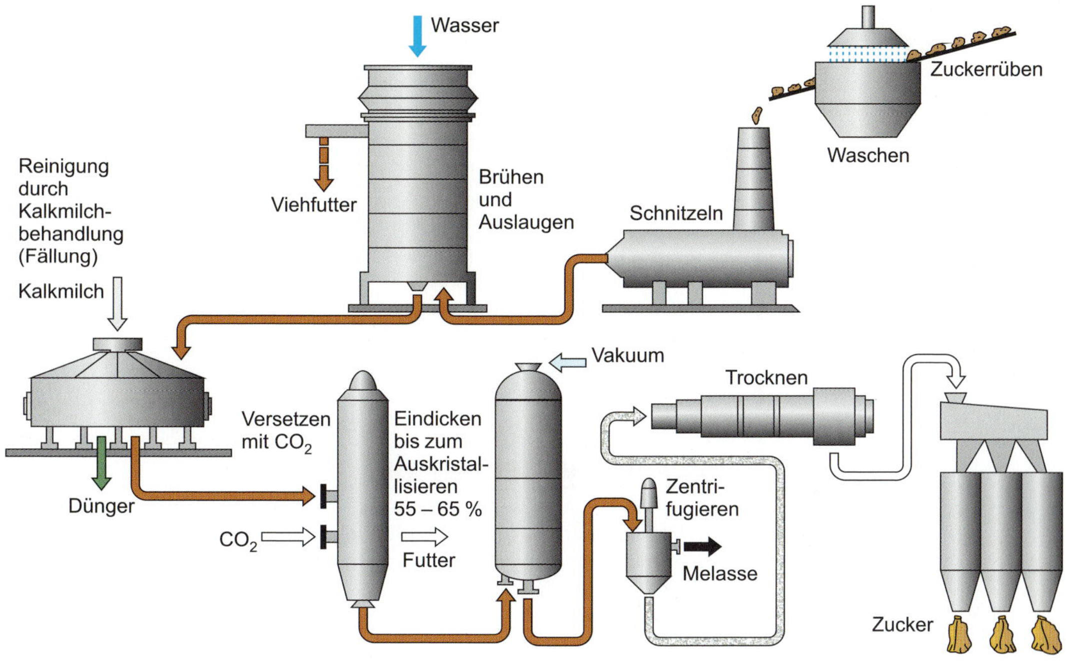

In Indien, Ägypten und China wurde Zuckerrohr schon früh angebaut. Erst ab 1 500 begann der Anbau des Zuckerrohrs (Zuckergehalt 14 bis 26 %) auf den Inseln Mittelamerikas. In Europa war Zucker bis ins 19. Jahrhundert ein Luxusartikel, der in der Apotheke verkauft wurde. Man verwendete vor allem Honig zum Süßen der Speisen. Als während der Napoleonischen Kriege durch die Kontinentalsperre die Einfuhr von Zucker unmöglich wurde, suchte man nach einheimischem Ersatz und begann mit der Züchtung von Rübensorten mit hohem Zuckergehalt. Ende des 18. Jahrhunderts entstand in Europa die erste Zuckerfabrik, die Rüben verarbeitete. Die heute verwendeten Rübensorten haben einen Zuckergehalt von 15 bis 20 %; aus Rüben wird rund 40 % des Weltzuckerbedarfes gedeckt, der Rest stammt aus Zuckerrohr.

Bei vorsichtigem Erhitzen von Zucker entsteht brauner **Karamellzucker**. Lösungen davon werden zum Färben von Lebensmitteln verwendet (*Zuckercouleur*).

Bienen besitzen ein saccharosespaltendes Enzym, mit dessen Hilfe sie aus dem saccharosehaltigen Nektar **Honig** herstellen. Honig ist somit ein 1 : 1-Gemisch aus Glucose und Fructose.

Zuckeraustauschstoffe sind süß schmeckende und zuckerähnlich aufgebaute Substanzen, die im Organismus unabhängig vom Insulin verwertet werden und daher für Diabetiker/innen geeignet sind. Verwendet werden Fructose und die Zuckeralkohole Mannit und Sorbit, die in Süßkraft und Nährwert der Saccharose vergleichbar sind.

Süßstoffe haben eine 30 – 500-mal höhere Süßkraft als Saccharose, sodass sie nur in sehr kleinen Mengen verwendet werden müssen und ihr Nährwert daher vernachlässigt werden kann. Zu dieser Gruppe zählen *Saccharin*, die *Cyclamate* und *Aspartam*.

Manche Getränke enthalten beträchtliche Mengen Zucker. 0,25 L Cola z. B. rund sieben Stück Würfelzucker.

Zuckercouleur bzw. -kulör (E 150) wird als Farbstoff verwendet, um manchen Lebensmitteln (Essig, Eistee, Cola, ...) eine gelbe oder braune Farbe zu verleihen.

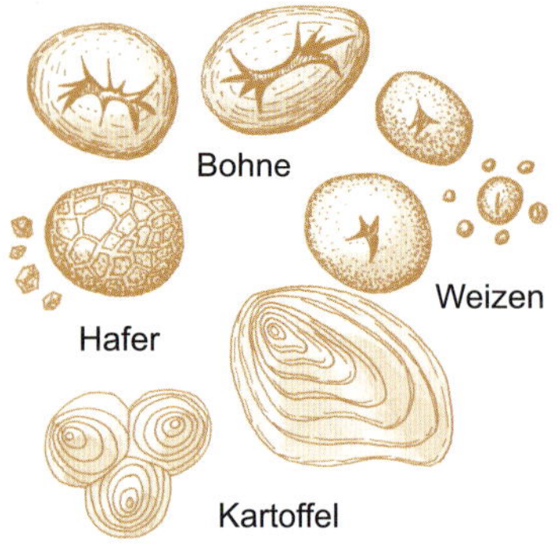

Verschiedene Stärkekörner.
Größe und Aussehen sind für jede Pflanze charakteristisch.

Stärkenachweis in einer Kartoffel.
Beim Auftropfen einer Iodlösung zeigt sich eine dunkelblaue Färbung.

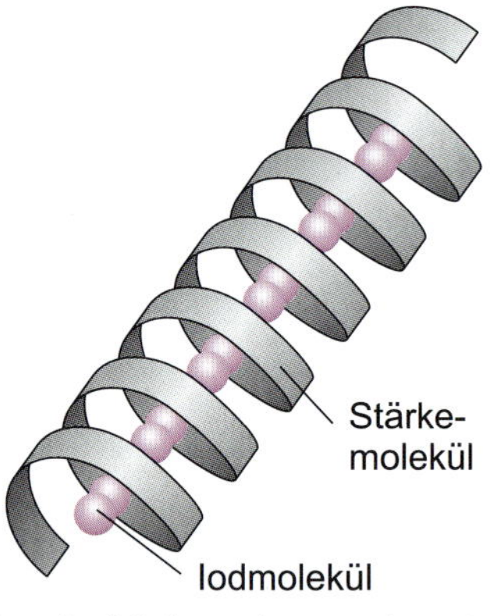

Die Iodmoleküle werden von den spiralförmig angeordneten Stärkemolekülen eingeschlossen und vereinigen sich in der Helix zu einem Riesenmolekül, in dem delokalisierte Elektronen vorliegen und das daher sichtbares Licht absorbiert (Seite 127). In heißem Wasser wird diese Anordnung durch die Wärmebewegung zerstört und die blaue Farbe verschwindet, beim Abkühlen kehrt sie wieder.

ÜBUNGEN:

12.6 Wie kann eine Rübenzucker- von einer Traubenzuckerlösung unterschieden werden?

12.7 Bei der Zuckergewinnung erfolgt eine Reinigung des Saftes durch Zugabe von Kalkmilch $Ca(OH)_2$ und anschließendes Einleiten von CO_2. Wie lautet die Reaktionsgleichung? Welcher Reaktionstyp liegt vor?

12.8 Ist ein Zuckeraustauschstoff oder ein Süßstoff besser zur Unterstützung einer Schlankheitsdiät geeignet?

12.4 Polysaccharide

Die Polysaccharide unterscheiden sich von den niedermolekularen Kohlenhydraten durch ihre Unlöslichkeit in kaltem Wasser; Gerüstkohlenhydrate, wie z. B. Cellulose, lösen sich nicht einmal in heißem Wasser. Die Benetzbarkeit von Cellulosefasern durch Wasser ist aber ein Hinweis auf die hydrophilen Gruppen ihrer Untereinheiten.

Polysaccharide können unter katalytischer Wirkung von starken Säuren in Monosaccharide gespalten werden, wobei pro Monosaccharid-Untereinheit ein Molekül Wasser aufgenommen wird. Die aus Hexosen aufgebauten Polysaccharide haben die allgemeine Formel $(C_6H_{10}O_5)_n$.

Stärke und Glycogen

Stärke ist ein weißes, geruch- und geschmackloses Pulver und tritt in den Pflanzenzellen gewöhnlich in charakteristisch geformten, für jede Pflanzenart typischen Körnern auf. Sie ist der wichtigste pflanzliche Reservestoff und für Mensch und Tier ein wichtiges Nahrungsmittel.

In kaltem Wasser ist Stärke unlöslich, bei etwa 50 °C quillt sie unter Bildung von Stärkekleister. In heißem Wasser geht ein Massenanteil von etwa 20 % in Lösung. Dieser Bestandteil wird als **Amylose**, der wasserunlösliche Anteil als **Amylopektin** bezeichnet.

Amylose ist aus **unverzweigten Ketten** aufgebaut, in denen 60 bis 300 Glucoseeinheiten durch α(1,4)-glycosidische Bindungen verknüpft sind. Die OH-Gruppen an C_1 und C_4 liegen nicht in einer Ebene, daher ergibt sich ein spiralförmiger Aufbau. Diese Struktur, bei der auf eine Windung etwa sechs Glucose-Einheiten entfallen, wird durch Wasserstoffbrückenbindungen zwischen der OH-Gruppe des C_2- Atoms eines Glucose-Restes und der OH-Gruppe am C_3 des folgenden Glucose-Restes stabilisiert. Mit Iod entsteht eine blau gefärbte Einschlussverbindung, die zum Nachweis von Stärke bzw. Iod dient.

Amylopektin besteht aus **verzweigten Ketten** mit etwa 300 bis 1 000 Glucose-Einheiten. Die Ketten entstehen wie bei der Amylose durch α(1,4)-glycosidische Bindungen. Etwa jede zwölfte Glucose-Einheit bildet durch eine zusätzliche α(1,6)-glycosidische Bindung eine Verzweigungsstelle. Amylopektin wird durch Iodlösung rotviolett gefärbt.

Bei der Verdauung erfolgt ein Abbau durch Einwirkung von α-Amylasen (Enzyme, die α-glycosidische Bindungen spalten). Es entsteht Maltose und schließlich Glucose, die von der Darmwand rasch aufgenommen wird. Die Glucose gelangt mit dem Blutkreislauf in die Leber und in Muskelzellen, wo sie in Form von Glycogen gespeichert wird.

Die Struktur von Amylose und Amylopektin:

Amylose (α-1,4)

Amylopektin (α-1,4 und α-1,6)

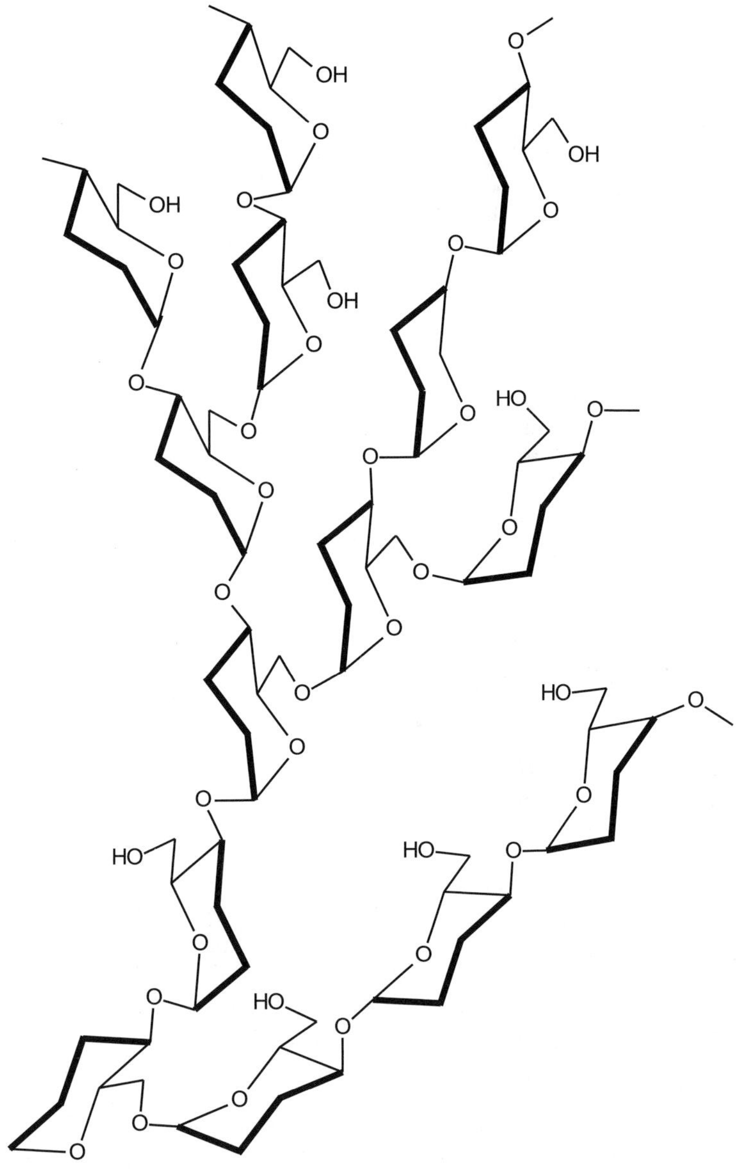

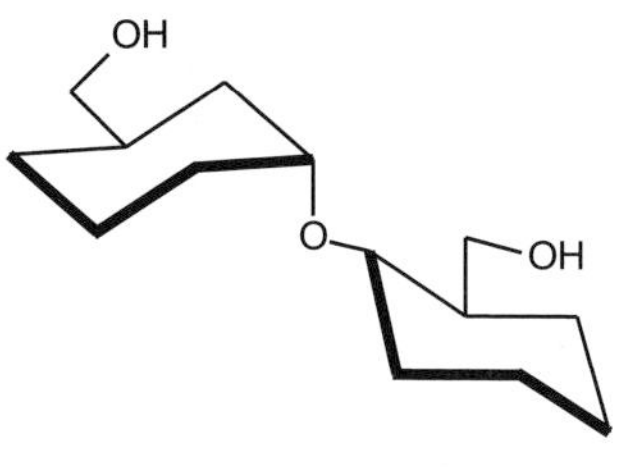

α-1,4-Bindung in Stärke

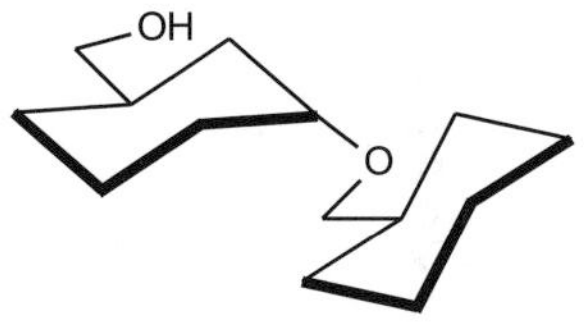

α-1,6-Bindung in Stärke

Die α-1,4-Verknüpfungen der Stärke zwingen die Ketten in eine gebogene Konformation. In der Amylose, der unverzweigten Form der Stärke, ist die Kette schraubenförmig gewunden.

Glycogen entspricht in seinem Aufbau dem Amylopektin, ist jedoch stärker verzweigt und hat eine höhere durchschnittliche Molekülmasse. Es ist eine leicht zu mobilisierende Speicherform für Glucose im menschlichen und tierischen Organismus.

Glucose wird von allen Organen zur Energiedeckung verwendet, jedoch nur in Leber und Muskeln in nennenswerten Mengen als Glycogen gespeichert.

Die maximale Speicherkapazität ist begrenzt: In der Leber beträgt sie 5 – 10 %, im Muskel 1 % des jeweiligen Organgewichts. Maximal verfügt der Mensch daher nur über 450 g, im Durchschnitt sogar nur über 200 g Glycogen, was einer Energiereserve von etwa 2500 kJ – nicht einmal ausreichend für den täglichen Energiebedarf – entspricht. Ein den unmittelbaren Energiebedarf und die Glycogenspeicherkapazität übersteigendes Kohlenhydratangebot in der Nahrung wird zur Fettsynthese herangezogen.

Das Leberglycogen dient zur Regulierung des Blutzuckerspiegels, während das Muskelglycogen nur zur Bereitstellung von Energie für die Muskelarbeit herangezogen wird.

Cellulose (Zellstoff)

Cellulose ist ein unverzweigtes Polysaccharid, in dem bis zu 5 000 Glucose-Einheiten β(1,4)-glycosidisch miteinander verknüpft sind.

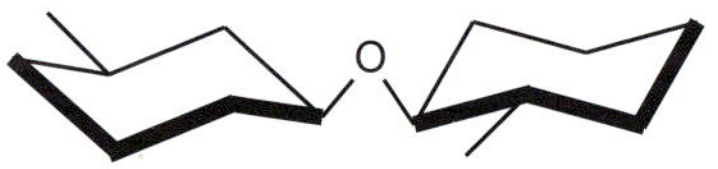

β-1,4-Bindung in Cellulose

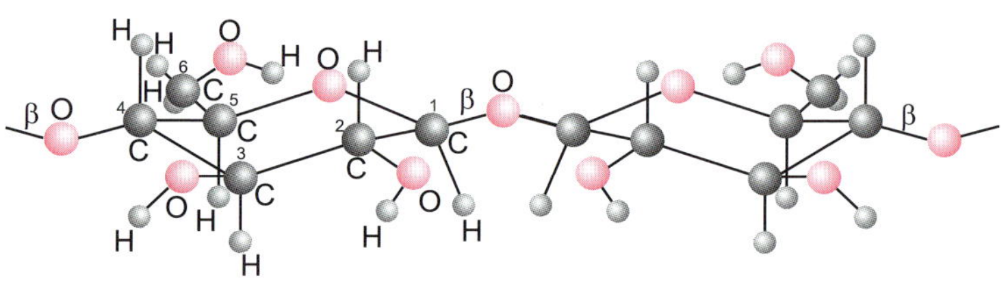

Die Makromoleküle der Cellulose bilden Ketten, die sich unter Ausbildung von Wasserstoffbrücken zu langgestreckten Bündeln, den **Elementarfibrillen**, zusammenlagern. Etwa 20 Elementarfibrillen ergeben ebenfalls in Folge von Wasserstoffbrücken eine **Mikrofibrille**, den Grundbaustein der Pflanzenzellwände.

Durch diese geordnete Struktur ist Cellulose gegenüber Säuren widerstandsfähiger als Stärke und wird erst beim Kochen mit konzentrierter Säure in Glucose gespalten.

Cellulose ist auch gegen biochemischen Abbau recht widerstandsfähig. Nur wenige Bakterien, Pilze und Insekten besitzen β(1,4)-glycosidische Bindungen spaltende Enzyme (Cellulasen). Säugetiere können die Cellulose in der Nahrung nicht direkt nutzen, sie ist jedoch als Ballaststoff zur Anregung der Darmbewegung (Peristaltik) wichtig. Wiederkäuer haben jedoch in ihrem Verdauungstrakt Cellulase produzierende Bakterien und können daher Cellulose verdauen.

Bei der Bodenbildung spielen celluloseabbauende Bakterien eine außerordentlich wichtige Rolle, da sie die in großen Mengen jährlich in den Boden gelangende Cellulose (absterbende Pflanzenteile, abgefallene Blätter) zu Humus abbauen.

Cellulose ist die am häufigsten auftretende Verbindung in der Biosphäre und enthält mehr als die Hälfte des gesamten organischen Kohlenstoffs. Die Samenhaare der Baumwollpflanze sowie Flachs- und Hanffasern bestehen aus nahezu reiner Cellulose.

Die Pflanzenzellwände bestehen aus feinen, im Elektronenmikroskop sichtbaren, ineinander verflochtenen Fibrillen. Zwischen diesen sind zur Erhöhung der Festigkeit in verholzten Zellwänden **Hemicellulosen** (aus Pentosen aufgebaute Polysaccharide) und **Lignin**, ein den Phenolharzen ähnlicher, hochmolekularer Stoff eingelagert.

Zellstoffgewinnung

Zur technischen Gewinnung von Cellulose müssen aus dem entrindeten, zu 1 – 4 cm großen Stückchen zerkleinerten Holz das Lignin und die Hemicellulosen herausgelöst werden.

Sulfitzellstoff nach dem Kochen.

Beim **Sulfitzellstoff** geschieht dies durch Kochen mit einer Lösung von Magnesiumhydrogensulfit $Mg(HSO_3)_2$ (ca. 8 Stunden bei 7 bar und 150 °C). Bei diesem von der Chemiefaser Lenzing AG (OÖ) entwickelten **MGO-Verfahren** wird die gebildete ligninhaltige Ablauge eingedampft und verbrannt, das dabei entstehende MgO und SO_2 zur Herstellung des Hydrogensulfits wiederverwendet. Beim älteren Calciumhydrogensulfit-Verfahren war dies nicht möglich, die Ablauge wurde in einen Fluss geleitet und stellte eine große Umweltbelastung dar.

Sulfitzellstoff nach dem Bleichen.

Beim **Sulfatzellstoff** erfolgt die Entfernung des Lignins durch Kochen mit einer Lösung, die NaOH, Na_2S, Na_2CO_3 und Na_2SO_4 enthält. Auch bei diesem Verfahren kann die Ablauge weiterverwertet und die Umweltbelastung dadurch geringer gehalten werden.

Die Papierfabriken in Lenzing, Hallein und Kematen arbeiten nach dem MGO-Verfahren, in Frantschach, Nettingsdorf und Pöls wird Sulfatzellstoff produziert.

Durch anschließende Filtration erhält man Rohcellulose oder Zellstoff, der schließlich noch gebleicht wird. Da beim Bleichen des Zellstoffs mit Chlor schwer abbaubare organische Halogenverbindungen entstehen und in die Flüsse abgegeben werden, ist man bestrebt, das Chlor ganz oder teilweise durch sauerstoffhaltige Bleichmittel zu ersetzen oder ungebleichten Zellstoff zu verwenden.

Durch Auswalzen und Trocknen von Zellstoff wird Papier hergestellt. Papier ist ein Film aus feinen Cellulosefasern, die durch Füllmaterial miteinander verkittet werden. Bei Schreibpapier ist das Füllmaterial hauptsächlich Gips ($CaSO_4$) und Schwerspat ($BaSO_4$) (bis zu 30 %), für Papier minderer Qualität wird auch fein gemahlenes Holz (Holzschliff) verwendet (Zeitungspapier bis zu 80 %).

Durch Zugabe von Harz oder Alaun wird das Papier geleimt, damit die Tinte nicht zerfließt. Filterpapier und Löschpapier sind ungeleimt und frei von Füllstoffen.

Eine fertige Papierrolle.

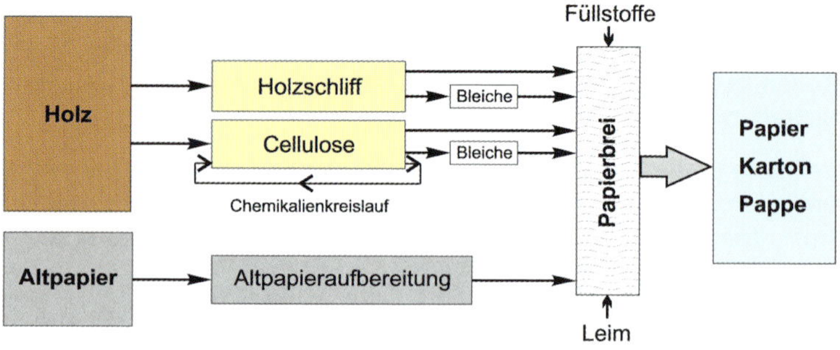

Schema der Papierherstellung.

Rund 75 % des in Österreich produzierten Papiers wird exportiert.

Eine moderne Papiermaschine.

Papyrus-Pflanze.

Die **Wiederverwertung von Altpapier** ermöglicht es, den Bedarf an frischer Cellulose und damit die Gewässerbelastung sowie den Rohstoff- und Energieverbrauch zu verringern.

Allerdings hat Recyclingpapier in einigen Punkten deutlich schlechtere Eigenschaften, was es von manchen Anwendungen ausschließt. Da die Druckfarben vom Altpapier nicht vollständig entfernt werden können, ist Recycling-Papier nicht rein weiß.

Außerdem nimmt beim Vermahlen des Altpapiers die Länge der Cellulosefasern ab, wodurch die Reißfestigkeit vermindert wird.

Der Name Papier stammt von der Papyrus-Pflanze, aus deren Mark in Ägypten bereits 3 000 v. Chr. eine Art Papier hergestellt wurde. Die Erzeugung von Papier aus Cellulose wurde in China 105 n. Chr. entdeckt und im 12. Jahrhundert von den Arabern in Spanien und Sizilien eingeführt. Die Kenntnis der Papierherstellung breitete sich dann langsam in Europa aus, sodass es schließlich das aus Tierhaut gewonnene Pergament verdrängte.

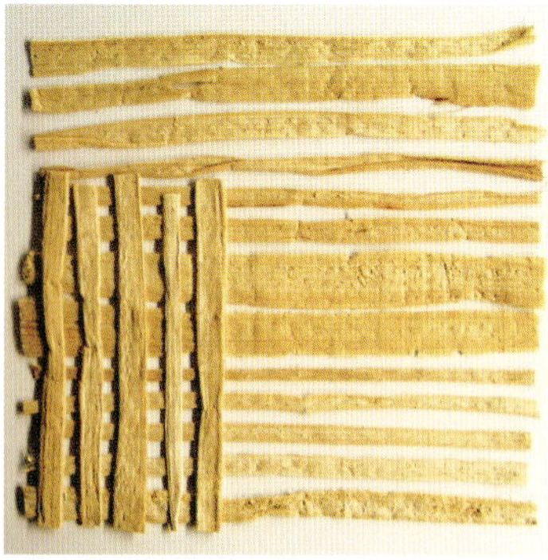

Die Herstellung von Papyrus.

Textilfasern aus Cellulose

Langfasrige Cellulose, wie z. B. Baumwolle, Flachs und Hanf, kann direkt zu Textilfasern versponnen werden. Seit dem Ende des 19. Jahrhunderts wurden aber auch Verfahren entwickelt, um aus kurzfasriger, nicht direkt verspinnbarer, aus Holz gewonnener Cellulose Textilfasern herzustellen – **halbsynthetische Textilfasern**.

Bei all diesen Verfahren wird die Cellulose zuerst in eine lösliche Verbindung umgewandelt und die Lösung dann durch Spinndüsen gepresst (Seite 112). So entsteht ein endloser Faden, der zu kürzeren Fasern zerschnitten wird.

1885 begann das Zeitalter der Kunstfasern mit der Produktion von Kunstseide aus Nitrocellulose durch den COMTE DE CHARDONNET. **Nitrocellulose** entsteht bei der Umsetzung von Cellulose mit Salpetersäure und Schwefelsäure. Sie löst sich in Aceton und kann so versponnen werden. Da die nitrierte Cellulose aber bei Entzündung schlagartig abbrennt, verlor dieses Produkt für die Faserherstellung rasch an Bedeutung.

Durch Veresterung von Cellulose mit Essigsäure entsteht **Celluloseacetat**, das in Aceton löslich ist. Im Trockenspinnverfahren wird daraus die **Acetatseide** hergestellt. Diese Fasern sind weniger hydrophil als Baumwolle und trocknen daher rascher. Celluloseacetat ist schwer entflammbar und wird als Trägermaterial für Filme, für Futterseide und für Brokate verwendet.

Zur Herstellung von **Viskoseseide** wird Cellulose zuerst durch Natronlauge gequollen. Mit Schwefelkohlenstoff (CS_2) entsteht eine zähflüssige (viskose) Masse. Sie wird durch Düsen in ein saures Fällbad gepresst, wodurch seidenartig glänzende Fasern entstehen. Da bei der chemischen Behandlung ein teilweiser Abbau der Makromoleküle stattgefunden hat, ist Viskoseseide weniger reißfest als Baumwolle. Durch Zerschneiden und Kräuselung der Faser erhält man Zellwolle. Sie wird als Watte direkt verwendet oder anderen Textilfasern beigemischt. Bei Verwendung schlitzförmiger Düsen entsteht *Cellophan*, ein viel verwendetes, durchsichtiges Verpackungsmaterial.

ÜBUNGEN:

12.9 Warum speichern Pflanzen Stärke und nicht Glucose?
12.10 Warum eignen sich für den tierischen Organismus Fette besser als Depotstoffe?
12.11 Warum ist der Verdauungstrakt der Pflanzenfresser besonders lang und kompliziert gebaut?
12.12 Wie kann aus Holz (Cellulose) Ethanol hergestellt werden?
12.13 Warum hinterlässt Kunstdruckpapier bei der Verbrennung wesentlich mehr Asche als Zeitungspapier?
12.14 Wie sieht ein Stück der Formel von nitrierter Cellulose aus?
12.15 Wie sieht ein Stück der Formel von Acetatseide aus?
12.16 Warum ist Acetatseide weniger hydrophil als Baumwolle?
12.17 Ist der hydrophile Charakter einer Faser als Vorteil oder als Nachteil zu sehen?
12.18 Warum haben Säurespritzer auf Baumwollgewebe Löcher zur Folge, während Basenspritzer ohne solche Folgen bleiben?
12.19 Für welche Produkte wird Recycling-Papier verwendet, wofür ist es wohl nicht geeignet?

Eine Baumwollkapsel vor der Ernte. Baumwolle ist reine Cellulose.

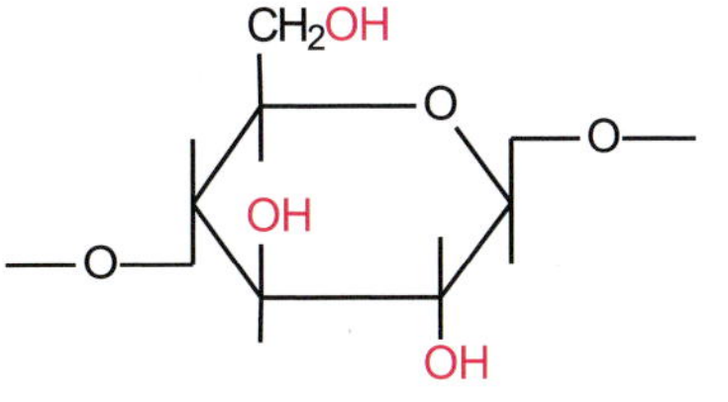

Die drei OH-Gruppen einer β-Glucoseeinheit der Cellulose, an denen chemische Veränderungen stattfinden können.

Herstellung von Acetatseide im Trockenspinnverfahren.

Kunstfasern auf Cellulosebasis werden in Österreich von der Chemiefaser Lenzing AG (*Modal*) und der Ersten Österreichischen Glanzstoff-Fabrik in St. Pölten hergestellt.

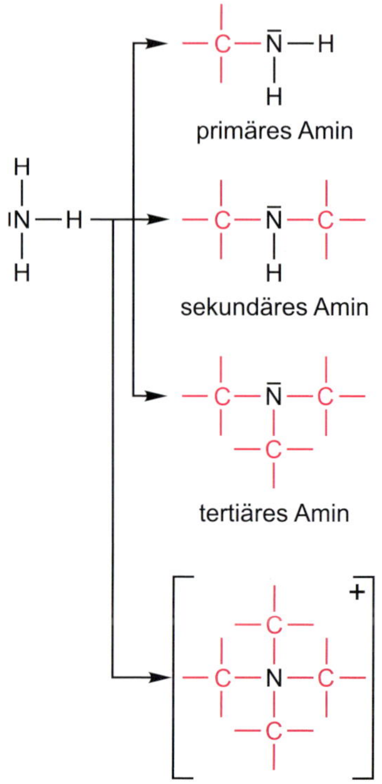

13. Amine, Aminosäuren, Proteine

13.1 Amine

Amine können als Verwandte des Ammoniaks aufgefasst werden. Das Ersetzen der H-Atome durch Kohlenstoffketten oder aromatische Reste führt zu Aminen.

Je nach Anzahl der C–N-Bindungen unterscheidet man **primäre, sekundäre** und **tertiäre** Amine. Vom NH_4^+-Ion leiten sich die **quartären** Ammoniumsalze ab.

In cyclischen Aminen ist das Stickstoffatom Bestandteil eines Ringes.

Beispiele für die Benennung:

CH_3-NH_2	Aminomethan oder Methylamin
$CH_3-CH_2-CH_2-NH_2$	1-Aminopropan oder Propylamin

Physikalische Eigenschaften

Amine sind polare Moleküle; das stark elektronegative Stickstoffatom bildet das negative Ende des Dipols.

Die Fähigkeit zur Bildung von Wasserstoffbrücken zu H_2O-Molekülen macht die kurzkettigen Amine gut wasserlöslich.

Sie besitzen einen unangenehmen, ammoniakähnlichen bzw. fischartigen Geruch.

Chemische Eigenschaften

Säure-Base-Reaktionen

Amine sind, wie ihre Verwandtschaft mit Ammoniak erwarten lässt, organische Basen. Das freie Elektronenpaar am Stickstoffatom bindet ein Proton an sich; es entsteht ein Alkylammonium-Ion. In Wasser liegt folgendes Gleichgewicht vor:

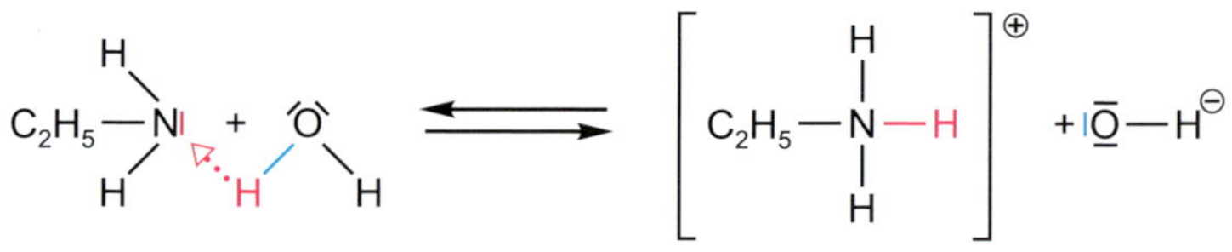

Ethylamin Ethylammonium-Ion

Durch Reaktion mit stärkeren Säuren als Wasser entstehen substituierte Ammoniumsalze, z. B.:

$C_2H_5NH_2 + HCl \rightarrow [C_2H_5NH_3]^+Cl^-$ Ethylammoniumchlorid

Wasserunlösliche Amine lösen sich daher in starken Säuren.

Die Basenstärke eines Amins ist von der Elektronendichte am Stickstoffatom abhängig:

- Atomgruppen mit schwach elektronegativen Atomen, wie $-CH_3$ oder $-C_2H_5$, geben die Bindungselektronen teilweise an den Stickstoff ab und erhöhen so dessen Fähigkeit, ein Proton zu binden.

- Atomgruppen mit stark elektronegativen Atomen, wie z. B. C=O, verringern hingegen die Elektronendichte am Stickstoffatom. In gleicher Weise wirkt ein Benzenring, da das nichtbindende Elektronenpaar des Stickstoffs in Wechselwirkung mit dem π-Elektronensystem tritt.

Amid-Bildung

Mit Carbonsäuren können Amine aber auch auf eine zweite Art reagieren. Dabei wird die OH-Gruppe der Säure durch das Stickstoffatom des Amins ersetzt. Formal lässt sich diese Reaktion folgendermaßen anschreiben:

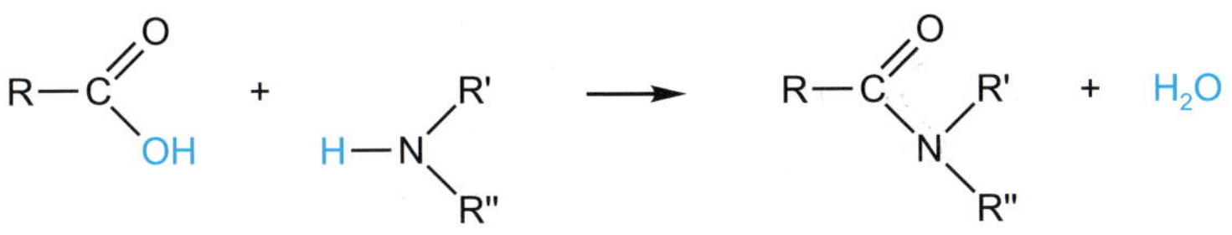

Carbonsäure Amin Amid

Wegen der geringen Reaktionsfähigkeit des Amins läuft diese Reaktion nur sehr schlecht ab. Bei Synthesen müssen daher Umwege gegangen werden, indem zuerst die COOH-Gruppe in eine reaktionsfähigere COCl-Gruppe oder Estergruppe COOR umgewandelt wird.

Amidbindungen treten in Kunststoffen (Polyamide, Seite 119) und Proteinen (Seite 104) auf.

Die als Medikamente gegen Infektionskrankheiten verwendeten ***Sulfonamide*** sind Amide von Sulfonsäuren. Sie werden von manchen Bakterien anstelle der für sie lebensnotwendigen p-Aminobenzoesäure aufgenommen, wodurch sie nicht weiter wachsen und sich nicht weiter vermehren können.

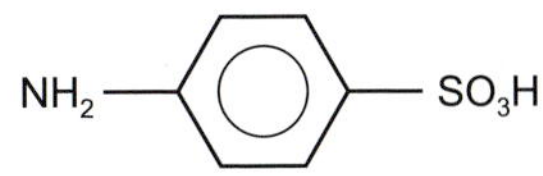

Sulfanilsäure

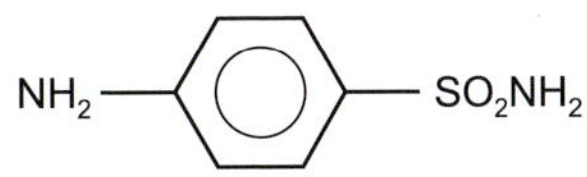

Sulfanilamid
(Amid der Sulfanilsäure)

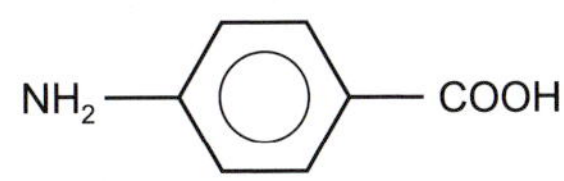

p-Aminobenzoesäure

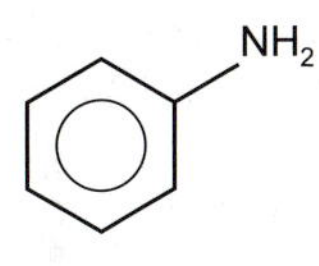

Anilin

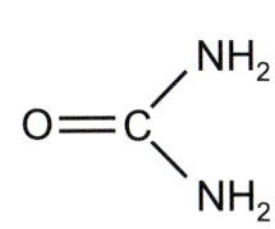

Harnstoff

Wichtige Amine

Anilin (Aminobenzen) $C_6H_5{-}NH_2$ wird durch Reduktion von Nitrobenzen mit Eisen und Salzsäure hergestellt und ist ein wichtiges Zwischenprodukt, unter anderem zur Herstellung von Farbstoffen (Anilinfarben, Seite 128).

Harnstoff ist ein Endprodukt des Eiweißabbaues bei Säugetieren. Ein erwachsener Mensch scheidet täglich 20 – 30 g Harnstoff aus. Technisch wird er aus Ammoniak und Kohlenstoffdioxid gewonnen und dient zur Herstellung von Kunststoffen (Seite 120) und als Stickstoffdünger.

Amine sind in der Natur weit verbreitet. Sie entstehen unter anderem beim Abbau von Eiweiß und verursachen den üblen Verwesungsgeruch.

Kompliziert gebaute Amine können ausgeprägte physiologische Wirkungen besitzen. Dazu gehören die **Alkaloide** (eine große Gruppe von Pflanzeninhaltsstoffen), deren Wirkung den Menschen schon seit langer Zeit bekannt ist.

Beispiele dafür sind Nicotin, Meskalin (indianisches Rauschgift), die Morphine (schmerzstillende Bestandteile des Opiums), Lysergsäure (das Gift des Mutterkorns, Ausgangsstoff für LSD) und Kokain.

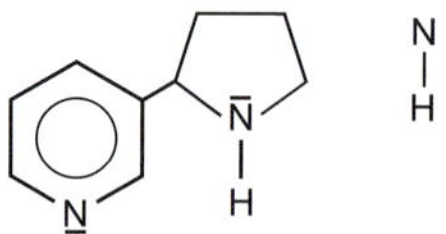

Nicotin
(Tabak)

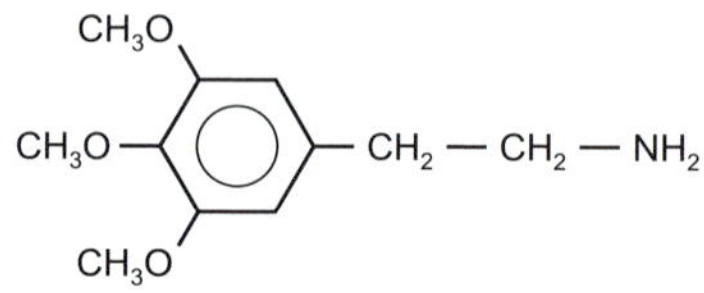

Meskalin
(Kaktus)

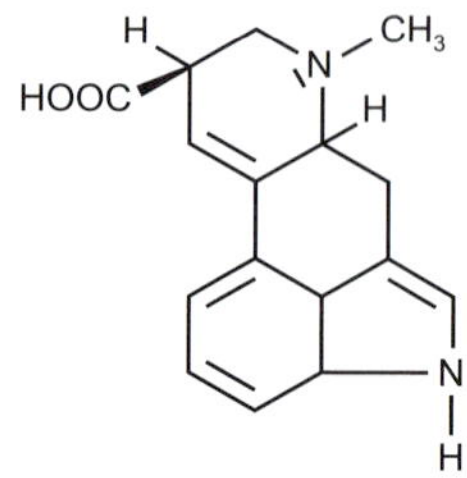

Lysergsäure
(Mutterkorn)

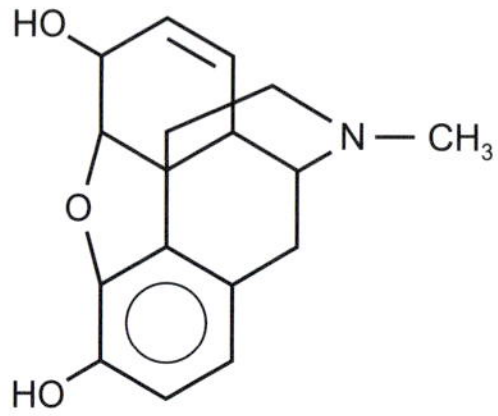

Morphin
(Mohn)

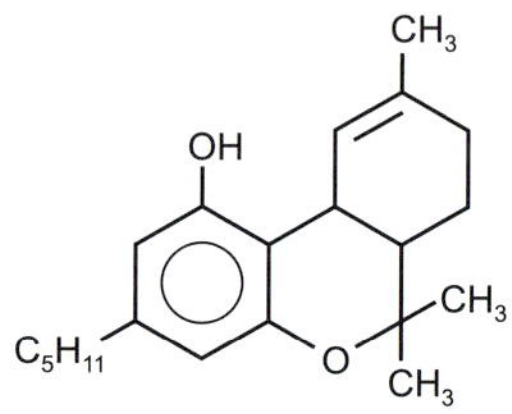

Tetrahydrocannabiol
(indischer Hanf)

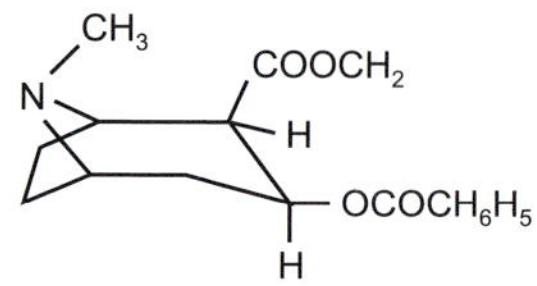

Kokain
(Kokastaude)

Nicotin ist in den Blättern der Tabakpflanze enthalten. Es erfüllt dort die Funktion eines Insektengiftes und schützt die Pflanze vor Fraßfeinden.

Im tierischen und menschlichen Organismus sind **biogene** Amine von größter Bedeutung, Hormone wie das Adrenalin und Nervenreiz-Übertragungssubstanzen wie Acetylcholin.

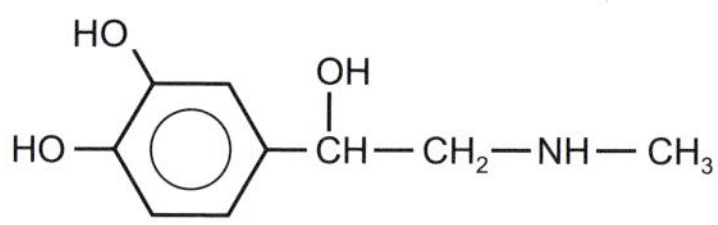

Adrenalin

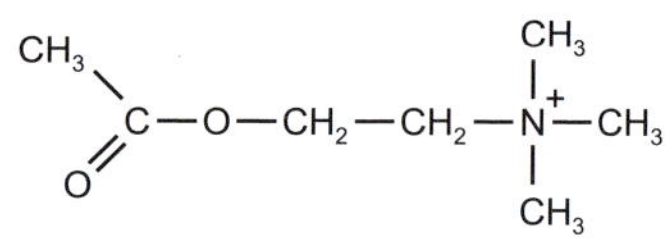

Acetylcholin

ÜBUNGEN:

13.1 Sind die folgenden Amine stärkere oder schwächere Basen als Ammoniak: Harnstoff, Triethylamin, Anilin?

13.2 Welcher Reaktionstyp liegt bei der Amidbildung vor?

13.3 Welche beiden Stoffe können durch Reaktion von Essigsäure mit Ethylamin entstehen?

13.4 Essigsäureethylester wird mit Anilin zur Reaktion gebracht. Welche Stoffe entstehen, welcher Reaktionstyp liegt vor?

13.5 Warum ist Anilin in Wasser nur schlecht, in Salzsäure dagegen recht gut löslich?

13.6 Harnstoff kann als Diamid einer anorganischen Säure aufgefasst werden. Um welche Säure könnte es sich handeln?

13.7 Welche chemische Eigenschaft wird durch den Sammelnamen Alkaloid angedeutet?

13.2 Aminosäuren

Aminosäuren sind Carbonsäuren, deren Kohlenwasserstoffrest eine NH_2-Gruppe trägt.

Benennung:

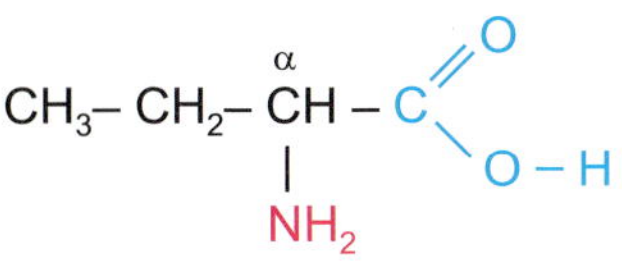

2-Aminobutansäure oder
α-Aminobutansäure

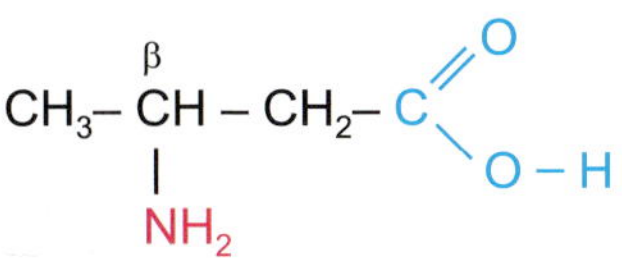

3-Aminobutansäure oder
β-Aminobutansäure

Wir wollen uns bei der Besprechung dieser Stoffgruppe jedoch auf die für den Aufbau der menschlichen Proteine wesentlichen α-Aminosäuren (rund 20) beschränken.

Acht von ihnen können vom menschlichen Organismus nicht synthetisiert werden. Diese **essenziellen Aminosäuren** müssen daher mit der Nahrung zugeführt werden.

Aminosäuren haben Trivialnamen, von denen meist die ersten drei Buchstaben als Abkürzung verwendet werden. Die einfachste Aminosäure ist das *Glycin*, die Aminoessigsäure. Sie wurde als Erste schon 1820 aus Gelatine isoliert. Die letzte der 20 Aminosäuren, das Threonin, wurde erst 1935 entdeckt.

Struktur der Aminosäuren:

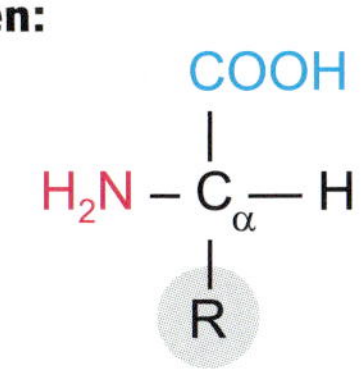

Der Rest R symbolisiert die Seitenkette, die bei jeder der 20 Aminosäuren verschieden ist.

Bis auf Glycin sind alle Aminosäuren optisch aktiv, da an das α-C-Atom vier verschiedene Gruppen gebunden sind. Es sind daher spiegelbildliche Formen möglich, doch sind nur L-Aminosäuren Bausteine von Proteinen (Seite 104 ff.).

Eigenschaften der Aminosäuren

Aminosäuren sind Feststoffe, die erst bei relativ hohen Temperaturen, meist unter Zersetzung, schmelzen (z. B. Glycin bei 229 °C – im Gegensatz zu Hydroxyessigsäure, die schon bei 80 °C schmilzt).

Der Grund für diese starken zwischenmolekularen Kräfte liegt in dem Umstand, dass Aminosäuren **bifunktionelle Verbindungen** sind und im festen Zustand als **Zwitter-Ionen** vorliegen. Von der sauren funktionellen Gruppe wandert das Proton zur basischen funktionellen Gruppe. Zwitter-Ionen bilden ähnlich wie Salze Ionengitter, daher sind Aminosäuren eher in Wasser als in unpolaren Flüssigkeiten löslich.

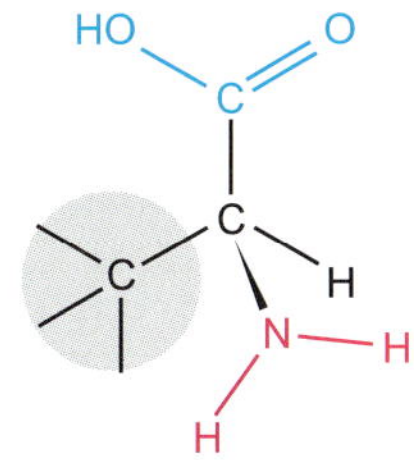

L-Aminosäuren

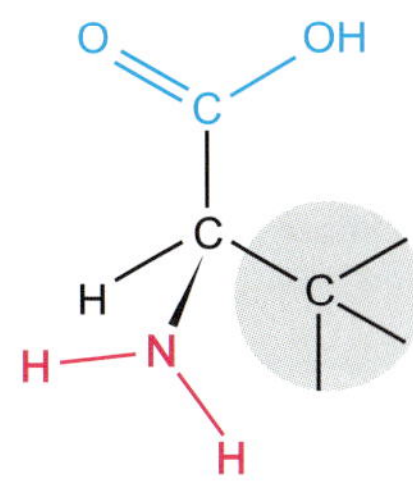

D-Aminosäuren

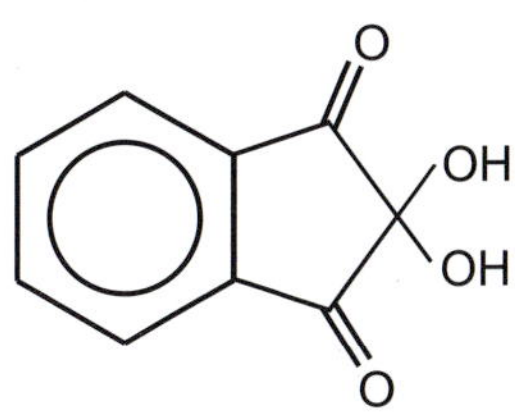

Ninhydrin
Die Substanz dient zum Nachweis von Aminosäuren.

Aminosäuren und Proteine ergeben mit Ninhydrin eine rote bis violette Farbe. So können z. B. Fingerabdrücke auf Papier sichtbar gemacht werden.

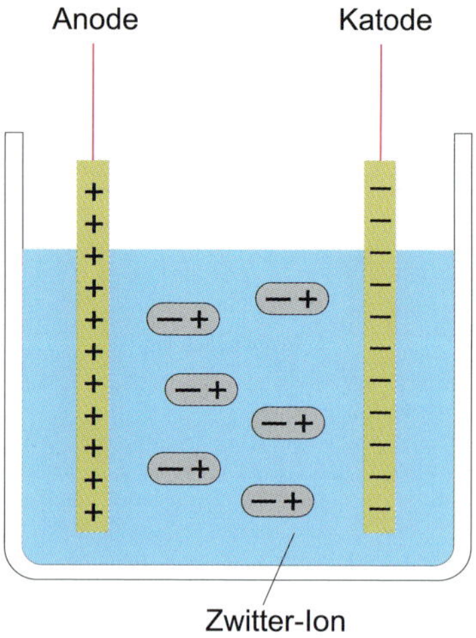

Die Ausrichtung von Zwitter-Ionen im elektrischen Feld.

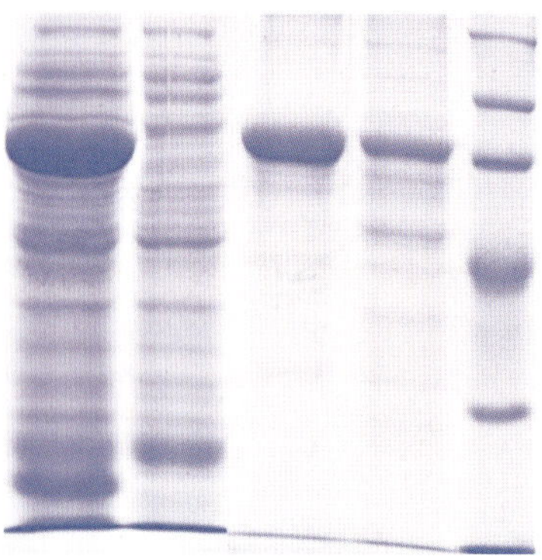

Gel-Elektrophorese verschiedener Eiweißstoffe.
Nach dem Anfärben sind die einzelnen Proteine als Bänder sichtbar.

Natriumglutamat als Geschmacksverstärker in einer Fertigsuppe.

Auch in wässriger neutraler Lösung liegen die Aminosäuren immer als Zwitter-Ionen vor:

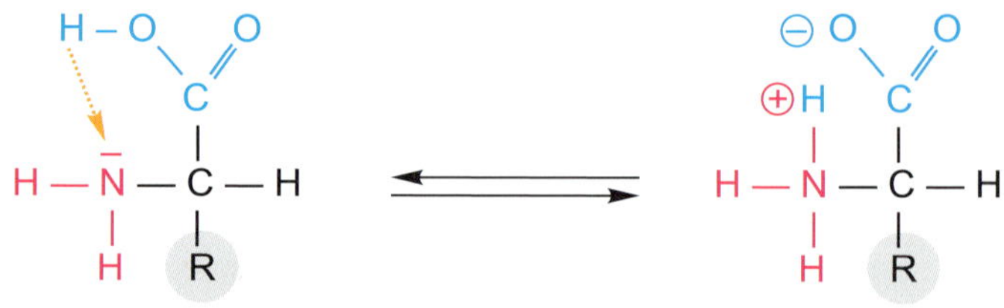

Der Dissoziationsgrad jeder Gruppe ändert sich mit dem pH-Wert der Lösung. In saurer Lösung liegt die Carboxylgruppe nichtionisiert vor, die Aminogruppe bleibt jedoch ionisiert; im alkalischen Milieu sind die Verhältnisse umgekehrt.

Bei einem bestimmten pH-Wert existiert eine Aminosäure überwiegend als Zwitter-Ion. Dieser pH-Wert hängt natürlich von der Art der Aminosäure (Struktur des Restes) ab und wird **isoelektrischer Punkt** (pH I) genannt (z. B. Glycin 5,97).

Bei diesem Wert wandert eine Aminosäure in einem angelegten elektrischen Gleichspannungsfeld nicht. Unterhalb dieses pH-Wertes liegt sie als Kation vor und wandert zum negativen Pol, oberhalb existiert sie als Anion und wandert zum positiven Pol.

Die unterschiedliche Lage der Gleichgewichte in Abhängigkeit vom pH-Wert wird bei der **Elektrophorese** zur Trennung von Aminosäuren und Proteinen angewandt.

Die Trennung beruht auf der unterschiedlichen Wanderungsgeschwindigkeit der einzelnen Aminosäuren und Proteine in einem elektrischen Feld. Führt man dies in einem Gel durch, so erfolgt zusätzlich eine Auftrennung auch nach der Molekülform.

Diese **Gel-Elektrophorese** ermöglicht sowohl die Abtrennung einzelner Proteine aus einem Gemisch als auch die Identifizierung bestimmter Eiweißarten, die sich durch ein für sie typisches Streifenmuster erkennen lassen.

Die Glutaminsäure und ihre Salze (Glutamate) steigern die Geschmacksempfindung und werden als Geschmacksverstärker vielen industriell produzierten Lebensmitteln zugesetzt (E 620 – E 625).

ÜBUNGEN:

13.8 Warum ist die elektrische Leitfähigkeit einer Glycinlösung deutlich geringer als die einer gleich konzentrierten Essigsäurelösung?

13.9 Lösungen von Aminosäuren (und Proteine) sind gute Puffer, d. h. bei Zugabe kleinerer Mengen Säure oder Base ändert sich (im Gegensatz zu reinem Wasser) der pH-Wert kaum. Was könnte die Ursache für dieses Verhalten sein?

13.10 Eine angesäuerte Lösung von Glycin wird elektrolysiert. Zu welchem Pol wandert die Aminosäure?

Die wichtigsten Aminosäuren:

Gruppe 1 (unpolare Seitenketten)

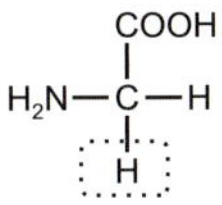

Glycin (Gly)

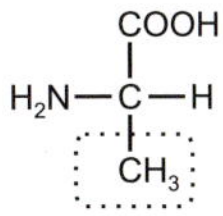

L-Alanin (Ala)

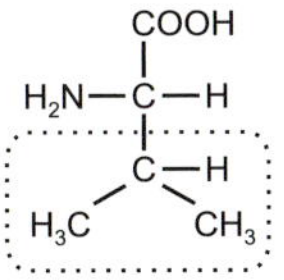

L-Valin *) (Val)

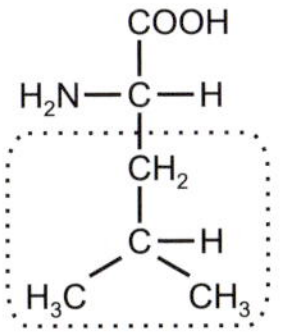

L-Leucin *) (Leu)

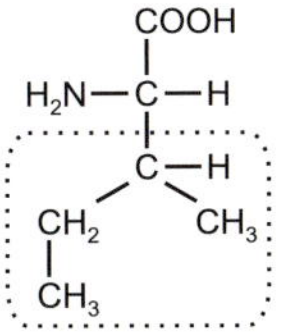

L-Isoleucin *) (Ile)

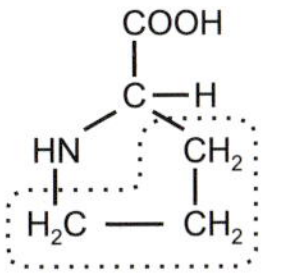

L-Prolin (Pro)

Gruppe 2 (aromatische Seitenketten)

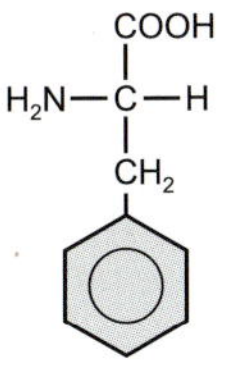

L-Phenylalanin *) (Phe)

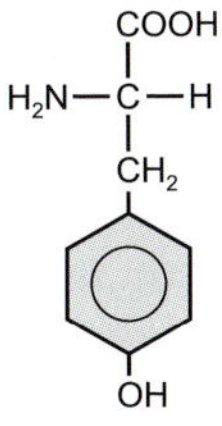

L-Tyrosin (Tyr)

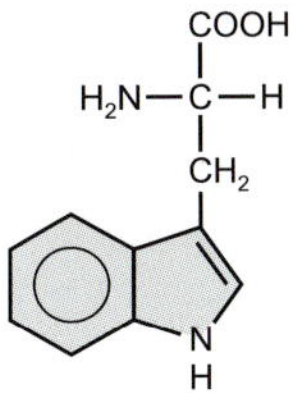

L-Tryptophan *) (Trp)

Gruppe 3 (polare Seitenketten)

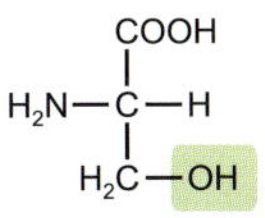

L-Serin (Ser)

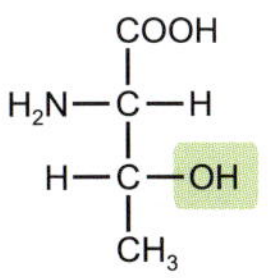

L-Threonin *) (Thr)

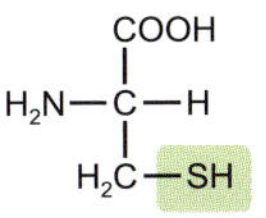

L-Cystein (Cys)

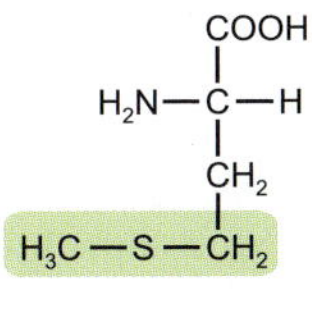

L-Methionin *) (Met)

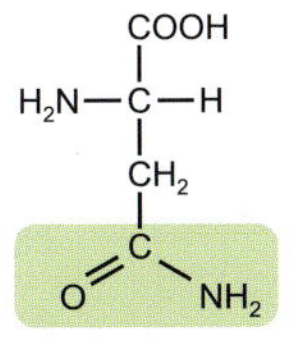

L-Asparagin (Asn, Asp-NH_2)

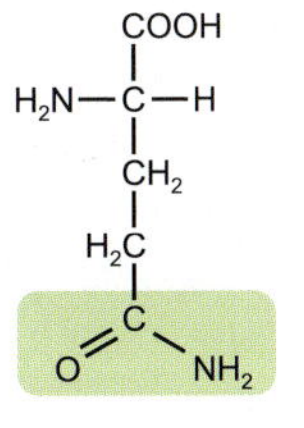

L-Glutamin (Gln, Glu-NH_2)

Gruppe 4 (basische Seitenketten)

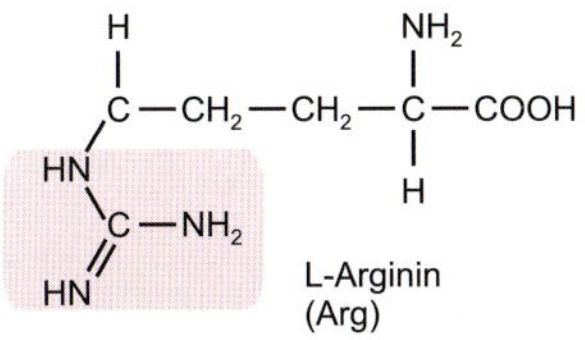

L-Arginin (Arg)

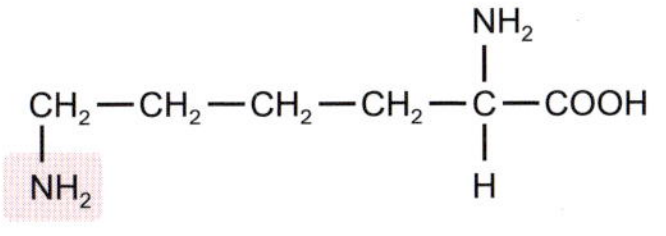

L-Lysin (Lys)

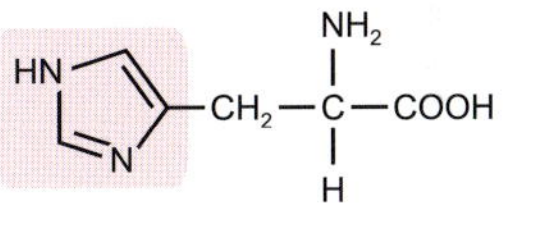

L-Histidin (His)

Gruppe 5 (saure Seitenketten)

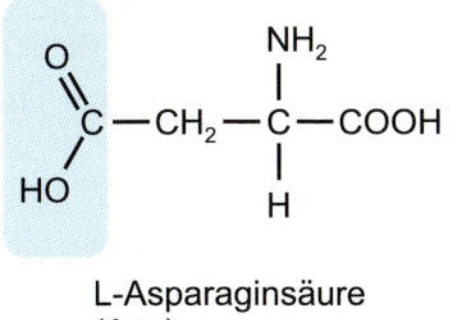

L-Asparaginsäure (Asp)

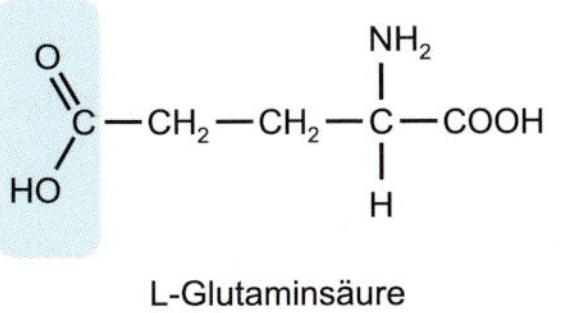

L-Glutaminsäure (Glu)

*) essenzielle Aminosäuren

13.3 Proteine

Protein – ein Wort, das BERZELIUS im Jahre 1836 prägte, um die Wichtigkeit dieser Stoffgruppe zu betonen.
Es stammt vom griechischen Wort proteios und bedeutet soviel wie „an erster Stelle".
Enzym von en zyme (griech.) = Sauerteig
Hämoglobin von haima (griech.) = Blut, globus (lat.) = Kugel
Peptide von peptos (griech.) = verdaulich

Proteine (Eiweißstoffe) sind **Makromoleküle** (Molekularmassen 10 000 bis 500 000 u), die durch Verknüpfung von α-Aminosäuren entstehen. Proteine, die aus weniger Aminosäuren bestehen, werden auch als Peptide bezeichnet.

Sie spielen die entscheidende Rolle bei allen biochemischen Prozessen (siehe auch Kap. 17, Seite 140 ff.). Ihre Funktionen erstrecken sich beispielsweise auf:

- **enzymatische Katalyse**: Fast alle biologischen Reaktionen laufen nur in Anwesenheit spezifischer Eiweißstoffe, der Enzyme, ab.
- **Transport**: Sauerstoff ist bei seinem Transport durch das Blut an das Protein Hämoglobin gebunden, Fettsäuren an das Protein Albumin.
- **Bewegung**: Proteine sind der Hauptbestandteil des Muskelgewebes.
- **mechanische Stützfunktion**: Faserförmige Proteine (Kollagene) geben Haut und Sehnen die hohe Zugfestigkeit.
- **Immunsystem**: Antikörper sind hochspezialisierte Proteine, die Fremdsubstanzen wie Viren, Bakterien und Zellen anderer Organismen erkennen und binden können.
- **Erzeugung und Übertragung von Nervenimpulsen**: Die Antwort von Nervenzellen auf spezifische Reize wird durch Rezeptorproteine vermittelt.
- **Kontrolle des Wachstums und der Differenzierung** der Zellen durch Kontrollproteine.
- **Blutgerinnungssystem**: Die Blutgerinnung ist ein kompliziertes Zusammenspiel vieler Proteine (Fibrin, Fibrinogen).
- **Vererbung und Proteinsynthese**: An Nucleinsäuren gebundene Proteine spielen in den Chromosomen eine entscheidende Rolle.

Die Aufklärung der Struktur der Proteine hat völlig neue Gesichtspunkte für die Deutung des molekularen Geschehens in Lebewesen eröffnet und gehört zu den wichtigsten Erkenntnissen der modernen Naturwissenschaften.

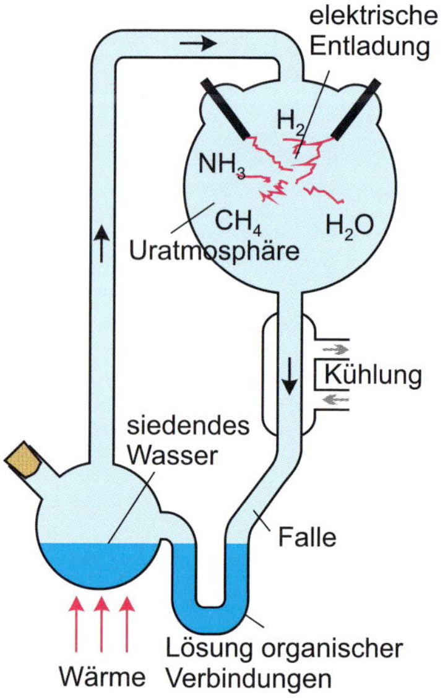

Die Apparatur von STANLEY MILLER zur Erzeugung organischer Substanzen.
Er simulierte die Uratmosphäre der Erde, indem er eine Mischung von Wasser, Wasserstoff, Methan und Ammoniak elektrischen Entladungen aussetzte. Schon nach wenigen Tagen hatten sich organische Moleküle gebildet.

STANLEY LLOYD MILLER (geb. 1930); amerikanischer Chemiker, Professor an der Universität von Kalifornien.

Die Primärstruktur der Proteine

Ein Protein setzt sich aus einer großen Zahl durch Amidbindung miteinander verknüpfter Aminosäuren zusammen. Die Proteine in sämtlichen Lebewesen, vom Bakterium bis zum Menschen, bestehen aus 20 – 25 verschiedenen α-Aminosäuren. Dieses fundamentale Alphabet der Proteine ist mindestens drei Milliarden Jahre alt.

Alle Proteine besitzen ein gleichartiges Polypeptidgerüst. Die Säuregruppe der einen Aminosäure geht mit der Aminogruppe des nächsten Moleküls eine Amidbindung ein usw., wodurch im Prinzip unbegrenzt lange Molekülketten gebildet werden können. An einem Ende befindet sich eine NH_2-Gruppe, am anderen eine COOH-Gruppe.

Die Reihenfolge (Sequenz) der Aminosäuren bildet die so genannte **Primärstruktur** und ist für ein bestimmtes Protein charakteristisch.

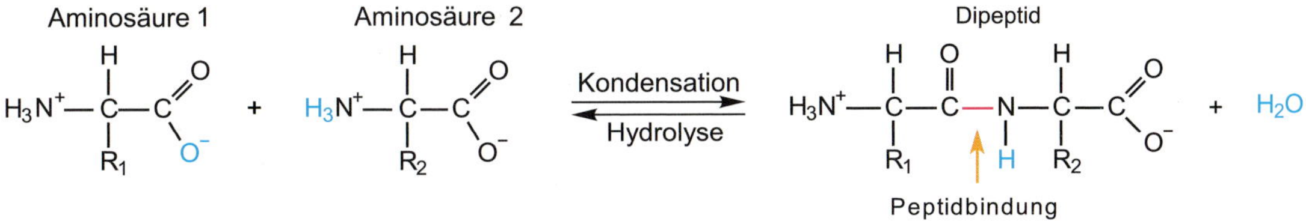

Die Zahl der möglichen Aminosäurekombinationen ist unvorstellbar groß. Für ein Peptid aus 100 Aminosäuren gibt es z. B. 10^{130} mögliche Sequenzen.

Die Ermittlung der Sequenz eines Proteins ist eine langwierige Aufgabe. Durch wiederholte teilweise Hydrolyse, chemische Markierung der endständigen Aminosäuren, Trennung und Identifikation der Bruchstücke ergibt sich schließlich die Reihenfolge.

Die erste Sequenzermittlung eines größeren Proteins gelang 1953 dem englischen Biochemiker FREDERICK SANGER und seinen Mitarbeitern. Nach fast zehnjähriger Arbeit hatten sie die Sequenz des Hormons Insulin (Bauchspeicheldrüse) aufgeklärt.

Die Sequenz des Insulins:

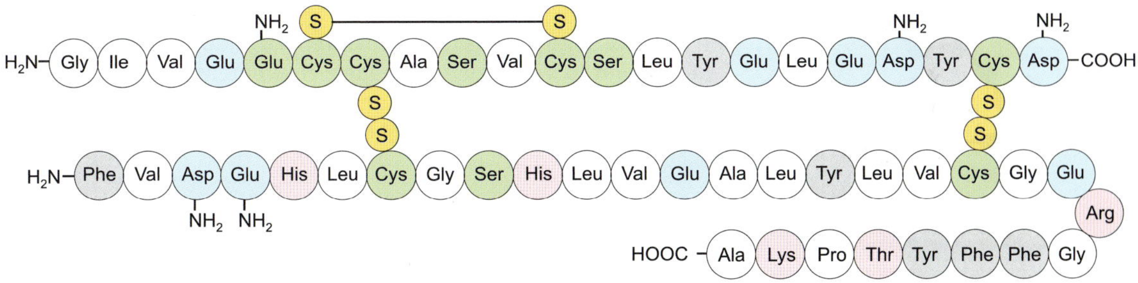

Die Zahl der Proteine mit bekannter Sequenz ist seitdem rasch angestiegen, auch deshalb, weil die Sequenzermittlung zumindest teilweise automatisiert werden konnte.

Die Primärstruktur ist genetisch festgelegt, sie wird vererbt. Die DNA in den Chromosomen enthält den Bauplan für alle Proteine (Erbinformation).

Der räumliche Bau der Proteine (Proteinkonformation)

Der räumliche Aufbau eines Proteins, der für seine Funktionsfähigkeit entscheidend ist, wird durch eine Reihe verschiedener Wechselwirkungskräfte bestimmt. Man unterscheidet Wechselwirkungskräfte zwischen Gruppen des Polypeptidgerüsts (Ursache für die Sekundärstruktur), Wechselwirkungen zwischen Seitenketten (Tertiärstruktur) und Wechselwirkungen zwischen Seitenketten verschiedener Peptidketten (Quartärstruktur).

Sekundärstruktur

Sie ergibt sich aus der Tendenz der Polypeptidketten, möglichst viele Wasserstoffbrückenbindungen zwischen NH- und C=O-Gruppen auszubilden.

Als Grundstrukturen wurden 1951 von PAULING und COREY mithilfe der Röntgenstrukturanalyse (Seite 137) die **Faltblattstruktur** und die α-**Helixstruktur** festgestellt.

FREDERICK SANGER (geb. 1918) erhielt zweimal den Nobelpreis für Chemie: 1958 für seine Arbeiten zur Sequenzbestimmung der Aminosäuren, 1980 für die Sequenzbestimmung der Nucleotide.

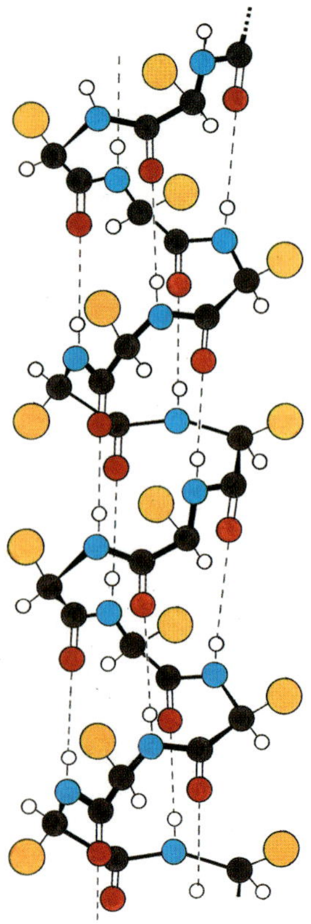

Schraubenstruktur eines Proteins.

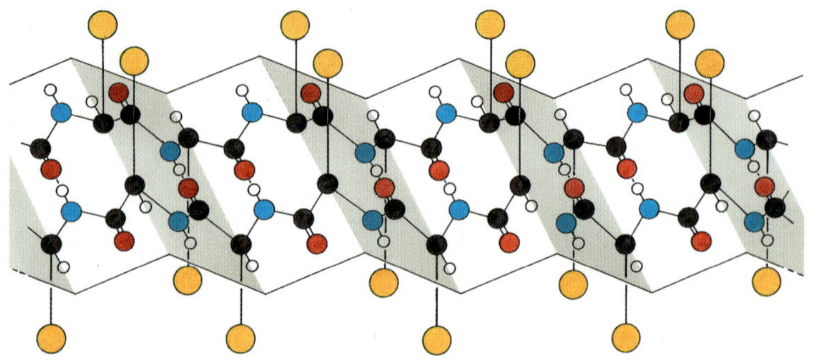

Faltblattstruktur: Wasserstoffbrücken zwischen verschiedenen Ketten.

Die Dehnbarkeit und Elastizität von Wolle wird durch ihren Aufbau aus α-Helixstrukturen ermöglicht. Beim Recken wird die Helixstruktur in die Faltblattstruktur übergeführt. Seide ist aus übereinandergelagerten Faltblattstrukturen aufgebaut und deshalb nicht dehnbar, dafür aber geschmeidig.

Tertiärstruktur

Die α-Helix- und die Faltblattstrukturen kugelförmiger (globulärer) Proteine sind zu komplizierten Knäueln zusammengefaltet. Auch diese Faltung erfolgt nicht willkürlich, sondern ist das Resultat von Wechselwirkungskräften zwischen Seitenketten. Dazu bestehen verschiedene Möglichkeiten:

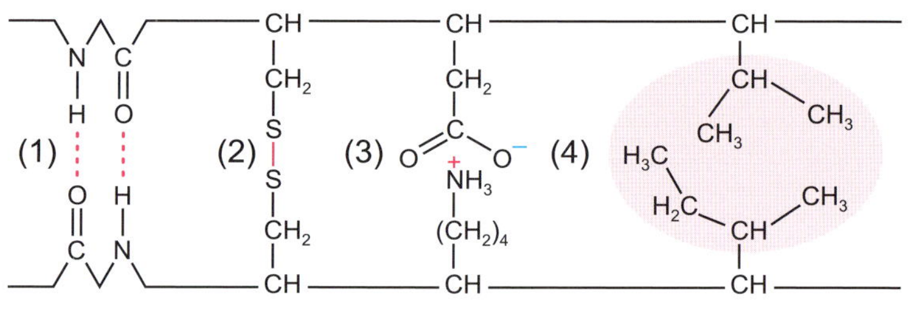

(1) **Wasserstoffbrückenbindungen** zwischen den N–H- und C=O-Gruppen benachbarter Ketten.

(2) **Disulfid-Bindungen** (Elektronenpaarbindungen) zwischen benachbarten Cystein-Molekülen.

(3) **Ionenbindungen** zwischen sauren und basischen Aminosäuren.

(4) **Van-der-Waals-Bindungen** zwischen unpolaren Seitenketten (hydrophobe Wechselwirkungen). Unpolare Gruppen werden dabei aus dem Wasser verdrängt und im Inneren des Proteinknäuels angeordnet. Es entsteht eine „hydrophobe Tasche" (rot unterlegt gezeichnet), in der Reaktionen ablaufen können, die im wässrigen Milieu der Zelle sonst nicht möglich wären. Dies ist für die katalytische Funktion der Enzyme von großer Bedeutung. Die polaren Gruppen weisen dabei nach außen und bewirken die Wasserlöslichkeit des Proteins.

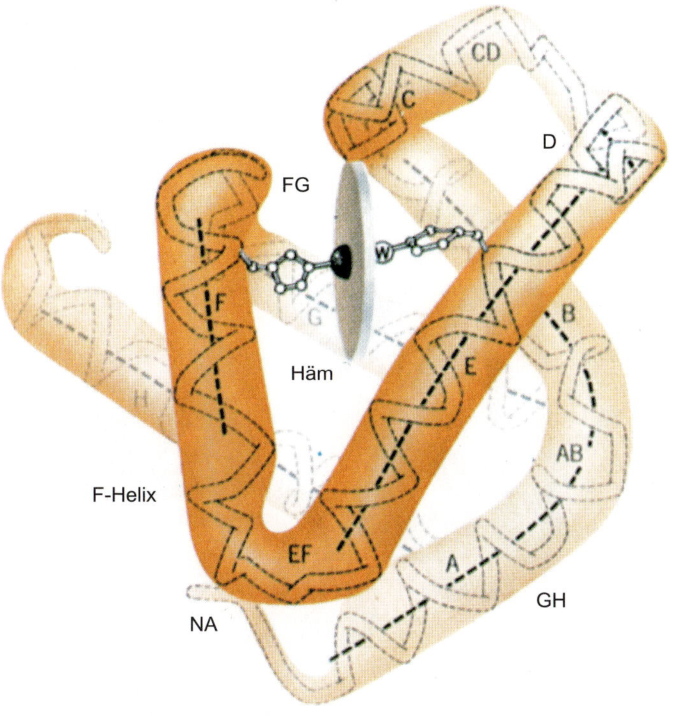

Im Protein **Myoglobin**, das O_2 im Muskel speichert, ist die Polypeptidkette zu einer α-Helix gefaltet. Acht relativ starre Schraubenstrukturen (mit A bis H bezeichnet) legen sich zu einem kompakten kugeligen (globulären) Protein-Molekül umeinander. Die Übergänge zwischen den Helixregionen werden durch die Buchstaben der Bereiche, die sie verknüpfen bezeichnet. Die Scheibe zwischen Helix E und F ist eine eisenhaltige Hämgruppe, an die sich das O_2-Molekül in Position W bindet. Aus Helix E und F ragen Seitenketten der Aminosäure Histidin mit fünfgliedrigen Ringen heraus und treten mit dem Eisenatom der Hämgruppe und dem O_2 in Wechselwirkung.

Quartärstruktur

In vielen Fällen lagern sich zwei oder mehrere Peptidketten zu einer übergeordneten Struktur zusammen, die als Quartärstruktur bezeichnet wird. Am Zusammenhalt dieser Peptidkette sind wieder Wechselwirkungen zwischen Seitenketten beteiligt.

Ein Beispiel dafür ist der Aufbau des faserförmigen (fibrillären) α-Keratins des Haares und der Wolle. Drei α-Helices sind umeinander gewickelt und ergeben so eine Protofibrille. Der Zusammenhalt erfolgt durch S–S-Disulfidbrücken. Elf Protofibrillen ergeben zusammen eine Mikrofibrille und hunderte Mikrofibrillen bilden jeweils Faserbündel oder Makrofibrillen, die in den Zellen parallel zur Faserachse liegen. Bei der Herstellung von Dauerwellen werden die Disulfidbrücken durch geeignete Chemikalien gelöst und – nachdem das Haar in die gewünschte Form gebracht wurde – durch andere Chemikalien wieder zurückgebildet.

Ein kugelförmiges Protein mit Quartärstruktur ist das **Hämoglobin**. Die Aufklärung seiner Struktur durch den österreichischen Biochemiker Max Perutz gehört zu den Meilensteinen der Molekularbiologie.

Max Perutz (1914–2002), geb. in Wien, lebte ab 1936 in England und war ab 1947 Direktor der Abteilung für Molekularbiologie des Medical Research Council in Cambridge. Er befasste sich mit der Strukturermittlung kristallisierter Peptide durch Röntgenstrukturanalyse. Nach 23 Jahren mühevoller Arbeit und langwierigen Berechnungen konnte er das dreidimensionale Modell des Hämoglobins veröffentlichen und die Wirkungsweise dieses lebenswichtigen Moleküls aufzeigen. Er erhielt 1962 (zusammen mit Kendrew) den Nobelpreis für Chemie.

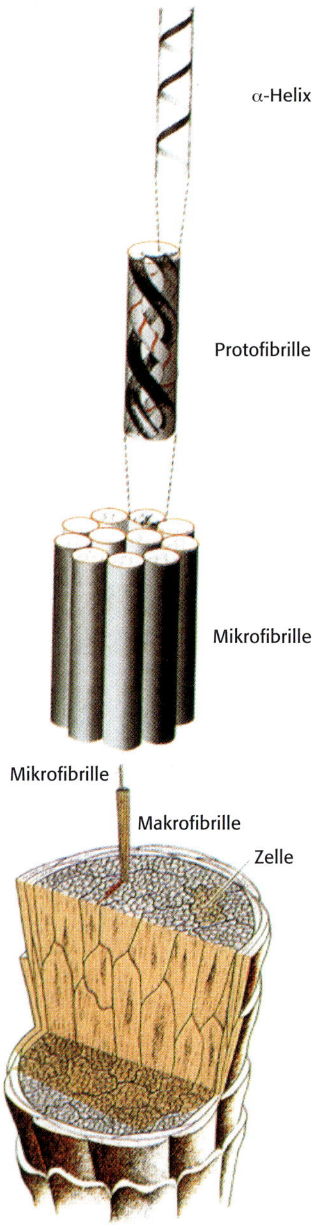

Die Grundstruktur des Proteins in Haar, Wolle, Klauen und Haut ist eine α-Helix. Die Wasserstoffbrückenbindungen der α-Helix verbinden benachbarte Windungen derselben Proteinkette. Diese Schraubenstrukturen bauen ihrerseits zunehmend komplexere Strukturen auf, die schließlich die vollständige Haarfiber ergeben.

Hämoglobin besteht aus zwei α-Ketten mit je 141 Aminosäuren und zwei α-Ketten mit je 146 Aminosäuren. Jede Kette trägt ein eisenhaltiges Häm-Molekül, das die rote Farbe der Blutkörperchen bewirkt. Das im Zentrum des Häms befindliche Fe^{2+}-Ion kann im Zusammenspiel mit den Aminosäureketten des Globins Sauerstoffatome reversibel (abhängig vom Sauerstoffgehalt und vom pH-Wert des Blutes) binden.

Das Hämoglobin-Molekül.

Jede der vier Ketten des **Hämoglobin-Moleküls** ist wie die des Myoglobins gefaltet und dann zu einer kompakten Einheit zusammengelegt. Die vier Häm-Taschen liegen auf der Moleküloberfläche, wo sie den O_2-Molekülen zur Bindung zugänglich sind.

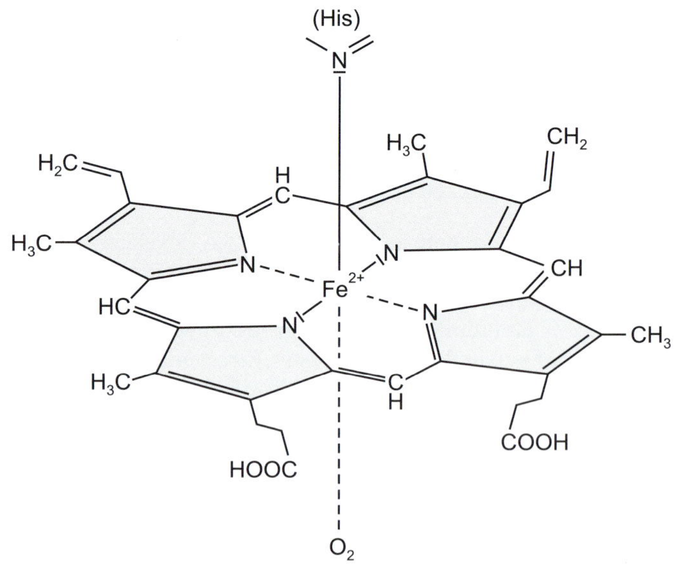

Seitenansicht der Häm-Gruppe.

Zu starke Erwärmung führt zur Denaturierung eines Proteins. Dabei wird die Tertiärstruktur irreversibel zerstört, die biologische Funktion geht verloren. Bei Bluteiweiß tritt dies schon bei 42 °C, bei Eiklar oberhalb von 65 °C ein.

Das Absterben aller Organismen bei höheren Temperaturen (Sterilisieren von Geräten, Abkochen von Wasser) beruht auf diesem Effekt.

Denaturierung durch Erhitzen.

Die Bedeutung der Proteine für die Ernährung

Der tierische und menschliche Körper deckt seinen Stickstoffbedarf durch Aufnahme von Proteinen aus Pflanzen und Tieren. Bei der Verdauung werden diese enzymatisch zu kurzkettigen Peptiden und schließlich zu Aminosäuren hydrolysiert.

Die freien Aminosäuren werden von der Dünndarmwand aufgenommen, gelangen über die Pfortader in die Leber und werden dann zu körpereigenem Eiweiß zusammengesetzt.

Die Speicherfähigkeit für Eiweiß ist begrenzt. Der Überschuss wird in Fett umgewandelt, der Stickstoff in Form von Harnstoff ausgeschieden. Im Gegensatz zu Tier und Mensch können Pflanzen alle Aminosäuren selbst aufbauen. Sie decken ihren Stickstoffbedarf durch Ammonium- oder Nitrat-Ionen aus dem Boden.

Der Mensch ist daher auf tägliche Eiweißzufuhr angewiesen (Mindestbedarf eines Erwachsenen ca. 40 g täglich). Dabei ist tierisches Eiweiß wegen der günstigeren Aminosäure-Zusammensetzung für die menschliche Ernährung wesentlich wertvoller (bei pflanzlichem Eiweiß wäre ca. die doppelte Menge erforderlich). Eiweißmangel führt bei großen Teilen der Weltbevölkerung, besonders bei Kindern in den Tropengebieten, zu schweren, oft tödlichen Mangelkrankheiten.

Hoffnungen, mit neuen Produktionsverfahren (Algen- oder Bakterienkulturen) für die menschliche Ernährung geeignete Proteine zu gewinnen, haben sich bisher nicht erfüllt. Die Proteine dieser Einzeller sind wegen des Aminosäure-Ungleichgewichts und des hohen Nucleinsäure-Gehalts für den Menschen nicht geeignet und nur als Viehfutter brauchbar. Die Forschungsarbeiten konzentrieren sich daher auf die Zucht von Nutzpflanzen (Mais, Reis) mit einem hohen Anteil an essenziellen Aminosäuren.

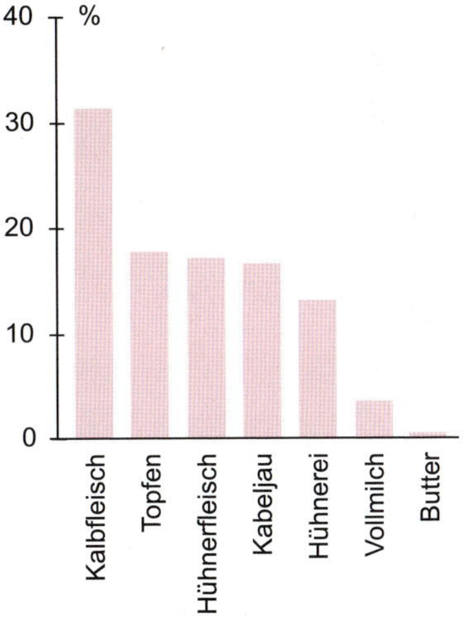

Eiweißgehalt einiger tierischer Nahrungsmittel in Prozent.

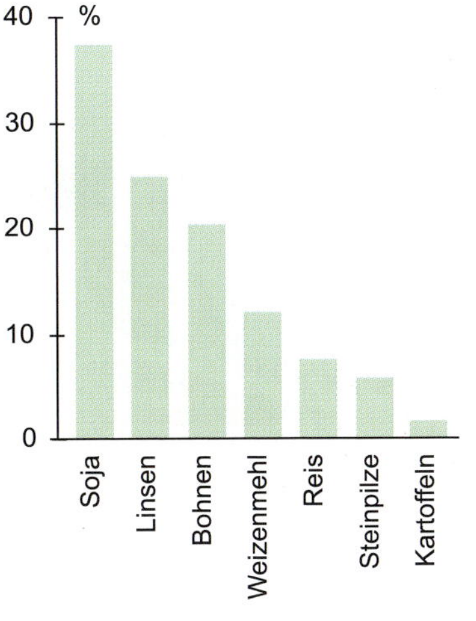

Eiweißgehalt einiger pflanzlicher Nahrungsmittel in Prozent.

ÜBUNGEN:

13.11 Wie viele Dipeptide können aus zwei verschiedenen Aminosäuren gebildet werden? Wie viele Tripeptide wären möglich?
13.12 Gibt es für Proteine auch einen isoelektrischen Punkt?
13.13 Welchem Reaktionstyp entspricht die Bildung eines Proteins aus Aminosäuren?
13.14 Welcher Vorgang läuft beim Kochen eines Eis ab?

14. Kunststoffe

Leo Hendrik Baekeland (1863–1944); belgischer Chemiker und Industrieller.

Hermann Staudinger (1881–1965); deutscher Chemiker. Professor in Karlsruhe, Zürich und Freiburg, erhielt 1953 den Nobelpreis für Chemie.

Hermann Mark (1895–1992); österreichischer Physikochemiker. Er konnte 1922 die Faserstruktur der Cellulose durch Röntgenstrukturanalyse nachweisen. 1932–1938 Professor an der Universität Wien, anschließend in Kanada und den USA.

Zurück zur Natur?
Welche Ausrüstungsgegenstände dieses Sportlers sind aus Kunststoff? Welche Vorteile sind für ihn damit verbunden? Ohne moderne Kunststoffe mit herausragenden Eigenschaften wären viele moderne Sportarten nicht möglich.

Kunststoffe sind aus Makromolekülen aufgebaute organische Verbindungen.

- **Halbsynthetische Kunststoffe** entstehen durch chemische Veränderungen von Naturstoffen (z. B. Cellulose, Seite 97).
- **Vollsynthetische Kunststoffe** hingegen werden aus kleinen Molekülen (als Monomere bezeichnet) durch geeignete Verknüpfungsreaktionen gebildet.

Die Entdeckung halbsynthetischer Kunststoffe erfolgte in der Mitte des 19. Jahrhunderts. Der aus Naturkautschuk hergestellte Gummi (Goodyear 1839), die aus Cellulose hergestellte Kunstseide (Chardonnet 1885) und Kunsthorn (aus Milchcasein) führten zur Erzeugung von Produkten, die besser oder billiger als die entsprechenden Naturprodukte waren. Die Struktur der Moleküle war damals noch unbekannt.

Den ersten vielseitig verwendbaren, vollsynthetischen Kunststoff entwickelte 1907 der Chemiker Baekeland. Auch dieses *Bakelit* wurde ohne genaue Kenntnisse des Reaktionsablaufes entwickelt. Baekeland verbesserte in zahllosen Versuchen eine schon lange bekannte Nebenreaktion der Phenole mit Methanal, die bis dahin nur zur Bildung unbrauchbarer, harzartiger, kaum aus dem Reaktionsgefäß entfernbarer Schmieren geführt hatte.

Die gezielte Herstellung von Kunststoffen wurde erst durch Fortschritte auf theoretischem Gebiet möglich. Der deutsche Chemiker Staudinger klärte das Bauprinzip der Polymere auf. Seine Ansichten über den Aufbau makromolekularer Substanzen wurden von den Physikern und Chemikern bis Ende der dreißiger Jahre nicht ernst genommen, belächelt oder sogar bekämpft, da ihnen die Vorstellung von Makromolekülen nicht annehmbar erschien. Die verzögerte Anerkennung seiner Arbeiten zeigt sich auch in der späten Verleihung des Nobelpreises.

Ein wichtiger Beitrag zur Anerkennung der Modellvorstellungen Staudingers ist dem Österreicher Hermann Mark zu verdanken. Er entwickelte Messmethoden, die Aussagen über die Form und Größe der Makromoleküle ermöglichten und öffnete damit den Weg zu praktischen Anwendungen. Eine stürmische Entwicklung setzte ein.

Anfangs wurden Kunststoffe in erster Linie als (minderwertiger) Ersatz für nicht zur Verfügung stehende Naturstoffe entwickelt (z. B. Synthesekautschuk während des Ersten und Zweiten Weltkrieges in Deutschland). Doch spätestens seit der Entwicklung des *Nylons* durch Carothers in den USA wurde deutlich, dass Kunststoffe den Naturstoffen in ihren Eigenschaften überlegen sein können.

Durch gezielte Syntheseverfahren und durch Kombination mit anorganischen Stoffen lassen sich heute Kunststoffe mit unterschiedlichsten Eigenschaften (z. B. Hitzebeständigkeit, Festigkeit, Chemikalienbeständigkeit, Unbrennbarkeit) für den jeweiligen Verwendungszweck maßschneidern.

Zahlreiche **Vorteile der Kunststoffe** haben zu ihrer Beliebtheit als Werkstoffe und zu ihrer weiten Verbreitung geführt:

- Kunststoffe haben eine **geringe Dichte**, meist im Bereich von 0,9 – 1,5 kg/dm^3. Das ist ein Vorteil beim Transport und bei der Verwendung für Fahrzeug- oder Flugzeugteile.
- Kunststoffe sind **Isolatoren**, und werden daher in der Elektroindustrie viel verwendet.
- Kunststoffe haben eine gute **Widerstandsfähigkeit** gegenüber Chemikalien, Sauerstoff und Mikroorganismen. Das erübrigt meist einen besonderen Oberflächenschutz wie z. B. Lackierungen, besonders da sich Kunststoffe durch Farbstoffzusätze leicht und dauerhaft in der Masse färben lassen.
- Durch Variation der Herstellungsbedingungen sind ihre Eigenschaften in weiten Grenzen **steuerbar**.
- Die meisten Kunststoffe sind **preiswert** und **leicht zu verarbeiten** (durch Gießen, Walzen, Pressen, Blasen oder Spinnen). Sie eignen sich daher gut zur rationellen Herstellung von Massenartikeln.

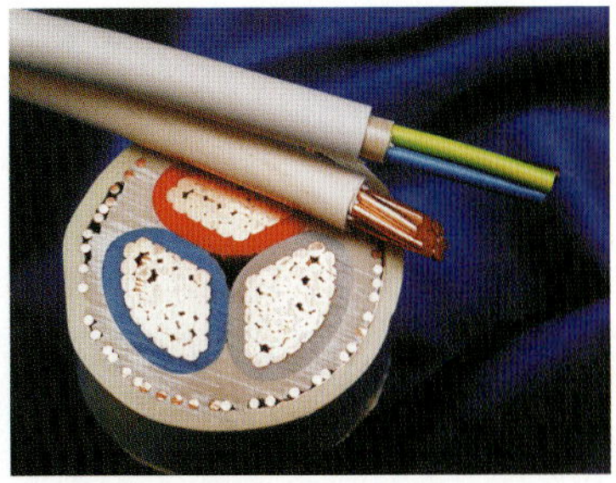

Da Kunststoffe hervorragende Isolatoren sind, werden sie in der Elektroindustrie in großem Umfang verwendet.

Manche dieser Eigenschaften werden allerdings bei bestimmten Anwendungen zu **Nachteilen**:

- Die meisten Kunststoffe haben nur eine **geringe Wärmebeständigkeit**. Bei Temperaturen über 100 °C verlieren sie rasch ihre Festigkeit und schmelzen.
  Diese Eigenschaft erleichtert zwar ihre Verarbeitung (Seite 112), schließt sie aber von vielen Anwendungen aus.
- Kunststoffe sind, wie die meisten organischen Verbindungen, **brennbar**. Bei ihrer Beseitigung in Müllverbrennungsanlagen ist diese Eigenschaft ein Vorteil, bei vielen Anwendungen jedoch ein Risiko.
- Kunststoffe sind **schwer biologisch abbaubar**.
  Das freut zwar den Besitzer eines Kunststoff-Bootes, denn er muss es nicht, so wie ein Holzboot, regelmäßig lackieren, um es vor Fäulnis zu schützen. Die gleiche Eigenschaft wird aber zum Problem, wenn Verpackungen aus Kunststoff achtlos weggeworfen werden.

Kunststoffe bzw. die zu ihrer Herstellung notwendigen Ausgangsstoffe werden in Österreich vor allem von den Firmen OMV, Semperit, Dynea in Krems und Borealis in Linz und Schwechat hergestellt.

Die zahllosen Kunststoffarten lassen sich nach zwei Gesichtspunkten ordnen:

- Nach der **räumlichen Struktur**:
  Sie bestimmt das thermische und mechanische Verhalten. Man unterscheidet Plastomere, Elastomere und Duromere.
- Nach **Art der Verknüpfungsreaktion**:
  Man unterscheidet zwischen Polymerisaten, Polykondensaten und Polyadditionskunststoffen.

Kunststoffe sind universell gestaltbare Werkstoffe.

14.1 Struktur, Eigenschaften, Verarbeitung

Alle Kunststoffe sind makromolekulare Substanzen, die wie die Naturstoffe Stärke, Cellulose oder die Proteine einem bestimmten Bauprinzip folgen: die fortlaufende Aneinanderreihung niedrigmolekularer Bausteine. Bei der Bildung entsteht immer ein Gemisch unterschiedlich langer Makromoleküle, die mittleren Molekülmassen liegen zwischen 10 000 und 300 000 u.

Der räumliche Aufbau des Makromoleküls hängt von der Anzahl der reaktionsfähigen Gruppen im Monomer ab.

Aufbau eines Plastomers.

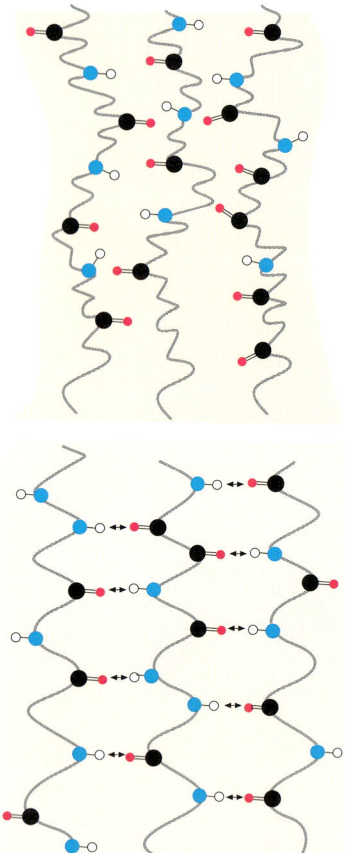

Schema des Streckens von Nylonfäden und der Ausbildung von Wasserstoffbrücken.

Plastomere

Plastomere bestehen aus Gemischen verschieden langer, kettenförmiger Makromoleküle. Sie haben daher keine genau bestimmbare Schmelztemperatur, sondern einen Erweichungsbereich. Im weichen Zustand sind sie plastisch verformbar, beim Abkühlen werden sie hart.

Die sich in Makromolekülen summierenden zwischenmolekularen Kräfte verhindern ein Verdampfen dieser Stoffe, da es vorher zu einer Zersetzung durch Zerreißen der Kette kommt.

Die Eigenschaften eines Plastomers hängen sehr stark von der Anordnung der Ketten im festen Zustand ab. Eine völlige Einordnung in ein Kristallgitter ist infolge der Kettenlänge nicht möglich. Es existieren daher im festen Zustand nur geordnete Bereiche, die einer kristallinen Struktur mit hoher Festigkeit entsprechen. In ihnen sind die zwischenmolekularen Kräfte stärker wirksam als in den ungeordneten Bereichen, in denen die Makromoleküle als ungeordnete Knäuel vorliegen und elastische Eigenschaften besitzen.

Je höher der Anteil an geordneten Bereichen im Verhältnis zum Gesamtvolumen ist (Ordnungsgrad), umso höher ist die mechanische Festigkeit des Produktes. Der Stoff ist undurchsichtig und wärmebeständiger. Bei linearen Molekülen ist ein hoher Ordnungsgrad leichter zu erreichen als bei verzweigten. Sind die Makromoleküle aber völlig ungeordnet (wie z. B. in Kunststoffen mit verzweigten Kettenmolekülen), so erhält man ein organisches Glas von sehr großer Transparenz (z. B. *Plexiglas*). Diese Produkte sind elastisch und wenig wärmebeständig.

Der Ordnungsgrad eines Kunststoffs hängt in erster Linie vom Herstellungsverfahren ab. Er kann aber auch nachträglich noch verändert werden. So wird z. B. durch Nachstrecken von Textilfasern die Orientierung der Makromoleküle in der Längsrichtung der Faser verstärkt und damit die Reißfestigkeit erhöht.

Verarbeitung von Plastomeren:

Die Chemiewerke liefern Plastomere meist in Granulat- oder Pulverform. Nach Zugabe von Farb- und anderen Zusatzstoffen erfolgt die Weiterverarbeitung durch Warmpressen, Spritzguss oder Walzen. Kunststofffolien werden häufig geblasen. Dazu wird die erwärmte Kunststoffmasse durch eine Ringdüse gepresst und der entstandene Schlauch durch Einblasen von Luft geweitet. Textilfasern werden im Schmelz- oder Trockenspinnverfahren hergestellt.

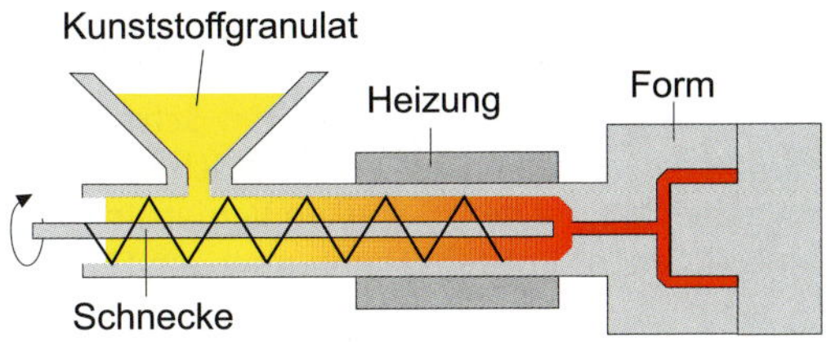

Spritzen von Kunststoffteilen.

Plastomere schmelzen beim Erhitzen.

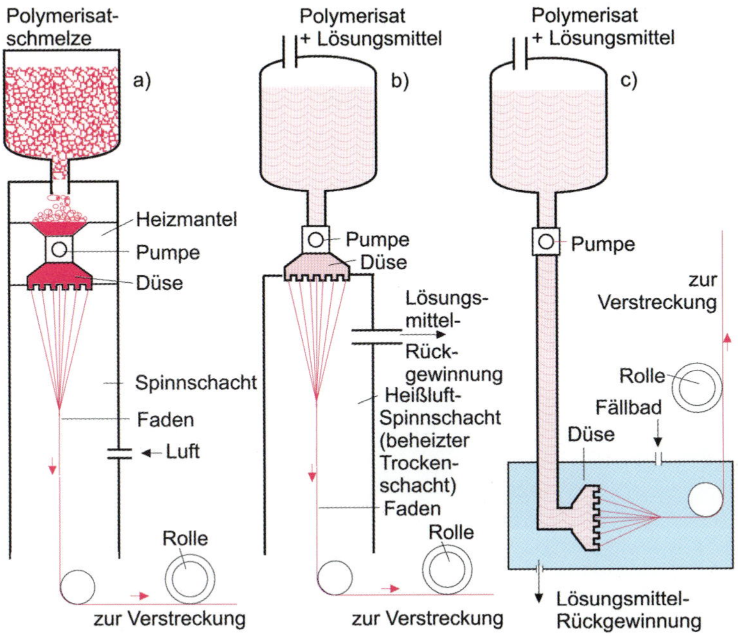

Die verschiedenen Spinnverfahren für Kunststoff.
a) Schmelzspinnverfahren **b)** Trockenspinnverfahren **c)** Nassspinnverfahren

Polyethylen-Folien werden durch Blasen hergestellt.

Elastomere

Elastomere zeigen gummielastisches Verhalten. Sie bestehen aus kettenförmigen Makromolekülen, die zum Großteil ungeordnet sind. Wird Zug oder Druck ausgeübt, so dehnt sich das Material, die Ketten ordnen sich und es bildet sich ein Produkt mit großer Festigkeit.

Weil aber die Kräfte zwischen den Makromolekülen nur schwach sind, werden sie sofort wieder unwirksam, wenn der Zug oder Druck aufhört. Die Kettenmoleküle kehren in den ursprünglichen, ungeordneten Zustand zurück.

In brauchbaren Elastomeren sollen die Makromoleküle nicht zu leicht aneinander vorbeigleiten (plastisches Fließen), außerdem sollen sie ein „Gedächtnis" für ihren ursprünglichen Zustand besitzen. Dies wird durch eine weitmaschige Vernetzung erreicht.

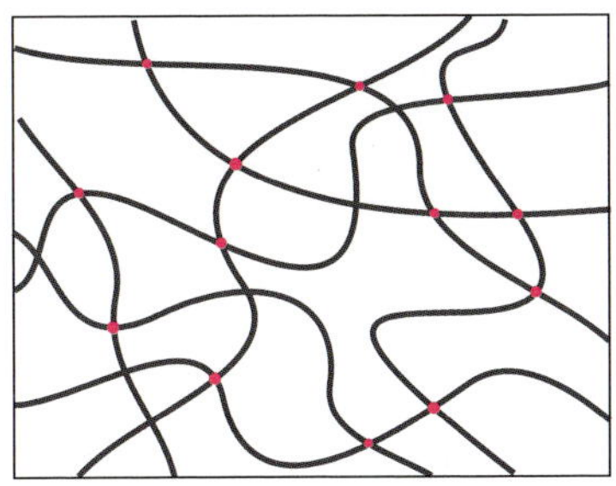

Aufbau eines Elastomers.

Elastomere sind elastisch verformbar.

So entsteht z. B. beim Vulkanisieren von Kautschuk (Erhitzen mit Schwefel) Gummi. Die langen Kautschukmoleküle, die pro Untereinheit noch eine Doppelbindung besitzen, addieren Schwefel und werden durch Schwefelatome vernetzt. Wird sehr viel Schwefel (ca. 30 %) verwendet, dann gehen wegen der zu starken Vernetzung die elastischen Eigenschaften verloren, es entsteht Hartgummi, ein Duromer.

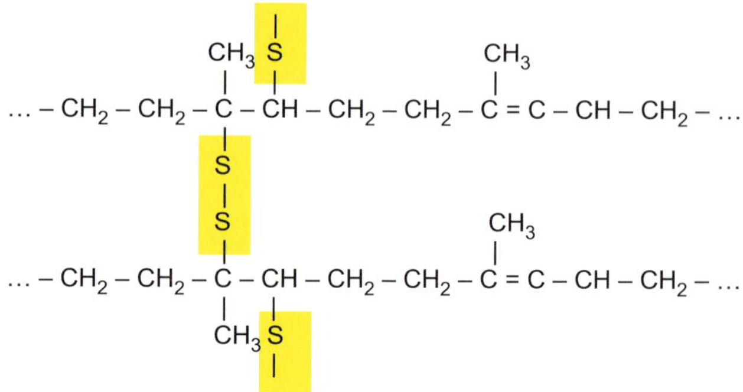

Zur Herstellung der üblichen Weichgummisorten werden 3 – 5 % Schwefel zugesetzt. Verschiedene Füllstoffe verbessern die mechanischen Eigenschaften. Autoreifen enthalten beispielsweise beträchtliche Mengen Ruß zur Erhöhung der Abriebfestigkeit.

Der Aufbau eines Autoreifens.
1 000 kg Reifen enthalten im Durchschnitt:
- 200 kg Naturkautschuk
- 240 kg Kunstkautschuk
- 220 kg Ruß
- 140 kg verschiedene Chemikalien
- 200 kg Stahl und Textilien

Wegen der unterschiedlichen Anforderungen gibt es jedoch sehr verschiedene Rezepturen.

Autoreifen nach dem Vulkanisieren.

Kautschuk ist eine im Milchsaft verschiedener Pflanzen vorkommende Substanz. Sie entsteht durch Polymerisation von 2-Methyl-buta-1,3-dien (*Isopren*), einem wichtigen Zwischenprodukt des pflanzlichen Stoffwechsels.

Zur Gewinnung von **Naturkautschuk** wird der Milchsaft (Latex) des Kautschukbaumes (wild wachsend im Amazonasgebiet, Plantagen in fast allen tropischen Gebieten) zum Gerinnen gebracht. Er wird abgeschöpft, zu Platten gepresst, getrocknet und geräuchert (Konservierung). Dieses Material ist wenig chemikalienbeständig und plastomer.

Kautschuk war den Indianern Mittelamerikas schon lange bekannt, sie verwendeten ihn für Spielbälle, als Klebemittel, für wasserdichte Gefäße und ähnliches. Schon Kolumbus brachte die ersten Kautschukbälle nach Europa mit, doch dauerte es bis 1759, ehe die erste Schiffsladung Kautschuk nach Europa kam. 1772 wurden in London und Paris kleine Kautschukwürfel als Radiergummi verkauft (daher die engl. Bezeichnung „rubber", to rub = reiben), 1791 gab es die ersten mit Kautschuk wasserdicht gemachten Regenmäntel und 1839 entdeckte der Amerikaner GOODYEAR das Vulkanisieren, wodurch die Eigenschaften des Kautschuks wesentlich verbessert werden konnten.

1876 schmuggelte der Engländer WICKHAM 70 000 Samen des Gummibaumes aus Brasilien und legte damit den Grundstein zu den Kautschukplantagen in den englischen Kolonien, die das brasilianische Monopol brachen. Heute erzeugt Brasilien nur mehr ca. 0,5 % der Weltproduktion, Haupterzeugerländer sind Malaysia, Indonesien und Thailand.

Gewinnung von Naturkautschuk.
Von einem Kautschukbaum können etwa 2 kg Kautschuk pro Jahr gewonnen werden.

Der erste industriell verwertbare **Kunstkautschuk** wurde in Deutschland während des Ersten Weltkrieges hergestellt und nur zur Erzeugung von Akkukästen verwendet. Der erste für Reifen brauchbare Kunstkautschuk kam ab 1935 unter der Bezeichnung Buna auf den Markt.

In den USA musste die Produktion von Kunstkautschuk im Zweiten Weltkrieg sehr rasch entwickelt werden, da durch den Kriegseintritt Japans der Nachschub aus Indonesien und Malaysia schlagartig unterbrochen worden war.

Bei längerem Lagern altert Gummi, er wird brüchig. Dies ist die Folge von Reaktionen der Doppelbindungen mit dem Luftsauerstoff. Es bilden sich analog zur Vulkanisierung C–O–O–C-Brücken, die leicht zerfallen.

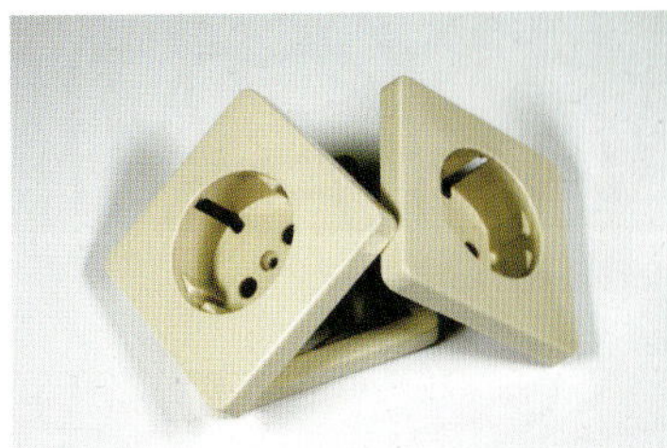

Steckdosen und Schalter werden aus **Duromeren** gefertigt.

Die wichtigsten synthetischen Elastomere sind Mischpolymerisate aus Butadien, Isopren, 2-Chlor-buta-1,3-dien und Styren. Etwa 60 % der Weltproduktion ist Styren-Butadien-Kautschuk, in dem etwa jede vierte Monomer-Einheit vom Styren stammt. Synthesekautschuk muss ebenfalls vulkanisiert werden. Er übertrifft das Naturprodukt hinsichtlich seiner Verschleißfestigkeit und chemischen Widerstandsfähigkeit.

Duromere

Duromere sind härter und spröder als Plastomere. Beim Erwärmen verformen sie sich nicht, oberhalb von 300 °C tritt Zersetzung ein.

Sie bestehen aus trifunktionellen Makromolekülen, die durch Elektronenpaarbindungen eng vernetzt sind. Da sich Duromere (im Gegensatz zu Plastomeren) im ausgehärteten Zustand nicht mehr durch Erwärmen verformen lassen, ist eine Bearbeitung dann nur mehr mechanisch möglich.

Daher werden Duromere entweder direkt in der Form erzeugt (*Bakelit*) oder die Vernetzung wird erst in einem zweiten Reaktionsschritt (nach der endgültigen Formgebung) durchgeführt (Polyesterharze).

Werden zum noch nicht vollständig vernetzten Kunststoff anorganische Füllstoffe (Metall- und Mineralpulver, Glasfasern) zugegeben, so entstehen sehr widerstandsfähige Werkstoffe.

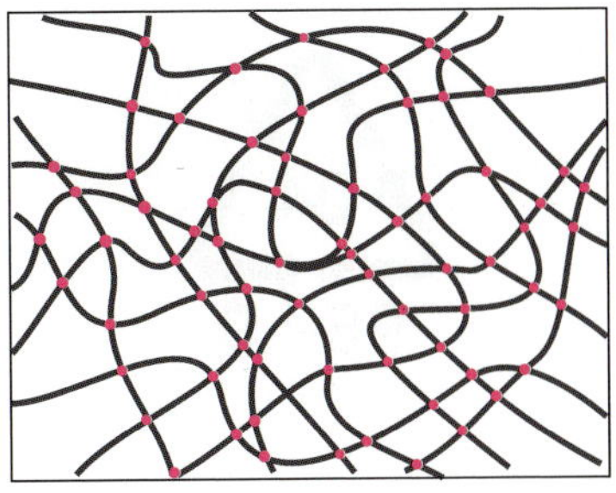

Aufbau eines Duromers.

14.2 Reaktionen zur Herstellung

Zur Herstellung von Makromolekülen sind mehrere Reaktionstypen geeignet.

Polymerisation

Bei einer Polymerisation reagieren Monomere, die reaktionsfähige Doppelbindungen enthalten, zu Kettenmolekülen:

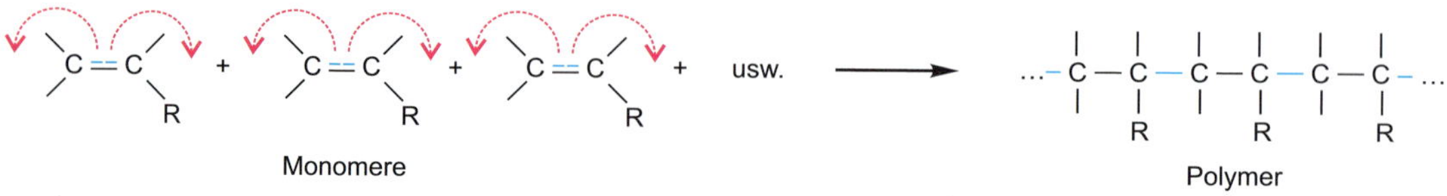

Die Reaktionsbedingungen beeinflussen entscheidend die physikalischen Eigenschaften des Produkts, wie am Beispiel des **Polyethens**, des heute mengenmäßig wichtigsten Kunststoffes, gezeigt werden kann. Folgende Verfahren werden angewandt:

- **Radikalische Polymerisation**

Hochdruck-Polyethen.

Bei diesem in den vierziger Jahren in England entwickelten Verfahren wird Ethen (*Ethylen*) bei 200 °C und 2 000 bar in Gegenwart von Spuren von Sauerstoff polymerisiert. Das entstehende **Hochdruck-Polyethen** enthält stark verzweigte Ketten aus etwa 1 000 Monomeren.

- **Koordinationspolymerisation**

In Anwesenheit bestimmter Katalysatoren polymerisiert Ethen auch bei Normaldruck. Es entsteht **Niederdruck-Polyethen** aus praktisch unverzweigten, sehr regelmäßig gebauten Makromolekülen mit großer Kettenlänge (bis zu 100 000 Monomere).

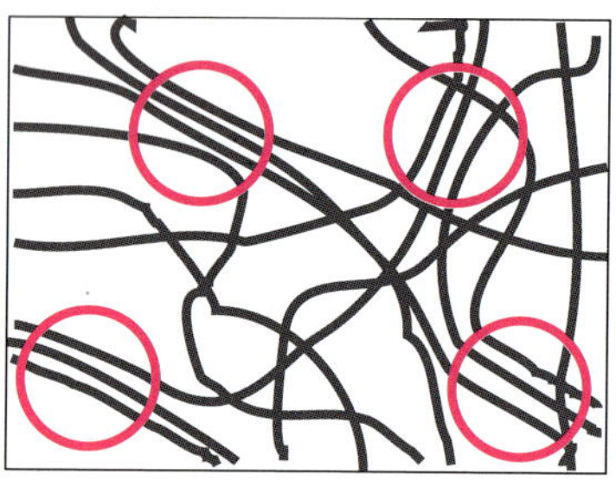

Niederdruck-Polyethen.

Niederdruck-Polyethen besitzt eine größere Dichte, größere Härte, größere Zugfestigkeit und eine höhere Erweichungstemperatur als das Hochdruck-Polyethen. Es ist wegen seines großen Ordnungsgrades undurchsichtig und eignet sich zur Herstellung von Behältern aller Art. Das relativ ungeordnete Hochdruck-Polyethen hingegen ist durchsichtig und für Folien geeignet (PE-LD).

Als hochmolekularer gesättigter Kohlenwasserstoff ist Polyethen chemisch sehr widerstandsfähig. In Müllverbrennungsanlagen verbrennt es zu Kohlenstoffdioxid und Wasserdampf und gilt daher als umweltfreundlich.

Polyethen geringer Dichte (low density) besteht aus stark verzweigten Ketten und eignet sich gut für Folien, z. B. für Tragtaschen.

Bei verschiedenen, im Handel erhältlichen Polyester- und Gießharzen erfolgt die Vernetzung zum Duromeren durch eine radikalische Polymerisation.

Als Starter zum Auslösen der Polymerisation eignen sich organische Peroxide, die an ihrer O–O-Bindung leicht in zwei Radikale zerfallen:

Startreaktion: $\underset{\text{Peroxid}}{R-O-O-R} \xrightarrow{\text{Erwärmen}} \underset{\text{Radikale}}{R-O\cdot + \cdot O-R}$

Diese Radikale reagieren dann schnell mit dem Alken unter Bildung eines weiteren Radikals usw. Der Zusammenstoß zweier Radikale führt zum Kettenabbruch:

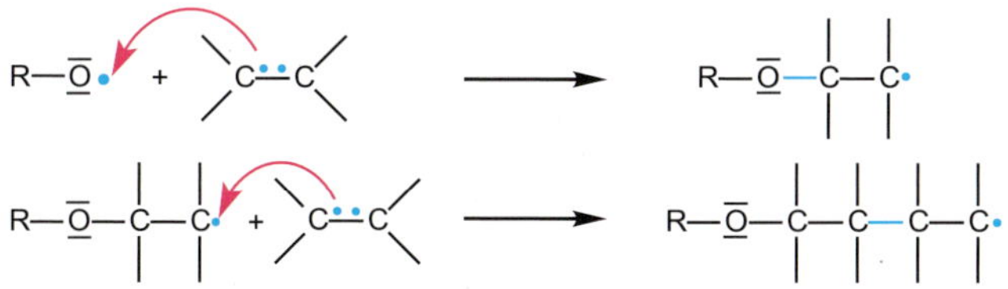

Die physikalischen Eigenschaften eines Kunststoffes (z. B. seine Wärmebeständigkeit) werden von der durchschnittlichen Kettenlänge seiner Moleküle bestimmt. Diese lässt sich durch die Menge an Startersubstanz beeinflussen. Wird viel Peroxid verwendet, so beginnen viele Ketten gleichzeitig zu wachsen, es sind weniger Moleküle für jede einzelne Kette verfügbar und die Wahrscheinlichkeit, dass deren Wachstum durch Zusammenstoß mit einem anderen Radikal zum Stillstand kommt, ist größer.

Durch Polymerisation hergestellte Kunststoffe

Monomer	Polymer (*Trivialname*) Kürzel	Handelsname	Wärmebeständigkeit	Festigkeit	Verwendung
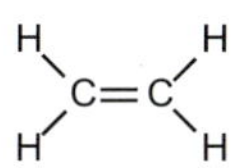	*Polyethen* PE	Vestolen A Hostalen Lupolen Daplen	bis 110 °C	unzerbrechlich	Haushaltsartikel, Kabelisolierungen, Folien
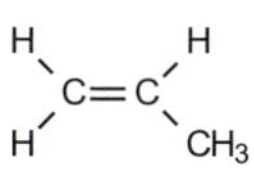	*Polypropen* PP	Novolen Vestolen P Hostalen PP Daplen PP	bis 150 °C	unzerbrechlich	Haushaltsartikel, Folien
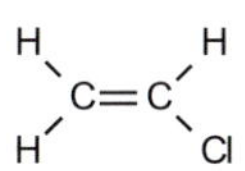	*Polyvinylchlorid* PVC	Vestolit Vinoflex Solvic	bis 80 °C	schwer zerbrechlich	Rohre, Kabelisolierungen, Kunstleder, Fußböden, Fenster
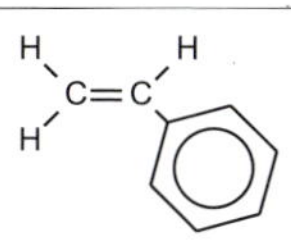	*Polystyren* PS	Vestyron Hostyren Luran Styropor	bis 80 °C	zerbrechlich	Haushaltsartikel, Behälter, Schaumstoff
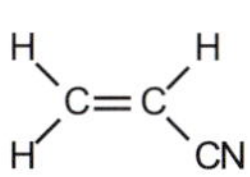	*Polyacrylnitril* PAN	Orlon Dralon	bis 80 °C	Dehnung ca. 3 %	Textilfaser
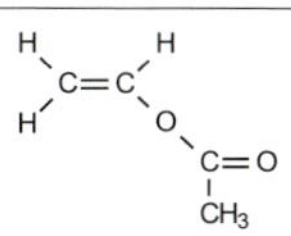	*Polyvinylacetat*	Mowolith	bis 85 °C	schlagfest	Klebstoffe, Folien
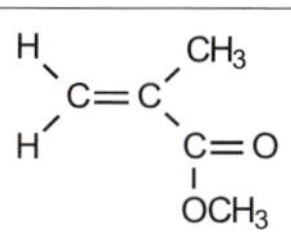	*Acrylglas*	Plexiglas Paraglas	bis 90 °C	unzerbrechlich	Lichtkuppeln, Linsen, Brillen, Sicherheitsglas
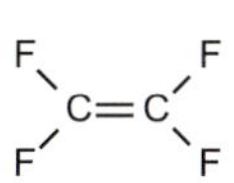	*Polytetrafluorethen*	Teflon Hostaflon	bis 300 °C	unzerbrechlich	chemikalien- und hitzebeständige Beschichtungen und Geräte

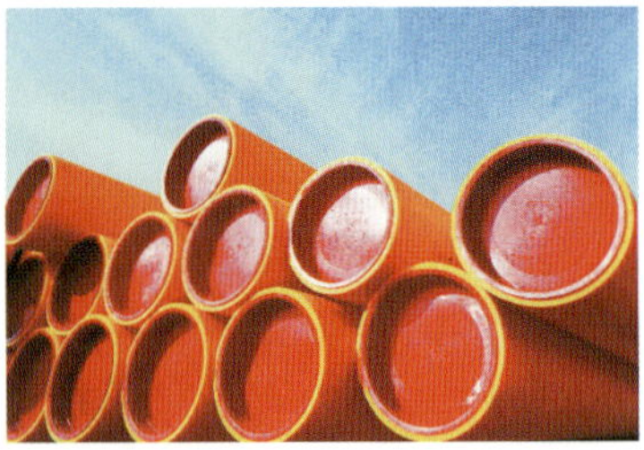

Wegen seiner guten chemischen und mechanischen Widerstandsfähigkeit wird PVC für Rohrleitungen verwendet.

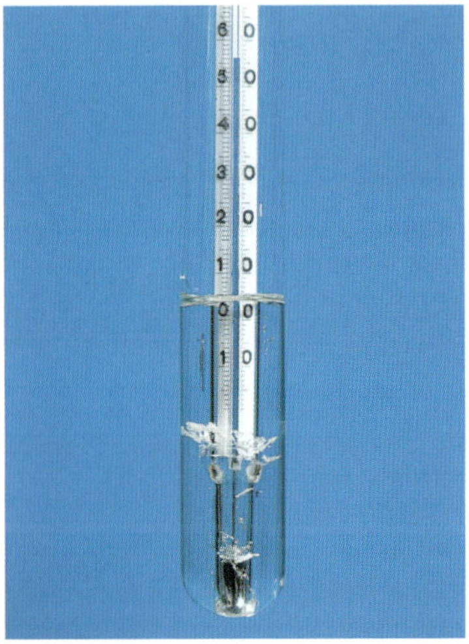

Polymerisation von Styren mit einem Radikalstarter. Die Reaktion ist exotherm.

Styropor wird häufig zur Wärmedämmung verwendet.

Polyvinylchlorid (PVC)

Das Monomere Chlorethen (*Vinylchlorid*) $CH_2{=}CHCl$ enthält eine polare C–Cl-Bindung. Sie findet sich auch im Makromolekül und bewirkt stärkere Wechselwirkungen zwischen den Polymerketten. Daher ist PVC trotz kürzerer Kettenlänge härter und spröder als selbst Niederdruck-Polyethen. Durch Zugabe von Weichmachern (Ester organischer Säuren, die sich zwischen die Ketten schieben und deren Abstand vergrößern) lassen sich seine Eigenschaften stark verändern; es kann daher für viele Zwecke verwendet werden: Rohre, Fenster, Bodenbeläge, Schläuche, Regenbekleidung, Kunstleder (*Skai*) usw.

PVC besitzt aber auch einige Nachteile. Die Weichmacher können durch unpolare Lösungsmittel herausgelöst werden – daher sind PVC-Folien für Lebensmittelverpackungen nicht zugelassen. Bei seiner Verbrennung entsteht Hydrogenchlorid (HCl), das aus den Abgasen der Müllverbrennungsanlagen herausgewaschen werden muss (Umweltschutz und Korrosionsschutz der Anlage). Da Chlorethen Krebs erregend ist, müssen bei der Herstellung besondere Vorsichtsmaßnahmen eingehalten werden.

Polytetrafluorethen

(Handelsname *Teflon*) entsteht aus Tetrafluorethen $CF_2{=}CF_2$. Die vielen polaren C–F-Bindungen bewirken starke zwischenmolekulare Kräfte, daher bleibt Teflon bis über 300 °C fest und kann nur mechanisch (wie ein Duromer) bearbeitet werden. Es ist allen anderen Kunststoffen an Temperatur-, Witterungs- und Chemikalienbeständigkeit überlegen und eignet sich daher gut für Chemikalienbehälter, Dichtungen usw. Die meisten Stoffe haften nicht an Teflon, daher wird es zur Beschichtung von Bratpfannen und Backformen verwendet, die eine fettfreie Zubereitung der Speisen ermöglichen. Wegen seines hohen Preises wird es nur für Spezialzwecke eingesetzt.

Polystyren

Aus *Styren* (Styrol, Phenylethen, $CH_2{=}CH{-}C_6H_5$) entsteht Polystyren (Polystyrol), ein ziemlich hartes, sprödes, durchsichtiges Material. Es dient zur Herstellung von Haushaltsgeräten, Spielwaren, Verpackungsmaterial usw. Fügt man ein Treibmittel (meist einen flüchtigen Kohlenwasserstoff) hinzu, so entsteht ein Schaumstoff (*Styropor*) von sehr geringer Dichte und gutem Wärmeisolationsvermögen, der vor allem als Verpackungs- und Isoliermaterial verwendet wird.

Polykondensation

Bei einer Polykondensation werden Monomere mit zwei funktionellen Gruppen unter Abspaltung eines kleinen, meist anorganischen Moleküls (Wasser) verknüpft.

Ein Beispiel dafür ist die Reaktion von Ethandiol (*Glycol*) und 1,4-Benzendicarbonsäure (*Terephthalsäure*) zu einem linearen Polyester:

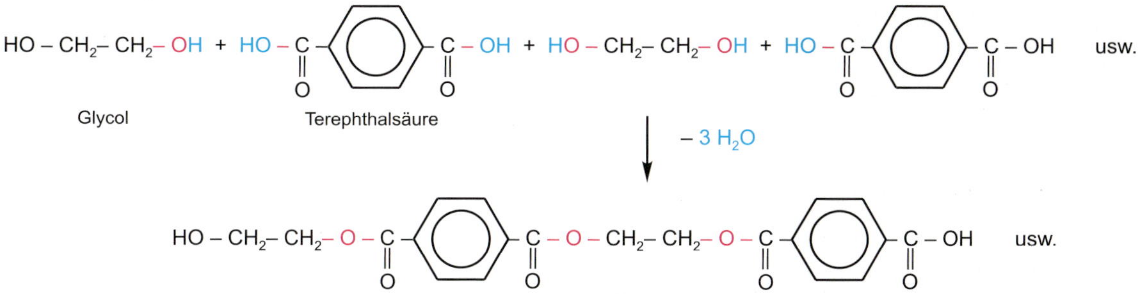

Glycol Terephthalsäure

Polyester

Aus diesem **Polyester** werden Texilfasern hergestellt, die unter verschiedenen Bezeichnungen in den Handel kommen (Trevira, Diolen, Dacron, Terylene). Polyesterfasern sind hydrophob und trocknen daher rasch. Darüber hinaus zeichnen sie sich durch hohe Knitterfestigkeit aus.

Zu den bekanntesten Verwendungszwecken zählt die Herstellung von Kunststoffflaschen (PET-Flaschen).

Für **Polyesterharze** wird zuerst eine Polykondensation von Ethandiol mit Butandisäure (*Bernsteinsäure*) und cis-Butendisäure (*Maleinsäure*) durchgeführt. Es entsteht so ein ungesättigter Polyester, der mit Styren und einem Radikalstarter durch Polymerisation zu einem Duromer vernetzt wird.

Die Härte und Zähigkeit von Polyesterharzen kann durch Einlagerung von Glas- oder Kohlenstofffasern beträchtlich verstärkt werden (Verwendung für Sportgeräte und zum Fahrzeugbau).

Eine besonders wichtige Gruppe von Polykondensaten sind die **Polyamide**. Sie entstehen durch Reaktion von Diaminen mit Dicarbonsäuren oder aus Aminocarbonsäuren. Das Verknüpfungsprinzip ist das gleiche wie bei den Proteinen (Seite 104).

Zu dieser Gruppe gehört ***Nylon***, die erste wirklich brauchbare vollsynthetische Faser, die in den dreißiger Jahren in den USA entwickelt wurde. Durch Polykondensation von 1,6-Diaminohexan mit Hexandisäure (*Adipinsäure*) entsteht Nylon 6,6:

Mit Carbonfasern verstärkte Polyesterharze erreichen die Festigkeit von Stahl, haben jedoch nur ein Fünftel seines Gewichts.

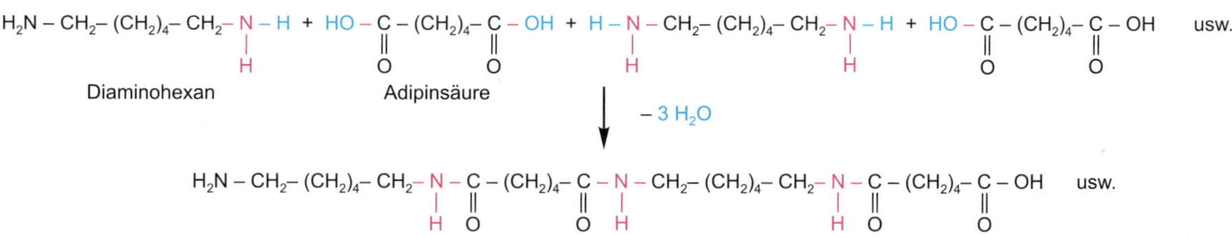

Diaminohexan Adipinsäure

Nylon-(6,6)

In Deutschland wurde fast gleichzeitig ***Perlon*** entwickelt. Es wird aus *Caprolactam*, einem cyclischen Amid, gebildet. Daraus entsteht 6-Aminohexansäure, die zu Perlon (Nylon 6) kondensiert:

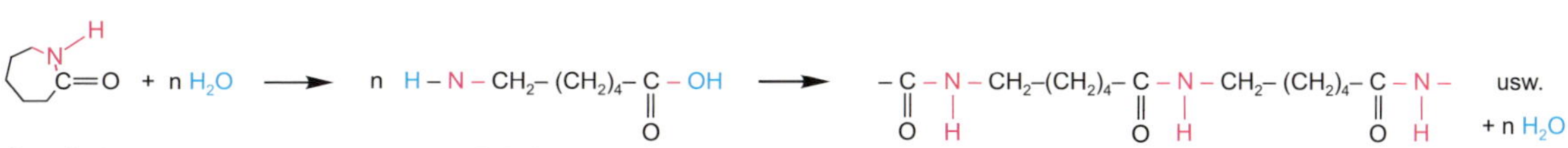

Caprolactam 6-Aminohexansäure Perlon 6

Modellversuch: Herstellung von Nylon. Die untere Schicht ist eine Lösung von Adipinsäuredichlorid in 1,1,1-Trichlorethan, die obere (wässrige) Lösung enthält Diaminohexan, sie wurde durch Zugabe von Phenolphthalein rot gefärbt. An der Grenzfläche der beiden nicht mischbaren Flüssigkeiten entsteht Nylon.

Ionenaustauscher-Harz. Im Haushalt wird es in Form kleiner gelbbrauner Kügelchen im Geschirrspüler verwendet.

Polyamidfasern werden durch Schmelzspinnen hergestellt.

Durch Nachverstrecken erhält man äußerst reißfeste Fasern, die sogar Seide übertreffen. Die Polyamidketten werden durch Wasserstoffbrückenbindungen zusammengehalten. Die vielen CH_2-Gruppen machen die Fasern stark hydrophob, sie trocknen daher rasch und sind nicht saugfähig.

Wegen ihrer günstigen Eigenschaften werden Polyamide auch als kompakte Werkstoffe verwendet (Zahnräder, Schutzhelme, ...).

Auch die eigentlichen **Kunstharze**, die **Phenoplaste** und **Aminoplaste**, sind Polykondensate. Ihr Hauptvorteil besteht darin, dass sie in der Wärme durch Brückenbildung zwischen den Ketten härten und so zu Duromeren werden.

Phenol- und Resorcinharze (Seite 62) werden vor allem in der Elektrotechnik als Isoliermaterial (Schalter usw.) verwendet. Auch die ersten Schallplatten waren aus diesem Material.

Verwendet man zur Polykondensation Monomere, die saure oder basische Gruppen enthalten ($-SO_3H$, $-COOH$, $-NH_2$) und lässt die auskondensierten Harze in Wasser quellen, so geben diese Gruppen entweder Protonen an das Wasser ab oder nehmen Protonen auf. Die dadurch entstehenden H_3O^+- oder OH^--Ionen bleiben an das Kohlenstoffgerüst, das die sauren oder basischen Gruppen trägt, gebunden. Fließt eine Salzlösung durch solche Harze, so verdrängen die Kationen (Anionen) die H_3O^+-Ionen (OH^--Ionen) und werden selbst gebunden – das Kunstharz wirkt als **Ionenaustauscher**.

Da der Austausch der H_3O^+-Ionen gegen Kationen und der OH^--Ionen gegen Anionen umkehrbar ist, können Ionenaustauscher mit Säuren bzw. Basen wieder in den ursprünglichen Zustand gebracht (regeneriert) werden.

Solche Ionenaustauscherharze finden in der Praxis vielfache Verwendung, z. B. zum Entsalzen von Wasser (Band 1, Kap. 11.2).

Aminoplaste

Mit Harnstoff reagiert Methanal zunächst zu Hydroxymethylharnstoff. Durch Polykondensation entstehen daraus Aminoplaste:

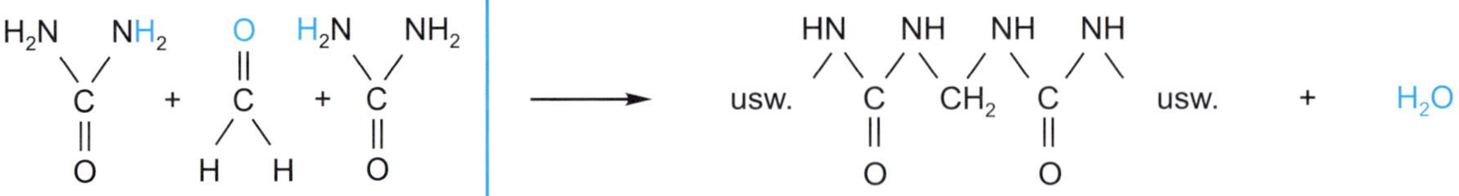

Mit Holzpulver und anderen Füllstoffen werden sie zu Pressmassen wie Lichtschaltern und Kunststoffplatten verarbeitet. Da sie hitzebeständig, geschmacks- und geruchfrei sind, wird auch Geschirr daraus hergestellt.

Polyaddition

Bei der Polyaddition reagieren die Moleküle zweier verschiedener Monomere miteinander, ohne dass ein weiteres Molekül abgespalten wird. Es wird eine funktionelle Gruppe einer Molekülsorte an die funktionelle Gruppe einer anderen Molekülsorte addiert. Vertreter dieser Gruppe sind die **Polyurethane**.

Urethane sind die Ester der frei nicht beständigen Carbaminsäure HO – CO – NH_2. Sie entstehen durch Addition von Alkoholen an Isocyanate (R – N=C=O):

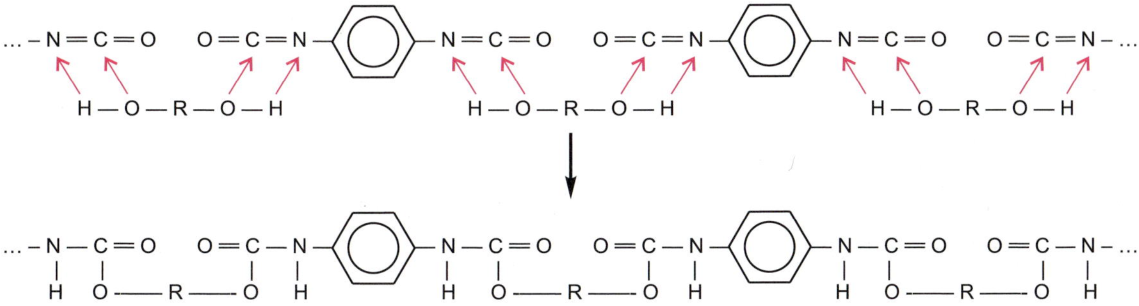

Polyurethan

Lineare Polyurethane werden in entsprechender Weise aus Diolen und Diisocyanaten hergestellt. Trifunktionelle Monomere ergeben vernetzte Polyurethane. Die Hydroxyverbindungen sind meist Polyester aus Hexandisäure (*Adipinsäure*) und Ethandiol (*Glycol*), die mit einem Ethandiolüberschuss hergestellt werden und daher endständige OH-Gruppen besitzen. Als Reaktionspartner dienen aromatische oder aliphatische Di- oder Triisocyanate.

Durch Reaktion der Isocyanate mit Spuren von Wasser entsteht CO_2, das zur Bildung von Schaumgummi oder festen Schaumstoffen führt, die zur Wärmeisolierung verwendet werden.

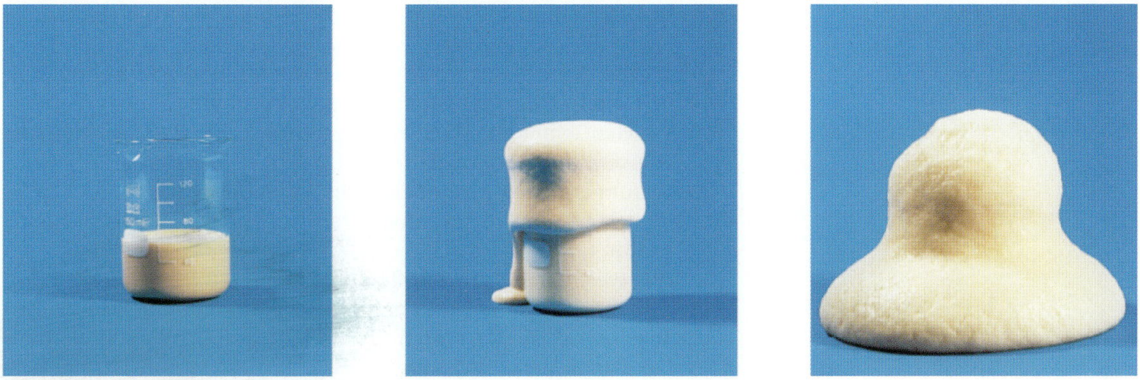

Die Bildung eines Polyurethan-Schaumstoffes.
Manche Zubereitungen dehnen sich auf das 75fache Volumen aus.

Polyurethane können je nach Anzahl der funktionellen Gruppen Plastomere, härtbare Plastomere oder Duromere sein. Sie lassen sich zu festen Kunststoffteilen, kautschukähnlichen Stoffen, elastischen Textilfasern (Handelsname *Lycra*), Lacken und Klebstoffen verarbeiten.

Verschiedene im Handel erhältliche Siliconpräparate.

Silicone

Eine Sonderstellung hinsichtlich ihres Bauprinzips nehmen die Silicone ein. Bei ihnen ist die Polymerkette abwechselnd aus Silicium- und Sauerstoffatomen aufgebaut. Die Siliciumatome tragen jeweils noch zwei organische Reste:

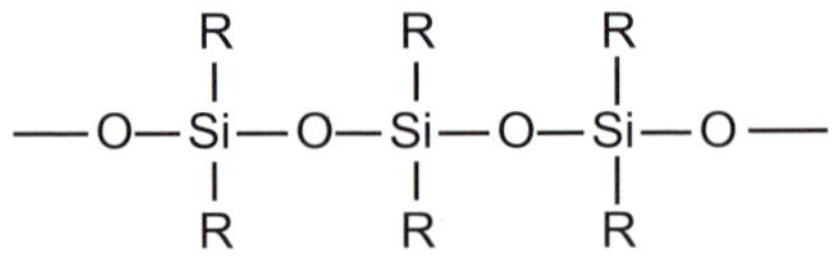

$R = CH_3,\ C_6H_5$

In ihrem Aufbau besitzen sie Ähnlichkeit mit den anorganischen Silikaten. Wie diese sind sie aufgrund der festen Si – O-Bindung sehr temperaturbeständig und widerstandsfähig gegen Säuren und Basen. Die organischen Reste bewirken, dass Silicone wasserabweisend sind. Silicone mit geringer Kettenlänge sind farb- und geruchlose Flüssigkeiten und werden als Siliconöle bezeichnet. Wegen ihrer geringen zwischenmolekularen Kräfte sind sie außerordentlich kältefest und noch bei –70 °C als Schmiermittel oder Hydraulikflüssigkeit gebrauchsfähig.

Schon in dünnsten Schichten wirken sie wasserabstoßend und werden zum Imprägnieren von Textilien, Papier (Geldscheine, Landkarten) und Leder (Schuhpflegemittel) verwendet.

Vernetzte Silicone (Siliconkautschuk) dienen als Dicht- und Isoliermaterial (Fenster).

ÜBUNGEN:

14.1 Welche anorganischen Stoffe bestehen aus Makromolekülen?

14.2 Welche Struktur müssen Monomere besitzen, damit aus ihnen Elastomere hergestellt werden können?

14.3 In welche Kunststoffgruppe sind die halbsynthetischen Kunststoffe Nitrocellulose und Acetatcellulose einzuordnen?
Welche Auswirkungen hat dies auf die Art ihrer Verarbeitung?

14.4 Wie groß ist der Massenanteil des Chlors im PVC?

14.5 Welche Gefahr bringt die Wärmeisolierung von Wohnräumen und Häusern mit Styroporplatten mit sich?

14.6 Warum ist Teflon besonders chemikalienbeständig?

14.7 Warum hat das im Text erwähnte Nylon die genaue Bezeichnung „Nylon 6,6" ?
Aus welchen Ausgangsstoffen wird Nylon 8,8 hergestellt?

14.8 Polyamidfasern haben ähnliche Struktur und ähnliche Eigenschaften wie Seide. Wodurch unterscheiden sich ihre Strukturen?

14.9 Der Anteil der Kunststoffe im Hausmüll ist in den letzten Jahrzehnten ständig angestiegen. Was sind die Ursachen dieser Entwicklung, welche Auswirkungen hat sie?

14.10 Eine aus Polyethen hergestellte Kunststoff-Tragtasche trägt den Aufdruck: „Umweltfreundlich erzeugt – Verbrennt ohne schädliche Gase – Recyclingfähig – Reines Naturprodukt". Welche Angaben sind richtig, welche irreführend oder falsch?

14.3 Wiederverwertung von Kunststoffen

Die Wiederverwertung (Recycling) von Kunststoffen hat zunehmende Bedeutung erlangt, wobei zwei Ziele angestrebt werden:

- die Verringerung der Müllmenge,
- die Einsparung von Rohstoffen, d.h. von Erdöl.

Das steigende Umweltbewusstsein hat dazu geführt, dass inzwischen die meisten Kunststoff-Gegenstände mit Recycling-Symbolen bedruckt werden. „Wiederverwertbar" und „recyclingfähig" sind zu Verkaufsargumenten geworden und bei Kunststoff-Verpackungen wird mit dem Begriff „Kunststoffkreislauf" geworben.

Wie so oft bestehen allerdings zwischen den Werbebotschaften und der Wirklichkeit wesentliche Unterschiede. Denn „recyclingfähige" Produkte alleine bringen noch keinen Gewinn für die Umwelt – dieser tritt erst dann ein, wenn tatsächlich ein Recycling in nennenswertem Umfang durchgeführt wird.

Ein entscheidender Faktor bei allen Verfahren zur Wiederverwertung ist die **Rücklaufquote** – jener Prozentsatz an Ausgangsmaterial, bei dem tatsächlich eine Wiederverwertung erfolgt. Bisherige – auch internationale – Erfahrungen zeigen, dass hohe Rücklaufquoten nur mit einem Pfandsystem erzielbar sind.

Nur mit manchen Kunststoff-Verpackungen ist zumindest eine teilweise Wiederverwertung möglich.

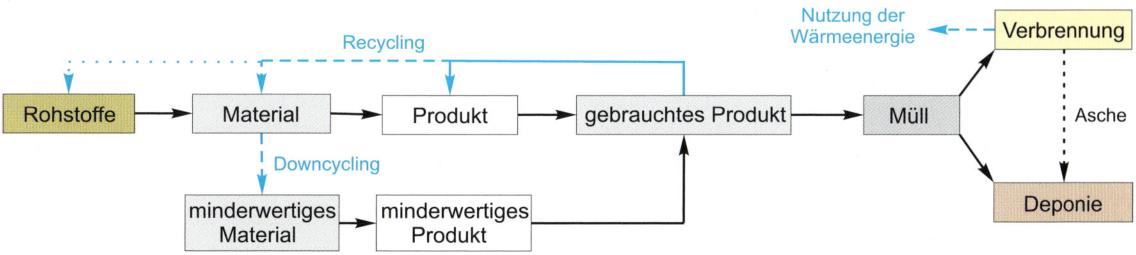

Mögliche Wege beim Recycling von Kunststoffen.

Das Kunststoff-Recycling ist mit zwei Problemen konfrontiert:

- Der Wert des wiedergewonnenen Kunststoffes deckt nicht annähernd die Kosten der Wiederverwertung, sodass das Recycling mit zusätzlichen Gebühren finanziert werden muss.
- Bei vielen Kunststoff-Abfällen und manchen Kunststoff-Sorten ist eine Wiederverwertung mit vernünftigem technischem Aufwand nicht durchführbar.

Plastomere lassen sich unzersetzt schmelzen, was eine stoffliche Wiederverwertung prinzipiell ermöglicht.

Im **gewerblich-industriellen Bereich** werden Produktionsabfälle schon seit längerer Zeit verwertet. Die Stoffe fallen in der Regel sorten- und farbrein an und können daher als Ausgangsmaterial für hochwertige Produkte dienen.

Wesentlich schlechter ist die Situation beim **Hausmüll**. Die Kunststoff-Abfälle sind durch Etiketten und Reste des Inhalts verschmutzt, verschieden gefärbt und von unterschiedlicher chemischer Beschaffenheit. Nur rund die Hälfte eignet sich zur Herstellung von Produkten minderer Qualität – man spricht daher von „**Downcycling**".

Wie ein gelegentlicher Blick in Kunststoff-Sammelcontainer zeigt, werden nicht immer die richtigen Stoffe eingeworfen, sodass meist noch händisch und damit teuer nachsortiert werden muss.

Der große Rest wird „energetisch" oder „thermisch" verwertet – eine beschönigende Umschreibung für die Müllverbrennung.

Dann kann sich die Mülltrennung aber auch ad absurdum führen: Während durch das Aussortieren von Papier und Kunststoff der Heizwert des Mülls unter Umständen so weit absinkt, dass in der Müllverbrennungsanlage zusätzlich mit Heizöl gefeuert werden muss, um eine schadstoffarme Verbrennung sicherzustellen, werden die aussortierten Abfälle auch nur verbrannt – in Summe ergibt sich eine schlechtere Umweltbilanz als ohne Mülltrennung.

Ein Recyclingkreislauf ist umso sinnvoller, je kleiner er ist, z. B. bei der Pfandflasche (das gebrauchte Produkt wird durch Reinigung wieder zum neuwertigen Produkt). Ein Recycling bis zum Rohstoff zurück (z. B. thermisches Cracken von Kunststoffabfällen zu Kohlenwasserstoff-Gemischen) ist in der Regel weder ökologisch noch wirtschaftlich sinnvoll.

Auch Altreifen sind ein Teil des Müllproblems.

Bei **Elastomeren** und **Duromeren** sind die Voraussetzungen für eine Wiederverwertung noch wesentlich schlechter. Denn diese Kunststoffe lassen sich durch Erwärmen nicht schmelzen, sodass sie nicht in gleicher Weise wie die Plastomere verwertet werden können.

Das mit Abstand größte Problem in diesem Zusammenhang bilden die über eine Million **Altreifen**, die in Österreich jährlich anfallen. Auf Deponien wären sie zwar in chemischer Hinsicht unbedenklich, sie erschweren jedoch die Verfestigung der Deponie und sind deshalb dort unerwünscht.

Auch eine Wiederverwertung ist schwierig. Ein Zerschneiden scheitert an der Elastizität des Materials und an den eingebetteten Stahldrähten. Durch starkes Abkühlen wird der Gummi hingegen spröde und lässt sich zerschlagen. Die entstehenden kleinen Gummistückchen können, mit einem Klebemittel vermischt, als Bodenbelag für Sportplätze oder für Schalldämmplatten verwendet werden. Für diese Artikel besteht jedoch nur ein begrenzter Bedarf, sodass die Hauptmenge der Altreifen verbrannt wird. Das erfordert wegen des Schwefelgehaltes des Gummis eine leistungsfähige Rauchgasreinigung. Altreifen dienen auch als Brennstoff bei der Gips- und Zementproduktion.

15. Farbstoffe

Seit prähistorischer Zeit verwenden die Menschen Farben, um Dinge ihrer Umgebung zu verschönern. Für Wandmalereien, Glas oder Keramik dienten anorganische Substanzen als Farbstoffe, für Textilien wurden pflanzliche oder tierische Farben benutzt. Die Ägypter beherrschten schon vor 4 000 Jahren das Färben mit Indigo und die Phönizier gelangten durch ihre Fertigkeit, mit Purpur zu färben, zu Wohlstand. Bedenkt man, dass in einem komplizierten Verfahren aus 12 000 Schnecken nur 1 g Farbstoff gewonnen werden kann, so wird verständlich, warum im Altertum purpurgefärbter Stoff als Zeichen extremen Reichtums galt.

Bis zur Mitte des 19. Jahrhunderts waren ausschließlich natürliche Farbstoffe in Verwendung und seit der Erfindung des mechanischen Webstuhls stieg der Bedarf stark an.

Die Wende brachte 1856 eine Zufallsentdeckung. Der damals erst achtzehnjährige Engländer Perkin stellte bei dem Versuch, aus Anilin das Malariamedikament Chinin zu synthetisieren, einen brauchbaren Farbstoff her, den er Mauvein (engl.: malvenfarben = hellviolett) nannte. Dies löste eine stürmische Entwicklung aus und in den folgenden Jahren wurden aus dem im Steinkohlenteer enthaltenen Anilin eine Reihe von Farbstoffen hergestellt, die billiger und lichtechter als Naturfarbstoffe sind (so genannte Anilin- oder Teerfarben). Die Suche nach immer besseren Farbstoffen beflügelte die Entwicklung der organischen Chemie ungemein und trug wesentlich zur Entstehung der organisch-chemischen Großindustrie bei. Viele große Chemiefirmen haben ihren Ursprung in Farbwerken, z. B. Farbwerke Hoechst, Badische Anilin- und Soda-Fabrik (BASF), Farbwerke Bayer. Um verstehen zu können, warum ein Stoff farbig ist, ist ein kurzes Abschweifen in die Physik notwendig.

Mauvein wurde bis 1900 für die englische One-Penny-Marke verwendet.

William Henry Perkin (1838–1907); englischer Chemiker und Industrieller.

15.1 Licht und Materie

Licht ist eine elektromagnetische Strahlung, ebenso wie Radiowellen (wesentlich größere Wellenlänge) oder Röntgenstrahlen (wesentlich kürzere Wellenlänge). Licht mit einer Wellenlänge zwischen 400 – 750 nm wird vom Auge als unterschiedliche Farbe empfunden, Licht größerer Wellenlänge (Infrarot = Wärmestrahlen) kann nur von unserer Haut wahrgenommen werden, für kürzerwelliges Licht (Ultraviolett) haben wir kein Sinnesorgan, wir merken diese Strahlung erst durch ihre schädigende Wirkung (Sonnenbrand).

Als weiß empfundenes Licht ist, wie schon Newton mit einem Prisma zeigen konnte, ein ausgewogenes Gemisch verschiedener Farben. Diese Spektralfarben entsprechen Lichtstrahlen einer bestimmten Wellenlänge.

Absorbiert ein Stoff einen Teil des sichtbaren Lichts, so erscheint er farbig. Man beobachtet die Mischfarbe der verbleibenden Spektralfarben. Diese Mischfarbe wird auch Komplementärfarbe des absorbierten Lichts genannt. Stoffe, die nur außerhalb des sichtbaren Bereiches absorbieren, sind farblos. Glas absorbiert z. B. nur im ultravioletten Bereich.

Worauf beruht nun die Fähigkeit eines Stoffes, Licht zu absorbieren?

Licht ist eine Form von Energie. Licht einer bestimmten Frequenz (Farbe) entspricht einem ganz bestimmten Energiebetrag. Kurzwelliges (blaues)

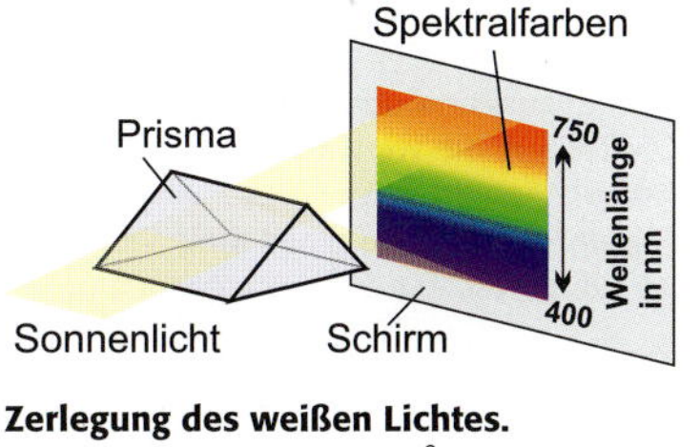

Zerlegung des weißen Lichtes.
1 nm = 1 Nanometer = 10^{-9} m

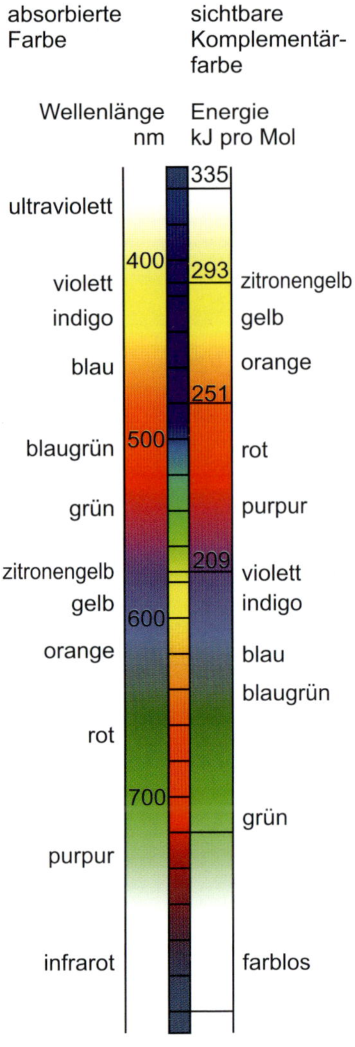

Lichtabsorption und Farbe.
Die Farben, die wir wahrnehmen, sind die Komplementärfarben der absorbierten Farben. Die Energie eines Mols Photonen ist auf der rechten Skala angegeben.

Licht ist energiereicher als langwelliges (rotes). Nun existieren in den Molekülen ebenso wie in den Atomen für die Elektronen nur ganz bestimmte mögliche Energiezustände.

Normalerweise befinden sich alle Elektronen auf dem niedrigstmöglichen Niveau (Grundzustand). Entspricht die Energiedifferenz zwischen dem Grundniveau und einem höheren unbesetzten Niveau der Energie (d.h. der Frequenz) des eingestrahlten Lichtes, so wird dieses – und nur dieses – absorbiert.

Die so vom Molekül aufgenommene Energie kann auf verschiedene Art umgesetzt werden:

- Im **Normalfall** wird sie in Form kleiner Energiebeträge in **Schwingungsenergie** des Moleküls umgesetzt. Die Moleküle bewegen sich heftiger – der Stoff erwärmt sich.
- Die aufgenommene Energie kann aber auch zur Trennung von Bindungen, d.h. zu **chemischen Reaktionen** führen. Beispiele sind die Chlorknallgasreaktion, die radikalische Substitution (Seite 14) und die Fotosynthese.
- Manchmal wird nur ein kleiner Teil der Lichtenergie in Molekülschwingungen umgewandelt, die Hauptmenge wird sofort wieder als Licht (etwas größerer Wellenlänge) abgestrahlt. Man spricht von **Fluoreszenz**. Erfolgt die Abstrahlung mit einer zeitlichen Verzögerung (Sekundenbruchteile bis einige Stunden), so wird dieser Effekt **Phosphoreszenz** genannt.

Fluoreszierende Farbstoffe dienen als Leuchtfarben (z.B. für Markierstifte oder Warnzeichen, bekanntestes Beispiel ist das in Lösungen intensiv grün leuchtende *Fluorescein*) und als optische Aufheller in Waschmitteln (Seite 83).

Phosphoreszierende Substanzen werden für Leuchtzifferblätter und Lichtschalter verwendet, da sie noch einige Zeit nach Abschalten des Lichts nachleuchten und so das Ablesen bzw. Auffinden erleichtern.

Die Erscheinung hat zwar einst ihren Namen vom gelben Phosphor erhalten, der langsam mit Sauerstoff reagiert und dabei schwach leuchtet, doch ist dies ein chemischer Vorgang, der heute korrekt als Chemolumineszenz bezeichnet wird. Phosphoreszenz wie Fluoreszenz sind physikalische Vorgänge, die ohne Stoffveränderungen ablaufen, die Substanzen enthalten keinen Phosphor.

Alle Stoffe absorbieren elektromagnetische Strahlung. Die absorbierten Frequenzen hängen von der Struktur der Verbindung ab und können daher Rückschlüsse auf den Molekülbau ermöglichen (Seite 134).

Ob ein Stoff nun farbig ist, d.h. sichtbares Licht absorbiert, hängt davon ab, ob das erstmögliche höhere Energieniveau der Elektronen so nahe beim Grundzustand liegt, dass es schon durch Absorption von sichtbarem Licht erreicht wird.

Bei den Elektronen von Einfachbindungen ist zur Erreichung dieses Niveaus so viel Energie nötig, dass nur die Absorption von kurzwelligem ultraviolettem Licht (Wellenlänge unter 200 nm) dazu ausreicht. Substanzen, die nur aus Einfachbindungen aufgebaut sind (z.B. Ethanol, gesättigte Kohlenwasserstoffe) sind daher immer farblos.

Die Energiedifferenz zwischen dem Grundzustand und dem nächsthöheren Energieniveau wird jedoch kleiner, wenn in einem Molekül Elektronen in ausgedehnten Orbitalen über mehrere Atome verteilt (delokalisiert) sind.

Dies ist bei aromatischen Verbindungen der Fall und in allen Strukturen, die abwechselnde Doppel- und Einfachbindungen (so genannte konjugierte Doppelbindungen) enthalten.

Systeme mit konjugierten Doppelbindungen sind in vielen Naturstoffen anzutreffen, z. B. im Chlorophyll und im Carotin, dem orangeroten Farbstoff von Karotten und Paprika.

Vitamin A, das durch Halbierung des Carotins gebildet wird, hat ein deutlich kleineres Elektronensystem und ist nur schwach gelblich gefärbt.

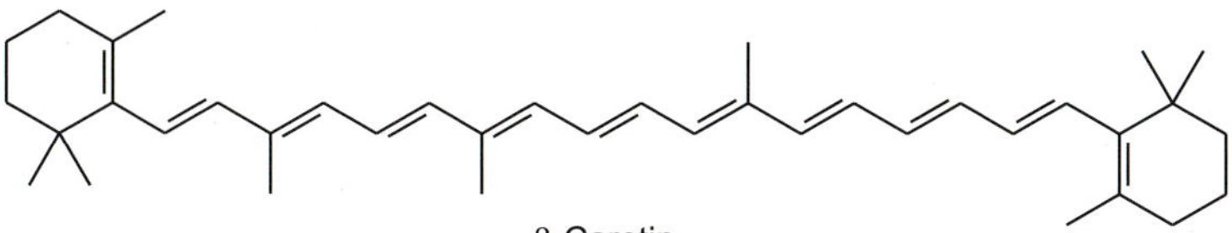

β-Carotin

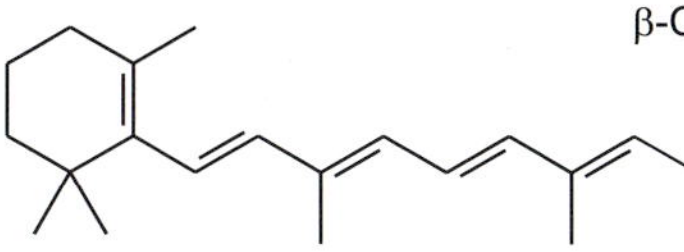

Vitamin A

Darüber hinaus gibt es Atomgruppen, die imstande sind, einem Molekül Farbe zu verleihen. Sie werden **Chromophore** genannt. Wichtige Chromophore sind die Azogruppe –N=N– und die Nitrogruppe $-NO_2$. Sie sind häufig an aromatische Systeme gebunden. Eine farbvertiefende Wirkung haben Atomgruppen mit freien Elektronenpaaren (z. B. $-NH_2$, –OH, $-O-CH_3$, $-NR_2$), da diese Elektronen in das delokalisierte System mit einbezogen werden (Seite 57). Solche Gruppen nennt man **auxochrom**.

Beispiele:

- Benzen ist farblos, das π-Elektronensystem ist zu klein, um im Bereich des sichtbaren Lichts zu absorbieren.
- Nitrobenzen ist schwach gelblich, die Nitrogruppe bewirkt eine Vergrößerung des delokalisierten Bereiches und damit eine Absorption im violetten Bereich des Spektrums.
- p-Nitroanilin ist orange. Das freie Elektronenpaar der Aminogruppe wird in das delokalisierte System mit einbezogen.

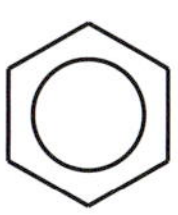

Benzen
farblos

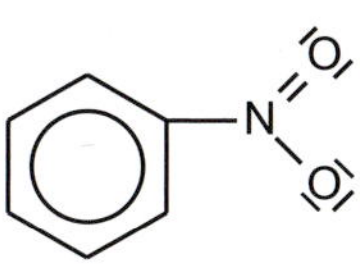

Nitrobenzen
schwach gelblich

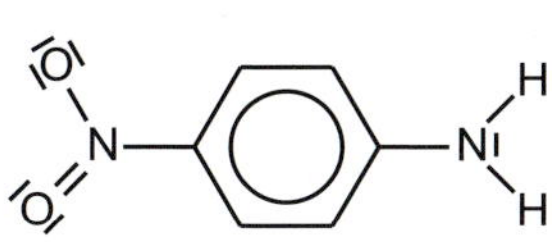

p-Nitroanilin
orange

Der Farbstoff Carotin wird oft in der Lebensmittelindustrie verwendet, um den Produkten eine Butter- oder Eidotter-ähnliche Farbe zu geben.

chroma (griech.) = Farbe
phoros (griech.) = Träger
augere (lat.) = vermehren

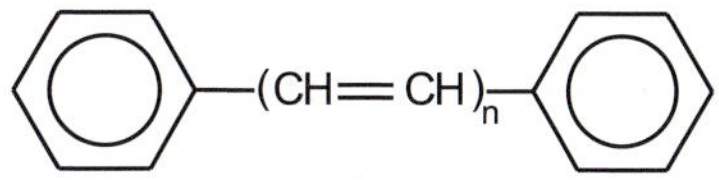

Bewegliche Elektronen, Farbe und Metallglanz.
Die höchsten absorbierten Wellenlängen λ und die beobachteten Farben sind in der Tabelle für Moleküle mit Kettenlängen von n = 1 bis 8 zusammengestellt.

n	λ nm	Farbe
1	319	keine
2	352	blassgelb
3	377	grünlich-gelb
4	404	gelb-orange
5	424	orange
6	445	braun-orange
7	465	Kupfer-Bronzeglanz
8	484	bläulicher Kupferglanz

Mit zunehmender Länge der Kette verschiebt sich die Strahlungsabsorption vom ultravioletten in den sichtbaren Bereich. Noch längere Moleküle aus dieser Serie sind glänzend schwarz wie Grafit, weil der Absorptionsbereich so breit ist, dass er das gesamte sichtbare Spektrum abdeckt. Die Schichten des Grafits können als extrem große aromatische Moleküle aufgefasst werden (siehe auch Seite 24).

15.2 Farbstoffe

An praktisch verwendbare Farbstoffe werden eine Reihe von Anforderungen gestellt, sodass nicht jede färbige Verbindung als Farbstoff geeignet ist. Neben einem **schönen Farbton** sind vor allem die chemische **Beständigkeit** und die **Lichtechtheit** wichtig. Während zum Färben von Textilien vorwiegend wasserlösliche Ausgangsstoffe verwendet werden, sind für Druckfarben und Lacke unlösliche, fein pulverisierte Farbstoffe (Pigmente) in Verwendung, die durch ein Bindemittel aufgeklebt werden.

Die über 500 technisch in größeren Mengen verwendeten Farbstoffe lassen sich auf wenige Grundstrukturen zurückführen.

Mehr als die Hälfte gehören zu den **Azofarbstoffen** (Anilinfarben).

Die **Synthese von Azofarbstoffen** erfolgt in zwei Schritten:

1. **Diazotierung**: Primäre aromatische Amine werden mit Natriumnitrit-Lösung in das Diazoniumsalz umgewandelt:

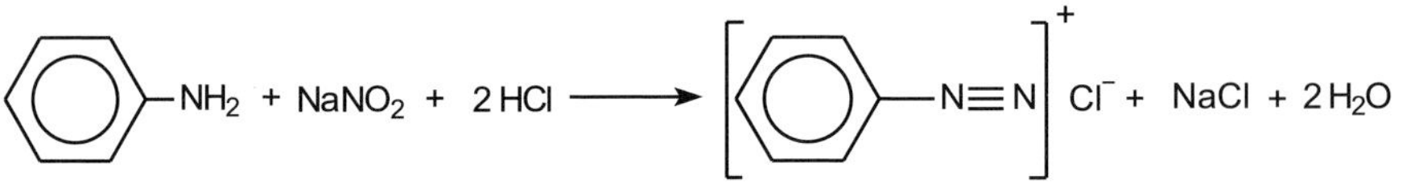

Diazoniumsalz

2. **Azokupplung**: Diazoniumlösungen werden mit Phenolen oder aromatischen Aminen zur Reaktion gebracht:

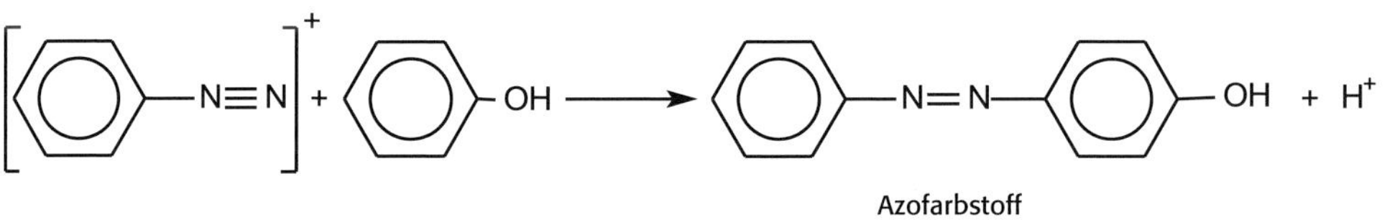

Azofarbstoff

Durch Verwendung von Ausgangsstoffen mit verschiedenen chromophoren und auxochromen Gruppen sind Azofarbstoffe in fast allen Farben herstellbar.

Anthrachinonfarbstoffe haben besonders brilliante Farbtöne und hervorragende farbtechnische Eigenschaften.

Ein Beispiel ist das bereits 1901 hergestellte *Indanthren*, das heute als Warenzeichen für besonders licht- und waschechte Färbung dient.

2-Aminoanthrachinon wird mit Kaliumhydroxid und Kaliumnitrat als Oxidationsmittel verschmolzen.

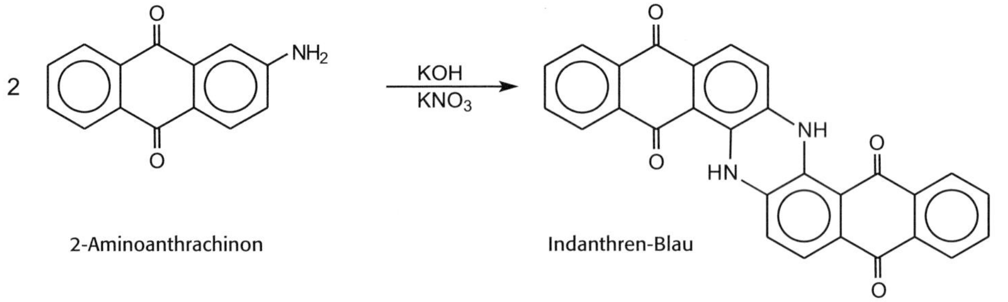

2-Aminoanthrachinon

Indanthren-Blau

Triphenylmethanfarbstoffe haben einen großen Anwendungsbereich:

Phenolphthalein wird als Säure-Base-Indikator verwendet.

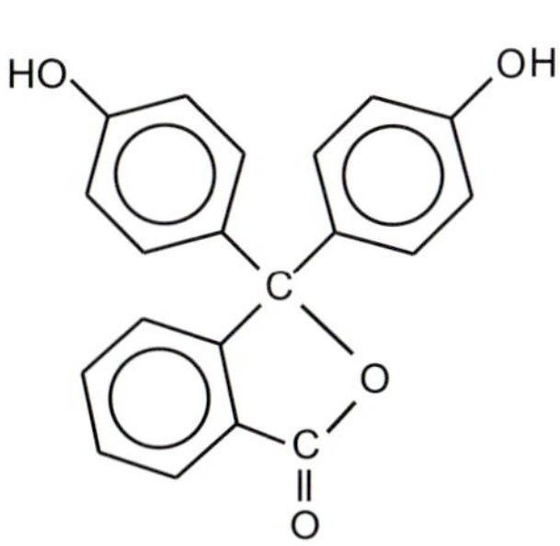

farblos, pH ≤ 8

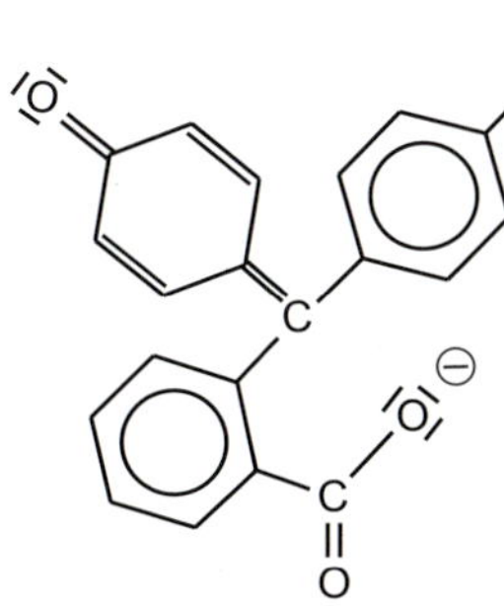

rotviolett, 8 < pH < 13

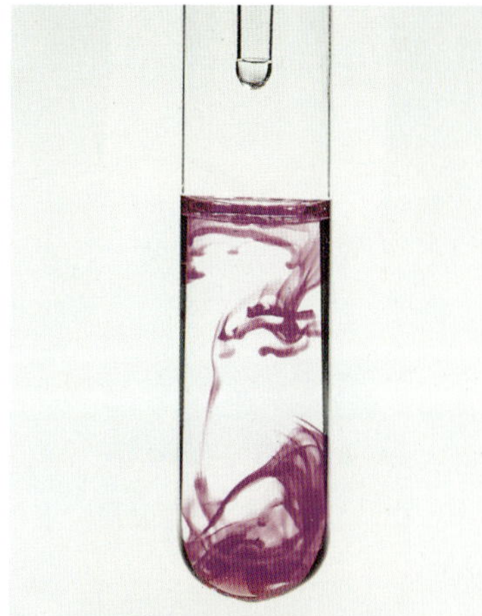

Zu einer Phenolphthalein-Lösung wird Natronlauge getropft.

Fluorescein ist ungiftig und wird, da seine Lösungen intensiv grün fluoreszieren, Badesalzen zugegeben. Da es auch noch in geringsten Mengen nachweisbar ist, verwendet man es, um den Verlauf unterirdischer Gewässer (z. B. in Karstgebieten) festzustellen.

Auch *Eosin*, der Farbstoff der roten Tinte, und *Methylviolett* zählen zu dieser Gruppe.

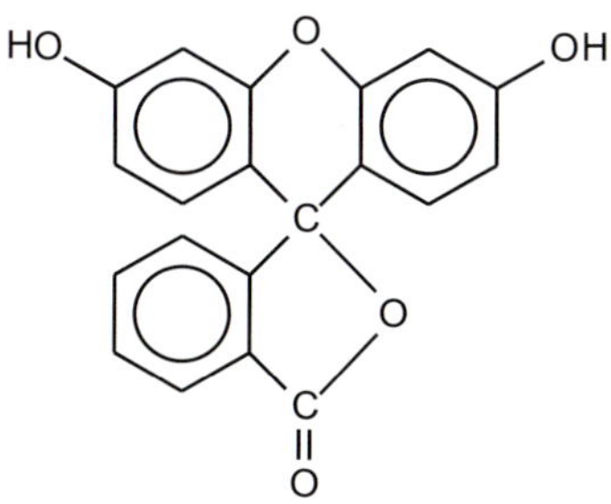

Fluorescein

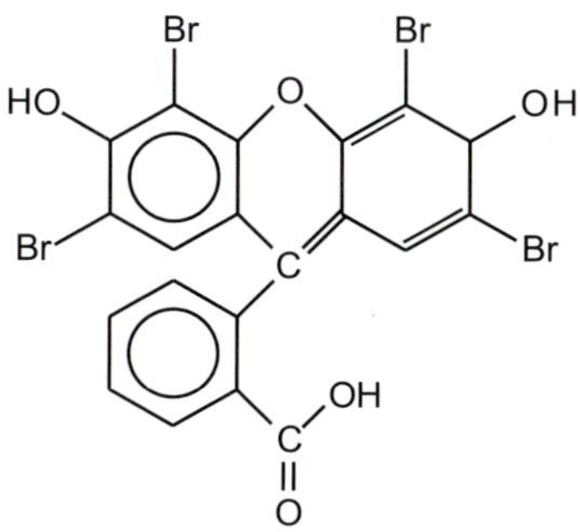

Eosin

Die Farbstoffe Fluorescein, Eosin und Methylviolett.

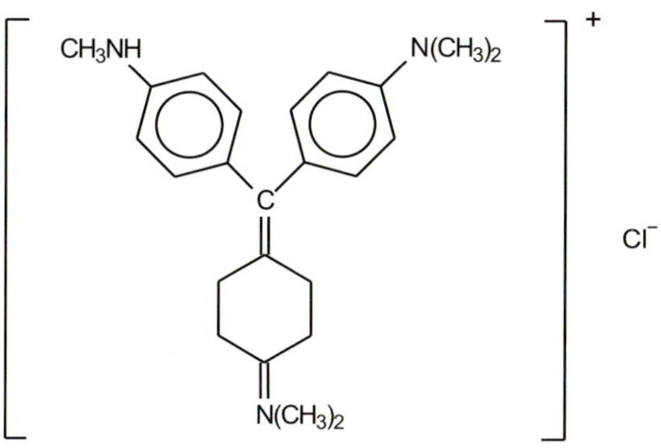

Methylviolett

Färben mit Indigo.
Der Baumwollstoff taucht in die gelbe Leukoindigo-Lösung. Die Lösung wird hochgesaugt, an der Luft bildet sich blauer Indigo.

leukos (griech.) = farblos

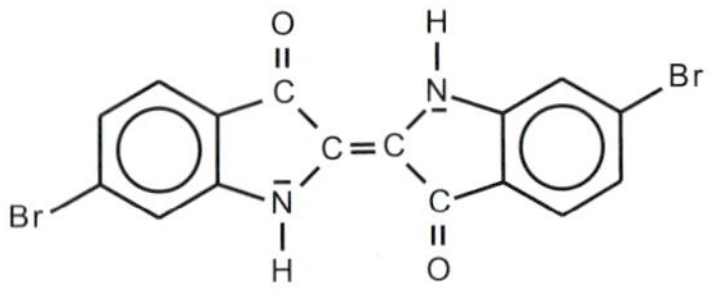

Antiker Purpur.
Der antike Purpur wurde von FRIEDLÄNDER in den Jahren 1909 bis 1911 erforscht. Es ist Dibromindigo.

Purpurschnecke.
Aus 12 000 Schnecken wurde ein Gramm Farbstoff gewonnen.

Färben von Textilfasern

Eine farbige Verbindung ist nur dann als Textilfarbstoff geeignet, wenn sie lichtecht ist und auf der Faser fest haftet, d.h. beim Waschen, Bügeln, Reiben oder durch Schweißeinwirkung möglichst wenig abfärbt. Je nach Fasertyp werden unterschiedliche Farbstoffe verwendet.

Direktfarbstoffe werden von der Faser durch Van-der-Waals-Kräfte festgehalten.

Küpenfarbstoffe sind wasserunlöslich. Durch geeignete Reduktionsmittel können sie aber vor dem Färben in eine wasserlösliche, meist farblose Form (Leukoform) gebracht werden. Nach dem Herausziehen der Textilien aus dieser Lösung (Küpe) stellt der Luftsauerstoff die ursprüngliche, färbige und unlösliche Verbindung wieder her.

Bekanntestes Beispiel ist **Indigo**, der blaue Farbstoff der Blue Jeans. Das Färben mit Indigo war schon in den Hochkulturen des Altertums bekannt. Im Mittelalter und in der Neuzeit wurde in Europa mit dem Indigo der Färberwaidpflanze und dem aus Bengalen und Java importierten Produkt gefärbt. Als 1890 die wirtschaftliche Synthese des Indigo gelang, wurde das Naturprodukt binnen weniger Jahre verdrängt. Da seine Waschechtheit heutigen Ansprüchen nicht mehr genügt, wird er nur noch dort verwendet, wo ein Auswaschen modisch erwünscht ist.

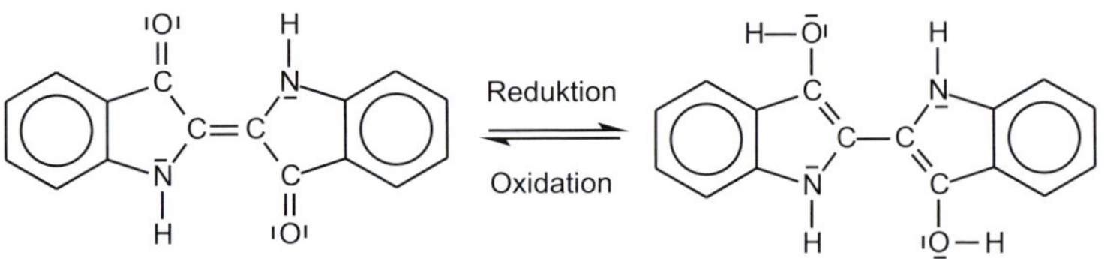

Die Strukturen des Indigo

Saure und basische Farbstoffe enthalten COOH-, SO_3H- oder NH_2-Gruppen. Fasern, die wie Wolle oder Seide aus Aminosäuren aufgebaut sind, können mit ihren geladenen Seitenketten diese Gruppen durch Ionenbindungen festhalten.

Entwicklungsfarben und **Reaktivfarbstoffe** gehen mit den Fasern Elektronenpaarbindungen ein und sind daher besonders waschecht.

Pigmentfarbstoffe werden in fester Form der Kunstfasermasse vor dem Verspinnen zugegeben und sind in der fertigen Faser als winzige Partikel verteilt.

ÜBUNG:

15.1 Aus welchen Ausgangsstoffen kann der Azofarbstoff Methylorange hergestellt werden?

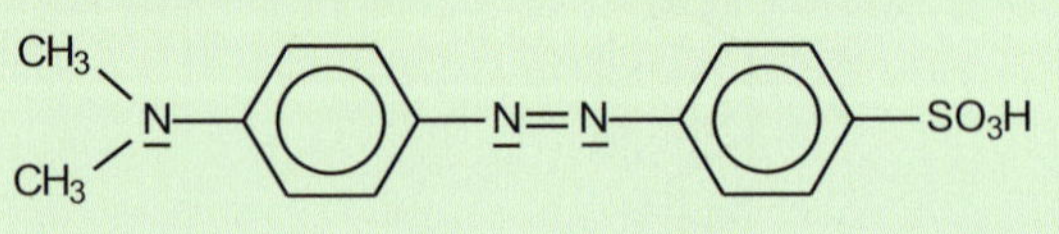

Welche Gruppen dieses Farbstoffes sind Chromophore? Welche Gruppen sind auxochrom?

16. Trenn- und Analyseverfahren

Die Synthese, die Herstellung neuer, bisher unbekannter Moleküle ist nur eine der Aufgaben einer Chemikerin/eines Chemikers. Von gleicher Bedeutung sind die Trennung und die Analyse von Stoffen.

Einige Beispiele sollen dies illustrieren:

Zahlreiche medizinische Wirkstoffe wurden durch die Untersuchung von Heilpflanzen oder anderer Organismen gefunden.
Manchmal führte der Zufall Regie, wie bei der Entdeckung des Penizillins durch FLEMING 1928. Er hatte beobachtet, dass Bakterien auf Nährböden, die durch ein Versehen von Schimmel befallen worden waren, nicht überlebten und schloss daraus, dass dieser Schimmelpilz eine bakterientötende Substanz absondert.
Andere Erfolge waren das Ergebnis systematischen Suchens. Ärztinnen und Ärzte durchforschten alte Aufzeichnungen über Heilpflanzen und prüften die Rezepte auf ihre Wirksamkeit. War sie gegeben, so begann die Arbeit des Analyselabors. In all diesen Fällen ist nicht das biologische Material als Ganzes wirksam, sondern nur eine bestimmte Substanz, die zu einem sehr geringen Prozentsatz in der Pflanze enthalten ist. Um diesen Wirkstoff näher untersuchen zu können, muss er von allen anderen Begleitstoffen abgetrennt werden. Erst wenn er in reiner Form vorliegt, kann seine Strukturformel bestimmt werden.

Ist sie bekannt, so wird in einem nächsten Schritt versucht, diesen Stoff zu synthetisieren. Sei es, um ihn in unbegrenzten Mengen zur Verfügung zu haben, sei es, um ein geringfügig abgeändertes Molekül mit möglicherweise besseren Eigenschaften herzustellen.
Wiederum sind ständige Analysen erforderlich. Ist bei einem Syntheseschritt tatsächlich das erhoffte Zwischenprodukt entstanden? In welcher Menge? Ist schließlich eine wirtschaftliche Synthese gefunden, so muss das Betriebslabor durch ständige Analysen die Reinheit des Produkts sicherstellen.

In anderen Bereichen ist es zwar nicht notwendig, unbekannte Strukturen zu bestimmen, dafür soll aber die Menge einer Substanz rasch und zuverlässig ermittelt werden.
Alle Maßnahmen zur Verbesserung unserer Umwelt erforden beispielsweise ein dichtes Netz von Messstationen, um Schadstoffe in Luft und Wasser rasch feststellen zu können. Nur so ist es möglich, rechtzeitig vorbeugende Maßnahmen einzuleiten bzw. die Verursacherin/den Verursacher festzustellen.

Auch die moderne Medizin ist bei der Diagnose immer mehr auf Analysewerte angewiesen, von einfachen Blut- oder Harnuntersuchungen bei der Hausärztin/beim Hausarzt bis zu Dopingtests in bestausgestatteten Labors.

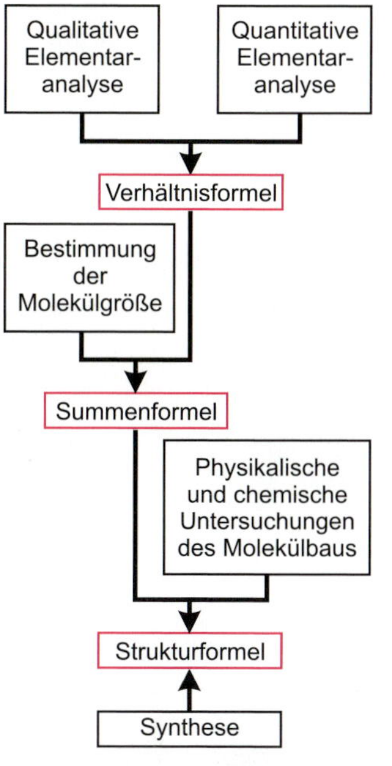

Weg der Strukturermittlung einer organischen Verbindung.

16.1 Trennverfahren

Einige der **klassischen Trennverfahren**, die im Prinzip schon von den Alchemisten angewandt und seither ständig verbessert wurden, sind uns bereits bekannt:

Bei der **Destillation** (Erdölverarbeitung, Schnapsbrennen, …) wird die unterschiedliche Siedetemperatur der Bestandteile zu ihrer Trennung ausgenutzt (Seite 35 und 50).

Dünnschichtchromatografie eines Farbstoffgemisches.

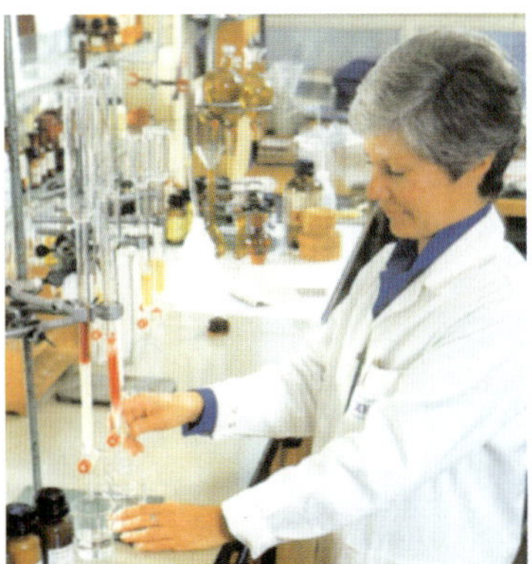

Säulenchromatografie.

Die **Extraktion** beruht auf der unterschiedlichen Löslichkeit der Komponenten. In einem bestimmten Lösungsmittel ist eine Substanz(gruppe) wesentlich leichter löslich als der Rest und wird so herausgelöst (Kaffee- und Teezubereitung, Speiseölgewinnung, ...).

Auch bei der **Kristallisation** dient die unterschiedliche Löslichkeit zur Abtrennung eines Stoffes (Zuckergewinnung, Seite 90; ...).

Diese Verfahren lassen sich problemlos auch im großtechnischen Maßstab einsetzen, reichen jedoch oft nicht aus, um nahe verwandte Substanzen zu isolieren. In den letzten Jahrzehnten wurden daher Verfahren entwickelt, mit denen auch sehr ähnliche Moleküle getrennt werden können. Sie sind allerdings in der Regel nicht zur Anwendung im Tonnenmaßstab geeignet. Eine Auswahl solcher **moderner Trennverfahren** ist im Folgenden zusammengestellt.

Papier- und Dünnschichtchromatografie

Bringt man auf einem Streifen Filterpapier mit einem Farbstoffgemisch einen Strich an und hängt das Ende des Streifens in eine geeignete Flüssigkeit (Laufmittel), so wird sie durch die Kapillarwirkung hochgesaugt; die einzelnen Farbstoffe des Gemisches folgen der Laufmittelfront jedoch unterschiedlich rasch. Moleküle, die starke Wechselwirkungen zu den Cellulosefasern ausbilden, werden von der vorbeiströmenden Flüssigkeit nur schlecht losgelöst und wandern daher nur langsam nach oben. Sind die Wechselwirkungen hingegen schwach, so ist die Substanz schon knapp hinter der Laufmittelfront anzutreffen. Größere Wanderungsgeschwindigkeiten und bessere Trennschärfe erreicht man mit dünnen Schichten von Cellulose-, Kieselgel- oder Aluminiumoxidpulver auf einer Glasplatte oder Aluminiumfolie (Dünnschichtchromatografie).

Zwar hat dieses Trennverfahren seinen Namen von der ursprünglichen Verwendung bei Farbstoffen, es ist aber keineswegs nur auf gefärbte Verbindungen beschränkt.

Auch farblose Substanzen lassen sich sichtbar machen, entweder, indem man das fertige Chromatogramm bei ultraviolettem Licht betrachtet, wobei die Substanzen die Fluoreszenz eines im Pulver befindlichen Stoffes löschen und so als dunkle Flecken erkennbar werden, oder indem das Chromatogramm mit Reagenzien besprüht wird, die mit den Komponenten der Probe eine gefärbte Verbindung eingehen (z. B. bei Aminosäuren angewandt).

Nicht nur die Trennung der Substanzen ist auf diese Art möglich (durch Herunterlösen vom Papier können die Reinstoffe in kleinen Mengen gewonnen werden). Die Größe des Farbflecks ermöglicht auch eine mengenmäßige Abschätzung und mithilfe von Vergleichssubstanzen ist oft eine Identifizierung der einzelnen Komponenten möglich: Wandert die Vergleichssubstanz und ein Bestandteil der Probe auch in verschiedenen Laufmitteln stets gleich weit, so sind sie mit hoher Wahrscheinlichkeit identisch.

Die **Säulenchromatografie** ist eine Variante zur Trennung etwas größerer Substanzmengen. Dazu wird das Pulver in ein Glasrohr von einigen cm Durchmesser gefüllt, die Lösung des Gemisches oben aufgebracht und die einzelnen Komponenten vom Laufmittel herausgewaschen.

Gaschromatografie

chroma (griech.) = Farbe
graphein (griech.) = schreiben

Auch dieses Verfahren beruht auf der Adsorption von Molekülen. Es kann für alle Substanzen verwendet werden, die sich unzersetzt verdampfen lassen. In manchen Fällen können auch nicht flüchtige Verbindungen untersucht werden, wenn sie vorher in verdampfbare Derivate umgewandelt werden (z. B. Zucker und Fette, Seite 77).

Das Messgerät, der **Gaschromatograf**, besteht aus einem beheizbaren Gehäuse, in dem sich ein dünnes (unter Umständen mehrere Meter langes, aufgewickeltes) Rohr, die **Trennsäule**, befindet. Sie ist mit einer pulverförmigen **Trägersubstanz** gefüllt, deren winzige Partikel mit einer dünnen Flüssigkeitsschicht überzogen sind. Ein **Trägergas** (z. B. Helium) durchströmt die Säule.

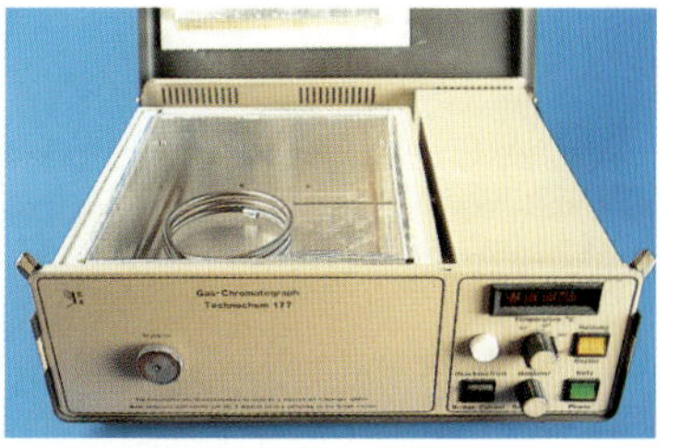

Ein einfacher Gaschromatograf.

Durch eine Gummimembrane am Beginn der Säule wird das zu untersuchende Flüssigkeitsgemisch injiziert (wenige mm^3 genügen). Es verdampft in der beheizten Säule sofort, der Dampf wird vom Trägergas weiterbefördert. Wie rasch der Dampf eines Bestandteiles durch die Säule wandert, hängt davon ab, wie gut er sich in der Flüssigkeitsschicht der Körnchen löst. Löst er sich dort nur schlecht, wird er nicht lange in der Säule bleiben, sondern bald vom Trägergas zum anderen Ende gespült werden; seine Retentionszeit ist gering. Je besser die Löslichkeit, d. h. je stärker die Kräfte zwischen den Molekülen des Dampfes und denen der Flüssigkeit, desto größer die Retentionszeit.

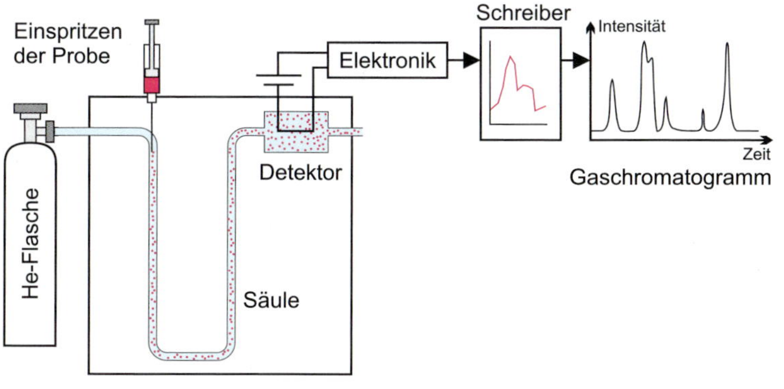

Schematischer Aufbau eines Gaschromatografen.

Ein **Hitzdrahtdetektor** zeigt an, wann der Dampf das Ende der Säule erreicht. Er besteht aus einem dünnen, elektrisch beheizten Draht. Solange er nur vom Trägergas umströmt wird, ist seine Temperatur vergleichsweise niedrig, da Helium die Wärme sehr gut ableitet. Der Dampf einer organischen Substanz ist ein wesentlich schlechterer Wärmeleiter. Sobald er beim Hitzdraht eintrifft, steigt daher dessen Temperatur, was zu einer Erhöhung des elektrischen Widerstandes führt. Diese wird von einem Schreibgerät registriert. Jeder eintreffende Dampf wird als Zacken (Peak) auf dem Schreiberpapier aufgezeichnet. Die Fläche eines Peaks ist ein Maß für die Substanzmenge, durch Vergleich mit den Retentionszeiten bekannter Substanzen können in vielen Fällen einzelne Komponenten identifiziert werden.

In modernen Forschungslabors sind Gaschromatografen, an deren Ausgang Massenspektrometer oder Infrarotspektrografen (siehe folgender Abschnitt) angeschlossen sind, ein wichtiges Hilfsmittel bei der Identifizierung winzigster Substanzmengen.

16.2 Analyseverfahren

Erst nachdem eine Substanz in reiner Form isoliert wurde, kann mit der Bestimmung ihrer Struktur begonnen werden.

Der Gang des **klassischen Verfahrens** wurde schon einleitend auf Seite 4 ff. angedeutet.

Durch eine **Verbrennungsanalyse** wird, zusammen mit einer Bestimmung der **Molekülmasse**, die Summenformel ermittelt. Einzelne **Nachweisreaktionen** liefern dann Hinweise auf funktionelle Gruppen (wir haben nur ganz wenige dieser Reaktionen kennen gelernt, z. B. die Reaktion mit Brom zum Nachweis von Mehrfachbindungen oder die Fehling-Lösung). Bei größeren Molekülen ist es darüber hinaus notwendig, sie durch gezielte **Abbaureaktionen** zunächst in kleinere Bruchstücke zu zerlegen, diese zu trennen, zu identifizieren und aus ihnen auf die Gesamtstruktur zu schließen. Der endgültige Strukturbeweis erfolgt dann erst durch die Synthese der vorher unbekannten Substanz. Es ist naheliegend, dass dieses Verfahren der Strukturaufklärung bei komplizierteren Molekülen sehr langwierig und schwierig sein kann. Trotzdem wurde z. B. die Struktur fast aller in diesem Buch erwähnten Moleküle (mit Ausnahme der Proteine) schon vor rund 80 Jahren aufgeklärt, wozu in einzelnen Fällen allerdings die jahrelange Arbeit ganzer Forschergruppen erforderlich war.

Neben dem enormen Zeit- und Arbeitsaufwand weisen diese Methoden noch einen anderen Nachteil auf: Bei Verbrennungsanalysen, Nachweis- und Abbaureaktionen wird Substanz verbraucht. Auch wenn die Verfahren im Laufe der Zeit so verfeinert wurden, dass schon wenige Milligramm für eine Reaktion genügen, so ist es bei seltenen Naturstoffen mitunter extrem schwierig oder sogar unmöglich, die notwendige Gesamtmenge zu beschaffen.

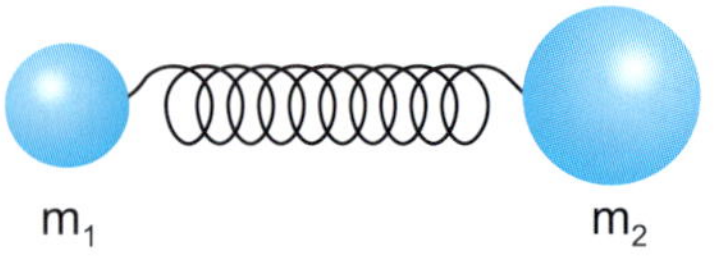

Federmodell eines Moleküls.

Moderne Verfahren der **instrumentellen Analytik** messen in der Regel bestimmte physikalische Effekte. Sie arbeiten meist zerstörungsfrei und kommen mit winzigen Substanzmengen (1 mg) aus.

Wesentliche Informationen über ein Molekül erhält man beispielsweise, wenn die **Wechselwirkungen mit Licht** verschiedener Wellenlänge untersucht werden.

UV-Spektroskopie

Wie auf Seite 125 erwähnt, reicht die Energie des ultravioletten und des sichtbaren Lichtes aus, um Bindungselektronen auf höhere Energieniveaus zu heben. Durch Messung der Lichtabsorption bei verschiedenen Wellenlängen kann auf die Lage dieser Niveaus und damit auf das Vorhandensein und die Beschaffenheit von Mehrfachbindungen im Molekül geschlossen werden.

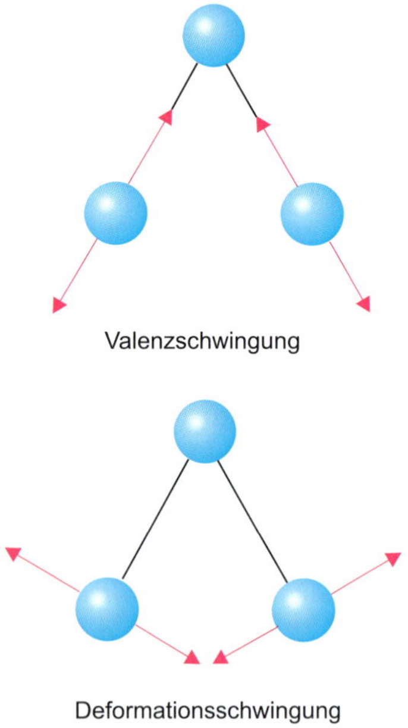

Schwingungsformen eines dreiatomigen Moleküls.

Infrarot-Spektroskopie

Infrarotes Licht ist wesentlich energieärmer als sichtbares oder ultraviolettes. Seine Energie reicht nicht aus, um Elektronen auf höhere Energieniveaus zu befördern, doch kann es Moleküle in Schwingungen versetzen.

Jedes Molekül ist ein schwingungsfähiges Gebilde. In einem einfachen Modell kann man sich die Atome als Kugeln mit unterschiedlicher Masse, die Bindungen als Spiralfedern mit unterschiedlicher Stärke vorstellen. Die Frequenz der Eigenschwingung eines solchen Körpers ist sowohl von der Masse der Kugeln als auch von der Stärke der Federn abhängig. Es ist daher leicht ersichtlich, dass z. B. die Atome einer C–H-Bindung mit einer anderen Frequenz schwingen als die Atome einer C=O-Gruppe.

Wird nun eine Probe mit IR-Licht unterschiedlicher Wellenlänge durchstrahlt, so geraten die einzelnen Bindungen je nach Atommasse und Bindungsstärke bei unterschiedlichen Frequenzen in Resonanz. Im Resonanzfall wird das einfallende Licht stark absorbiert, seine Energie in Molekülschwingungen umgesetzt.

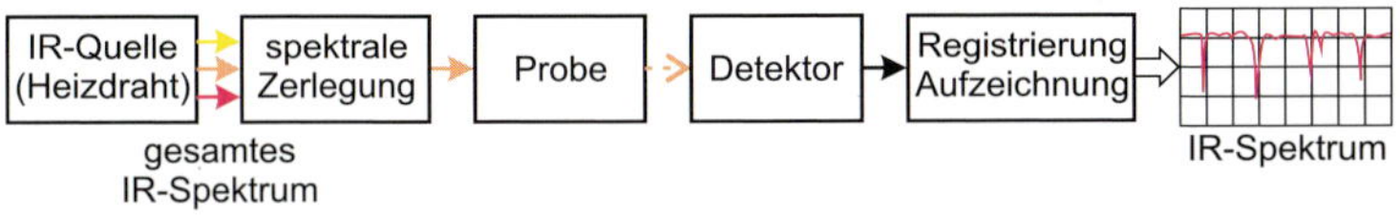

Schematischer Aufbau eines IR-Spektrografen.

Das so erhaltene IR-Spektrum einer Substanz zeigt deutliche Absorptionsmaxima. Je nach der Wellenlänge, bei der sie auftreten, kann auf das Vorhandensein bestimmter Bindungen (funktioneller Gruppen) geschlossen werden.

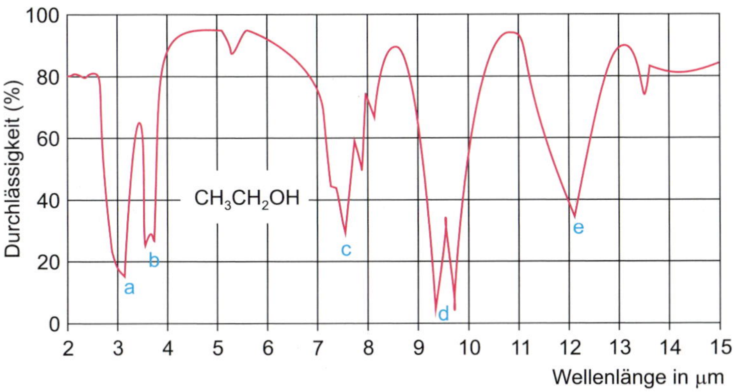

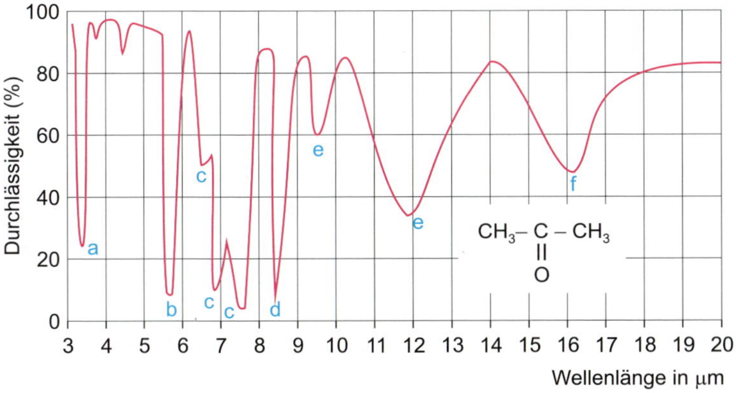

IR-Spektren von Ethanol und Propanon (Aceton). Die jeweils in Resonanz befindliche Atomgruppe ist angegeben.

IR-Spektren von Ethanol

Bande	Schwingung
a	O–H-Valenz
b	C–H-Valenz
c	C–H-Deformation
d	C–O-Valenz
e	C–C-Valenz

IR-Spektren von Propanon

Bande	Schwingung
a	C–H-Valenz
b	C–O-Valenz
c	C–H-Deformation
d	C–C-Valenz
e	C–H-Deformation
f	C–C–C-Deformation

1 µm = 1 Mikrometer = 10^{-6} m

Die beiden Abbildungen können natürlich nur das Prinzip der Methode illustrieren, da zur vollständigen Auswertung solcher Spektren sehr viel Erfahrung notwendig ist.

Massenspektroskopie

Die Entwicklung dieses Verfahrens führte zur Entdeckung der Isotope. Heute wird es hauptsächlich in der organisch-chemischen Analyse eingesetzt.

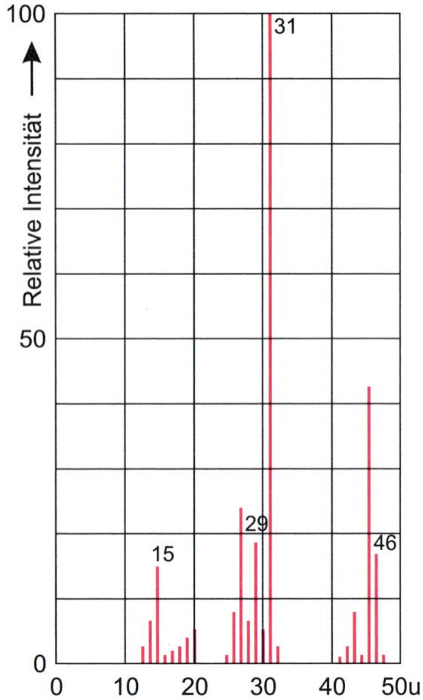

Massenspektrum von Ethanol.

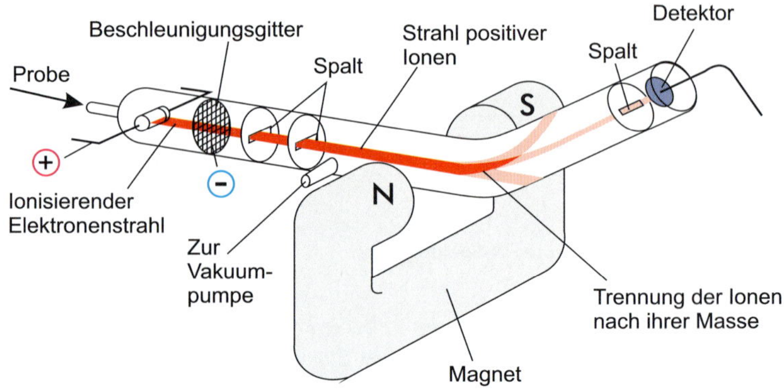

Schema eines Massenspektrografen.

Im Massenspektrografen wird die Probe im Hochvakuum verdampft und mit energiereichen Elektronen beschossen. Diese schlagen in der Regel aus den Molekülen je ein Elektron heraus, wodurch positiv geladene Ionen entstehen. Sie werden in einem elektrischen Feld beschleunigt und in einem Magnetfeld so abgelenkt, dass sie je nach ihrer Masse an unterschiedlichen Stellen des Detektors auftreffen. Aus dem Ausmaß der Ablenkung kann die Masse des Ions und damit die Molekülmasse der Probesubstanz bestimmt werden.

Der Elektronenbeschuss führt jedoch nicht nur zu einer Ionisierung von Molekülen, sondern auch zu ihrem Auseinanderbrechen. Diese Fragmentierung erfolgt nicht regellos, sondern bevorzugt an Stellen mit schwachen Bindungen.

Als **Beispiel** sei das **Massenspektrum** des **Ethanols** betrachtet:

Das Teilchen mit der größten Masse (46 u) ist das Molekül-Ion M^+. (Das schwache Signal bei 47 u ist auf Molekül-Ionen zurückzuführen, die ein Deuterium- oder ^{13}C-Atom enthalten). Das häufigste Teilchen ist jedoch das Fragment CH_2OH^+, das durch Abspaltung der CH_3-Gruppe (15 u) gebildet wird. Das Signal bei 45 u entspricht einem Ion, bei dem das Wasserstoffatom der OH-Gruppe abgespalten wurde, das bei 29 u der Abspaltung der OH-Gruppe (17 u) selbst.

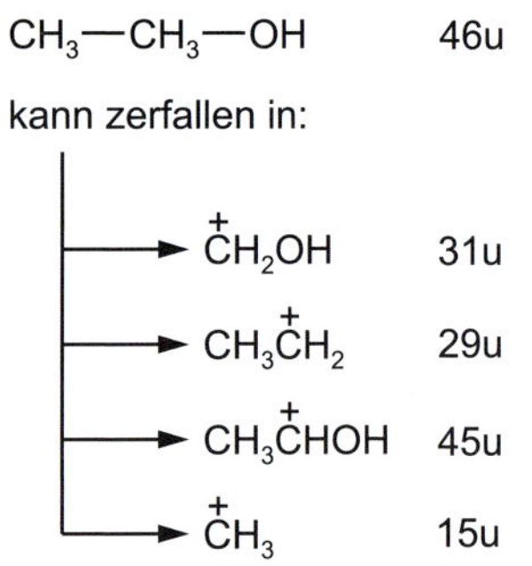

Mögliche Bruchstücke von Ethanol.

Die Abspaltung mancher Bruchstücke ist für bestimmte Substanzgruppen typisch (z. B. die Abspaltung einer Einheit mit 17 u, das entspricht einer OH-Gruppe und weist auf einen Alkohol hin).

Auch bei dieser Methode ist selbstverständlich viel Erfahrung nötig, um letztendlich aus einem Zackenwald von Signalen die wesentlichen Informationen zu gewinnen. Die Auswertung wird aber auch hier durch Computer unterstützt, die das Signal mit den gespeicherten Spektren von mehreren hunderttausend Substanzen vergleichen und so eine Identifizierung erleichtern.

Mit hochauflösenden Massenspektrometern ist eine noch genauere Analyse möglich, die Aussagen über die Summenformel der Substanz gestattet. Ein einfaches Beispiel soll die prinzipielle Vorgangsweise erklären: Ein Teilchen mit der Masse 28 u könnte die Formel C_2H_4 oder CO haben. Hochauflösende Geräte können die beiden Teilchen jedoch aufgrund ihrer etwas unterschiedlichen Masse (28,0312 u bzw. 27,9949 u) unterscheiden.

Röntgenstrukturanalyse

Diese Methode dient nicht zur Bestimmung der Summen- oder Strukturformel, sondern zur Ermittlung der Molekülgestalt. Mit ihrer Hilfe gelang es, die Doppelhelix-Anordnung der DNA (Seite 149) sowie die Raumstrukturen zahlreicher Proteine aufzuklären (Seite 105 ff.). Das Messprinzip ist einfach, die Auswertung der Ergebnisse allerdings mathematisch sehr aufwändig:

Bekanntlich werden Wellen, wenn sie auf ein Hindernis treffen, gebeugt. Die Beugung ist dann gut zu beobachten, wenn die Wellenlänge der Strahlung und die Größe des Hindernisses annähernd gleich sind. Bei der aus dem Physikunterricht bekannten Beugung des Lichts an einem Gitter ist dies der Fall (Linienabstand im Gitter ca. 0,001 mm, Lichtwellenlänge ca. 0,0006 mm). Auch die Atome in einem Kristallgitter können elektromagnetische Wellen beugen. Da die Bindungsabstände der Atome aber nur ca. 0,00000015 mm betragen, ist eine entsprechend kurzwellige Strahlung, d. h. Röntgenstrahlung, notwendig.

Die experimentelle Schwierigkeit besteht meist darin, aus dem Protein einen brauchbaren winzigen Kristall herzustellen. Aus der Art des Beugungsmusters wird auf die Beschaffenheit des Beugungsgitters rückgerechnet. Zwar sind die Gesetze der Beugung bekannt, doch haben in diesem Fall die Beugungsgitter sehr komplizierte Strukturen, sodass auch hier die Hilfe von Rechenanlagen in Anspruch genommen wird.

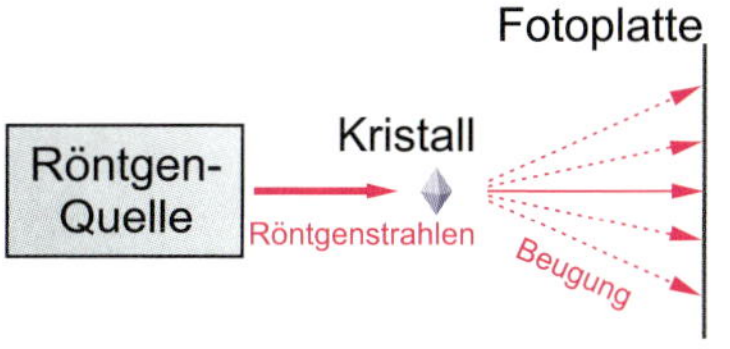

Schematische Messanordnung.

NMR-Spektroskopie

Die NMR-Spektroskopie (engl. **N**uclear **M**agnetic **R**esonance = kernmagnetische Resonanz) nutzt den Umstand, dass Protonen und Neutronen eines Atomkerns um ihre eigene Achse rotieren, d. h. einen Spin besitzen. Der Gesamtspin des Kerns ergibt sich aus dem Spin der Protonen und der Neutronen. Bei Kernen mit gerader Anzahl von Protonen und Neutronen (z. B. ^{12}C oder ^{16}O) heben sich die Spins in ihrer Wirkung auf; Kerne mit ungerader Protonen- oder Neutronenzahl hingegen besitzen einen Spin und verhalten sich wie winzige Stabmagnete. Für die organische Chemie von Bedeutung sind die Kerne von ^{1}H und von ^{13}C, der zu ca. 1 % im natürlichen Kohlenstoff enthalten ist.

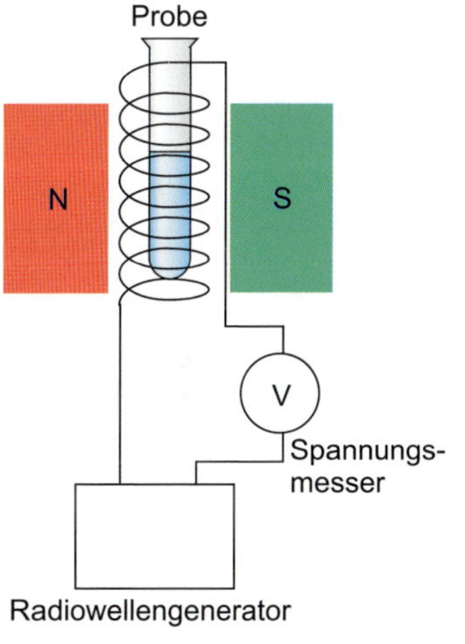

Schema eines NMR-Spektrometers.

Wird ein solcher „Stabmagnet" in ein starkes Magnetfeld gebracht, so sind zwei Orientierungen möglich: Eine energiearme, bei der seine Pole zu den entgegengesetzten Polen des äußeren Magneten zeigen, und eine energiereiche, instabile, bei der seine Pole zu den gleichnamigen Polen zeigen.

Durch Absorption eines bestimmten Energiebetrages (elektromagnetischer Strahlung einer bestimmten Frequenz, bei ^{1}H je nach Feldstärke des äußeren Magneten 300 – 900 MHz) wechselt der Stabmagnet vom energieärmeren in den energiereicheren Zustand.

Die tatsächliche Feldstärke am Ort des Atomkerns ist jedoch geringer als die Feldstärke des äußeren Magneten, denn in der Elektronenhülle des Atoms wird ein entgegengesetzt gerichtetes Magnetfeld induziert, das die Wirkung des äußeren Magnetfeldes abschwächt. Das Ausmaß dieser Abschirmung hängt von der Elektronendichte rund um den Atomkern ab. Befindet er sich in der Nachbarschaft stark elektronegativer Atome, wie z. B. Sauerstoff, so werden Elektronen aus seiner Hülle abgezogen, die Abschirmung ist schwächer, die Stärke des Magnetfeldes am Ort des Kerns daher geringfügig größer und es ist daher Strahlung mit etwas größerer Energie (höherer Frequenz) zum Umklappen notwendig.

Ein sehr einfaches Beispiel, das ^{1}H-NMR-Spektrum von Ethanol, CH_3CH_2OH, soll das Prinzip der Auswertung deutlich machen:

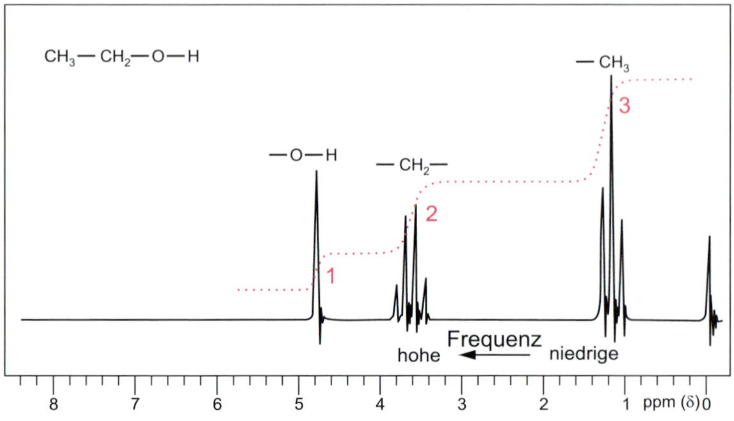

Man erkennt, abgesehen von einem Eichsignal, das den Nullpunkt einer hier nicht näher zu erläuternden Skala angibt, drei Signale bzw. Signalgruppen. Dies zeigt, dass sich im Molekül drei Arten von Wasserstoffatomen befinden, die sich durch ihre Entfernung zu einem elektronegativen Atom unterscheiden. Die Fläche unter den Zacken ist ein Maß für die Stärke der Absorption und damit für die Anzahl der gleichartigen H-Atome. Das Verhältnis der Stufenhöhen (hier 1 : 2 : 3) gibt das Zahlenverhältnis der Wasserstoffatome an.

Wechselwirkungen zwischen den Wasserstoffatomen unmittelbar benachbarter Kohlenstoffatome führen zu einer Aufspaltung der Signale, die zusätzliche Informationen über den Bau des Moleküls liefert: Die Anzahl der Zacken einer Signalgruppe ist um eins größer als die Anzahl der H-Atome am benachbarten Kohlenstoffatom.

Die NMR-Spektroskopie leistet heute einen nicht mehr wegzudenkenden Beitrag zur raschen Strukturaufklärung auch komplizierter organischer Moleküle. Allerdings erfordert auch hier die Auswertung der Spektren ein großes Maß an Erfahrung.

ÜBUNGEN:

16.1 Bei der Messung des UV-Spektrums einer farblosen Flüssigkeit wird eine Absorption bei 290 nm festgestellt. Um welche Substanz könnte es sich handeln? a) Hexan-1-ol b) Methylcyclohexan c) Phenylethen (Styren) d) Dipropylether

16.2 Ein Student erhitzt in einer Destillationsapparatur ein Gemisch aus 1 Mol konzentrierter Essigsäure und 1 Mol Butan-1-ol längere Zeit und stellt fest, dass eine farblose Flüssigkeit mit einer Siedetemperatur von 98 °C überdestilliert. Um deren Formel zu bestimmen, fertigt er ein IR-Spektrum an, das eine einzige starke Absorption bei einer Wellenlänge von 2,7 m zeigt, während im Bereich von 5,8 und 9–10 m keine Absorption feststellbar ist. Welche Substanz hat er erhalten?

16.3 Von welcher Substanz könnte dieses IR-Spektrum stammen?

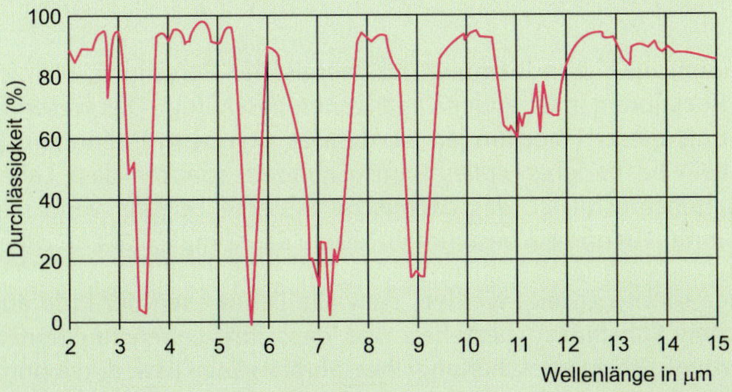

a) Propanol b) Ethanal c) Dipropylether d) Propansäure

Hinweis: Durch Vergleich mit den anderen in diesem Kapitel abgebildeten IR-Spektren kann bestimmt werden, ob die für die jeweiligen funktionellen Gruppen charakteristischen Absorptionen auftreten.

16.4 Eine Substanz mit der Summenformel $C_3H_6Cl_2$ ergibt folgendes NMR-Spektrum:

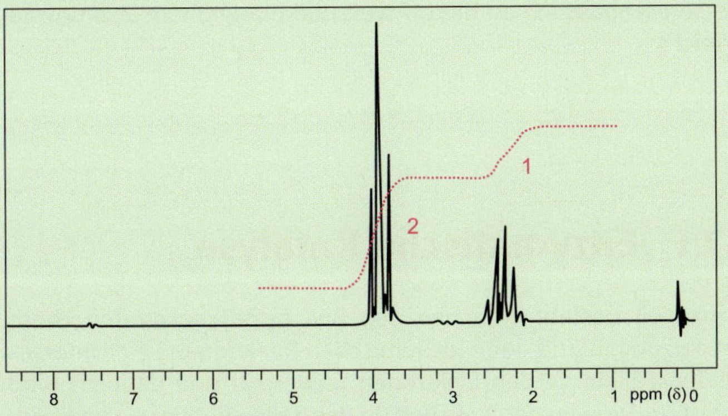

Welche Strukturformel hat die Substanz?

Hinweis: Welche Strukturformeln sind bei dieser Summenformel möglich? Zu welcher passt das Spektrum?

16.5 Eine Substanz mit der Summenformel C_4H_8O ergibt das folgende NMR-Spektrum. Welcher Stoff könnte es sein?

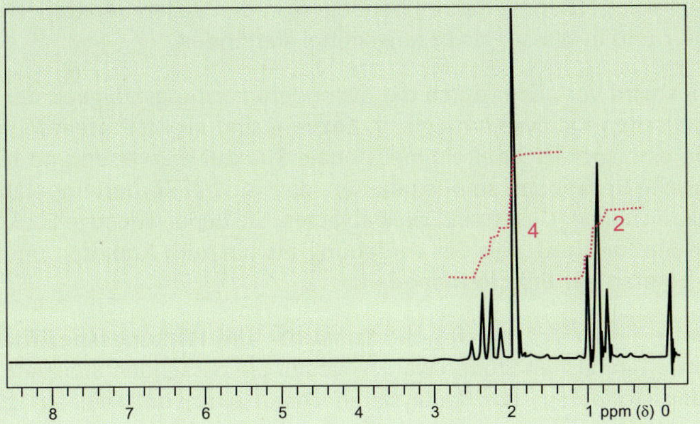

17. Biochemie

So nennt man jene Richtung der chemischen Forschung, die sich mit den Reaktionen in lebenden Organismen beschäftigt. Das wesentlichste Ergebnis dieser Forschungen ist, dass es sich beim Phänomen Leben um kein besonderes vitales Prinzip handelt, sondern dass Leben ein Verhaltensmuster ist, das chemische Systeme zeigen, wenn sie eine bestimmte Art und ein bestimmtes Niveau der Komplexität erreicht haben.

Ferner konnte gezeigt werden, dass alle Lebewesen der Erde aus den gleichen Substanzen bestehen und dass ihre Lebensfunktionen wie Vererbung, Energiebeschaffung, Transportvorgänge usw. durch prinzipiell gleiche Reaktionsfolgen geschehen.

Die Biochemie wurde somit eine Stütze der Evolutionstheorie. Beispielsweise verwendeten schon die einfachsten Lebewesen, die zellkernlosen Prokaryonten, die vor etwa 3,5 Milliarden Jahren entstanden, Glucose als Energielieferant und DNA als Informationsträger. Im Laufe der Entwicklung der Arten wurden die biochemischen Grundreaktionen natürlich verfeinert, zusätzliche Reaktionswege eingegliedert und so eine ständig bessere Anpassung an die Umwelt und eine höhere Leistungsfähigkeit erreicht.

17.1 Enzymatische Katalyse

Katalysatorwirkung eines Enzyms. Tropft man Wasserstoffperoxid-Lösung auf die frische Schnittfläche einer Kartoffel, so zersetzt sich das H_2O_2 unter Aufschäumen in Wasser und Sauerstoff. Der Grund dafür ist das Enzym Katalase, das in den Zellen die Aufgabe hat, das in der Natur gelegentlich entstehende und als Zellgift wirkende Wasserstoffperoxid zu zerstören.
Bei einer gekochten Kartoffel zeigt sich keine Reaktion, durch die Hitze wurde das Enzym (ein Protein) zerstört (denaturiert).

Prinzipiell besteht zwischen den uns bisher bekannten chemischen Umsetzungen und den biochemischen Reaktionen kein Unterschied: In beiden Fällen werden Elektronen umverteilt und dadurch Bindungen gelöst und wieder neu geknüpft. In den Zellen finden wie im Reagenzglas Säure-Base-Reaktionen, Redox-Reaktionen, Additionen, Kondensationen usw. statt.

Der große Unterschied besteht aber darin, dass Reaktionen, zu denen Chemiker/innen verschiedene Lösungsmittel, hohe Temperaturen und langwierige Trennverfahren benötigen, in den Zellen bei Körpertemperatur und in Wasser als Lösungsmittel stattfinden.

Dies wird vor allem durch die besondere Leistungsfähigkeit der enzymatischen Katalyse ermöglicht. **Enzyme** sind große Protein-Moleküle, die eine spezifische dreidimensionale Struktur aufweisen und biochemische Reaktionen so beeinflussen, dass sie bei Körpertemperatur mit ausreichender Geschwindigkeit ablaufen. Sie haben wichtige Funktionen im Stoffwechsel, von der Verdauung bis hin zum Kopieren und Transkribieren der Erbinformationen.

Sie zeichnen sich durch hohe **Substrat- und Wirkungsspezifität** aus. Unter zahlreichen Stoffen wählen sie nur die passenden Substrate (Ausgangsstoffe) aus und katalysieren genau eine von vielen möglichen Reaktionen.

Oft besteht das katalytisch wirksame, funktionsfähige Enzym tatsächlich nur aus einem Protein definierter Konformation und ist allein aufgrund seiner Struktur aktiv. Andere Enzyme brauchen Coenzyme.

Coenzyme sind die Nichteiweißanteile von Enzymmolekülen. Es handelt sich dabei entweder um die Ionen bestimmter Spurenelemente (Calcium, Magnesium, Eisen, Cobalt usw.) oder um kleine, kompliziert gebaute organische Moleküle, zu deren Synthese im Körper in vielen Fällen Vitamine benötigt werden.

Daher führt Vitaminmangel sofort zu einer wesentlichen Beeinträchtigung der Lebensvorgänge.

Als **Vitamine** bezeichnet man eine Gruppe chemisch sehr unterschiedlicher Stoffe, die der Körper nicht selbst aufbauen kann und deren Fehlen in der Nahrung zu Mangelerscheinungen führt. Der Vitaminbedarf ist, verglichen mit dem Nährstoffbedarf, sehr klein.

Aufgrund der Löslichkeit unterscheidet man fettlösliche Vitamine (A, D, E, K) von den wasserlöslichen Vitaminen (Vitamine des B-Komplexes, C). Vor allem die Vitamine des B-Komplexes wirken als Coenzyme.

Coenzyme haben sehr oft **Überträgerfunktionen**. FAD und NAD^+ übertragen Wasserstoff, Coenzym A organische Säuren, ATP überträgt Energie, das Eisenion im Hämoglobin den Sauerstoff usw.

Energieüberträger:

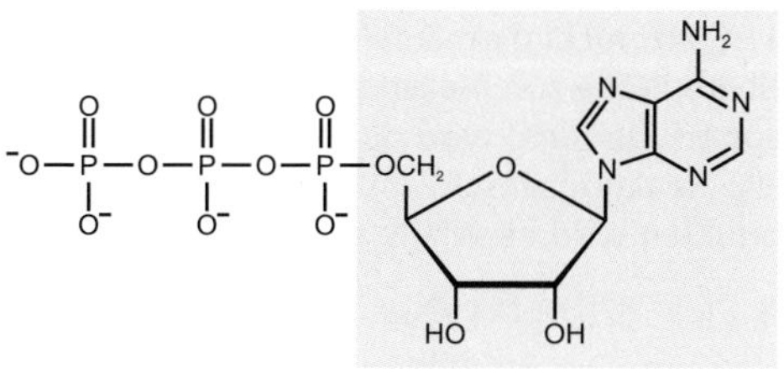

Adenosin**tri****p**hosphat (ATP)

Säureüberträger:

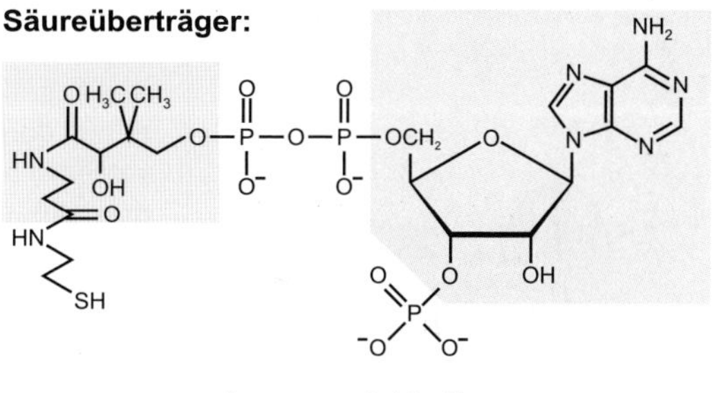

Coenzym **A** (CoA)

Wasserstoffüberträger:

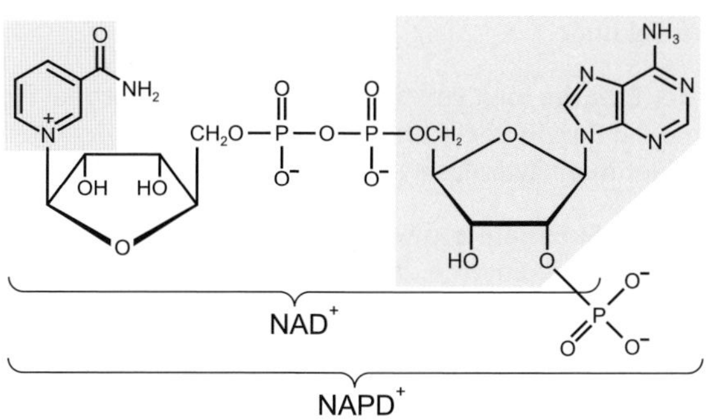

NAD^+

$NAPD^+$
Nicotinsäureamid-**A**denin-**D**inucleotid (-**P**hosphat)

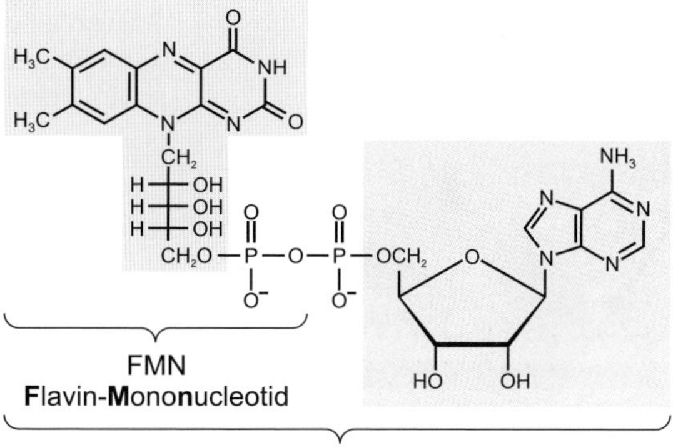

FMN
Flavin-**Mono**n**ucleotid

FAD
Flavin-**A**denin-**D**inucleotid

Wirkungsweise von Enzymen

Emil Fischer (1852–1919); deutscher Chemiker, erforschte die Zuckerarten und die Enzyme und erhielt 1902 den Nobelpreis für Chemie.

Die Wirkungsweise der Enzyme wird durch den von Emil Fischer schon 1890 vorgeschlagenen **Schlüssel-Schloss**-Mechanismus sehr gut beschrieben:

Jedes Enzymmolekül besitzt ein **aktives Zentrum** (Schloss), in das der zu verändernde Stoff wie ein Schlüssel hineinpasst. Die moderne Theorie beschreibt die Wirkungsweise von Enzymen nach dem **„induced fit"**-Modell. Dabei ist das aktive Zentrum kein starrer Bereich. Es nimmt erst nach Bindung des Substrates die dazu komplementäre Form ein, da das Substrat bei der Anlagerung eine Konformationsänderung induziert.

Das aktive Zentrum ist ein dreidimensionaler, spalten- oder höhlenartiger Bereich im Enzymprotein, der durch die Wechselwirkungen der Aminosäure-Seitenketten entsteht (Seite 107). Die geladenen und polaren Seitenketten befinden sich wegen ihres hydrophilen Charakters an der Außenseite des Enzyms, das weiter im Proteininneren liegende aktive Zentrum wird dagegen vorwiegend aus unpolaren, hydrophoben Seitenketten gebildet. Dadurch wird das für organische Reaktionen wichtige unpolare Reaktionsmilieu geschaffen. Im aktiven Zentrum befinden sich auch jene Seitenketten, die an der Bindung des Substrates bzw. an der chemischen Umsetzung beteiligt sind. Auch die benötigten Coenzyme sind hier gebunden.

Bei den meisten Enzymen läuft die Reaktion folgendermaßen ab: Zunächst wird das Substrat durch schwache zwischenmolekulare Kräfte in der richtigen Orientierung an das aktive Zentrum gebunden. Es entsteht der Enzym-Substrat-Komplex.

Der Angriff der Reagenzien ist jetzt nicht dem Zufall überlassen, sondern erfolgt durch die in unmittelbarer Nähe zum Reaktionszentrum gelegenen katalytisch wirksamen Gruppen. Dadurch wird die Aktivierungsenergie drastisch verkleinert und die Reaktionsgeschwindigkeit enorm erhöht. Die Bildung von Nebenprodukten wird ebenfalls ausgeschlossen.

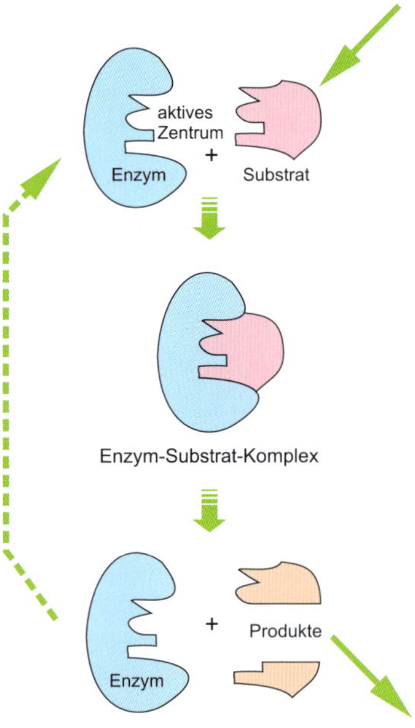

Schematische Darstellung des Schlüssel-Schloss-Mechanismus bei der enzymatischen Katalyse.

Während der Reaktion wandelt sich der Enzym-Substrat-Komplex in den Enzym-Produkt-Komplex um. Die Produkte verlassen das Enzym, das aktive Zentrum ist für die nächste Umsetzung bereit.

$$E + S \rightleftarrows ES \rightarrow EP \rightleftarrows E + P$$

Die von einem Enzymmolekül pro Sekunde umgesetzte Substratmenge nennt man die Wechselzahl. Sie liegt im Bereich von 1 bis 10 000 Substratmolekülen pro Sekunde.

Die **Bezeichnung der Enzyme** folgt verschiedenen Richtlinien, wobei die Endsilbe **-ase** immer ein Enzym bezeichnet. Je nach Art der katalysierten Reaktion unterscheidet man Hydrolasen, Oxido-Reduktasen usw.

Man kann aber auch die Substrate zur Namensgebung heranziehen. So sind Proteasen beispielsweise Enzyme, die Proteine zerlegen, Amylasen dagegen stärkespaltende Enzyme.

Für schon lange bekannte Enzyme existieren Trivialnamen, z. B. *Pepsin*, *Trypsin*, *Thrombin* usw. Eine exakte IUPAC-Nomenklatur für Enzyme gibt es, sie hat sich aber noch nicht durchgesetzt.

17.2 Energiestoffwechsel

Alle Organismen entnehmen ihrer Umgebung Energie, wandeln diese in biologisch verwertbare Energieformen um und sind so imstande, ihre Leistungen zu erbringen. Diese Reaktionen, die der Energiegewinnung und Energiespeicherung dienen, werden unter dem Begriff Energiestoffwechsel zusammengefasst.

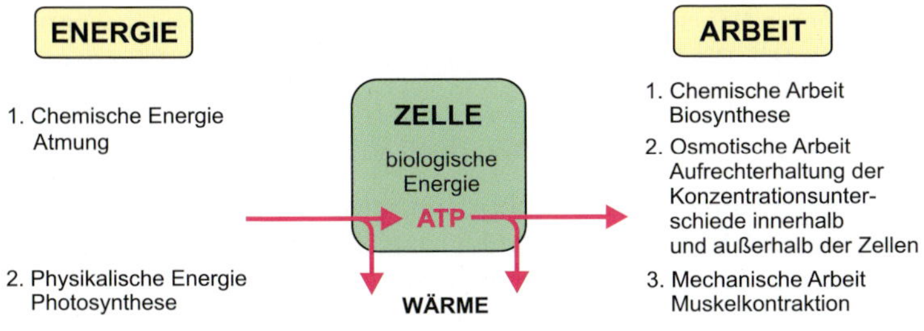

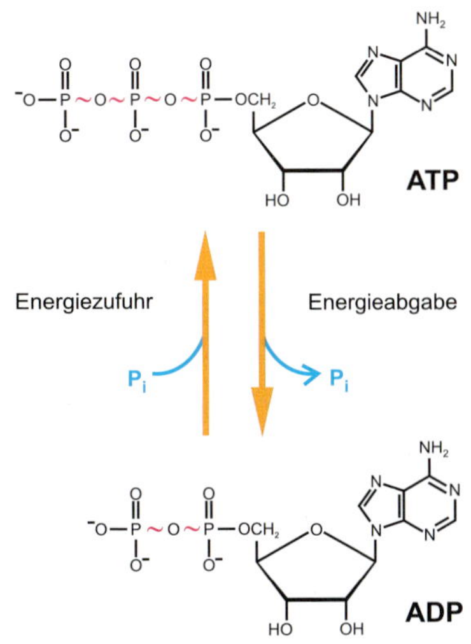

ADP und ATP als Energiespeicher.
Die energiereichen Bindungen sind rot eingezeichnet.

Phototrophe Organismen, zu denen die grünen Pflanzen gehören, können Sonnenlicht als Energiequelle nutzen.

Chemotrophe Organismen sind auf die Zufuhr energiereicher Nährstoffe wie Kohlenhydrate, Fette oder Proteine angewiesen. Beim oxidativen Abbau dieser Stoffe wird Energie freigesetzt. Atmende (aerobe) Organismen wandeln die Nährstoffe in CO_2 und Wasser um. Die Reaktionswärme entspricht daher der bei der Verbrennung dieser Stoffe frei werdenden Wärme. Darauf beruhen alle Bestimmungen der Nährwerte von Lebensmitteln.

trophe (griech.) = Ernährung
aer (lat.) = Luft

Obwohl Summenformel und Energiebilanz gleich sind, bestehen zwischen der Verbrennungsreaktion und dem oxidativen Abbau in Organismen grundlegende Unterschiede:

Die Verbrennung ist ein einstufiger Vorgang, bei dem die gesamte Reaktionsenergie in Wärme umgewandelt wird. Der oxidative Abbau hingegen ist vielstufig, ca. 40 % der Reaktionsenergie werden in Form chemischer Bindungsenergie gespeichert, die für weitere Arbeitsleistungen zur Verfügung steht.

Im Organismus gelingt die Nutzung der Reaktionswärme durch die Kopplung von energiefreisetzenden mit energieverbrauchenden Reaktionen durch die Verwendung energieübertragender Moleküle. Das wichtigste davon, das die gängige Energieeinheit der Organismen darstellt, ist das Adenosintriphosphat (ATP).

Kopplung biochemischer Reaktionen

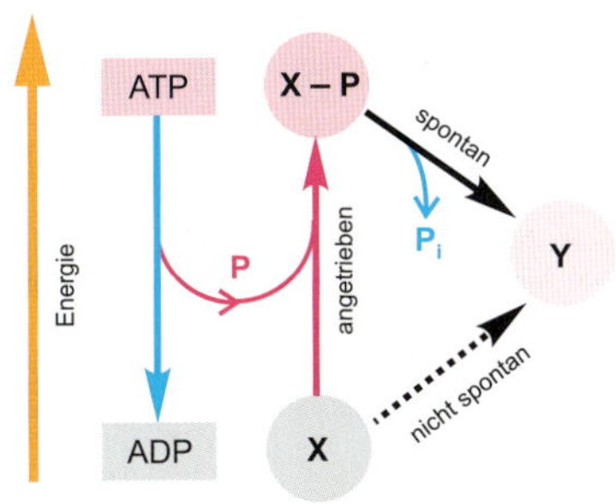

Eine nicht freiwillig ablaufende Reaktion (X → Y) kann durch die biologische Energie aus ATP ermöglicht werden. Ein Enzym überträgt eine Phosphatgruppe P auf X. Die Phosphatverbindung X-P hat einen höheren Energieinhalt und kann daher spontan zur Verbindung Y weiterreagieren, wobei anorganisches Phosphat P_i freigesetzt wird.

Beim Abbau der Nährstoffe findet die energiespeichernde Bildung von ATP aus Adenosindiphosphat (ADP) und anorganischem Phosphat (P_i) statt. Das so gebildete ATP kann dann an andere Stellen im Organismus gebracht werden. Wenn eine energieverbrauchende Reaktion ablaufen soll, wird diese mit der energiefreisetzenden Spaltung von ATP gekoppelt.

Das Mengenverhältnis ATP/ADP in einer Zelle gibt Aufschluss über ihre Energiebeladung und spielt bei der Regulation des Energiestoffwechsels eine Rolle. Liegt genügend ATP vor, so werden die oxidativen Abbaureaktionen der Nährstoffe gedrosselt.

Reaktionsablauf beim Abbau der Nährstoffe

Die Reaktionen beim Abbau der verschiedenen Nährstoffe zu Kohlenstoffdioxid und Wasser lassen sich in drei Abbaustufen gliedern:

In der **ersten Abbaustufe** werden die polymeren Nährstoffe in ihre Monomere gespalten: Polysaccharide in Monosaccharide, Proteine in Aminosäuren, Fette in Glycerol und Fettsäuren. Es handelt sich dabei um hydrolytische Vorgänge, die von den Hydrolasen des Verdauungstraktes katalysiert werden. Diese erste Stufe ist mit der Resorption der monomeren Nährstoffe abgeschlossen. Es wird keine Energie gewonnen, im Gegenteil: Die Spaltung der Makromoleküle erfordert ATP-Energie.

Die zweite und dritte Stufe finden im Inneren der Zelle statt und werden daher mit dem Begriff **Zellstoffwechsel** zusammengefasst.

Die **zweite Abbaustufe** besteht darin, dass die Nährstoffmonomere (Glucose, Fettsäuren, Glycerol und Aminosäuren) durch Reaktionsfolgen in **Essigsäurebausteine** zerlegt werden. Die Essigsäuremoleküle sind an Überträgermoleküle (Coenzym A) gebunden. Durch diese Bindung wird Energie gespeichert, man spricht daher auch von aktivierter Essigsäure oder **Acetyl-Coenzym A** (AcCoA). An der Verbindungsstelle des CoA befindet sich ein Schwefelatom.

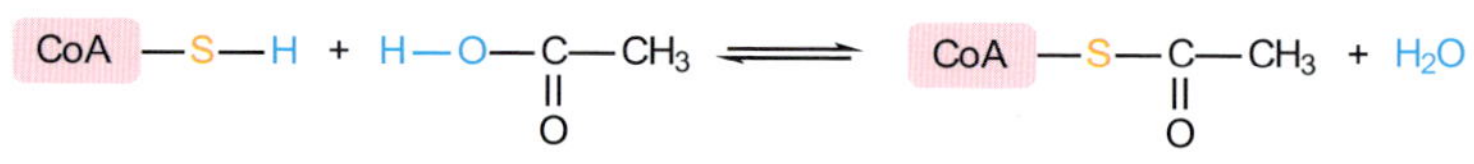

Coenzym A Essigsäure Acetyl-Coenzym A

Beim **Abbau der Glucose** wird der sechsgliedrige Ring der Glucose in zwei C_3-Bruchstücke (Glycerolaldehyd) zerteilt, die schließlich in Brenztraubensäure umgewandelt werden. Diese liegt, wie die meisten anderen organischen Säuren, im leicht basischen Milieu des Organismus in Form ihres Salzes, des Pyruvats, vor.

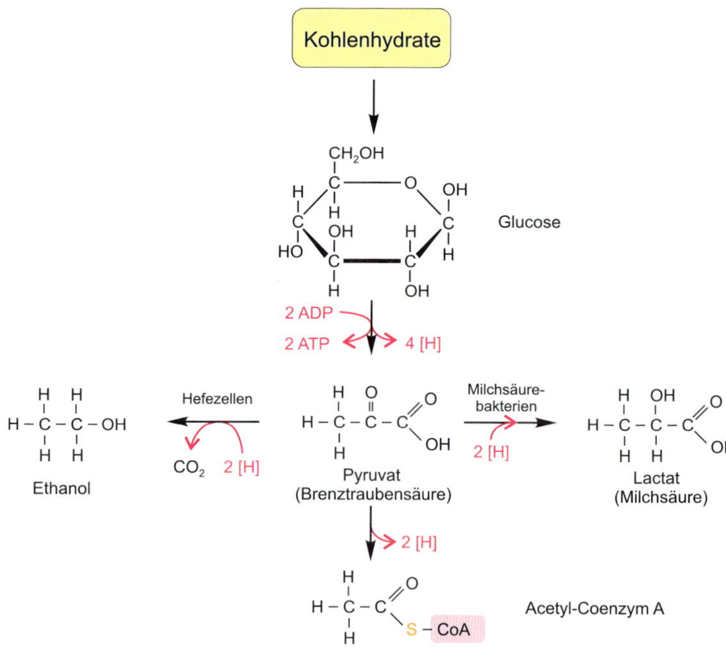

Schema des Glucose-Abbaus.
Der Abbau läuft über einige, hier nicht eingezeichnete Zwischenprodukte.
Bis zur Brenztraubensäure (Pyruvat) erfolgt der Abbau ohne Sauerstoff und liefert nur wenig Energie.

Einer dieser Schritte ist mit der Bildung von ATP gekoppelt und stellt die einzige Möglichkeit für anaerobe Organismen (z. B. Hefezellen) dar, aus Glucose Energie zu gewinnen. In aeroben Organismen wird von der Brenztraubensäure CO_2 abgespalten und aktivierte Essigsäure gebildet. Dabei wird NADH gebildet.

Der **Abbau des Glycerols** der Fette führt zu Brenztraubensäure und verbindet so den Fettstoffwechsel mit dem Kohlenhydratstoffwechsel.

Der **Abbau der Fettsäuren** erfolgt durch eine Reihe oxidativer Prozesse, wobei die langkettigen Fettsäuren um jeweils zwei C-Atome verkürzt werden.

Diese C_2-Bruchstücke sind aktivierte Essigsäure. Beim Fettsäureabbau zu Essigsäure wird ATP nicht direkt gebildet. Die bei der Kettenverkürzung auftretende Energiedifferenz ist für die Kopplung mit der ATP-Bildung, die nur 30,5 kJ speichern kann, zu groß. Es existiert daher ein indirekter Überträgermechanismus, der sich für solche größeren Energiepakete eignet:

In den Zellen erfolgen Oxidationen durch Abspaltung von Wasserstoffatomen samt ihren Elektronen (Dehydrierungsreaktionen). Diese H-Atome werden von Wasserstoffüberträgermolekülen wie NAD^+ oder FAD gebunden.

Dabei wird Bindungsenergie gespeichert (220 kJ pro Mol NADH und 150 kJ pro Mol $FADH_2$). Im Gegensatz zu ATP kann NADH oder $FADH_2$ aber nicht mit energieverbrauchenden Reaktionen gekoppelt werden. Die in ihnen steckende Energie muss in der dritten Abbaustufe in den Mitochondrien in ATP-Energie umgewechselt werden.

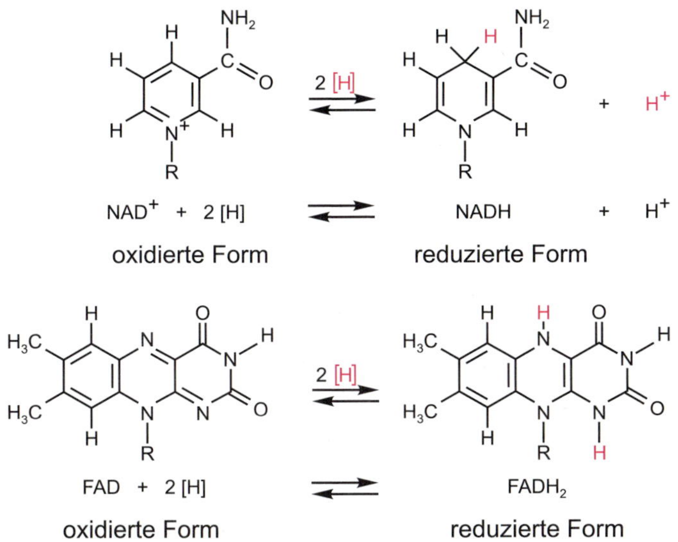

Die Übertragung von Wasserstoff durch NAD^+ und FAD

Der **Abbau der Aminosäuren** beginnt mit der Entfernung der Aminogruppe. Die Leberzellen der Säugetiere bilden daraus unter Energieaufwand Harnstoff, der ins Blut gelangt und von der Niere ausgeschieden wird. Der verbleibende Teil des Moleküls wird dann, je nach Struktur, entweder in Brenztraubensäure oder direkt in aktivierte Essigsäure umgewandelt.

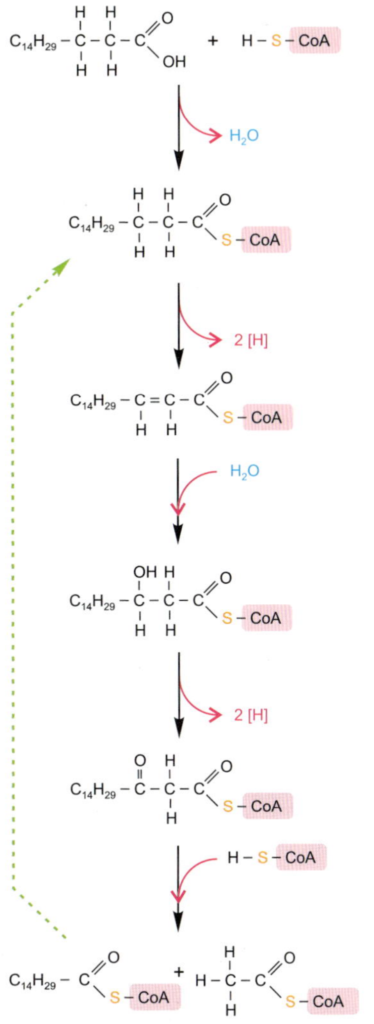

Der Abbau der Fettsäuren.
In vier Schritten wird die Kohlenstoff-Kette um eine C_2-Einheit verkürzt. Danach erfolgt der Abbau der nächsten C_2-Einheit nach dem gleichen Schema.

Die **dritte und letzte Stufe** des Nährstoffabbaues findet ausschließlich in den **Mitochondrien** statt, die daher oft auch als Kraftwerke der Zellen bezeichnet werden. Drei Aufgaben sind von ihnen zu bewältigen:

- Die Umwandlung von aktivierter Essigsäure in CO_2.
- Die Vereinigung des an Überträgermoleküle gebundenen Wasserstoffs mit dem Atmungssauerstoff zu Wasser.
- Die Kopplung dieser Reaktion mit der Bildung von ATP aus ADP und anorganischem Phosphat, d.h. die Freisetzung allgemein nutzbarer Stoffwechselenergie.

Zu diesem Zweck besitzen die Mitochondrien drei verschiedene Enzymsysteme, die drei voneinander abhängige Reaktionsabläufe katalysieren.

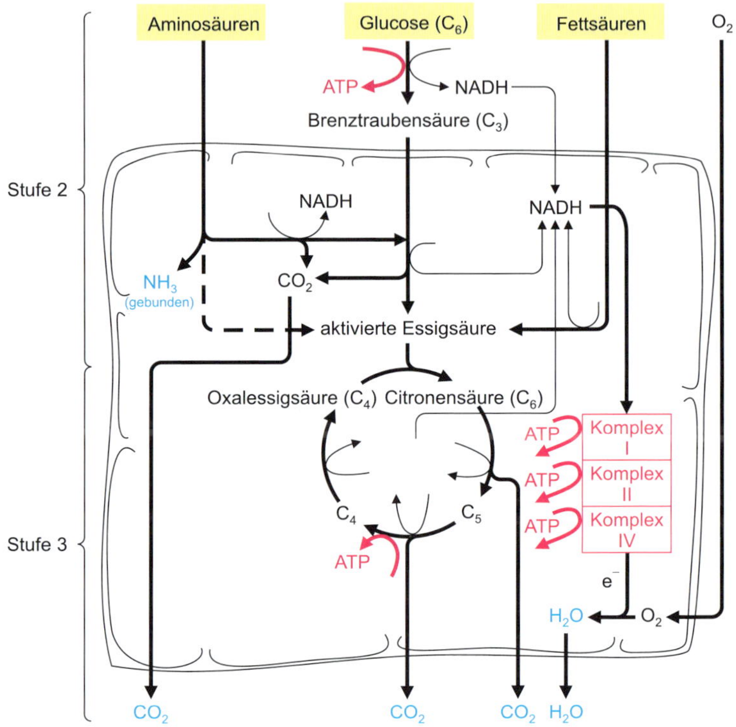

Grundschema des Zellstoffwechsels.

rot: ATP liefernde Prozesse

Stufe 2: Überführung der Nährstoffe in aktivierte Essigsäure

Stufe 3: Endoxidation der aktivierten Essigsäure zu CO_2 und H_2O in den Mitochondrien

Die **Umwandlung der Essigsäure in CO_2** erfolgt in einer ringförmigen Reaktionsfolge, dem **Citronensäurezyklus**, auch KREBS-Zyklus genannt.

Dabei wird die aktivierte Essigsäure (C_2) mit Oxalessigsäure (C_4) zu Citronensäure (C_6) kondensiert. Durch Umformungs- und Dehydrierungsreaktionen werden daraus Moleküle gebildet, von denen CO_2 abgespalten werden kann. Der bei den Dehydrierungsschritten freigesetzte Wasserstoff wird an NAD^+ oder FAD gebunden. Ein Molekül ATP wird direkt gebildet. Die letzten Reaktionen des Citronensäurezyklus dienen der Wiederherstellung des Oxalessigsäuremoleküls, das dann mit dem nächsten Essigsäuremolekül kondensieren kann und einen neuerlichen Ablauf des Zyklus ermöglicht.

Die Bildung von Wasser aus Wasserstoff und Sauerstoff erfolgt nicht wie bei der Knallgasreaktion in einem einstufigen, sondern in einem mehrstufigen Prozess, der **Atmungskette** genannt wird.

HANS KREBS (1900-1981); in Deutschland geborener Biochemiker, 1933 nach Großbritannien ausgewandert, entdeckte 1937 den Citronensäure-Zyklus und erhielt 1953 den Nobelpreis für Medizin.

Die Übertragung der Elektronen vom Wasserstoffatom zum Sauerstoff geschieht nicht direkt, sondern unter Dazwischenschalten mehrerer Proteinkomplexe, die als Redoxsysteme fungieren. Diese Proteinkomplexe samt den erforderlichen Coenzymen befinden sich räumlich benachbart in den inneren Mitochondrienmembranen. Der erste Proteinkomplex übernimmt vom NADH das Wasserstoffatom samt den Bindungselektronen. Das Wasserstoffatom wird ohne Elektronen als H^+ abgegeben, die beiden Elektronen reduzieren den zweiten Proteinkomplex.

Schließlich werden sie an den dritten Komplex weitergegeben. Dessen reduzierendes Coenzym überträgt seine Elektronen auf den Atmungssauerstoff, der sich mit zwei H^+-Ionen zu Wasser vereinigt.

So, wie man die zerstörende Kraft eines hohen Wasserfalls durch die Ableitung seines Wassers in drei Staustufen zum Betrieb von Mühlen nutzen kann, kann die an sich große Reaktionsenergie der Wasserbildung durch die Elektronentransportkette in den Mitochondrienmembranen mit der Bildung von drei ATP-Molekülen gekoppelt werden. Pro $FADH_2$, das sein Wasserstoffatom erst beim zweiten Proteinkomplex einbringen kann, entstehen zwei ATP-Moleküle.

Bei starken körperlichen Anstrengungen wird in den Muskeln mehr Brenztraubensäure aus Glucose gebildet, als durch Citronensäurezyklus und Atmungskette umgesetzt werden können. Die Fortdauer des Glucoseabbaus hängt aber von dem zur Verfügung stehenden NAD^+ ab. Wenn dieses nicht in ausreichender Menge durch die Atmungskette zurückgebildet wird, muss ein anderer Mechanismus einspringen: Brenztraubensäure wird enzymatisch zu Milchsäure reduziert, Reduktionsmittel ist NADH.

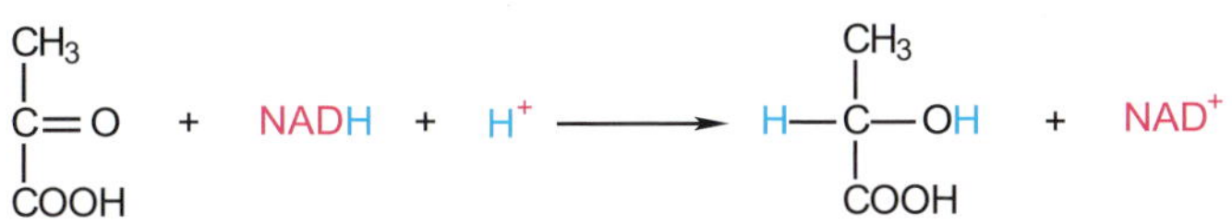

Brenztraubensäure Milchsäure

Die Milchsäure gelangt mit dem Blut in die Leber und wird dort in Brenztraubensäure umgewandelt, die unter Energieaufwand wieder zu Glucose aufgebaut werden kann. Dieser Mechanismus hilft dem Körper, Glucose einzusparen, sie geht nicht als C_2-Baustein verloren.

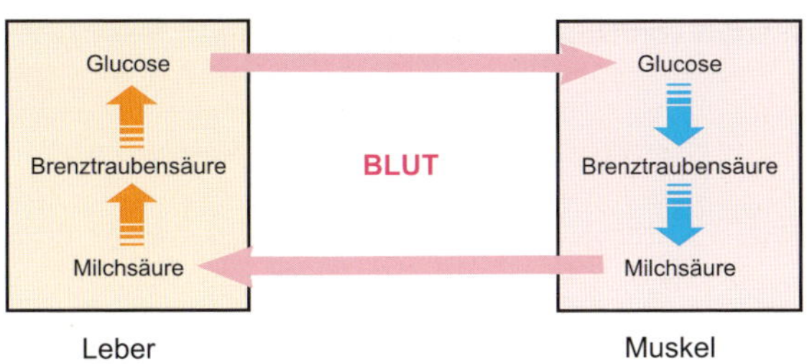

Beim überbeanspruchten Muskel kann der Abtransport der Milchsäure durch das Blut nicht Schritt halten, es kommt zur Übersäuerung der Muskelzellen, was zum Krampf führen kann.

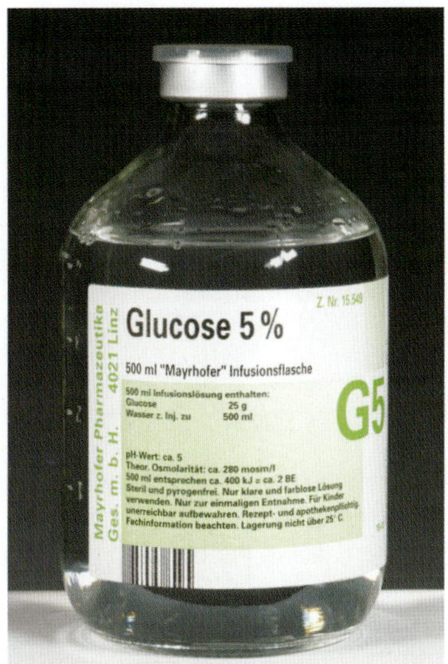

Glucose kann dem Blut durch Infusionen auch direkt zugeführt werden, z. B. bei schweren Erkrankungen.

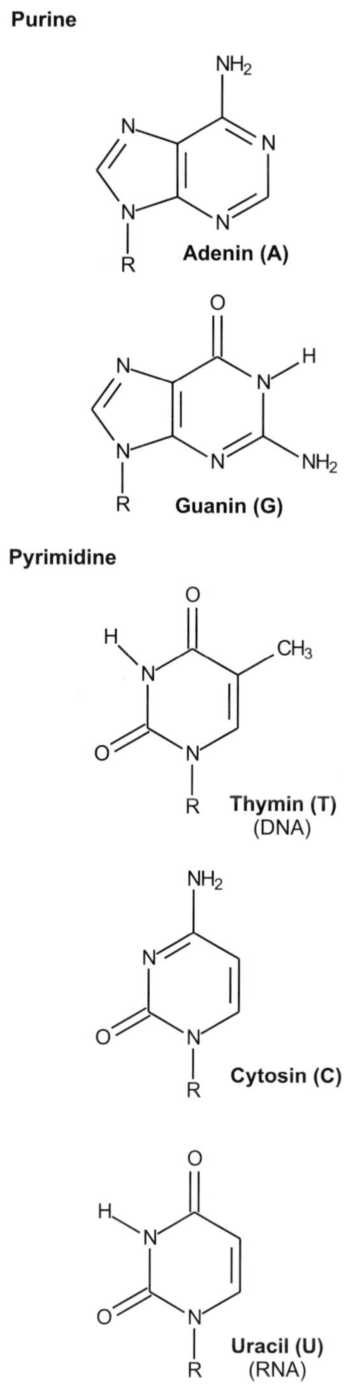

Vier organische Basen tragen die genetische Information der DNA.
Die beiden Purine, Adenin und Guanin, haben Doppelringe; die beiden Pyrimidine, Cytosin und Thymin, haben nur einen Ring. In der RNA ist Thymin durch Uracil ersetzt, dem die Thymin-Methylgruppe fehlt.

Energiebilanz des Nährstoffabbaues

Ein Molekül **Glucose** liefert:

Umwandlung in Pyruvat:	2 ATP +	2 NADH +	0 $FADH_2$
Umwandlung von Pyruvat in aktivierte Essigsäure:	0 ATP +	2 NADH +	0 $FADH_2$
2 Umläufe des Citronensäurezyklus:	2 ATP +	6 NADH +	2 $FADH_2$
Summe:	**4 ATP +**	**10 NADH +**	**2 $FADH_2$**

Oxidation der Wasserstoffüberträger durch die Atmungskette:

10 NADH	liefern	30 ATP
2 $FADH_2$	liefern	4 ATP
Summe:		**34 ATP**

Zusammen ergeben sich 38 ATP. Somit bleiben von den 2870 kJ, die pro Mol Glucose insgesamt freigesetzt werden, 1160 kJ in Form von ATP gespeichert. Das sind 40 % der Gesamtenergie. Die restlichen 1710 kJ sind nicht verschwendet, sie sorgen für die Aufrechterhaltung der Körpertemperatur.

Ein Molekül **Palmitinsäure** ($C_{15}H_{31}COOH$) wird zuerst in sieben oxidativen Abbauzyklen in acht Moleküle aktivierte Essigsäure zerlegt. Dabei werden insgesamt sieben NADH und sieben $FADH_2$ gebildet. Ihre Oxidation in der Atmungskette liefert $7 \cdot 3$ ATP (21) und $7 \cdot 2$ ATP (14). Die acht Moleküle aktivierte Essigsäure werden in den Mitochondrien oxidiert und liefern dabei $8 \cdot 12$ ATP-Moleküle (96).

Damit beträgt die Nettoausbeute der vollständigen Palmitinsäure-Oxidation 131 ATP-Moleküle. Dies entspricht wieder einem 40%igen Wirkungsgrad.

Die in den ersten beiden Abbaustufen des Energiestoffwechsels entstehenden Bausteine dienen aber nicht nur der Energiegewinnung. Aus ihnen wird auch körpereigene Substanz synthetisiert.

Aus den Aminosäuren können wiederum Proteine entstehen, aus den Fettsäuren Fette, Glucose wird als Glycogen in der Leber deponiert. Da der Organismus aber auch aus C_2-Bruchstücken (aktivierte Essigsäure), wie sie beim Abbau der Glucose und der Aminosäuren entstehen, Fettsäuren aufbauen kann, kann er die in diesen Nährstoffen enthaltene Energie in Form von Depotfett speichern.

ÜBUNG:

17.1 In Form welcher Substanzen kann
a) in der Zelle
b) im gesamten Organismus Energie gespeichert werden?

17.3 Informationsübertragung

Die Merkmale des Lebens sind Vermehrung, Wachstum und Entwicklung. Dies sind Vorgänge, bei denen Information weitergegeben bzw. zur Steuerung biochemischer Prozesse verwendet werden muss. Molekulare Basis für Informationsspeicherung und Informationsübertragung sind die **Desoxyribonucleinsäure** (DNA) und die **Ribonucleinsäure** (RNA).

DNA und RNA sind sehr lange, unverzweigte Makromoleküle, die durch Verknüpfung einer großen Anzahl von Desoxy- bzw. Ribonucleotiden entstehen.

Ein **Nucleotid** besteht aus einem Zuckermolekül, das in Position 5 mit einer Phosphatgruppe verestert und in Position 1 mit einer von fünf speziellen organischen Basen verbunden ist.

Ribonucleotide enthalten den Zucker Ribose. Als organische Basen können Adenin, Guanin, Cytosin oder Uracil gebunden sein.

Desoxyribonucleotide enthalten Desoxyribose, die sich von der Ribose durch das Fehlen einer OH-Gruppe in Position 2 unterscheidet. Als Basen fungieren Adenin, Guanin, Cytosin und an Stelle von Uracil das Thymin.

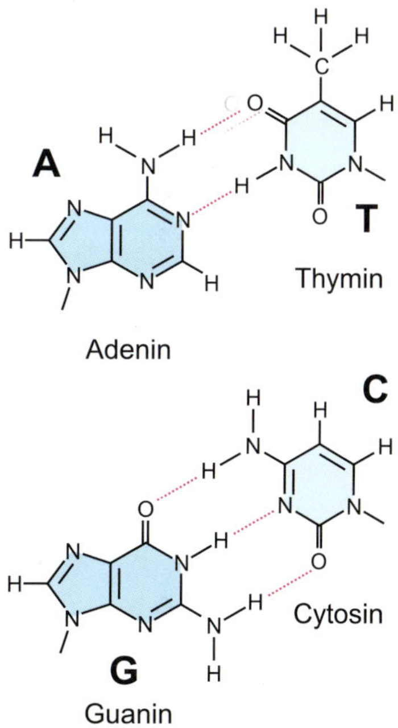

Die Verknüpfung der Nucleotide erfolgt durch fortgesetzte Kondensationsreaktionen zwischen der OH-Gruppe in Position 3 des einen Nucleotids und der Phosphatgruppe eines anderen Nucleotids. Auf diese Weise entstehen Makromoleküle, deren Rückgrat identisch ist:

Es besteht aus ringförmigen Zuckermolekülen, die durch Phosphorsäurediester-Brücken verknüpft sind. An die Zuckermoleküle sind die Basen gebunden. Ihre Reihenfolge ist völlig variabel und wird Basensequenz genannt.

Zwischen DNA und RNA bestehen jedoch große Unterschiede, da beide Verbindungen auf unterschiedliche Aufgaben spezialisiert sind: Die DNA speichert die Gesamtinformation, die RNA ist an der Abrufung von Einzelinformationen und ihrer Umsetzung in molekulare Vorgänge beteiligt.

Aufbau und Funktion der DNA

Die Rolle der Chromosomen bei der Vererbung und ihr Aufbau aus Proteinen und DNA war den Biologinnen und Biologen schon länger bekannt. Doch erst 1944 konnte Oswald Avery nachweisen, dass nicht Proteine, sondern die DNA der Träger der Erbinformation ist. In den folgenden Jahren konnten aus gereinigter DNA Kristalle erhalten und mithilfe der Röntgenstrukturanalyse (Seite 137) untersucht werden. Auf diese Weise gelang es 1953 James Watson und Francis Crick, die dreidimensionale Struktur der DNA aufzuklären und den Vererbungsvorgang zu deuten.

Die DNA bildet eine **Doppel-Helix** mit folgenden Merkmalen:

- Zwei schraubenförmige Polynucleotidstränge sind um eine gemeinsame Achse gewunden. Die Stränge haben entgegengesetzte Richtung.
- Das Phosphat-Zucker-Rückgrat befindet sich an der Außenseite, die Basen liegen innen. Ihre Ringebenen stehen senkrecht zur Helixachse.

- Die beiden Ketten sind durch Wasserstoffbrückenbindungen zwischen den Basen miteinander verbunden und zueinander komplementär, da aus räumlichen Gründen Adenin nur mit Thymin und Guanin nur mit Cytosin bindet. Diese beiden Kombinationen beanspruchen den gleichen Platz und fügen sich in den regelmäßigen Bau der Doppelhelix ein.
- Die Basensequenz auf einem Strang ist in keiner Weise beschränkt. In der Basensequenz liegt die genetische Information.
- Die Doppelhelix ist sehr lang. Sie variiert von Lebewesen zu Lebewesen, kann bis zu 10^7 Basenpaare enthalten und eine Länge von 2 cm erreichen.

Die Doppelhelixstruktur hat viele Vorteile: Sie schützt das Informationsspeichersystem vor Beschädigung, da die Basen innen liegen. Die Doppelstruktur bewirkt eine erhöhte „Datensicherheit". Werden nämlich durch chemische Einflüsse oder durch Strahleneinwirkung falsche Basen erzeugt, so geben diese keine exakte Basenpaarung und können von Reparaturenzymen entdeckt und entfernt werden.

Jeder Strang der Doppelhelix enthält die volle Information, zwar nicht in gleicher Form, doch reproduzierbar wie Negativ und Positiv einer Form. Dies ist für den Vererbungsmechanismus von größter Bedeutung.

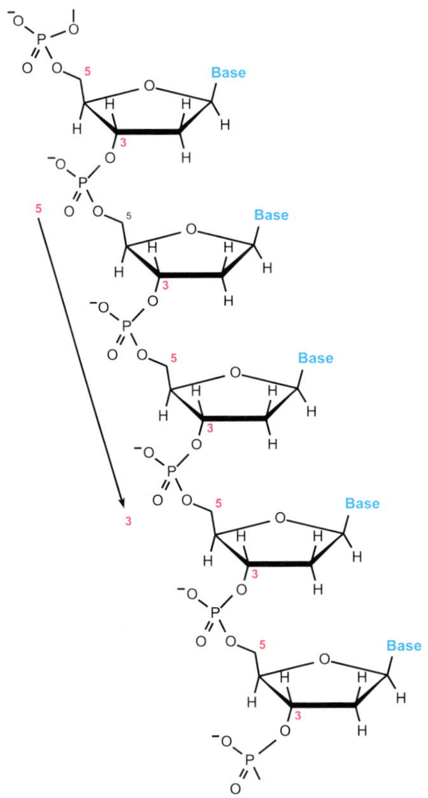

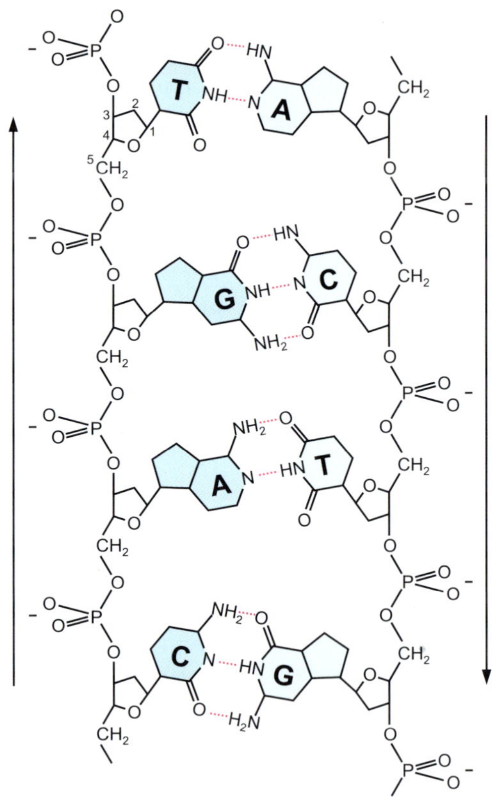

Das Rückgrat der DNA ist ein langes Polymer aus abwechselnden Phosphat- und Desoxyribose-Molekülen, die in Position 3 und 5 des Zuckers verestert sind.

Die vier Basen der DNA – wie rechts oben dargestellt miteinander gepaart – sind die vier Buchstaben des Alphabetes des genetischen Codes. Die gepaarten Basen sind die Sprossen der DNA-Leiter, wobei die Ketten auf beiden Seiten der Leiter in entgegengesetzter Richtung laufen.

Weitergabe der Information bei der Vererbung

Bei der Zellteilung müssen beide Tochterzellen die vollständige Information erhalten. Der bereits von WATSON und CRICK vorgeschlagene und heute experimentell weitgehend bestätigte Mechanismus umfasst folgende Vorgänge: Bei der Zellteilung entspiralisiert sich die Doppelhelix. Die freigelegten Einzelstränge dienen als Matrix für die Bildung eines neuen komplementären Strangs. An diesem Vorgang sind einige Enzyme beteiligt. Jede Tochterzelle erhält so ein DNA-Molekül, das zur Hälfte aus der Eltern-DNA und zur Hälfte aus neu synthetisierter DNA besteht.

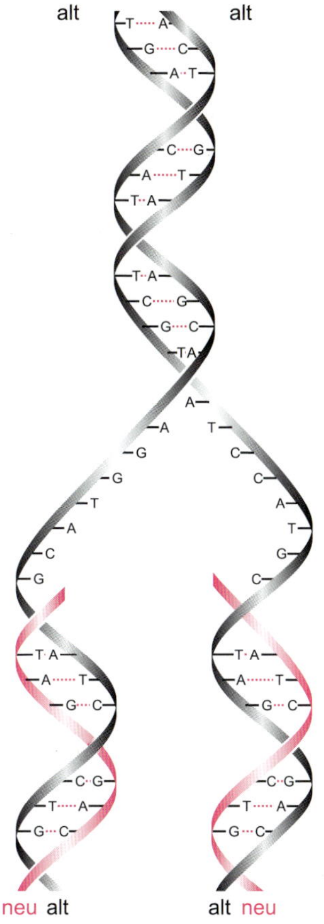

Die Übertragung der Information.

Ausprägung der Eigenschaften

Da alle Eigenschaften eines Organismus letztlich das Ergebnis biochemischer Reaktionen sind und da der Ablauf aller biochemischen Reaktionen von Enzymen abhängig ist, reduziert sich das Problem der genetisch bedingten Ausprägung von Eigenschaften auf das Problem der **DNA-abhängigen Proteinsynthese**.

Das bedeutet, dass die Basensequenz der DNA die Aminosäuresequenz in den Proteinen bestimmen muss.

Der **genetische Code**, der den Übersetzungsschlüssel zwischen der Basensequenz der RNA und der Aminosäuresequenz der Proteine darstellt, wurde vor rund 50 Jahren aufgeklärt.

Eine einfache Rechnung zeigt, dass zur Codierung von zwanzig Aminosäuren Dreiergruppen von Nucleotidbasen, so genannte **Basentripletts** oder **Codons**, nötig sind. Unter Verwendung von nur je einer der vier Basen könnte man nur vier Aminosäuren, mit zwei aufeinanderfolgenden Basen $4 \cdot 4 = 16$ Aminosäuren codieren. Mit drei Basen kann man $4 \cdot 4 \cdot 4 = 64$ Aminosäuren übersetzen. Heute sind alle 64 Codons entschlüsselt.

Der genetische Code

Erste Base	Zweite Base: U		C		A		G		Dritte Base
U	UUU	Phe	UCU	Ser	UAU	Tyr	UGU	Cys	U
	UUC		UCC		UAC		UGC		C
	UUA	Leu	UCA		UAA	Stopp	UGA	Stopp	A
	UUG		UCG		UAG		UGG	Tyr	G
C	CUU	Leu	CCU	Pro	CAU	His	CGU	Arg	U
	CUC		CCC		CAC		CGC		C
	CUA		CCA		CAA	GluN	CGA		A
	CUG		CCG		CAG		CGG		G
A	AUU	Ileu	ACU	Thr	AAU	AspN	AGU	Ser	U
	AUC		ACC		AAC		AGC		C
	AUA		CA		AAA	Lys	AGA	Arg	A
	AUG	Start (Met)	ACG		AAG		AGG		G
G	GUU	Val	GCU	Ala	GAU	Asp	GGU	Gly	U
	GUC		GCC		GAC		GGC		C
	GUA		GCA		GAA	Glu	GGA		A
	GUG		GCG		GAG		GGG		G

AUG = Beginnsignal; UAA, UAG, UGA = Stoppsignal. Der genetische Code ist ein RNA-Code, d. h. er gibt die Triplettcodons auf der RNA an. Die DNA und die tRNA tragen die entsprechenden Anticodons.

JAMES WATSON (geb. 1928) und FRANCIS CRICK (1916-2004) entdeckten 1953 die Helix-Struktur der DNA und erhielten 1962 den Nobelpreis für Medizin.

Bei der Replikation der DNA werden die beiden Stränge voneinander getrennt und zu jedem ein neuer Strang aufgebaut. Die Tochtermoleküle sind exakte Kopien der Eltern und jedes enthält einen Elternstrang. Man erkennt, dass einige Aminosäuren durch mehrere Codons bestimmt werden und dass drei Tripletts Stoppsignale sind, die das Ende einer Informationsfolge signalisieren. Das Triplett für Methionin, AUG, ist gleichzeitig Teil des Beginnsignals jener Stelle, an der mit dem Ablesen der Sequenz begonnen werden soll.

Der genetische Code ist für alle Lebewesen gleich.

Die Proteinbiosynthese erfordert das koordinierte Zusammenwirken von mehr als hundert Makromolekülen und lässt sich in zwei Abschnitte gliedern. Die DNA enthält die Gesamtinformation (Genom) für alle Proteine eines Organismus. Sie kann den Zellkern nicht verlassen. Der Abschnitt der DNA, der einem Protein entspricht, heißt Gen. Der erste Schritt der Proteinbiosynthese besteht darin, dass der zugehörige Genabschnitt kopiert wird. Dieser Vorgang, Transkription genannt, umfasst die Bildung eines RNA-Moleküls, dessen Basensequenz der Basensequenz des Genabschnittes komplementär ist (Adenin entspricht dem Uracil, Guanin dem Cytosin).

Dieses einsträngige RNA-Molekül, das bis zu 5 000 Basenpaare enthält, kann den Kern durch Poren der Kernmembran verlassen und gelangt ins Cytoplasma, an den Ort der Proteinsynthese. Man nennt diesen Typ der RNA **Boten-RNA** (messenger-RNA, **m-RNA**).

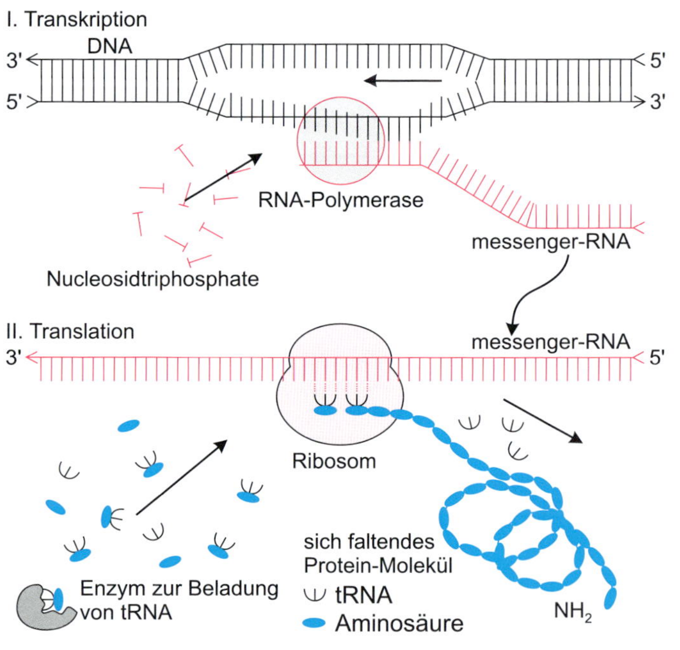

Die Boten-RNA-Moleküle dienen den **Ribosomen** als Matrix. Ribosomen sind kleine, fast kugelförmige, im Elektronenmikroskop sichtbare Zellorganellen, deren Spezialaufgabe die Synthese von Proteinen ist. Mithilfe der Ribosomen muss die „Sprache" der Nucleinsäuren in die „Sprache" der Aminosäuren übersetzt werden. Man nennt daher diesen zweiten Abschnitt auch **Translation**. Es werden „Übersetzer" benötigt, die beide Sprachen verstehen. Es sind dies kleine RNA-Moleküle (ca. 70

Nucleotide lang), die zwei räumlich voneinander getrennte Erkennungsregionen besitzen: eine Erkennungsregion für ein Triplett der m-RNA und eine für die zugehörige Aminosäure. Diese RNA-Moleküle werden **Überträger-RNA** (transfer-RNA, **t-RNA**) genannt, weil es ihre Aufgabe ist, die dem jeweiligen Triplett entsprechende Aminosäure an die m-RNA-Matrize heranzubringen. Mithilfe von Beladungsenzymen binden die t-RNA-Moleküle im Cytoplasma die jeweiligen Aminosäuren.

Der Vorgang der Translation beginnt damit, dass sich die beiden Untereinheiten eines Ribosoms sandwichartig um die Startstelle der Boten-RNA legen und dabei zwei Codons umschließen. An diese Codons lagern sich zwei t-RNA-Moleküle mit passenden komplementären Erkennungsregionen an. Die von ihnen mitgebrachten Aminosäuren werden durch Enzyme miteinander verbunden. Das Ribosom wandert daraufhin um ein Triplett weiter, dieses wird von „seiner" t-RNA erkannt, der Vorgang wiederholt sich. Die Proteinkette wächst so lange, bis das Ribosom auf ein Stoppsignal stößt. Ablösefaktoren bewirken daraufhin die Hydrolyse der Proteinkette von der t-RNA. Damit ist die DNA-abhängige Proteinbiosynthese abgeschlossen.

Die Effizienz der Proteinsynthese wird dadurch erhöht, dass mehrere Ribosomen gleichzeitig einen m-RNA-Strang ablesen können.

Die hier geschilderten Mechanismen der Weitergabe der Erbinformation durch genaues Kopieren ermöglichen die Fortpflanzung und das geordnete Wachstum der Arten.

In einigen wenigen Fällen kommt es jedoch zu Kopierfehlern. Durch ionisierende Strahlen (kosmische Strahlen, Röntgenstrahlen, radioaktive Strahlen) oder bestimmte Chemikalien kann es zur Änderung der DNA-Basensequenz kommen. Diesen Vorgang nennt man **Mutation**. In den meisten Fällen sind solche Fehler mit der Aufrechterhaltung der Lebensvorgänge nicht vereinbar, diese Mutationen verschwinden daher sehr rasch. Manchmal jedoch sind die Fehler minimal und bedeuten für das jeweilige Individuum nur eine geringe Beeinträchtigung. Diese Fehler sind das Rohmaterial der **Evolution**.

Nur Populationen und **nicht Individuen** unterliegen der **Evolution**. Innerhalb einer Population ist die Mehrheit der Einzelindividuen zu einem bestimmten Zeitpunkt an die herrschenden Umweltbedingungen gut angepasst. Eine genetisch etwas abweichende Minderheit ist weniger gut angepasst und daher eher in ihrer Existenz bedroht. Wenn sich jedoch die Umweltbedingungen so ändern, dass sie den Fähigkeiten der bisherigen Minderheit entsprechen, so wird sich die Population im Laufe mehrerer Generationen ändern, die früher Benachteiligten werden zu den neuen Begünstigten und damit zur Mehrheit. Wäre eine Gesamtpopulation völlig identisch, dann wären alle Individuen gleich gut oder gleich schlecht an eine Situation angepasst, und diese Uniformität könnte für die Art tödlich sein.

ÜBUNG:

17.2 Welche Auswirkungen auf die Proteinsynthese sind zu beobachten, wenn im Codon ACU die erste, zweite oder dritte Base durch Mutation verändert wird?

18. Müll und Recycling

Die Vorteile einer Wohlstandsgesellschaft haben auch ihre Schattenseiten: Die Menge der Abfälle, besonders des Hausmülls, ist in den letzten Jahrzehnten drastisch angewachsen und stellt eine ernsthafte Bedrohung unserer Umwelt dar. Eine Lösung dieses Müllproblems ist nicht durch ein einzelnes „Patentrezept" möglich, sondern nur durch ein ganzes Paket aufeinander abgestimmter Maßnahmen.

Es wäre auch falsch, Müll als ein ausschließlich chemisch-technisches Problem zu sehen: Die Möglichkeiten der Müllvermeidung sind längst bekannt, genügend Verfahren zur umweltschonenden Müllbeseitigung technisch ausgereift.

Das Hauptproblem liegt in der politischen Umsetzung der Erkenntnisse und in ihrer Durchsetzung im Alltag.

Endstation Mülldeponie.

Müllvermeidung

Müll, der nicht entsteht, braucht auch nicht beseitigt zu werden. Möglichkeiten zur Müllvermeidung sind beispielsweise:
- sparsamerer Einsatz von Verpackungsmaterial,
- Mehrweg- statt Einwegverpackungen,
- langlebige Artikel statt Wegwerfprodukte,
- Wiederverwertung (Recycling).

Müllentgiftung

Stoffe, die bei der Müllbeseitigung große Umweltprobleme verursachen, sollen erst gar nicht in den Müll gelangen; entweder, indem sie durch harmlosere Stoffe ersetzt oder indem sie zumindest getrennt gesammelt und wiederverwertet werden.

Einige Beispiele: quecksilberhaltige Batterien, Leuchtstoffröhren (enthalten Quecksilber), Blei-Akkus, Nickel-Cadmium-Akkus, cadmiumhaltige Farbstoffe in Lacken und Kunststoffartikel.

Mülltrennung

Alle Versuche, aus dem Hausmüll in (automatischen) Sortieranlagen einzelne wiederverwertbare Stoffe in nennenswertem Umfang abzutrennen, sind weltweit gescheitert. Daran wird sich auch in absehbarer Zeit nichts ändern. Jede Mülltrennung muss daher schon beginnen, bevor der Abfall im Mistkübel landet, d. h. die Mülltrennung ist Aufgabe des Letztverbrauchers, des Konsumenten.

Mülltrennung durch den Konsumenten ist sinnvoll – wenn danach tatsächlich ein wirtschaftlich sinnvolles Recycling erfolgt.

Recycling

Zurzeit erstreckt sich die Mülltrennung auf jene Stoffe, bei denen ein Recycling zumindest teilweise möglich ist: Altpapier, Weiß- und Buntglas, Metalle, Kunststoffe, Textilien und kompostierbare Stoffe (siehe auch Seite 123).

Auch Altöl und andere Problemstoffe (z. B. Lackreste, Altbatterien, Altmedikamente, ...) werden getrennt gesammelt.

Mögliche Vorteile einer Wiederverwertung:

- Einsparung von (knappen) Rohstoffen
- Verringerung der Umweltbelastung, die bei der Herstellung der jeweiligen Rohstoffe verursacht wird
- Einsparung von Energie bei der Herstellung der Rohstoffe
- Entgiftung des Mülls
- Verringerung der Müllmenge

Kompostierung

Die organisch abbaubaren Bestandteile des Mülls (z. B. Bio-Abfall) können getrennt gesammelt und, eventuell zusammen mit Klärschlamm, einer Kompostierung zugeführt werden. Unter dem Einfluss von Bakterien erfolgt der Abbau in etwa 10 – 20 Tagen. Der entstandene Kompost ist jedoch nur dann bedenkenlos als Dünger einsetzbar, wenn sichergestellt werden kann, dass die zugrunde liegenden organischen Abfälle frei von Problemstoffen sind.

Müllbeseitigung

Unabhängig davon, ob Müll deponiert oder verbrannt wird, muss man sich klar vor Augen halten: Ein „optimales" Verfahren zur Müllbeseitigung gibt es nicht und kann es auch nie geben.

Es muss im jeweiligen Einzelfall jenes Verfahren gefunden werden, das das „geringste Übel" darstellt.

Wie auch immer die Entscheidung ausfällt: Massive Proteste der zukünftigen Anrainer einer geplanten Anlage sind gewiss.

Kärnten: Wohin mit dem Abfall, fragen Politiker

Protestmarsch: Wir wollen keinen Müll

Projekte für burgenländisches Neudorf lassen die Kritiker zur Tat schreiten

Kampf der Deponie: Gegner blockieren Freitag die B10

Die Planer der Untertage-Deponie legten jetzt konkrete Pläne vor, trotzdem:

Proteste gegen neue Deponie bei Wolfsthal

Mülldeponien

Das Ablagern des Abfalls ist das älteste und vordergründig billigste Verfahren, sich Müll aus dem Blickfeld zu schaffen. Daher wurden in vergangenen Jahrzehnten nicht nur in Österreich weitgehend sorglos verschiedenste Schotter- und andere Gruben bunt vermischt mit Haus- und Industriemüll gefüllt – mit dem Resultat, dass nun aussickernde Schwermetalle, Lösungsmittelreste und andere problematische Stoffe das Grundwasser gefährden bzw. in einzelnen Gebieten schon ungenießbar gemacht haben. Diese, zum Teil in ihrem genauen Umfang noch unbekannten Altlasten müssen nun mit Milliardenaufwand saniert werden.

Die Anlage einer sachgemäßen, **geordneten Deponie** ist wesentlich aufwändiger.

Sie muss nach unten gegen das Grundwasser und, nach ihrer Füllung, nach oben gegen das Regenwasser abgedichtet sein, Sickerwasser muss einer Kläranlage zugeführt werden. Entstehendes Methan muss gesammelt werden und kann dann als Energieträger genutzt werden. Weiters muss der angelieferte Müll ständig überwacht werden, um illegales Ablagern von Giftmüll zu verhindern.

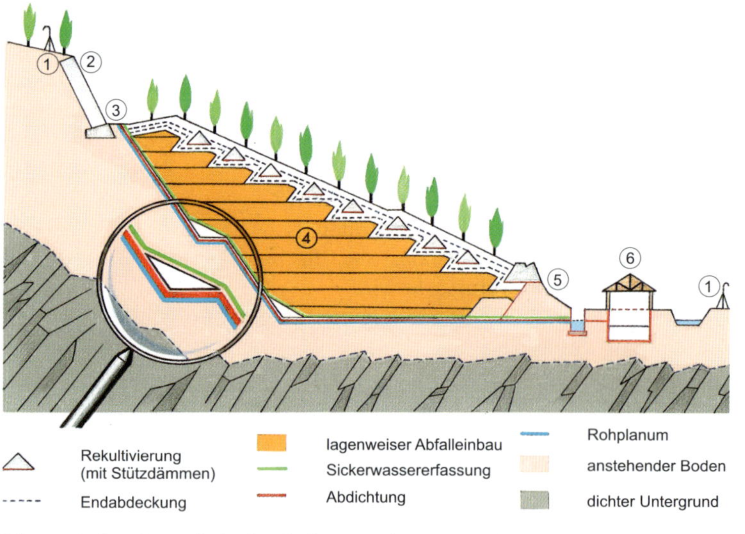

Schematischer Querschnitt durch eine geordnete Deponie.

Insbesonders in der Nähe von Ballungsräumen wird es jedoch zunehmend schwierig bzw. unmöglich, geologisch geeignete Deponieräume zu finden.

Müllverbrennung

Aus den erwähnten Gründen erfolgt die Müllbeseitigung zunehmend durch Müllverbrennung. Das verringert das Volumen des Mülls auf 1/10, da nur mehr die Asche deponiert werden muss.

Zusätzlich kann die im Müll enthaltene Energie zur Erzeugung von Strom und Fernwärme genutzt werden.

Anlagen, die dem Stand der Technik entsprechen, müssen eine Reihe von Anforderungen erfüllen:

- Hohe Verbrennungstemperatur (ca. 1200 °C), damit alle organischen Schadstoffe durch die Hitze restlos vernichtet werden.
- Wirksame Abgasreinigung, um die Abgabe von Staub und gasförmigen Schadstoffen (HCl-Gas, SO_2, Dioxine, ...) so gering wie möglich zu halten.
- Nutzung der frei werdenden Energie zur Erzeugung von Strom und Fernwärme.
- Ökologisch vertretbare Deponierung oder Verwertung der Verbrennungs- und Filterrückstände.

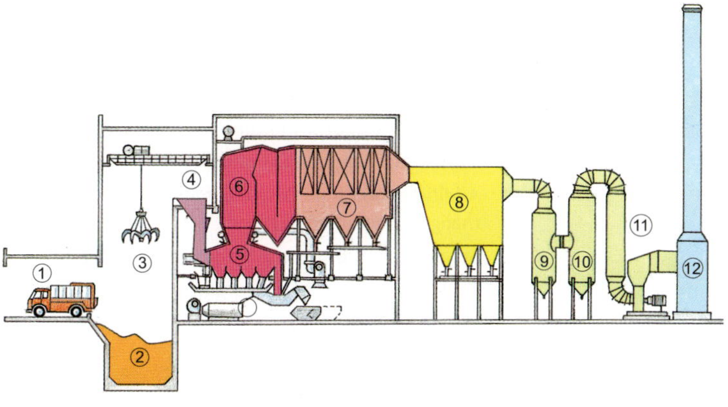

Schematischer Querschnitt durch eine Müllverbrennungsanlage.

1 Entladehalle
2 Müllbunker
3 Müllkran
4 Beschickung
5 Verbrennungsrost
6 Verbrennungsraum
7 Dampfkessel
8 Elektrofilter
9 Rauchgaswäscher 1. Stufe
10 Rauchgaswäscher 2. Stufe
11 Saugzuggebläse
12 Kamin

Eine Variante der Müllverbrennung ist die **Pyrolyse**. Darunter versteht man die Zersetzung des Mülls bei Temperaturen von 500–900 °C unter Luftausschluss. Die dabei entstehenden Gase (CO, H_2) können anschließend zur Energiegewinnung verbrannt oder als Synthesegas genutzt werden (Seite 41). Je nach Zusammensetzung des Mülls kann dieses Verfahren umweltfreundlicher sein als die direkte Verbrennung.

Sonderabfall

Sonderabfall ist Müll, der wegen seiner Beschaffenheit nicht gemeinsam mit Haus- oder Gewerbemüll behandelt werden kann und einer speziellen, getrennten Entsorgung bedarf.

LÖSUNGEN der ÜBUNGSBEISPIELE

1.1 Eine Ionenbindung kann sich nur zwischen Atomen mit großem Elektronegativitätsunterschied bilden (nur zwischen Metallen und Nichtmetallen).

1.2 In Luft verteilter feiner Staub einer brennbaren Substanz kann, wenn er etwa durch einen Funken gezündet wird, extrem rasch mit der Wirkung einer Gasexplosion verbrennen.

1.3 $(C_2H_5)_n$; 58 u; Summenformel C_4H_{10}

2.1 Siehe Übung 2.4

2.2 a) 3-Ethyl-2,3-dimethylpentan
b) 2,2-Dimethylpropan

2.4 a) Propan, 2-Methylbutan, 2,2-Dimethylpropan
b) Hexan, 2-Methylpentan, 3-Methylpentan, 2,2-Dimethylbutan, 2,3-Dimethylbutan
c) Heptan, 2-Methylhexan, 3-Methylhexan, 2,2-Dimethylpentan, 3,3-Dimethylpentan, 2,3-Dimethylpentan, 2,4-Dimethylpentan, 2,2,3-Trimethylbutan, 3-Ethylpentan

2.5 c), a), b)

2.6 Die Wassermoleküle sind sehr starke Dipole, daher wirken starke zwischenmolekulare Kräfte.

2.7 a) $C_3H_8 + 5\,O_2 \rightarrow 3\,CO_2 + 4\,H_2O$
b) $C_8H_{18} + 12\frac{1}{2}\,O_2 \rightarrow 8\,CO_2 + 9\,H_2O$

2.8 3 2.9 12 2.10 2

2.11 Kombination zweier Methyl-Radikale

2.12 Die starken Spannungen führen zum Aufbrechen des Ringes.

3.1 $CH_2 = C(CH_3) - CH = CH_2$

3.2 Das Z-Isomer

3.3 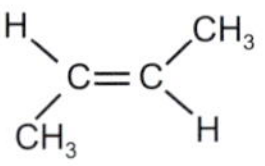

3.4 a) Nummerierung in falsche Richtung. b) Stammname nicht nach der längsten Kette gebildet. c) Nummerierung falsch. d) und e) bezeichnen nicht existenzfähige Moleküle (fünfwertiges C-Atom).

3.5 a) Ethin + HCl b) Ethen + HBr c) Ethin + 2 Cl_2; Herstellung auch durch radikalische Substitution eines Alkans, doch entsteht ein Produktgemisch.

3.6 Cyclohexen

3.7 2-Brompropan überwiegt, + 1-Brompropan

3.9 An das als Zwischenstufe gebildete Ion wird Cl^- addiert.

3.10 Langsamer, da das elektronegative Chlor die Elektronendichte an der Doppelbindung vermindert.

3.11 Umkehrung der Addition von Wasser

3.12 Chlorethen (für PVC)

4.1 Höherer Kohlenstoffgehalt von C_6H_6

4.2 a) radikalische Substitution, Licht
b) elektrophile Addition
c) elektrophile Substitution, Katalysator

4.3 3, 4

4.4 Iodchlorid ist ein Dipol, das Iodatom trägt eine positive Partialladung und tritt mit den π-Elektronen in Wechselwirkung.

4.6 Benzensulfonsäure ist eine starke Säure, daher starke Wechselwirkungen mit Wassermolekülen.

4.7 Phenylethen (Styren), für Kunststoffe

4.8 2-Phenylpropan 4.9 Trichlormethan

5.1 Die C–H-Bindungen sind stabiler.

5.2 Es kann giftiges Benzen enthalten.

5.3 Ein Benzinmotor besitzt eine elektrische Zündanlage (Zündspule, Unterbrecher, Zündkerzen) und einen Vergaser bzw. eine in das Ansaugrohr einspritzende Pumpe (Injektion).

Ein Dieselmotor besitzt eine beim Starten elektrisch beheizte Glühkerze und eine Einspritzpumpe, die den Kraftstoff direkt in den Zylinder einspritzt.

5.4 Nein, da es beim Dieselmotor vom Prinzip her zu keiner vorzeitigen Selbstentzündung kommen kann.

5.5 Brandrisiko und Gefahr der Wasserverschmutzung bei Unfällen; Verbrennung: Abgabe von kondensierten Aromaten bei Benzin, Stickoxiden, Kohlenstoffmonoxid, Schwefeldioxid, Ruß.

6.1 Nein, da es sich um einen physikalischen Vorgang, das Lösen des fetthaltigen Schmutzes, handelt.

6.2 Trichlormethan-Moleküle sind Dipole.

6.3 2-Methyl-propan-2-ol

6.4 Durch radikalische Chlorierung von Methan, es entstehen noch Mono-, Di- und Tetrachlormethan.

6.5 Addition von Cl_2 an Ethen, Elimination von HCl, nochmalige Addition von Chlor.

6.6 So, dass die Bromatome weitestmöglich entfernt sind.

6.7 Toluen + Chlor + UV-Licht ergibt Benzylchlorid, dessen Cl-Atom wird bei Reaktion mit z. B. NaOH gegen die OH-Gruppe ausgetauscht.

6.8 Erhöhte Brandgefahr.

7.1 Bei tertiärem Butanol ist die OH-Gruppe durch die Reste am stärksten abgeschirmt und wird dadurch weniger wirksam.

7.2 Sekundärer Alkohol

7.3 $C_2H_5OH + 3\,O_2 \rightarrow 2\,CO_2 + 3\,H_2O$

7.4 Die sechs OH-Gruppen des Sorbits bewirken starke Wasserstoffbrückenbindungen untereinander (daher Feststoff) und zu Wasser (gute Löslichkeit). Aus den umgekehrten Gründen ist Cyclohexanol flüssig und nicht gut wasserlöslich.

7.5 Wechselwirkungen der OH-Gruppen mit Wasser

7.6 Nur diese Bindung ist polar.

7.7 Kondensation

7.8 2-Brompropan und Propen

7.9 Addition von Chlor und Substitution des Chlors durch OH^-

7.10 Ethen, Diethylether, Mono- und Diethylester der Schwefelsäure

7.11 Entzug von Elektronen

7.12 a) –III, b) –I, c) +I, d) +II, e) +III

7.13 A: 3-Methyl-but-1-en; B: 2-Chlor-3-methylbutan; C: 3-Methyl-butan-2-ol

7.14 Cyclohexanol hat keine sauren Eigenschaften.

7.15 Säurestärke erhöht, Reaktionsfähigkeit vermindert

7.16 Die drei stark elektronenanziehenden Nitrogruppen erhöhen die Säurestärke.

7.17 Ethermoleküle haben eine größere Masse als N_2 oder O_2.

7.18 Kondensation von Propan-1-ol oder Kondensation von 1-Propanol mit 1-Chlorpropan

7.19 Kondensation eines Alkohols mit einem Halogenkohlenwasserstoff

7.20 Addition von Wasser ergibt Ethanol, Addition von HCl ergibt Chlorethan, Kondensation dieser Verbindungen.

8.1 Propan-2-ol 8.2 Oxidation zu Benzoesäure

8.3 b), d), a), c)

9.1 Größeres Molekül, stärkere Van-der-Waals-Kräfte

9.2 Schlechter 9.3 ca. 1; ca. 3

9.4 d), a), b), c) 9.5 para-Nitrobenzoesäure

9.6 $2\,HCOOH + CaCO_3 \rightarrow Ca(HCOO)_2 + CO_2 + H_2O$

9.7 Kohlensäure

9.8 Zwei Säuregruppen bewirken stärkere zwischenmolekulare Kräfte.

9.9 Eine Säuregruppe zieht Elektronen ab und erhöht so die Stärke der ersten Gruppe.

9.10 pH-Wert sinkt, Leitfähigkeit nimmt zu.

9.11 $CH_2BrCOOCH_2CH_2CH_3$

9.12 Verseifung, Ethanol + Na-Salz der Buttersäure, der pH-Wert sinkt.

9.13 Ethandiol 9.14 –III, 0, +III

9.15 a) Acetylsalicylsäure b) Salicylsäureethylester

9.16 Pentanal wird von Fehling-Lösung und Kaliumdichromat oxidiert, Pentanol nur von Kaliumdichromat, Pentansäure reagiert sauer, Pentan reagiert nicht.

9.17 Acrylsäure addiert Brom.

9.18 Benzen-1,3-dicarbonsäure 9.20 a), c)

9.21 Aufgrund unterschiedlicher Siedetemperaturen durch Destillation oder durch Extrahieren der Säure mit einer Base

10.1 Ungesättigte Fettsäuren addieren Brom.

10.2 Die Methylester haben nur ca. ⅓ der Molekülmasse des Fettes.

10.3 Proteine 10.4 Stearinsäure

10.5 Es wären keine für die Ernährung wichtigen ungesättigten (essenziellen) Fettsäuren mehr vorhanden, das Fett würde zu hart.

11.1 Das Wasser hat eine geringere Härte.

11.2 Die Fettsäuren scheiden sich ab.

11.3 Nichtionische Tenside sind neutral, anionenaktive Tenside sind die Salze starker Säuren mit starken Basen und daher neutral.

11.4 Der Enthärter muss in der richtigen Menge zugegeben werden.

11.5 Die Werbung ist zwar sachlich richtig, aber irreführend, da jedes Shampoo, und nicht nur das einer bestimmten Marke, neutral reagiert.

12.2 D-Glycerolaldehyd, L-Glycerolaldehyd, 1,3-Dihydroxypropanon

12.3 Aldotetrose

12.4 Damit nicht Vitamin C herausgelöst wird.

12.5 Auf die OH-Gruppe üben die Doppelbindung und die Carbonylgruppen eine elektronenanziehende Wirkung aus, wodurch die Abspaltung des Protons stark erleichtert wird.

12.6 Rübenzucker reagiert nicht mit Fehling-Lösung.

12.7 $Ca(OH)_2 + CO_2 \rightarrow CaCO_3 + H_2O$
Säure-Basen Reaktion

12.8 Ein Süßstoff, da er in der verwendeten Menge keinen Nährwert besitzt.

12.9 Weil Stärke wasserunlöslich ist.

12.10 Bei gleichem Energieinhalt muss wegen des höheren Nährwertes der Fette nur ein geringeres Gewicht transportiert werden.

12.11 Der Abbau der Cellulose benötigt wesentlich mehr Zeit.

12.12 Säurespaltung zu Glucose, dann Gärung

12.13 Enthält mehr mineralische Füllstoffe.

12.16 Die Estergruppen der Acetatseide sind weniger hydrophil als die OH-Gruppen der Baumwolle.

12.17 Je nach Verwendungszweck: Direkt auf der Haut getragene Wäsche soll hydrophil sein, bei Überbekleidung ist meist hydrophobes Verhalten erwünscht.

12.18 Nur Säure führt zur Spaltung der glycosidischen Bindung.

12.19 Keine vorgegebene Antwort, Diskussion

13.1 Harnstoff und Anilin schwächer, Triethylamin stärker

13.2 Kondensation

13.3 Das Salz oder das Amid

13.4 Ethanol und Essigsäureanilid, Substitution bzw. Kondensation

13.5 Der Benzenring ist hydrophob, mit Salzsäure kommt es jedoch zur Bildung eines Salzes.

13.6 Kohlensäure

13.7 Die Substanzen sind Basen.

13.8 Die Zwitter-Ionen wandern nicht im elektrischen Feld.

13.9 Aminosäuren haben eine saure und eine basische funktionelle Gruppe, daher erfolgt in jedem Falle eine Neutralisation.

13.10 Zum negativen Pol

13.11 4, 8

13.12 Ja, da ebenfalls freie saure und basische Gruppen vorhanden sind.

13.13 Kondensation

13.14 Änderung der Sekundär- und Tertiärstruktur der Proteine.

14.1 Silicate, Polyphosphate

14.2 Zwei Doppelbindungen oder eine Doppelbindung und zwei andere verknüpfungsfähige funktionelle Gruppen

14.3 Verzweigte Makromoleküle, daher Plastomere, wegen der starken zwischenmolekularen Kräfte nicht unzersetzt schmelzbar und daher nicht im Schmelzspinnverfahren zu verarbeiten.

14.4 57 %

14.5 Styropor ist brennbar.

14.6 Die C–F-Bindung ist besonders fest, darüber hinaus schirmen die Fluoratome die C–C-Bindungen ab.

14.7 Beide Ausgangsstoffe bestehen aus 6 Kohlenstoffatomen. Octandisäure und 1,8-Diaminooctan

14.8 Seide hat Faltblattstruktur, bei Polyamidfasern ist die C-Kette länger, daher sind sie stärker hydrophob.

14.9 Keine vorgegebene Antwort

14.10 Umweltfreundlich erzeugt: vermutlich richtig.
Verbrennt ohne schädliche Gase: richtig.
Recyclingfähig: irreführend, ein Recycling findet nicht statt.
Reines Naturprodukt: falsch.
Ohne schädliche Zusätze: vermutlich richtig.

15.1 N,N-Dimethylanilin + 4-Amino-benzensulfonsäure
Chromophore: -N=N- und $-SO_3H$
auxochrome Gruppe: $(CH_3)_2N-$

16.1 c)

16.2 Wasser; es findet eine Veresterung statt, von den vorhandenen Substanzen hat Wasser den niedrigsten Siedepunkt, der etwas herabgesetzte Siedepunkt ist die Folge eines durch Wetter- oder Höhenlage verminderten Luftdrucks.

16.3 b)

16.4 1,3-Dichlorpropan

16.5 Butanon

17.1 a) ATP, Glucose b) Glycogen, Depotfett

17.2 Siehe Tabelle auf Seite 151

Index